十三五 高等职业教育"十三五"规划教材

国际贸易专业系列

国际贸易单证实务与实训

主　编◎钱琳伊

副主编◎盖琦琪　王莉群

参　编◎刘群英　华　阳　陈晓燕

GUOJI MAOYI DANZHENG SHIWU YU SHIXUN

图书在版编目（CIP）数据

国际贸易单证实务与实训 / 钱琳伊主编. -- 2版. -- 北京 ：北京师范大学出版社，2018.12
（高等职业教育“十三五”规划教材. 国际贸易专业系列）
ISBN 978-7-303-24399-0

Ⅰ. ①国… Ⅱ. ①钱… Ⅲ. ①国际贸易－原始凭证－高等职业教育－教材 Ⅳ. ①F740.44

中国版本图书馆 CIP 数据核字(2018)第 284652 号

营销中心电话　010-62978190　62979006
北师大出版社科技与经管分社　www.jswsbook.com
电子信箱　jswsbook@163.com

出版发行：北京师范大学出版社 www.bnup.com
北京市海淀区新街口外大街 19 号
邮政编码：100875
印　　刷：三河市东兴印刷有限公司
经　　销：全国新华书店
开　　本：787 mm×1092 mm　1/16
印　　张：27.25
字　　数：600 千字
版　　次：2018 年 12 月第 2 版
印　　次：2018 年 12 月第 3 次印刷
定　　价：45.80 元

策划编辑：邹　瑛　张自然　　责任编辑：邹　瑛　张自然
美术编辑：刘　超　　装帧设计：高　霞
责任校对：陈　民　　责任印制：陈　涛　赵非非

修订说明

国际贸易单证工作是外贸业务、国际物流业务中的基础性工作，我们通过单证的内容可以了解业务的具体状况，通过各单证的流转可以实现进出口业务中每个环节的具体操作。所以从某种意义上说，国际贸易业务就是其单证操作和流转的业务。

本书自2009年第一版出版以来，得到了广大教师和学生的广泛采用。在近年来的使用中，我们听取、汇集、整理了一些高职教师、学生的意见和建议，并且在与地方出入境检验检疫局、海关等有关政府部门的联络中，以及与进出口公司、银行、报关、货运等企业的走访和沟通中，我们发现、掌握了一些外贸单证业务的新情况、新特点。基于此，我们集结了高职教育一线的专业教师和从业于外经贸行业一线的专业人士共同对本书进行了修订。

本次修订在广泛采纳了外经贸领域的校、政、企三方面的行业专家、专业人士的意见和建议后，在结构方面，我们打破了原先教材的项目顺序，而是按照外贸单证业务的操作流程为经，重新编排：先依次介绍了信用证的开立、审核与修改，发票与包装单证的缮制，运输单证的缮制，保险单证的缮制，商检单证的制作，通关单证的制作和其他单证的缮制七个基础项目；后以串联的方式、实训的形式，统领性地介绍了出口贸易单证流转和进口贸易单证流转的程序，图文并茂，既强化了之前单个项目学习的内容，又增进了读者对进出口流程操作的系统而感性的认识，既有利于教师讲授，又方便学生自学。在内容方面，我们对原书进行了全面的刷新与调整，对每一单元项目进行了深入的修订：新增了诸多“小知识”；在有关章节加入了新规则、新做法，比如检验、报关、出口核销部分的新做法；在各单元项目之后新增了“基础知识练习”板块，统一的单选题，配合对应项目的单据操作内容而甄选、编写，弥补了原先单纯实操题的单调，更贴合各项目知识点的考核要求等。

本次修订，由无锡商业职业技术学院的钱琳伊(副教授，硕士)任主编，盖琦琪(无锡商业职业技术学院，讲师，硕士)和王莉群(无锡职业技术学院，讲师，硕士)任副主编。参与修订人员的具体分工为：钱琳伊(统稿及修订项目一、三)，盖琦琪(修订项目六、七、八)，王莉群(修订项目四)，刘群英(修订项目二、十一，无锡商业职业技术学院，讲师，硕士)，华阳(修订项目九、十，无锡商业职业技术学院，讲师，硕士)，陈晓燕(修订项目五，无锡科技职业学院，讲师，硕士)。在本教材的修订过程中，得到了毛立、郝家林、杨明等一些外经贸领域的政界、企业界朋友们的鼎力支持，同时亦得到了许红姝、魏金华等同人的大力帮助，在此一并表示由衷的感谢！

由于水平有限，书中难免有疏漏和不足之处，敬请同行专家和广大读者批评指正。

前　言

众所周知，从某种意义上讲，国际贸易是单证贸易，几乎所有贸易环节的具体操作都与单证的交换密切相关，即使是在计算机高度发展的今天(EDI无纸贸易和电子单证的运用)，单证也扮演着相当重要的角色。不了解和不熟悉单证知识就意味着不懂贸易，无法与业务部门的相关人员进行正常的沟通和交流，就意味着交易不可能正常进行，其结果很可能会是旷日持久的官司、永远无法取得的货款和一辈子都收不到的货物。

单证作为一种贸易文件，它的流转环节构成了贸易程序。单证工作贯穿企业的外销、进货、运输、收汇的全过程，工作量大、时间性强、涉及面广，除了外贸企业内部各部门之间的协作配合外，还必须与银行、海关、交通运输部门、保险公司、商检机构以及有关的行政管理机关发生多方面的联系，环环相扣，互有影响，也互为条件。

国际贸易单证工作如此重要，自然受到业内各方人士的瞩目和重视。为此，由北京师范大学出版社牵头，组织编写了本教材。

在整个教材的编写过程中，我们走访了许多进出口企业、运输公司、银行、海关等，了解它们对相关单证的要求以及对单证从业人员知识能力点的要求，并获得了大量的单证实际样本，使教材的内容贴近现实、贴近学生，有利于学生的理解、掌握和运用，提高学生学习知识和形成技能的效率。本教材在编写过程中结合企业和学生的实际情况，充分体现“培养学生创新精神、创业能力和实践能力”的教改精神。

本教材主要有以下特点和优势：

第一，本教材的编写人员有长期在高职高专院校从事国际贸易课程教学的专任老师，也有从事单证工作多年的专业人士，对教材中重点和难点的把握比较准确。

第二，本教材紧密结合高职高专院校的人才培养目标，教材内容和设置符合这一层次学生的特征，能使学生很好地掌握自己应该掌握的知识点和能力点。

第三，本教材以贸易合同和信用证为主线，沿着实际履行贸

易合同的轨迹设计教学内容，条理很清晰。

第四，本教材的许多单证样本都是来自企业和相关部门的第一手材料，贴近现实，容易理解和掌握，便于操作。

第五，本教材的课程内容与社会考证内容(如单证员考证等)联系紧密，便于学生参加社会考证。

本教材由无锡商业职业技术学院张天桥担任主编，钱琳伊担任副主编。各章编写人员及具体分工是：项目一、项目九、项目十一由张天桥执笔，项目八、项目十由钱琳伊执笔，项目二、项目五由刘群英执笔，项目三、项目七由王小平执笔，项目四、项目六由李辉执笔。全书由张天桥负责统稿。在本教材的编写和统稿过程中，得到了中央财经大学教授、博士生导师崔新健老师的指点和帮助，在此表示衷心的感谢，并向给本教材编写提供了大量帮助的林红、李富、张法坤、闫冬梅、许妍、程剑秋等老师表示诚挚的谢意。

希望广大读者，尤其是高职高专的师生们多提宝贵的意见和建议，以便及时修订和改正。

编　者

目 录 Contents

从零开始

基础篇

从零开始

项目一

课程导入

通过对本项目的学习，能够了解国际贸易单证的含义和单证工作的意义，熟悉国际贸易单证的分类和单证工作的要点。

重点掌握：

- 单证的分类。
- 单证工作的要点。
- 单证的制作要求。
- 外贸单证员的职业素能与岗位要求。

1.1 国际贸易单证概述

1.1.1 单证的含义

单证是指在国际结算中应用的单据、文件与证书，凭其处理国际货物的交付、运输、保险、商检和结汇等。单证有广义和狭义之分，广义的单证是指在国际贸易各环节中所使用的各种单据、文件、证书和证明等；狭义的单证则是指信用证和与信用证有关的单据。

单证作为一种贸易文件，它的流转环节构成了贸易程序。单证工作贯穿企业的外销、进货、运输、收汇的全过程，工作量大、时间性强、涉及面广，除了外贸企业内部各部门之间的协作配合外，还必须与银行、海关、交通运输部门、保险公司、商检机构以及有关的行政管理机关发生多方面的联系，环环相扣，互有影响，也互为条件。

1.1.2 单证的分类

国际贸易业务中涉及的单证很多，根据不同的方式有不同的分类方法。

1. 根据贸易双方涉及的单证可分为进口单证、出口单证

进口单证，即进口国企业及有关部门涉及的单证，包括进口许可证、信用证、进口报关单、FOB 条件成交合同下的保险单等。

出口单证，即出口国企业及有关部门涉及的单证，包括出口许可证、出口报关单、包装单证、出口货运单证、商业发票、保险单、汇票、商检证、产地证等。

2. 根据单证的性质可分为金融单证、商业单证

金融单证，即汇票、本票、支票或其他类似用以取得款项的凭证。

商业单证，即发票、运输单证、保险单证或其他类似单证及任何非金融单证。

这是《托收统一规则》(国际商会第 522 号出版物)的分类方式，比较简明扼要，除了金融单证以外，统统归为商业单证，这就使得商业单证的种类相当广泛。

3. 根据单证的用途可分为资金单证、商业单证、货运单证、保险单证、官方单证、附属单证

资金单证，即汇票、支票和本票等信用工具。

商业单证，即出口商出具的单证，有很多种类，如商业发票、形式发票、装箱单和重量单等。

货运单证，即各种方式运输单证的统称。

保险单证，主要是指国际货物运输保险，有保险单、预保单和保险证明等。

官方单证，即官方机构出具的单证和证明，如海关发票、领事发票、原产地证明书和商检证等。

附属单证，主要包括寄单证明、寄样证明、装运通知和船舱证明等。

1.1.3 单证的发展

1. 单证的规范化和标准化

长期以来，国际商会一直大力推广使用国际标准或代码，发展到今天，许多单证都已规范化和标准化了。

(1)运输标志：收货人简称+参考号(合同号)+目的地+件号。

例如，SHIPPING MARKS：

K. K. G. T
3178
SINGAPORE
NO. 1—200

(2)国家和地区代码：由 2 个英文字母组成，如中国为 CN、英国为 GB、美国为 US。

(3)货币代码：由3个英文字母组成，前2个符号代表国名，后1个符号代表货币，如人民币CNY，而不是RMB，RMB只是货币符号；英镑为GBP；美元为USD。

(4)地名代码：由5个英文字母组成，前2个符号代表国名，后3个符号代表地名，如上海为CNSHG、伦敦为GBLON、纽约为USNYC。

(5)用数字表示日期代码：年、月、日，如2008-11-24。

2. 单证的电子化和现代化

数据的电子化主要是指EDI单证，现在报关、报检都已联网，产地证和配额许可证的申领可登录商务部有关官方网站进行操作，外汇核销和退税也要先进行网上备案登记，这就可以在单证工作中充分利用现代通信手段和Internet。为适应贸易电子化的要求，国际商会也适时出台了E-UCP，并对1993年修订的UCP500做了进一步的修订，以满足日益发展的现代国际贸易的需要。

相关链接

中国海关实行通关无纸化

近年来，中国海关推行通关无纸化。守法企业将实现网上报关，在数秒内就能收到海关的审结回执。

海关通关无纸化，是指海关的计算机系统直接对企业联网申报的进出口货物报关电子数据进行无纸审核、验放处理的通关方式。企业可不再向海关递交纸面单证，而是进行网上申报，并凭借系统回执即可办理提货或发货手续，根据情况将无须向海关提交报关单证或事后再向海关提交报关单证。

出口通关无纸化已在中国上海、苏州等一些城市展开，此项工作大大提高了货物进出口的通关效率。

3. 单证制作由繁到简

这个趋势主要体现为国际贸易要求的单证的种类在减少，单证的内容也在日益简单化。只要双方信誉良好，出口方直接发货给进口方，后者直接付款，这样某些单证存在的必要性就大大降低了。

4. 新单证不断出现

典型的如2001年“9·11”后美国海关要求的AMS(电子舱单申报)；20世纪60年代，随着集装箱运输的出现和发展而产生的集装箱运输单证；我国与东盟达成双边贸易优惠协定后确定我国产品原产地的FORM E证书。

5. 一次制单

许多公司都有单证制作软件，只要认真填写发票这种基本单证，其他单证都可以自动生成，这样对制单人员的要求会更高，因为所制作的单证一旦出错，则会招致业务的满盘皆输。

6. 单证的统一

国际贸易各环节所涉及的大部分单证都有统一的规定和要求，像SWIFT-

MT700 格式的信用证、提单、保险单、产地证、我国各种政府管制单证等。

1.1.4 单证工作的意义

1. 企业进出口收、付汇的需要

实际业务中，不管合同的交易条件是什么，交易标的是什么，交易的当事人是谁，各方追求的目的(货物和货款)都与金钱和货物有关。如何实现货币的转移、怎样支付货款、如何收取货物，实践中多通过单证加以实现，因为国际贸易中常用的贸易条件为 FOB、CFR、CIF 等，而这些交易最重要的特点之一就是“象征性交货”(当事人买卖代表货物所有权的单证等于买卖货物)。

2. 合同履行的手段和证明

在实际业务活动中提交相应单证是当事人履行合同的手段，也是当事人完成合同义务的证明。合同订立后，履行阶段可概括为“货、证、船、款”四个环节，无论是哪个环节，进出口商及合同有关的相应各方只有在履行了约定义务的情况下才能取得相关单证，没有提交应交付的单证就意味着没有按规定履约。

3. 避免和解决争端的依据

国际贸易各方订立合同的目的是为了实现各自的利益，但因为从事国际贸易活动的人分处异地，市场经常发生变化，有利和不利因素在不断地相互转换，新情况时有出现，贸易活动中发生争议、矛盾也是正常的。由于国际贸易是单证贸易，所以在合同订立之前、中和后都要对相关单证严格把关，不然就可能造成因单证的不规范、不确切、存在授人以柄的漏洞而引发麻烦或在发生有关争议后无法利用合法的手段(出示合格的单证)保护自己，致使自己的利益受损。

4. 企业经营管理的重要环节

企业对整个贸易环节都应进行有效的监管，单证管理又是最后一个环节，即使洽谈、签订合同、备货、报检、报关、保险、装运等环节没有任何问题，在制作、提交单证方面出了问题，也会致使业务前功尽弃。

5. 国家、企业、个人的形象和利益的体现

做好国际贸易单证工作对整个国家、每个企业和每个从业人员的形象和利益都有重大影响。一般而言，发达国家制作的单证具有规范、标准、符合业务发展趋势的特点。我国因在 2004 年 7 月修订后实施的《中华人民共和国对外贸易法》允许个人从事国际贸易活动，所以涌现出了一批新的公司，新公司单证从业人员的制单水平参差不齐，难免会出现这样或那样的问题。据银行有关部门的统计，新成立的公司在装运完毕后所提交的单证中，不合格或有不符点的占 80%，这样势必影响公司的效益和形象。实践中，美观、整洁、清晰和正确的单证会像一部爱不释手的作品那样为各方所认可、接受、欣赏，粗略、杂乱、含糊、错误的单证毫无疑问会大大增加公司的负面效应。为此，培养、招聘经验丰富、能力娴熟、知识全面的单证人员就成为企业的“必修课”了。

相关链接

从2005年开始，商务部委托中国对外贸易企业协会在全国范围内开展单证员资格统一考试，并作为一项制度，每年定期举办。该考试的目的在于使全国单证从业人员能够在更规范、更标准的环境下成功完成单证工作，并大幅度提高我国单证从业人员的总体制单水平。

1.1.5　单证工作的要点

1. 工作主线：合同、信用证、单证

这是一条贯穿整个国际贸易程序始终的主线。交易双方在从事贸易活动时首先应订立合同以确定彼此的权利和义务，在此基础上(如果是信用证付款方式)由买方向本国开证行提出开证申请，并由开证行向出口受益人开出信用证，然后买卖双方就以信用证和有关法律、法规的规定为准来具体履行各自的义务，实践中履行义务多通过单证的形式实现。这条主线可简记为“3Cs”：S/C(合同)——L/C(信用证)——D/C(单证)。

2. 工作过程：制作、审核、提交

任何一个环节的单证工作都可以缩略为上述三个方面，该工作过程的主要依据是合同、信用证、有关惯例、规定和买卖货物的原始资料。①制作单证。不同单证的出单人各异：发票、箱单、汇票等由卖方做；运输部门通常会配合出具提单、运单、船证等；货物的保险手续则一定由保险公司办理，这就要求相关各方应密切协作，按要求顺序出单。②对制作完成的单证应严格审核，审核的一般过程是：制单人及其所在公司内部先自行核实，确认所做单证没有问题的情况下，再向本国银行/相关部门提交，有关部门结合信用证等对单证进行逐字、逐句的审核，如单证内容表面一致，银行将通过一定的方式把全部单证寄国外有业务往来的银行(付款行)，付款行审核后如无异议即履行付款义务，买方在从付款行赎单前也要对单证进行审核，所以审核单证在出口方、出口银行、进口银行和进口方之间一直在进行。③如果单证的制作和审核没有发现任何问题，按规定的时间、方式和要求的种类、份数提交合格单证就成为顺理成章的事了。

3. 基本单证：发票、箱单、提单

一笔业务不管内容繁简，当事人位于哪个国家或地区，有关当事方通常都会要求出口方提交上述三种单证。交易条件不同，要求的单证种类也可能有所增减。例如，CIF条件下出口方有义务提供保险单，所出口的商品是法定检验商品，应有相应的检验证；作为支付工具的汇票也不是每笔交易都需要的，有些业务根本不需要使用汇票；假如是易货或边境贸易，当事人一手钱、一手货，可能不需要单证或只要发票即可，所以单证从业人员对这三种单证必须认真对待、了如指掌。

4. 单证类型：官方、商业、金融

官方单证主要是指由官方机构核发的单证，如进出口报关单、检验检疫证、进出口收付汇核销单、原产地证和海关、领事发票等；商业单证主要是指由进出口商、运输部门、保险公司等制作并提供的包括发票、装箱单、提单、保单、受益人证明、装运通知等在内的各种常见单证；金融单证用于取得货款，包括汇票、本票和支票等。

5. 单证形式：统一印制、自制、电子单证

任何一种单证都体现为一定的形式。从实际业务角度讲，官方单证多为统一印制，像一正三副的 GSP FORM A(格式和内容在世界范围内都是统一的)、一式三联的核销单(外汇管理局统一印制)、海关规定的进出口报关单证等；出口公司、运输部门、保险公司和银行等出具的单证格式、内容多自定，但相差不大；电子单证则主要是指 EDI，目前我国电子单证发展最完善的是“金关”工程、网上许可证和配额申领等。

6. 时间衔接：相同、早于、晚于

由于国际贸易中的单证众多，各种单证的出单顺序是必须要考虑的一个问题，单证之间的时间必须满足有关合同、信用证、惯例的要求，且先后顺序应合理、符合逻辑性。就两种单证的出单时间先后比较有相同、早于和晚于三种情形。例如，保险单必须在提单之前或最晚与提单同一天出具；产地证的出单时间应早于发票的时间；报关放行通常应在货物装运前 24 小时内完成；装运通知一般应在装运当天对外发出等。

1.2　外贸单证员的职业素能与岗位要求

1.2.1　外贸单证员的定义

外贸单证员是指在进出口贸易履约过程中，主要从事审证，订舱，报检，报关，投保，结汇等业务环节的单证办理和制作工作的操作型外贸从业人员。

外贸单证工作是外贸从业人员必须掌握的基础性工作，是展开其他外贸业务工作的基础。在外贸企业中，外贸单证员是外贸业务员的得力助手，是外贸企业实现顺利收付汇的守护神。

1.2.2　外贸单证员的岗位要求

作为一名合格的外贸单证员，需达到职业素质、职业能力和专业知识三方面的岗位要求。

1. 外贸单证员的职业素质要求

(1)守法意识：要遵纪守法，遵循外经贸法规。

(2)责任意识：要一丝不苟，做好每一个环节。

(3)团队精神：要以大局为重，与同事精诚合作。

(4)敬业精神：能吃苦耐劳，热爱外贸单证岗位。

(5)诚信品质：对待客户时，要做到诚实与守信。

2. 外贸单证员的职业能力要求

(1)开证审证能力

在信用证支付结算方式下，外贸单证员不仅要能根据进口合同填制开证申请书和办理申请开证手续，而且还要能根据出口合同审核信用证，向外贸业务员提供有效的改证建议。

(2)单证制作能力

外贸单证员要能快速准确地制作信用证，托收和汇款各种支付方式下的订舱单证、报检、单证、报关单证、投保单证、结汇单证等。

(3)单证办理能力

外贸单证员要能高效地办理订舱、报检、报关、投保、结汇等业务手续以及这些业务所涉及的单证。

(4)单证审核能力

外贸单证员要能根据合同或信用证的要求准确地审核订舱单证、报检单证、报关单证、投保单证、结汇单证等。

(5)人际沟通能力

外贸单证员不仅要与本企业的业务部门、跟单部门、财务部门等工作人员处理好关系，而且要能与货代公司、商检机构、贸促会、保险公司、商业银行、外汇管理局、海关等部门工作人员建立友好的业务关系，以便高效地处理外贸单证业务。

3. 外贸单证员的专业知识要求

外贸单证员除了要掌握好英语和计算机等基础知识之外，还应该熟悉或掌握外贸基础知识/国际结算常识、外贸单证知识、国际贸易惯例、外贸法规政策等专业知识。

(1)外贸基础知识

熟悉进、出口业务流程，掌握价格术语、支付方式、运输、保险、检验、索赔、仲裁、不可抗力等外贸基础知识。

(2)国际结算常识

熟悉汇票、支票和本票等结算工具，熟悉信汇、票汇和托收业务操作流程，掌握信用证、前 T/T 和后 T/T 的业务操作流程。

(3)外贸单证知识

熟悉外贸单证工作流程、工作要求，掌握订舱单证、报检单证、报关单证、投保单证，结汇单证等的基础知识、制作要点和办理流程、掌握外贸单证审核原则、方法和技巧。

(4)国际贸易惯例

熟悉《国际贸易术语解释通则》(INCOTERMS2000)和《托收统一惯例》

(URC522)条款，掌握《跟单信用证统一惯例》(UCP600)和《国际标准银行实务》(ISBP)条款及其运用。

(5)外贸法规政策

了解我国对外贸易法、进出口货物原产地条例等，熟悉我国海关法、进出口关税条例、进出口商品商检法等。

1.2.3 外贸单证员的工作任务

在不同的结算方式和贸易术语情况下，外贸单证员的工作任务是不同的。总的来说，信用证结算方式下，外贸单证员的工作任务是最多的。因此，下面重点介绍信用证结算方式下，外贸单证员在进出口业务中的工作任务。然后，补充说明在汇款和托收结算方式下外贸单证员工作任务的不同之处。

1. 外贸单证员的出口工作任务

在信用证结算方式和CIF贸易术语的出口贸易中，外贸单证员需完成的工作任务，包括审证和改证、制作商业发票和装箱单、制作订舱委托书和办理订舱、制作出境货物报检单和办理报检、制作和申领原产地证、制作和办理报关单证、制作投保单和办理保险、制作附属单证、制作汇票、审核单证、交单收汇和单证归档。在CFR贸易术语下，外贸单证员减少了制作投保单和办理保险的工作任务；在FOB贸易术语下，外贸单证员还减少了制作订舱委托书和办理订舱的工作任务，但在实务中外贸单证员往往仍需制作订舱委托书寄给指定货运代理公司。

在托收结算方式下的出口贸易中，相对与信用证结算方式，外贸单证员减少了审证和改证的工作任务。

在汇款结算方式下的出口贸易中，相对于信用证结算方式，外贸单证员减少了审证和改证以及制作汇票的工作任务。在前T/T结算方式下，出口商先收汇后给进口商寄单；在后T/T结算方式下，出口商先给进口商寄单后收汇。

2. 外贸单证员的进口工作任务

在信用证结算方式和FOB贸易术语的进口贸易中，外贸单证员需完成的工作任务包括申请开立信用证、制作订舱委托书和办理订舱、制作投保单和办理保险、审核付汇、制作入境货物报检单和办理报检、制作和办理报关单证、单证归档等。在CFR贸易术语下，外贸单证员减少了制作订舱委托书和办理订舱的工作任务。在CIF贸易术语下，外贸单证员还减少了制作投保单和办理保险的工作任务。

在托收结算方式下的进口贸易中，相对于信用证结算方式，外贸单证员减少了申请开立信用证的工作任务。

在汇款结算方式下的进口贸易中，相对于信用证结算方式，外贸单证员减少了申请开立信用证的工作任务。在前T/T结算方式下，进口商先付汇后收到出口商寄来的单证；在后T/T结算方式下，进口商先收到出口商寄来的单证后付汇。

比较外贸单证员的进出口工作任务，我们不难发现，除了申请开立信用证，外贸单证员的出口工作任务基本涵盖进口工作任务。

1.2.4　外贸单证员制单工作的依据和要求

1. 单证制作的依据

依据什么制单在国际贸易中是必须重视的一个问题。任何一种单证从制作角度讲都必须遵循一定的法律依据。

(1)法律、惯例和相关规则

所有国际贸易中要求的单证都要依据相应的法律、惯例和规则，较常见的有我国的《合同法》《票据法》《外贸法》《海商法》《保险法》，我国政府参加的《联合国国际货物销售合同公约》以及在国际贸易领域影响巨大的 UCP600、ISBP、URC522、URR525、INCOTERMS2010 等，所有这些规定都对制单工作具有非常重要的指导意义。

(2)合同、信用证和货物的实际情况

实践中要求单单、单证、单同、单货一致，单证一定要如实反映货物的情况。有时为了满足信用证的要求，不得不制作并出具根本不应该出现的单证，较明显的是货物没有能在规定的装运期内装船，为了满足信用证对装运期和交单期的规定而由托运人向船公司出具保函(Letter of Indemnity)进行通融以换取清洁提单向银行交单结汇的现象。

(3)各行业、部门的特殊要求

国有国法，家有家规，每个行业都有其特定的规矩：像出口纺织品时经常会遇到国外要求提供 AZO Free Certificate(无偶氮证明，这是与人类健康有关的一种特殊单证)；出口到信仰伊斯兰教国家的禽类产品，进口商有时会提出由出口地伊斯兰教协会出具有关证明；AMS 舱单由美国开始，现已扩展到加拿大、澳大利亚等许多国家；农药产品出口到美国、欧盟等国时，进口商通常会要求出口方提供所出口的农药产品的 MSDS(危险数据资料卡)等，出口企业应按规定的格式和要求将相关数据填写完整后予以提交。

2. 单证制作的要求

(1)正确

正确(Correctness)是单证工作的前提、安全收汇的保证。它包括两个方面的内容：一方面，要求各种单证必须做到“三相符”，即单证与信用证相符、单证与单证相符、单证与实际货物相符。其中“单证相符”是前提，离开这个前提，单单之间即使相符，也会遭到银行的拒付。“单货相符”主要是指单证的内容应该与实际交货一致，亦与合同一致。这样，单证才能真实代表出运的货物，确保履约正常、安全收汇。另一方面，要求各种单证必须符合有关国际惯例和进出口国的有关法令和规定。在信用证业务中，单证的正确性要求精确到不能有一字之讹，同时还要求出口人出具的单证种类、份数和签署等必须与信用证的规定相符。

(2)完整

完整(Completeness)是构成单证合法性的重要条件之一，是单证成为有价证券的基础。它包含三个方面的内容：

①单证内容完整，即每一种单证本身的内容(包括单证本身的格式、项目、文字、签章和背书等)必须完备、齐全，否则就不能构成有效文件，也就不能为银行所接受。

②单证种类完整，即单证必须是成套齐全而不是单一的，遗漏一种单证，就是单证不完整。单证应严格按照信用证的规定一一照办，除主要单证外，一些附属证明、收据一定要及时催办，不得遗漏。

③单证份数完整，即要求在信用证项下的交易中，进出口商需要哪些单证，一式几份都必须明确，尤其是提单的份数，更应注意按要求出齐，避免多出或少出。

(3)及时

及时(In Time)是指进出口单证工作的时间性很强，必须紧紧掌握装运期、交单期、信用证的有效期，及时制单、审单、交单、收汇。及时出单包括两个方面的内容：

①各种单证的出单日期必须符合逻辑：也就是说，每一种单证的出单日期不能超过信用证规定的有效期限或按商业习惯的合理日期。如保险单、检验证的日期应早于提单的日期，而提单的日期不应晚于信用证规定的最迟装运期限，否则，就会造成单证不符。

②交单议付不得超过信用证规定的交单有效期：如信用证不做规定，按国际商会《跟单信用证统一惯例》规定："银行将拒绝接受迟于运输单证出单日期 21 天后提交的单证，但无论如何，单证也不得迟于信用证到期日提交。"

(4)简明

简明(Conciseness)是指单证的内容应力求简化。国际商会《跟单信用证统一惯例》中指出："为了防止混淆和误解，银行应劝阻在信用证或其任何修改书中加注过多细节的内容"，其目的就是为了避免单证的复杂化，提高工作效率。有关专家也指出，单证中不应出现与单证本身无关的内容。

(5)整洁

整洁(Tidiness)是指单证表面整洁、美观、大方，单证内容简洁、明了，单证的格式设计合理、内容排列主次分明、重点内容醒目突出。如果正确和完整是单证的内在质量，那么整洁则是单证的外观质量。它在一定程度上反映了一个国家的科技水平和一个企业的业务水平。单证是否整洁，不但能反映出制单人的业务熟练程度和工作态度，而且还会直接影响出单的效果。

单证作为一种贸易文件，它的流转环节构成了贸易程序。单证工作贯穿企业的外销、进货、运输、收汇的全过程，工作量大、时间性强、涉及面广，除了外贸企业内部各部门之间的协作配合外，还必须与银行、海关、交通运输部门、保险公

司、商检机构以及有关的行政管理机关发生多方面的联系，环环相扣，互有影响，也互为条件。

提高单证的质量，对保证安全、迅速地收汇有着十分重要的意义，特别是在信用证付款的条件下，实行的是单证和货款对流的原则，单证不相符，单单不一致，银行和进口商就可能拒收单证和拒付货款，因此，缮制结汇单证时，一定要认真、仔细，确保单证的完整性和正确性。

>>> 基础知识练习

单选题

1. 单证制作的要求是(　　)。

A. 正确、完整　　B. 简明、整洁

C. 及时　　D. 以上说法都对

2. 通常认为的基本单证是(　　)。

A. 发票、装箱单、提单　　B. 发票、装箱单、产地证

C. 发票、装箱单、产地证、保险单　　D. 以上说法都不对

3. 单证制作的依据是(　　)。

A. 合同或信用证　　B. 法律、国际惯例以及行业的特殊要求

C. 货物的实际情况　　D. 包括上述三项

4. 外贸单证员的职业素质包括(　　)。

A. 遵纪守法、诚信　　B. 敬业、有责任感

C. 团队精神　　D. 包括上述三项

5. 外贸单证员的职业能力包括(　　)。

A. 开证、审证能力　　B. 单证制作与审核能力

C. 单证办理与沟通协作能力　　D. 包括上述三项

>>> 实训练习

1. 找当地一家外贸公司或一个国际化的企业，了解国际贸易单证完整的流转环节。

2. 浏览国际贸易的相关网站，熟悉国际贸易方面的基本情况。

基础篇

项目二 信用证的开立、审核与修改

通过本项目的学习，能够掌握信用证的基本操作，看懂常见的信用证条款，特别是SWIFT信用证条款，学会信用证的使用及审核。

重点掌握：

- 信用证的结构及内容。
- 信用证的审核要点。
- 信用证的操作程序。

2.1 信用证的基本概念

2.1.1 信用证的含义

根据《跟单信用证统一惯例——2007年修订本》(国际商会第600号出版物，以下简称UCP600)第二条的规定，信用证是指一项不可撤销的安排，无论其名称或描述如何，该项安排构成开证行对相符交单予以承付的确定承诺。

在这里，相符交单是指与信用证条款及UCP600的相关适用条款以及国际标准银行实务一致的交单。而承付则是承兑和付款的含义，即对即期付款信用证履行即期付款，对延期付款信用证则承诺延期付款并在承诺到期日付款，对承兑信用证则承兑受益人开出的汇票在汇票到期日付款。

相关链接

UCP 的发展历程

UCP(*Uniform Customs and Practice for Documentary Credits*，《跟单信用证统一惯例》)是 ICC(The International Chamber of Commerce，国际商会)为促进世界贸易的发展，协调国际贸易中信用证支付方式过程中的有关当事人之间的矛盾而制定的规范跟单信用证操作的国际惯例。UCP 反映了国际贸易中银行、进口商、出口商、运输方、保险方等的习惯做法和操作规则，是全世界公认的非政府商业机构制定的最为成功的国际惯例。目前，世界上有 100 多个国家和地区的近万家银行使用 UCP 处理信用证业务。

19 世纪末，跟单信用证开始在世界贸易中盛行起来，但在实践中，由于世界各国对信用证项下有关当事人的权利、责任、义务以及相关定义和术语的解释缺乏公认的准则，对信用证有关当事人的争议和纠纷时常发生，银行的操作也很混乱。

1929 年，国际商会颁布正式通过《商业跟单信用证统一规则》，这是 UCP 的第 1 个版本，使跟单信用证业务摆脱了无章可循的状况。1933 年，国际商会将其修订并更名为《商业跟单信用证统一惯例》。1951 年，国际商会通过了第 2 次修订本。1962 年，国际商会通过了第 3 次修订本，更名为《跟单信用证统一惯例》，UCP 成为国际上普遍接受和使用的统一惯例。1974 年，国际商会对 UCP 作了第 4 次修订，该修订本吸收了集装箱运输及其运输单证的最新发展，并对信用证各方之间的关系作了更简洁的区分和界定。1983 年，国际商会对 UCP 作了第 5 次修改，该版增加了备用信用证的内容，并体现了运输业发展的新技术标准以及电子传输方面的最新发展。1993 年，国际商会第 6 次修订了统一惯例，以第 500 号出版物公布，于 1994 年 1 月 1 日生效实施，这就是适用了 10 多年的 UCP500。2006 年，国际商会通过了对 UCP 的第七次修改，并于 2007 年 7 月 1 日正式生效实施，即为业界现行的 UCP600。

2.1.2 信用证的特点

(1)信用证是一项不可撤销的银行业务行为：根据 UCP600 修订后的定义，明确了信用证一旦开立就是不可撤销的性质，摒弃了 UCP500 中对信用证可撤销的提法，即不管对其名称的描述如何，只要银行同意并开出信用证，就确定了银行承担该项付款义务的确定承诺，强调了信用证的银行信用特点。

(2)开证行负有第一性的付款责任：信用证结算方式是以银行信用为基础的，开证行以自己的信用作出付款保证，开证行是首要付款人。出口商(一般是信用证的受益人)可凭信用证，及符合信用证条款的单证，向开证行凭单收款，而无须找进口商(一般是信用证的开证申请人要求付款)。开证行的付款不是以进口商的付款作为前提条件的。

(3)信用证是一项自足文件：虽然信用证的开立是以买卖合同为基础的，买卖双方要受买卖合同的约束，但是信用证一经开出，在信用证业务处理的过程中，各方当事人的责任与权利都必须以信用证为准，信用证是一项与买卖合同分离的独立文件。

(4)信用证是一项单据业务：在信用证方式下，银行凭相符单据付款，而非凭与单据有关的货物、服务及/或其他行为付款。受益人要保证收款，就一定要提供与信用证条款相符的单据，开证行要拒付，也必须以单据上的不符点为由。因此，信用证结算方式是一项“单据买卖业务”。

相关链接

某出口商收到一份信用证，上面没有明确该信用证属于可撤销信用证还是不可撤销信用证。在出口商备货过程中，忽然收到通知，声明信用证已被撤销。请分析，该做法是否符合 UCP600 的规定?

相关链接

某出口公司收到一份国外开来的L/C，出口公司按L/C的规定将货物装出，但在尚未将单据送交当地银行议付之前，突然接到开证行的通知，称开证申请人已经倒闭，因此开证行不再承担付款责任。问：出口公司应如何处理?

2.1.3　信用证的作用

(1)对出口商的作用：①收汇保障。只要出口商按信用证的规定发运货物，向指定银行提交单证，就可以凭单收汇，收取货款就有了保障。②资金融通。出口商可以向相关银行申请打包贷款和办理押汇，从而进行资金融通。

(2)对进口商的作用：①收货保证。采用信用证可保证取得代表货物的单证，同时通过信用证条款，可以控制出口人的交货时间、数量及质量等，保证按时、按质、按量收到货物。②资金融通。凭借较少的信用证押金来进口货物，收到货物后再付款，以取得资金融通的目的。

(3)对银行的作用：①为银行利用资金提供了便利。开证行贷出的是信用而不是资金，对跟单汇票偿付前，已经掌握了代表货物的单证，风险较小。议付行可从押汇业务中获得手续费等收入。②获得收入。银行在信用证的传递和履行中可获得手续费和利息等收入。

相关链接

银行在信用证业务中的收费

在信用证业务中，银行在信用证操作的每个环节里都会收取一定的费用，如信用证通知费、电报费、邮寄费(交单)、议付费、无兑换手续费、中间行手续费、不符点扣费等。具体费用见表 2-1。

表 2-1 银行在出口业务中的收费

出口部分		费率(额/元)	最低	最高	说明
通知、转递		200	/	/	按笔计算
预通知(简电通知)		100	/	/	/
修改通知		100	/	/	/
保兑		0.2%	300	/	每三个月计算一次
议付(信用证)		0.125%	200	/	/
付款(信用证)		0.15%	200	/	/
承兑(信用证)		0.1%	200	/	按月计算，最低按 2 个月
迟期(信用证)		0.1%	200	/	/
转让	(1)信用证条款不变	200	/	/	/
	(2)信用证条款改变	0.1%	200	1 000	/
注销		100	/	/	/

2.2 信用证的开立

2.2.1 信用证的开立方式

信开方式(To Open by Airmail)。开证行根据开证申请人的要求，将信用证的全部内容用信函方式开出，通过信件传递方式邮寄到通知行。使用这种方式开立的信用证就是信开本信用证。信开本信用证因传递速度较慢且要使用印鉴，极易被国际诈骗团伙伪造，目前已很少使用。

电开方式(To Open by Cable)。开证行使用电报、电传或 SWIFT 等电信方式，将信用证内容传递给通知行。使用这种方式开立的信用证，称为电开本信用证。电开本信用证又有简电本和全电本之分。

简电开证是指根据开证申请人的要求，将信用证的主要内容如信用证号码、申请人和受益人名称及地址、金额、货名、数量、价格、装运期等发电预先通知受益人，并注明“详情后告”等字样。这种简电信用证只供受益人备货订仓参考，不能凭以装运货物，也不是有效的信用证文件，银行不能凭以承付或议付。

全电开证是指开证行根据开证申请人的要求，将信用证的全部内容以加注密押的电信方式通知受益人所在地的银行，请其通知受益人的一种开证方式。全电本是交单议付的依据。

目前，随着银行系统电信传输和计算机网络的迅速发展，除个别国家使用电报或电传方式开证外，银行大都普遍采用 SWIFT 网络系统开立信用证。

SWIFT 是“全球银行金融电信协会”(Society for Worldwide Interbank Financial Telecommunication)的简称。凡按照国际商会所制定的电信信用证格式，利用

SWIFT系统设计的特殊格式(Format)，通过SWIFT系统传递的信用证的信息(Message)，称为SWIFT信用证，又称"全银电协信用证"。目前开立SWIFT信用证的格式代号为MT700和MT701，如要对开出的SWIFT信用证进行修改，则采用MT707标准格式传递修改信息。

相关链接

SWIFT(全球银行金融电信协会)是国际银行同业间的国际合作组织，1973年在比利时成立，主要从事传递各国之间的非公开性的国际金融电信业务，包括外汇买卖、证券交易、开立信用证及托收等，同时还承担国际间账务清算及银行间的资金调拨等业务。SWIFT提供的服务除快速、标准、安全、可靠外，其运转和管理效率也很高，目前银行间的业务往来已经广泛使用SWIFT系统。

SWIFT组织需要会员资格，世界大多数银行包括我国的多数专业银行都是其成员。对于SWIFT电文，SWIFT有着统一的要求和格式。如SWIFT项下开立跟单信用证用MT700/701格式，信用证修改用MT707格式，接受单证通知用MT732格式，接受拒付通知用MT734格式等。这里的MT是Message Type(电文)的缩写，三个数字里，第一个数字是规定具体业务的品种的，如7打头的是信用证，4打头的是托收，1、2打头的是汇款，而后两个数字是表示一类中的具体格式，其中99是表示自由格式，如799、999、199等。

SWIFT系统的服务费用低廉、安全可靠，如同样的内容其费用只有Telex(电传)的18%、Cable(电报)的2.5%左右。SWIFT的密押比其他电信方式可靠性强、保密性高，且具有较高的自动化，因此，银行信用证业务越来越多地使用SWIFT信用证。

2.2.2　信用证的开立流程

信用证的开证流程如图2-1所示。

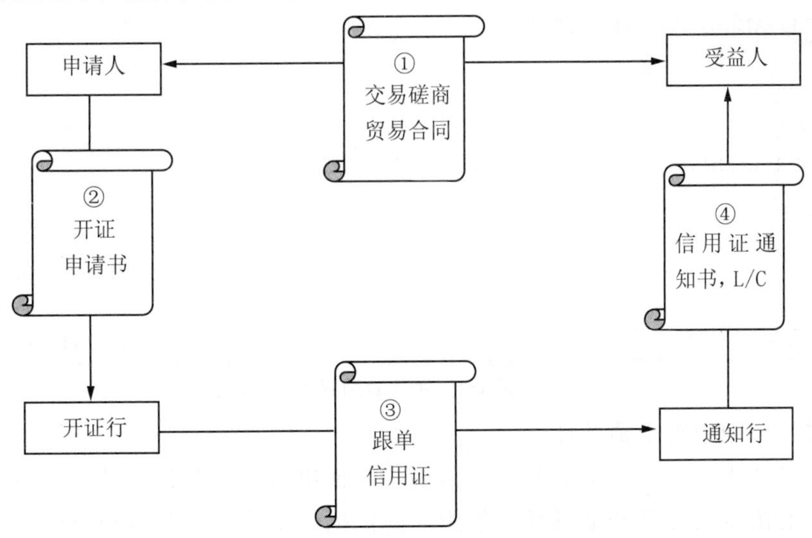

图2-1　信用证的开证流程图

流程解释：

①进出口双方在合同中规定好采用跟单信用证支付方式。

销售合同样本如图 2-2 所示。

销售合同

SALES CONTRACT

卖方 编号 NO.：

SELLER： 日期 DATE：

地点 SIGNED IN：

买方

BUYER：

买卖双方同意以下条款达成交易：

THIS CONTRACT IS MADE BY AND AGREED BETWEEN THE BUYER AND SELLER, IN ACCORDANCE WITH THE TERMS AND CONDITIONS STIPULATED BELOW.

1. 品名及规格 COMMODITY & SPECIFICATION	2. 数量 QUANTITY	3. 单价及价格条款 UNIT PRICE & TRADE TERMS	4. 金额 AMOUNT

允许 溢短装，由卖方决定

WITH MORE OR LESS OF SHIPMENT ALLOWED AT THE SELLERS' OPTION

5. 总值

TOTAL VALUE

6. 包装

PACKING

7. 唛头

SHIPPING MARKS

8. 装运期及运输方式

TIME OF SHIPMENT & MEANS OF TRANSPORTATION

9. 装运港及目的地

PORT OF LOADING & DESTINATION

10. 保险

INSURANCE

11. 付款方式

TERMS OF PAYMENT

12. 备注

REMARKS

THE BUYER THE SELLER

(SIGNATURE) (SIGNATURE)

图 2-2 销售合同样本

②进口商向银行申请开证。

开证申请人向开证行填写开证申请书，开证申请书是开证申请人与开证行建立法律关系的依据，也是开证行开立信用证的依据。申请人给开证行开立信用证的指示必须明确、完整。开证申请书样本如图 2-3 所示。

IRREVOCABLE DOCUMENTARY CREDIT APPLICATION

开立不可撤销跟单信用证申请书

DATE

<table>
<tr><td colspan="2">TO: AGRICULTRUAL BANK OF CHINA BRANCH</td><td>CREDIT NO.</td></tr>
<tr><td colspan="2">1. ISSUED BY MAIL
□WITH BRIEF ADVICE BY TELETRANSMISSION
■ISSUED BY TELETRANSMISSION(WHICH SHALL BE THE OPERATIVE INSTRUMENT)</td><td>EXPIRY DATE AND PLACE
■IN THE COUNTRY OF BENEFICIARY
□AT ISSUING BANK'S COUNTER</td></tr>
<tr><td colspan="2">APPLICANT:</td><td>BENEFICIARY(WITH FULL NAME AND ADDRESS)</td></tr>
<tr><td colspan="2">ADVISING BANK(IF BLANK . AT YOUR OPTION)</td><td>AMOUNT(IN FIGURES & WORDS)</td></tr>
<tr><td>PARTIAL SHIPMENTS
□ALLOWED
■NOT ALLOWED</td><td>TRANSHIPMENT
□ALLOWED
■NOT ALLOWED</td><td rowspan="3">CREDIT AVAILABLE WITH _____ BANK
BY □SIGHT PAYMENT
□ACCEPTANCE
■NEGOTIATION
□DEFERRED PAYMENT
AGAINST THE DOCUMENTS DETAILED HEREIN
■ AND BENEFICIARY'S DRAFT(S) AT SIGHT DRAWN ON ISSUING BANK FOR 100% OF INVOICE VALUE</td></tr>
<tr><td colspan="2">SHIPMENT FROM
FOR TRANSPORTATION TO
NOT LATER THAN</td></tr>
<tr><td colspan="2">TERMS
2. □ FOB □CFR □CIF ■FCA □CPT
□CIP _____
OR OTHER TERMS _______</td></tr>
<tr><td colspan="3">DOCUMENTS REQUIRED: (MARKED WITH "X")
[ ] SIGNED COMMERCIAL INVOICE IN 3 ORIGINALS AND 3 COPIES INDICATING L/C NO., AND CONTRACT NO. _______.
[ ]1 ORIGINAL AND 2 COPIES OF AIRWAY BILLS MARKED "FREIGHT COLLECT", CONTRACT NUMBER AND SHIPPING MARK AND NOTIFYING THE BUYER WITH IT'S COMPLETE ADDRESS AND TELEPHONE NUMBER.
[ ]PACKING LIST/WEIGHT MEMO IN 3 ORIGINALS AND 2 COPIES ISSUED BY BENEFICIARY, INDICATING SHIPPING WEIGHT, SHIPPING MARK NUMBER OF BOXES, SIZES AND INVOICE NUMBER.
[ ]CERTIFICATE OF QUALITY AND QUANTITY IN 1 ORIGINAL AND 2 COPIES ISSUED BY MANUFACTURER.
[ ]CERTIFICATE OF ORIGIN IN ONE ORIGINAL AND 2 COPIES ISSUED BY BENEFICIARY.
[ ] COPY OF FAX TO THE BUYER ADVISING PARTICULARS OF SHIPMENT IMMEDIATELY AFTER SHIPMENT IS MADE.
DESCRIPTION OF GOODS/COMMODITY:

ADDITIONAL INSTRUCTIONS:
[X]ALL BANKING CHARGES OUTSIDE THE ISSUING BANK INCLUDING REIMBURSING CHARGES ARE FOR ACCOUNT OF BENEFICIARY.
[X]DOCUMENTS MUST BE PRESENTED WITHIN 21 DAYS AFTER DATE OF ISSUANCE OF THE TRANSPORT DOCUMENT BUT WITHIN THE VALIDITY OF THE CREDIT.
[ ]OTHER TERMS AND CONDITIONS , IF _______</td></tr>
</table>

图 2-3　信用证开证申请书样本

③开证行开立信用证。

银行接到开证申请人完整的指示后，即按该指示以合同为基础开立信用证。填制开证申请书的要求如下：

1. To(致)。填写开证行的名称。

2. Date(申请开证日期)。一般在申请书右上角。

3. Applicant(申请人)。全称及详细地址。

4. Credit Number(信用证号码)。银行填写。

5. Date and Expiry(信用证有效期和到期地点)。有效期一般在最迟装运日后10～15天，到期地点一般在受益人所在国。

6. Advising Bank(通知行)。由开证行填写。

7. Beneficiary(受益人)。全称和详细地址。

8. Partial Shipment(分批装运)。根据合同规定在方框内打"×"表示选中。

9. Transshipment(转运)。根据合同规定在方框内打"×"表示选中。

10. Amount(信用证金额)。用大小写表示。

11. Loading on board/dispatch/taking in charge at/from, not later than, for transport to(装运港、最迟装运日、目的港)

12. Trade Terms(贸易术语)

13. Credit Available with/by(付款方式)

14. Documents Required(单据条款)

15. Description of Goods(商品描述)

16. Additional Instructions(附加指示)

(1)All banking charges outside the issuing bank are for beneficiary's account.

(2)Documents must be presented within ×× days after the shipment date but within the validity of this credit.

(3)Third party as shipper is not acceptable. Short form/Unclean/Charter party B/L is not acceptable.

(4)Both quantity and amount ×× pct more or less are allowed.

(5)Prepaid freight drawn in excess of L/C amount is acceptable against presentation of original charges voucher issued by shipping Co. /Air line /or it's agent.

(6)All documents to be forwarded in one cover. Unless otherwise stated above.

(7)All documents must indicate contract number and L/C number.

(8)Documents issued prior to the date of issuance of credit not acceptable.

(9)Other terms, if any

17. Account No. , Name of Bank, Tel No. , Fax No. and E-mail(账号、开户

行、联系电话、传真和邮箱地址）

Name，Signature of Authorized Person（授权人名称、签字）

说明：

1. 开证申请书的内容应与买卖合同条款一致；不得将与信用证无关的内容和合同中过细的条款填入开证申请书；不得将模糊的或有争议的内容填入申请书；

2. 开证申请人开证前需提交保证金、抵押品或其他银行或金融机构出具的保函；

3. 开证申请人向开证行支付开证费用。

信用证开立应注意的问题：

1. 申请开立信用证前，对于国家管制商品、限制商品一定要落实进口批准手续及作好购汇准备。

2. 开证时间的掌握应该在卖方收到信用证后在合同规定的装运期内能出运为原则。

3. 开证申请书填写完毕，最好先传真给出口商再开证。

4. 开证要求“证同一致”。

5. 汇票的付款期限要与合同相符合。

6. 开证时指定检验检疫机构，明确货物的规格品质。

7. 单据条款要明确。

8. 合同规定的条款应在信用证中“单据化”。

9. 国外通知行由开证行指定。

10. 在信用证中规定是否允许分批装运、转运等。

11. 如果采用空运，则不应在申请书中要求受益人提交一张以上的正本空运单据，因为只有第三张正本空运单据是给发货人的。

12. 各银行事先印制的固定格式申请书中凡涉及选择的项目，一律在有关项目前打“×”表示选中。

13. 除非有特殊要求和规定，信用证申请书原则上应以英文开立。

14. 我国银行一般不接受开立他行保兑的信用证及带电索条款的信用证，对可转让信用证也持谨慎态度。

15. 开证申请书文字应力求规范。

④通知行向受益人通知信用证。

一般情况下，信用证不是由开证行直接通知受益人的，而是通过受益人所在地银行，即通知行向受益人转递信用证。通知行在确认信用证的真实性及开证行的资信后，准确、完整地通知信用证。信用证通知书样本如图 2-4 所示。

中国银行
BANK OF CHINA
信用证通知书
NOTIFICATION OF DOCUMENTARY CREDIT

ADDRESS： TELEX： FAX：	CABLE： SWIFT： DATE：

TO：致	WHEN CORRESPONDING PLEASE QUOTE OUR REF NO.
ISSUING BANK 开证行	TRANSMITTED TO US THROUGH 转递行
L/C NO. 信用证号 DATED 开证日期	AMOUNT 金额

SUBJECT TO UCP600

DEAR SIRS，敬启者

WE HAVE PLEASURE IN ADVISING YOU THAT WE HAVE RECEIVED FROM THE ABOVE BANK A (N)

兹 通 知 贵公司，我 行 收 自 上 述 银 行

( ) TELEX ISSUING 电传开本　　( ) INEFFECTIVE 未生效
( ) PRE-ADVISING OF 预先通知　　( ) MAIL CONFIRMATION OF 证实书
( ) ORIGINAL 正本　　( ) DUPLICATE 副本

LETTER OF CREDIT，CONTENTS OF WHICH ARE AS PER ATTACHED SHEET (S).

THIS ADVICE AND THE ATTACHED SHEET(S) MUST ACCOMPANY THE RELATIVE DOCUMENTS WHEN PRESENTED FOR NEGOTIATION.
信用证一份，现随附通知。贵公司交单时，请将通知书、信用证一并提示。

( ) PLEASE NOTE THAT THIS ADVICE DOES NOT CONSTITUTE CUT CONFIRMATION AT THE ABOVE L/C NOR DOES IT CONVEY ANY ENGAGEMENT OR OBLIGATION ON OUR PART.
本通知书不构成我行对此信用证之保兑及其他任何责任。

( ) PLEASE NOTE THAT WE HAVE ADDED OUR CONFIRMATION TO THE ABOVE L/C, NEGOTIATION IS RESTRICTED TO OURSELVES ONLY.
上述信用证已由我行加具保兑，并限向我行交单。

REMARKS：
备注：

THIS L/C CONSISTS OF SHEET (______'S), INCLUDING THE COVERING LETTER AND ATTACHMENT(S).
本信用证连同面函及附件共______张纸。

IF YOU FIND ANY TERMS AND CONDITIONS IN THE L/C WHICH YOU ARE UNABLE TO COMPLY WITH AND/OR ANY ERROR(S), IT IS SUGGESTED THAT YOU CONTACT APPLICANT DIRECTLY FOR NECESSARY AMENDMENTS.
如本信用证中有无法办到的条款或错误，请与开证申请人联系进行必要的修改。

YOUR FAITHFULLY,
FOR BANK OF CHINA NANJING BRANCH

图 2-4　信用证通知书样本

相关链接

SWIFT 报文格式(MT-MESSAGE TYPE)包括了外汇银行业务的全部内容，从 0～9 分为 10 大类，其中的第 7 类为：跟单信用证和保函(DOCUMENTARY CREDITS AND GUARANTEES)。

在第 7 类中，包含了若干组，每一组又包含若干格式，有关信用证的部分如下：

MT700/701 开立跟单信用证

MT705 跟单信用证的通知

MT707 跟单信用证的修改

MT710/711 通知由第三家银行开立的信用证

MT720/721 跟单信用证的转让

MT730 确认

MT732 解除责任通知

MT734 拒付通知

MT750 通知不符点

MT754 已付款，承兑和议付的通知

2.3　信用证的内容及其审核

2.3.1　信用证的内容与结构

信用证样本如图 2-5 所示。

MT700：ISSUE OF A DOCUMENTARY CREDIT

SEQUENCE OF TOTAL	*27：1/1
FORM OF DOC. CREDIT	*40A：IRREVOCABLE
DOC. CREDIT NUMBER	*20：33416852
DATE OF ISSUE	*30C：130915
APPLICABLE RULES	*40E：UCP LATEST VERSION
DATE AND PLACE OF EXPIRY	*31D：DATE 131110 PLACE IN THE COUNTRY OF BENEFICIARY
APPLICANT	*50：JAPAN TOKYO TRADE CORPORATION, 356 KAWAYA MACH TOKYO, JAPAN
ISSUING BANK	52A：FUJI BANK LTD. 1013, SAKULA OTOLIKINGZA MACHI, TOKYO JAPAN
BENEFICIARY	*59：NINGBO IMPORT & EXPORT CO. LTD. 31, GANXIANG ROAD NINGBO, CHINA
AMOUNT	*32B：CURRENCY USD AMOUNT 15 000,00

AVAILABLE WITH / BY ＊41D：ANY BANK IN CHINA BY NEGOTIATION
DRAFTS AT… 42C：DRAFTS AT SIGHT FOR FULL INVOICE COST
DRAWEE 42A：FUJI BANK LTD.
PARTIAL SHIPMENTS 43P：PROHIBITED
TRANSHIPMENT 43T：PROHIBITED
LOADING ON BOARD 44A：SHANGHAI PORT
FOR TRANSPORTATION TO... 44B：TOKYO PORT
LATEST DATE OF SHIPMENT 44C：131031
DESCRIPT OF GOODS 45A：COTTON BLANKET
ART NO. H666 1 500 PCS USD 5.50/PC
ART NO. HX88 1 500 PCS USD 4.50/PC
CIF OSAKA
DOCUMENTS REQUIRED 46A：
＋ SIGNED COMMERCIAL INVOICE IN TRIPLICATE.
＋ PACKING LIST IN TRIPLICATE.
＋CERTIFICATE OF ORIGIN GSP CHINA FORM A，ISSUED BY THE CHAMBER OF COMMERCE OR OTHER AUTHORITY DULY ENTITLED FOR THIS PURPOSE.
＋2/3 SET OF CLEAN ON BOARD OCEAN BILLS OF LADING，MADE OUT TO ORDER OF SHIPPER AND BLANK ENDORSED AND MARKED "FREIGHT PREPAID" AND NOTIFY APPLICANT.
＋FULL SET OF NEGOTIABLE INSURANCE POLICY OR CERTIFICATE BLANK ENDORSED FOR 110 PERCENT OF INVOICE VALUE COVERING ALL RISKS.
PERIOD FOR PRESENTATION 48：DOCUMENTS MUST BE PRESENTED WITHIN 15 DAYS AFTER THE DATE OF SHIPMENT BUT WITHIN THE VALIDITY OF THE CREDIT.
CHARGES 71B：ALL BANKING CHARGES OUTSIDE JAPAN ARE FOR ACCOUNT OF BENEFICIARY.

图 2-5 信用证样本(MT700)

1. 跟单信用证的主要内容

信用证的内容无统一的格式，内容因信用证种类的不同而有所区别。但基本内容包括：现在各开证行的开证格式已基本接近国际商会拟定的《开立跟单信用证标准格式》(国际商会第 416 号出版物，1986 年)。

(1)关于信用证本身的说明

● 开证行的名称(Issuing Bank)。一般在信用证中首先标出，应为全称加详细地址。

● 信用证的号码(L/C No.)。一般不可缺少，开证行自行编制。

● 信用证的形式(Form of Credit)。一切信用证均应明确表示是可撤销的还是不可撤销的，否则视为不可撤销的信用证。

● 开证日期(Date of Issue)。必须标明开证日期，这是信用证是否生效的基础。

● 受益人(Beneficiary)和申请人(Applicant)。受益人即出口商，它是享有利用信用证支取款项权利的人，必须标明完整的名称和详细的地址。

● 开证。申请人一般是买卖合同中的买方即进口商，应标明完整的名称和详细的地址。

● 信用证的金额(L/C Amount)。这是开证行承担付款责任的最高限额，应能满足买卖合同的支付。信用证金额要用大小写分别记载。

● 信用证到期日和到期地点(Date and Place of Expiry)，即信用证的有效期限，超过该期限的信用证即失效。

● 信用证的兑用方式(Available by)，即在什么银行用何种方式兑用。UCP600 第六条 a 款中规定：信用证必须规定可在其处兑用的银行，或是否可在任一银行兑用。第六条 b 款中规定：信用证必须规定其是以即期付款、延期付款、承兑还是议付的方式兑用。

● 交单期限(Period of Presentation)和交单地点(Place for Presentation)。UCP600 第六条 d(i)款中规定：信用证必须规定一个交单的截止日。规定的承付或议付的截止日将被视为交单的截止日。另外，第六条 d(ii)款中规定：可在其处兑用信用证的银行所在地即为交单地点。可在任一银行兑用的信用证其交单地点为任一银行所在地。除规定的交单地点外，开证行所在地也是交单地点。

(2)关于汇票的内容

● 汇票的付款期限(Tenor)。表明汇票是即期还是远期。

● 汇票的付款人(Drawee)。信用证的付款人是开立汇票的重要依据，汇票付款人须根据信用证的规定来确定。

● 汇票的出票条款(Drawn Clause)。主要表明汇票是根据某号信用证开出的。

(3)关于单证的内容

信用证中一般列明需要的单证，分别说明单证的名称、份数和具体要求。最为基本和重要的单证主要是商业发票(Commercial Invoice)、运输单证(Transport Documents)、保险单证(Insurance Policy)。此外，进口商还往往要求出口商提供产地证、品质证书等单证。

(4)关于商品的内容

关于货物描述(Description of Goods)部分，一般包括货名、数量、单价以及包装、唛头、价格条件等最主要的内容和合同号码。

(5)关于运输的内容

一般情况下，信用证中关于运输的项目有装货港(Port of Loading/Shipment)、卸货港或目的地(Port of Discharge or Destination)、装运期限(Latest Date of Shipment)等。此外，信用证还必须说明可否分批装运(Partial Shipment Permitted/not Permitted)和可否转运(Transshipment Allowed/not Allowed)。

(6)其他事项

● 开证行对有关银行的指示条款，包括对议付行、通知行、付款行的指示条款(Instructions to Negotiating Bank/Advising Bank/ Paying Bank)，如寄单、索偿等。

● 开证行的保证条款。开证行通过保证条款(Engagement/Undertaking Clause)来表明其付款责任。

●开证行签章，即开证行代表签名(Opening Bank's Name and Signature)，信开本信用证必须由开证行有权签名人签字方能生效，一般情况下是采取“双签”(即两人签字)的办法。

●其他特别条件。其他特别条款(Other Special Condition)主要用以说明一些特别的要求。

●适用《跟单信用证统一惯例》规定的申明。

2. SWIFT信用证举例分析

SWIFT系统的使用，给银行的结算提供了安全、可靠、快捷、标准化、自动化的通信业务，大大提高了银行的结算速度。目前，信用证的格式主要都是用SWIFT电文。SWIFT信用证有MT700和MT701两种格式，常见的是MT700，MT701是MT700的补充。

(1)SWIFT信用证的特点

项目的表示方式。SWIFT信用证由项目(Field)组成，如59 Beneficiary(受益人)，就是一个项目，59是项目的代号，可以用两位数字表示，也可以用两位数字加上字母来表示，如51A Applicant(申请人)。不同的代号，表示不同的含义。项目还规定了一定的格式，各种SWIFT电文都必须按照这种格式表示。

在SWIFT电文中，一些项目是必选项目(Mandatory Field)，一些项目是可选项目(Optional Field)，必选项目是必须要具备的，如31D Date and Place of Expiry(信用证的有效期)，可选项目是另外增加的项目，并不一定是每个信用证都有的，如39B Maximum Credit Amount(信用证的最大限制金额)，由操作员根据业务需要确定是否选用。

日期的表示方式。SWIFT电文的日期的表示方式为：YYMMDD(年月日)，如2013年5月13日表示为130513。

数字的表示方式。在SWIFT电文中，数字不使用分隔号，小数点用逗号(“,”)来表示，如20，130，513.325表示为20130513，325；4/5表示为0,8；5%表示为5 Percent。

货币的表示方式。SWIFT电文中的货币代号采用国际标准代号，即由三个英文字母组成，前两个字母代表国名，后一个字母代表货币名，如澳大利亚元AUD、加拿大元CAD、人民币CNY、德国马克DEM、法国法郎FRF、港币HKD、意大利里拉ITL、日元JPY、英镑GBP和美元USD。

SWIFT常用货币符号

货币名称	货币符号	货币名称	货币符号
人民币	RMB	美元	USD
日元	JPY	欧元	EUR

续表

货币名称	货币符号	货币名称	货币符号
英镑	GBP	德国马克	DEM
瑞士法郎	CHF	法国法郎	FRF
加拿大元	CAD	澳大利亚元	AUD
港币	HKD	奥地利先令	ATS
芬兰马克	FIM	比利时法郎	BEF
爱尔兰镑	IEP	意大利里拉	ITL
卢森堡法郎	LUF	荷兰盾	NLG
葡萄牙埃斯库多	PTE	西班牙比塞塔	ESP
印尼盾	IDR	马来西亚林吉特	MYR
新西兰元	NZD	菲律宾比索	PHP
俄罗斯卢布	SUR	新加坡元	SGD
韩国元	KRW	泰国铢	THB

(2)SWIFT 信用证的结构

SWIFT 的电报结构，由五部分(数据块)组成。

- Basic Header Block(基本报头)，一般是收信银行(通知行)的 SWIFT 信息。
- Application Header Block(应用报头)，一般是发信银行也就是开证行的 SWIFT 信息。
- User Header Block(用户报头)。
- Text Block(电报正文)。
- Trailer Block(报尾)。

(3)SWIFT 信用证代码讲解

【MT700 和 MT701 开证格式】

代码 Tag	栏位名称(Field Name)
27	Sequence of Total 电文页次
20	Documentary Credit Number 信用证编号
40E	Applicable Rule 适用条文
45B	Description of Goods and/or Service 货物和/或服务的描述
46B	Documents Required 所需单据
47B	Additional Conditions 附加条款
50	Applicant 申请人
59	Beneficiary 受益人
32B	Currency Code，Amount 币种、金额

续表

代码 Tag	栏位名称(Field Name)
39A	Percentage Credit Amount 信用证金额上下浮动允许的最大范围
39B	Maximum Credit Amount 最高信用证金额
39C	Additional Amount Covered 附加金额
41A	Available with... by... 指定的有关银行及信用证兑付的方式
42C	Drafts at... 汇票付款日期
42A	Drawee 汇票付款人
42M	Mixed Payment Details 混合付款条款
42P	Deferred Payment Details 延期付款条款
43P	Partial Shipment 分批装运
43T	Transshipment 转运
44A	Loading on Board /Dispatch/Taking in Charge at /from... 装船、发运和接受监管的地点
44B	For Transportation to... 货物发运的最终目的港(地)
44C	Latest Date of Shipment 最迟装船日
44D	Shipment Period 装期
45A	Description of Goods and / or Services 货物与/或服务描述
46A	Documents Required 所需单据
47A	Additional Conditions 附加条款
71B	Charges 费用情况
48	Period for Presentation 交单期限
49	Confirmation Instruction 保兑指示
53A	Reimbursement Bank 偿付银行
78	Instructions to the Paying /Accepting /Negotiating Bank 对付款/承兑/议付银行的指示
57A	Advising through 通知银行
72	Sender to Receiver Information 银行间的备注

【MT707 信用证修改格式】

代码 Tag	栏位名称(Field Name)
20	Sender's Reference 送讯银行的编号
21	Receiver's Reference 受讯银行的编号
23	Issuing Bank's Reference 开证银行的编号
52a	Issuing Bank 开证银行
31c	Date of Issue 开证日期
30	Date of Amendment 修改日期

续表

代码 Tag	栏位名称(Field Name)
26E	Number of Amendment 修改序号
59	Beneficiary(before this amendment)受益人(修改以前的)
31E	New Date of Expiry 新的到期日
32B	Increase of Documentary Credit Amount 信用证金额的增加
33B	Decrease of Documentary Credit Amount 信用证金额的减少
34B	New Documentary Credit Amount After 修改后新的信用证金额
39A	Percentage Credit Amount Tolerance 信用证金额上下浮动允许的最大范围
39B	Maximum Credit Amount 最高信用证金额
39C	Additional Amount Covered 附加金额
44A	Loading on Board /Dispatch/Taking in Charge at /from... 装船、发运和接受监管的地点
44B	For Transportation to... 货物发运的最终目的港(地)
44C	Latest Date of Shipment 最迟装船日
44D	Shipment Period 装期
79	Narrative 说明
72	Sender to Receiver Information 银行间备注

2.3.2 信用证的审核

审核信用证的内容即审核信用证条款。而信用证的真实性和开证行的资信状况由通知行来审核。

1. 审核信用证通知书

在审核之前，要仔细阅读信用证通知书的内容。

(1)若通知行认为开证行的资信状况差、信用等级低，受益人要么要求开证申请人找一家信用可靠的银行对此信用证加以保兑，使信用证成为保兑信用证(Confirmed L/C)，以获得开证行和保兑行的双重第一性付款保证；要么要求开证申请人找一家信用可靠的银行重开信用证。

(2)若来证为 SWIFT 电开信用证，SWIFT 系统具有自动核押功能。若来证为信开信用证，通知行需对开证行授权签名人的签名真实性进行审核。若通知行无法确认信用证的真实性，在信用证通知书上表示“押未核仅供参考”等内时，则不能盲目开始准备生产货物，应催促通知行尽快确认信用证的真实性。

(3)若通知行告知该信用证为预先通知信用证时，在信用证通知书上表示“未生效”，则要谨慎处理，因为预先通知信用证在法律上是无效的，只有开证行随后寄来信用证证实书之后才生效。

2. 审核信用证

(1)审证依据

①外贸合同。信用证是依据外贸合同开立的，所以其条款应与外贸合同的条款相符。卖方若不能履行信用证条款，就无法凭信用证兑款，更不能援用外贸合同的

条款，将信用证条款予以补充或变更。因此，审查信用证条款是否与外贸合同的条款相符，是外贸单证员收到信用证后首先要做的工作。

②UCP600。外贸单证员审核信用证时，应遵循 YCP600 的规定来确定是否可以接受信用证的某些条款。例如，关于信用证的转让，UCP600 第三十八条 b 款规定，可转让信用证系指特别注明"可转让"(transferable)字样，则视为不可转让信用证。

③业务实际情况。对于外贸合同中未作规定或无法根据 UCP600 来做出判断的信用证条款，外贸单证员应根据业务实际情况来审核。这里的业务实际情况，是指信用证条款对安全收汇的影响程度、进口国的法令和法规以及开证申请人的商业习惯等。

(2)审证步骤

第一步：熟悉外贸合同各条款内容

第二步：对照外贸合同条款，按照可操作性原则，逐条审核信用证各条款

第三步：核对外贸合同，有无信用证漏开的外贸合同条款

第四步：列出信用证中的不符条款

(3)审证要点

①开证申请人和受益人的名称。开证申请人和受益人的名称是出口单证中必不可少的，若信用证开错应及时修改，以免影响安全收汇。

②信用证金额。信用证金额的币别与数额必须与外贸合同相符。若信用证列有商品数量或单价的，应计算总值是否正确。若外贸合同订有商品数量的"溢短装"条款时，信用证金额也应规定相应的机动幅度。若所开的信用证金额已扣除佣金，则不能在信用证上再出现议付行内扣佣金词句。

③货物描述。审核信用证中的货物的名称、货号、规格、包装、合同号码、订单号码等内容是否与外贸合同完全一致。

④信用证效期。按 USP600 第 6 条 d 款的规定，信用证必须规定一个交单的效期。若信用证规定付款、承兑或议付的效期，即信用证效期，信用证一般同时也规定交单地点，它包括出口地、进口地和第三国等三种情况。出口地交单对出口商最有利，进口地交单和第三国交单对出口商都不利，因为交单地点均在国外，容易产生迟交单和寄丢单的危险。为此，出口商应争取在出口地交单，若争取不到，应预先估计单据的邮寄时间，提前交单，以防逾期。

⑤交单期。信用证还应规定一个运输单据出单日期后必须提交符合信用证条款的单据的特定期限，即"交单期"。若信用证无此期限的规定，按 USP600 第 14 条 c 款规定，如果单据中包含一份或多份受第 19、20、21、22、23、24 或 25 条规制的正本运输单据，则须由受益人或其代表在不迟于本惯例所指的发运日之后的二十一个日历内交单，但是在任何情况下都不得迟于信用证的效期。

⑥装运期。装运期是指卖方将货物装上运往目的地(港)的运输工具或交付给承

运人的日期。若信用证中未规定装运期，则最迟装运期与信用证效期为同一天，即通常所称的“双到期”。在实际业务操作中，应将装运期提前一定的时间(一般在信用证效期前至少 10 天)，以便有合理时间来制单结汇。

⑦运输条款。信用证运输条款中的装运港(地)和目的港(地)应与外贸合同相符，交货地点也必须与价格条款相一致。

若来证指定运输方式、运输工具或运输路线以及要求承运人出具船龄或船籍证明，应及时与承运人联系。

若信用证中未注明可否转运及/或分批，则视为允许转运及/或分批。对于分期支款或分期装运，USP600 第 32 条规定，如信用证规定在指定的时间段内分期支款或分期装运，任何一期未按信用证定期限装运时，信用证对该期及以后各期均告失效。

⑧保险条款。若来证要求的投保险别或投保金额超出了外贸合同的规定，除非信用证上表明由此而产生的超保费用由开证申请人允许在信用证项下支取，否则应予修改。若保险加成过高，还需征得保险公司同意，否则应予修改。

⑨单据条款。要仔细审核信用证中的单据条款，特别要注意一些软条款，如商业发票经买方复签生效、1/3 正本提单直接寄给买方等。

⑩银行费用条款。一般情况下，出口方银行费用由受益人承担，进口方银行的费用由开证申请人承担。关于银行费用承担，进出口双方应在谈判时加以明确。

2.4 信用证的修改

2.4.1 改证问题处理

1. 改证的常见情形

(1)开证错误。因信用证条款与外贸合同条款不一致或存在软条款等开证错误，要求修改信用证。

(2)受益人要求展期。受益人由于货源不足、生产事故、运输脱节、社会动乱、开证申请人未能在合同规定期限内把信用证开到等原因无法如期装运要求展期，展期涉及装运期和信用证有效期。

(3)开证申请人要求增加数量和金额。由于信用证项下的商品在开证申请人所在国很畅销，为了能够获得更多的资源，与受益人协商后，开证申请人向开证行提出增加商品数量和金额的改证申请。

2. 改证的原则

对于审证后发现的信用证问题条款，受益人应遵循“利己不损人”原则进行。即受益人改证既不影响开证申请人正常利益，又维护自己的合法利益。具体来讲，有以下 5 种常见的处理原则：

(1)对我方有利又不影响对方利益的问题条款，一般不改。

(2)对我方有利但会严重影响对方利益的问题条款，一定要改。

(3)对我方不利但在不增加或基本不增加成本的情况下可以完成的问题条款，可以不改。

(4)对我方不利又要在增加较大成本的情况下可以完成的问题条款，若对方愿意承担成本，则不改；否则要改。

(5)对我方不利若不改会严重影响安全收汇的问题条款，则坚决要改。

受益人在审核信用证期间，若对某一问题有疑问，可以向其通知行或信用证的指定银行查询核实，或寻求帮助。若仍有问题无法解决，就应尽快与各当事人联系修改信用证。

2.4.2 改证流程

信用证的修改要求一般由受益人提出，也可由申请人提出修改，但不管哪一方提出要修改，都必须征得申请人、开证行和受益人的同意。申请人有权决定是否接受修改信用证的要求，而受益人有权决定是否接受信用证的修改内容。信用证修改程序如图 2-6 所示。

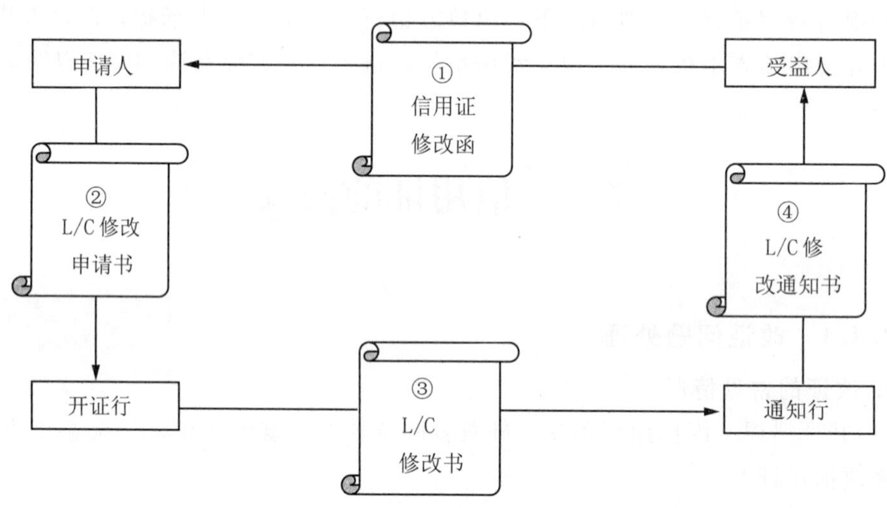

图 2-6 信用证修改流程图

信用证修改的步骤解释：

①开证申请人向信用证的开证行申请修改信用证。信用证修改申请书如图 2-7 所示。

②开证行审核同意后，向原通知行发出修改通知书或信用证修改书或加押修改通知电传。信用证修改书如图 2-8 所示。

IRREVOCABLE DOCUMENTARY CREDIT AMENDMENT APPLICATION

TO:　　　　　　　　　　　　　　　　　　　　　　　　　　　　DATE:

<table>
<tr><td>CREDIT NO.（信用证号码）</td><td>AMOUNT：（原证金额）</td></tr>
<tr><td colspan="2">NO. OF AMENDMENT：（修改次数）</td></tr>
<tr><td colspan="2">BENEFICIARY：（受益人）</td></tr>
<tr><td>NEW DATE OF EXPIRY：（新效期）</td><td>NEW LATEST SHIPMENT DATE：（新装期）</td></tr>
<tr><td colspan="2">INCREASE OF DC AMOUNT：（信用证增额）</td></tr>
<tr><td colspan="2">DECREASE OF DC AMOUNT：（信用证减额）</td></tr>
<tr><td colspan="2">NEW DC AMOUNT AFTER AMENDMENT：（修改后信用证金额）</td></tr>
<tr><td colspan="2">TERMS OF AMENDMENT：（修改条款）</td></tr>
<tr><td colspan="2">其余条款不变 OTHER TERMS AND CONDITIONS REMAIN UNCHANGED
修改费承付 ALL AMENDMENT CHARGES ARE FOR □APPLICATION □BENEFICIARY'S ACCOUNT.</td></tr>
</table>

经办人：

申请人签章：

图 2-7　信用证修改申请书

中国民生银行
CHINA MINSHENG BANKING CORP., LTD

——— Instance Type and Transmission ———

Notification(Transmission) of Original Sent to SWIFT(ACK)

Network Delivery Status : Network Ack

Priority/Delivery : Normal

Message Input Reference : 1817 130222MSBCCNBJA0043027256348

——— Message Header ———

Swift Input : FIN 707 Amendment to a Doc Credit

Sender : MSBCCNBJ004

CHINA MINSHENG BANKING CORPORATION

(SHENZHEN BRANCH)

SHENZHEN CN

Receiver: HSBCHKHHXXX

HONGKONG AND SHANGHAI BANKING

HONGKONG HK

MUR : 2013022200395292

——— Message Text ———

20: Sender's Reference

1815LC05000017

21：Receiver's Reference
NONREF
31C：Date of Issue
130222
30：Date of Amendment
130222
26E：Number of Amendment
1
59：Benefic'y(before amndmt)-Nm&Add
ABC CO LTD.
ABC BUILDING,
ABC ROAD,
HONGKONG
33B：Decrease of Doc Credit Amount
Currency ：USD(US DOLLAR)
Amount ：#500，000.00#
34B：New Doc Credit Amt After Amendmt
Currency ：USD(US DOLLAR)
Amount ：#500，000.00#
79：Narrative
+ALL OTHER TERMS AND CONDITIONS REMAIN
UNCHANGED.

—— Message Trailer ——

{MAC：45F2CFF9}
{CHK：5B1A08A00AC4}

—— Interventions ——

Category ：Network Report
Creation Time ：22/02/13 18：16：25
Application ：SWIFT Interface
Operator ：SYSTEM
Text
{1：F21MSBCCNBJA0043027256348}{4：{177：052221817}{451：0}{108：200522200395292}}

图 2-8 信用证修改书(MT707)

③通知行验核修改书的表面真实性并将其传递给受益人。信用证修改通知书样本如图 2-9 所示。

④受益人同意接受修改后，信用证修改正式生效。

中 国 银 行
BANK OF CHINA
修 改 通 知 书
NOTIFICATION OF AMENDMENT

ADDRESS: CABLE:
TELEX: SWIFT:
FAX: DATE:

TO：致：	WHEN CORRESPONDING PLEASE QUOTE OUR REF NO.
ISSUING BANK 开证行	TRANSMITTED TO US THROUGH 转递行
L/C NO. 信用证号	AMENDMENT NO. 修改次数
L/C DATED 开证日期	AMENDMENT DATED 修改日期

SUBJECT TO UCP600

DEAR SIRS，敬启者：
WE HAVE PLEASURE IN ADVISING YOU THAT WE HAVE RECEIVED FROM THE A/M BANK A(N)
兹 通 知 贵 公 司，我 行 自 上 述 银 行 收 到 一 份
( ) TELEX OF 电传修改 ( ) INEFFECTIVE 未生效的修改
( ) ORIGINAL 正本修改 ( ) DUPLICATE 副本修改
AMENDMENT TO THE CAPTIONED L/C，CONTENTS OF WHICH ARE AS PERATTACHED SHEET (S).
内 容 见 附 件。

THIS AMENDMENT SHOULD BE ATTACHED TO THE CAPTIONED L/C ADVISED BY US，OTHERWISE，THE BENEFICIARY WILL BE RESPONSIBLE FOR ANY CONSEQUENCES ARISING THEREFROM.
本修改须附于有关信用证，否则，贵公司须对因此而产生的后果承担责任。
( ) PLEASE NOTE THAT THIS ADVICE DOES NOT CONSTITUTE CUT CONFIRMATION AT THE ABOVE L/C NOR DOES IT CONVEY ANY ENGAGEMENT OR OBLIGATION ON OUR PART.
本通知书不构成我行对此信用证之保兑及其他任何责任。
REMARKS:
备注

THIS AMENDMENT CONSISTS OF SHEET(______ 'S)，INCLUDING THE COVERING LETTER AND ATTACHMENT (S).
本信用证连同面函及附件共______纸。
KINDLY TAKE NOTE THAT THE PARTIAL ACCEPTANCE OF THE AMENDMENT IS NOT ALLOWED，IF YOU FIND IT UNACCEPTABLE，THE AMENDMENT SHOULD BE RETURNED TO US WITHIN 3 WORKING DAYS TOGETHER WITH YOUR DULY SIGNED STATEMENT. OTHERWISE，WE SHALL CONSIDER IT AS ACCEPTED BY YOUR GOODSELVES.
本修改不能部分接受。如贵公司不接受本修改，请于 3 个工作日内书面通知我行并退回通知书。否则，我行将视作贵公司已接受本修改。

YOUR FAITHFULLY ,
FOR BANK OF CHINA NANJING BRANCH

图 2-9 信用证修改通知书样本

2.4.3 改证操作与 UCP600

1. 改证通知与 UCP600

①UCP600 第九条 b 款规定，通知行通知信用证或其修改的行为表示其确信信用证或修改的表面真实性，而且其通知准确地反映了其收到的信用证或修改的条款。

②UCP600 第九条 c 款规定，通知行可以通过另一银行(“第二通知行”)向受益人通知信用证及修改。第二通知行通知信用证或修改的行为表明其已确信收到的通知的表面真实性，并且其通知准确地反映了收到的信用证或修改的条款。

③UCP600 第九条 d 款规定，经由通知行或第二通知行通知信用证的银行必须经由同一银行通知其后的任何修改。

④UCP600 第九条 e 款规定，如一银行被要求通知信用证或修改但其决定不予修改，则应毫无延误地告知自其处收到信用证、修改或通知的银行。

⑤UCP600 第九条 f 款规定，如一银行被要求通知信用证或修改但其不能确信信用证、修改货通知的表面真实性，则应毫不延误地各知从其处收到指示的银行。如果通知行或第二通知行决定仍然通知信用证或修改，则应告知受益人或第二通知行其不能确信信用证、修改或通知的表面真实性。

⑥UCP600 第十条 d 款规定，通知修改的银行应将任何接受或拒绝的通知转告发出修改的银行。

2. 开证行、保兑行改证责任与 UCP600

UCP600 第十条 d 款规定，开证行发出修改之时起，即不可撤消地受其约束。保兑行可将其保兑扩展至修改，并自通知该修改之时，即不可撤消地受其约束。但是，保兑行可以选择将修改通知受益人而不对其加具保兑。若然如此，其必须毫不延误地将此告知开证行，并在其给受益人的通知中告知受益人。

3. 改证生效与 UCP600

UCP600 第十条 a 款规定，除第 38 条另有规定者外，未经开证行、保兑行(如有的话)及受益人同意，信用证既不得修改，也不得撤消。

UCP600 第十条 c 款规定，在受益人告知通知修改的银行其接受该修改之前，原信用证(或含有先前被接受的修改的信用证)的条款对受益人仍然有效。受益人应该提供接受或拒绝修改的通知。如果受益人未能给予通知，当交单与信用证以及尚未表示接受的修改的要求一致时，即视为受益人已作出接受修改的通知，并且从此时起，该信用证被修改。

UCP600 第十条 e 款规定，对同一修改的内容不允许部分接受，部分接受将被视为拒绝修改的通知。

UCP600 第十条 f 款规定，修改中关于“除非受益人在某一时间内拒绝修改否则修改生效”的规定应被不予理会。

2.4.4　改证的注意事项

● 信用证的修改须经主要当事人的同意。UCP600 第十条 a 款中规定：未经开证行、保兑行(如有的话)及受益人同意，信用证既不得修改，也不得撤销。

● 凡是需要修改的内容，应做到一次性向客人提出，避免出现多次修改信用证的情况。

● 受益人有权决定是否接受信用证修改。收到信用证修改后，应及时检查修改内容是否符合要求，决定是否接受信用证修改或及时重新提出修改。在受益人告知通知修改的银行其接受该修改之前，原信用证(或含有先前被接受的修改的信用证)的条款对受益人仍然有效。

● 受益人应提供接受或拒绝修改的通知，沉默不等于接受或拒绝。对信用证修改内容的接受或拒绝有两种表示形式：①受益人明确作出接受或拒绝该信用证修改的通知。②受益人以行动按照信用证的内容办事。如果受益人未能给予通知，当交单与信用证以及尚未表示接受的修改的要求一致时，即视为受益人已作出接受修改的通知，并且从此时起，该信用证被修改。

● 对于修改内容要么全部接受，要么全部拒绝。对同一张信用证修改的内容不允许部分接受，部分接受将被视为拒绝修改的通知。

● 有关信用证的修改必须通过原信用证的通知行通知受益人，且通知修改的银行应将任何接受或拒绝的通知转告发出修改的银行。若信用证有保兑，保兑行可将其保兑扩展至修改，也可对修改部分不加具保兑，但必须向开证行和受益人明示。

相关链接

国外一家贸易公司与我国某进出口公司订立合同，购买小麦 500 吨。合同规定，1 月 30 日前开出信用证，2 月 5 日前装船。1 月 28 日买方开来信用证，有效期至 2 月 10 日。由于卖方按期装船发生困难，故电请买方将装船期延至 2 月 17 日并将信用证有效期延长至 2 月 20 日，买方回电表示同意，但未通知开证银行。2 月 17 日货物装船后，卖方到银行议付时，遭到拒绝。请问：

(1)银行是否有权拒付货款？为什么？

(2)作为卖方，应当如何处理此事？

2.5　信用证的操作流程

不同类型的信用证在业务操作上会略有不同，这里以即期议付信用证为例对信用证的操作流程加以介绍。其操作流程如图 2-10 所示。

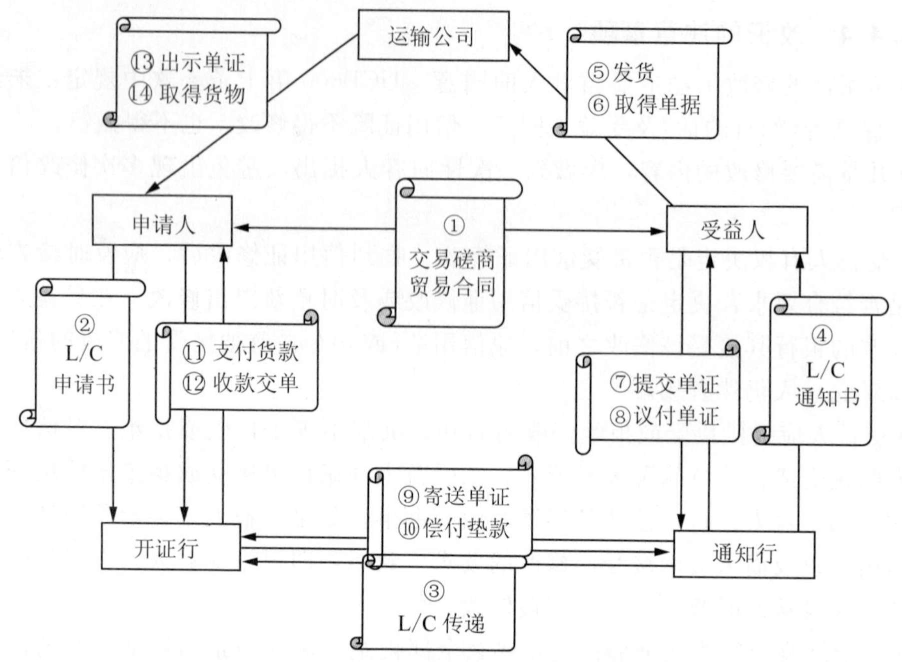

图 2-10 即期议付信用证的操作流程图

信用证的操作流程解释：

①进出口双方在贸易合同中规定用信用证支付方式。

②申请人根据合同的规定向开证行申请开立即期议付信用证。

③开证行开出信用证并寄交通知行。

④通知行向受益人通知信用证。

⑤受益人按信用证的规定备货装运，取得信用证所要求的单证。

⑥受益人制作信用证所需单证。

⑦受益人向议付行交单。

⑧议付行确认为相符交单，即按发票金额扣除一定利息垫付货款给受益人。

⑨议付行将相关单证寄送给开证行或付款行。

⑩开证行或付款行审单后付款给议付行。

⑪开证行通知申请人付款，申请人支付货款。

⑫开证行收取货款后将单证交给申请人。

⑬申请人向运输方出示代表物权的单证。

⑭运输方将货物交给申请人。

至此，一笔完整的即期议付信用证业务完成，货物的所有权通过单证成功地从出口商转向进口商，货物的款项通过银行顺利结汇。

信用证操作中的注意事项：

- 注意开证时间，合同中应明确规定开证时间；若未规定，买方应在合理的时间内开立 L/C。

● 一般信用证有效期至规定的装运期后的第 15 天；未规定有效期的 L/C 无效。

● 银行拒绝接受迟于运输单证 21 天提交的单证，但无论如何交单期不得晚于 L/C 的有效期。

● 一般应明确规定装运期；若只有有效期而无装运期，可理解为二者为同一天，即“双到期”。

2.6　信用证业务中的当事人

根据 UCP600 第二条的定义条款，信用证业务中的主要当事人有申请人、开证行、通知行及受益人。同时，不同类型的信用证在业务操作中可能还会出现议付行、保兑行、付款行、偿付行等。这些当事人的责任与权利具体如下。

1. 申请人(Applicant)

申请人是指要求开立信用证的一方，又称“开证人”(Opener)。申请人通常是进口商，即合同中的买方。

申请人在信用证业务中的主要职责是及时申请开立信用证或申请修改信用证，并向开证行及时赎买信用证项下的相符交单。

2. 开证行(Issuing Bank /Opening Bank)

开证行是指应申请人的要求或者代表自己开出信用证的银行。开证行一般是进口商所在地银行，即买方银行。

开证行的主要职责是按申请人的指令开立信用证或修改信用证，并通过一定的途径通知受益人，在收到与所开信用证项下的相符单证时承担承付责任。

3. 通知行(Advising Bank /Notifying Bank)

通知行是指应开证行的要求通知信用证的银行。通知行一般是出口商所在地银行，即卖方银行。

通知行的主要职责是应开证行的要求向受益人通知信用证及信用证的修改。

如通知行被要求通知信用证或修改但其决定不予通知，则应毫不延误地告知自其处收到、修改或通知信用证的银行。

通知行有确定信用证或修改信用证表面真实性的义务。如通知行被要求通知或修改信用证但其不能确信信用证、修改或通知的表面真实性，则应毫不延误地告知自其处收到信用证、修改或通知信用证的银行。

通知行可以通过另一银行(第二通知行)向受益人通知信用证及修改。第二通知行的责任和义务与通知行完全相同。

4. 受益人(Beneficiary)

受益人是指接受信用证并享受其利益的一方。收益人一般是出口商，即合同的卖方。

受益人的主要职责是审核或修改信用证，向指定银行提交信用证项下的相符单证以收取货款。

受益人收到信用证后，应及时与合同核对。如发现信用证条款与合同条款不符，须尽早提出修改要求或拒绝接受，同时对信用证的修改有权接受或拒绝。信用证一旦接受，受益人就有按信用证规定装货备单的义务，以及提交相符单证以获得信用证利益的权利。

受益人交单后，如遇开证行倒闭，信用证无法承付，则受益人有权向进口商提出付款要求，进口商仍应负责付款。

5. 议付行(Negotiating Bank)

议付是指指定银行在相符交单下，在其应获偿付的银行工作日当天或之前，向受益人预付或者同意预付款项，从而购买汇票(其付款人为指定银行以外的其他银行)及/或单证的行为。议付信用证中的“预付款项”是对受益人的一种融资行为。

议付行是根据开证行的授权履行议付行为的指定银行。议付行一般是受益人所在地银行，可以是通知行或被指定的愿意议付信用证的其他银行。

6. 保兑行(Confirming Bank)

保兑行是指根据开证行的授权或要求对信用证加具保兑的银行。保兑行通常是出口地的通知行或第三家信誉卓著的银行。

保兑行主要是履行其保兑义务。保兑是保兑行在开证行承诺之外作出的承付或议付相符交单的确定承诺。

银行一旦接受保兑要求，则保兑行自对信用证加具保兑之时起即不可撤销地承担承付或议付的责任。保兑行的责任与义务和开证行基本相同，与开证行一样承担第一性付款责任。只要规定的单证提交给保兑行，或提交给其他任何银行，并构成相符交单，保兑行必须承付或议付。

7. 付款行(Paying Bank /Drawee Bank)

付款行是指在信用证中指明须履行付款责任的银行。它可以是开证行，也可以是在信用证中由开证行指定的为信用证付款的银行。在须提交汇票的信用证中，付款行即是汇票的付款人。

付款行负有审核单证、及时付款的责任。履行信用证中的付款责任后，付款行可从开证行或偿付行要求偿付。如果开证行资信不佳，付款行有权拒绝代为付款。但是，付款行一旦付款，即不得向受益人追索，而只能向开证行索偿。

8. 偿付行(Reimbursing Bank)

偿付行是指开证行授权对指定银行完成承付或议付的指令并将相符交单转送给开证行后向其作出偿付的银行。偿付行一般为开证行的代理人。

偿付行不审查单证，仅是按照与开证行的协议履行单纯的付款行为。各指定银行(索偿行)在履行承付或议付的指令并将相符交单转送给开证行后，即有权请求偿付。如果偿付行未能见索即偿，开证行不能免除偿付责任。

2.7　信用证的种类

1. 跟单信用证和光票信用证

按照信用证项下的汇票是否附有货运单证，可分为跟单信用证和光票信用证两种。

跟单信用证(Documentary Credit，DC)，是指凭跟单汇票或仅凭单证付款的信用证。银行通过对物权单证的控制来控制货物的所有权，通过转移物权单证来转移货物的所有权，根据单证提供信贷，担保付款。在国际贸易结算中所使用的信用证绝大部分为跟单信用证。

光票信用证(Clean Credit)，是指凭不附单证的汇票付款的信用证。有的信用证要求汇票附有非货运单证，如发票或垫款清单等，也属于光票信用证。光票信用证可以用于贸易结算和非贸易结算两个领域。在贸易结算中，主要用于贸易从属费用的结算；在非贸易结算中，主要有旅行信用证。

2. 即期信用证和远期信用证

根据付款时间的不同划分，信用证可分为即期信用证和远期信用证。

即期信用证(Sight L/C)是指受益人一旦向信用证的开证行或指定银行提交符合信用证条款的单证，开证行或指定银行就立即履行付款义务的信用证。这种信用证一般会要求受益人开立即期汇票，开证行或指定银行见票即付款。有些商人为免交印花税，也可不要求汇票。

远期信用证(Usance or Time L/C)是指开证银行和其指定银行在见到受益人出具的符合要求的单证(汇票或其他文件)后在将来某一天付款的信用证。开证行或指定银行收到相符单证后，并不立即付款，而是若干天后才履行付款义务。承兑信用证、延期付款信用证和要求远期汇票的议付信用证都属于远期信用证。

如果信用证中规定受益人开立远期汇票，同时又规定“远期汇票可即期付款，贴现利息和承兑费用由买方负担”。这种信用证称为买方远期信用证(Buyer's Usance Credit)，亦称为假远期信用证。对受益人来说，假远期信用证与即期信用证相似，是买方融通资金的一种方式。

3. 付款信用证、承兑信用证和议付信用证

按信用证兑用方式(Availability)的不同，信用证可分为付款信用证、承兑信用证和议付信用证，而付款信用证又有即期付款信用证和延期付款信用证两种。UCP600 第六条的 b 款规定：信用证必须规定其是以即期付款、延期付款、承兑还是议付的方式兑用。

即期付款信用证(Sight Payment Credit)是指开证行或指定银行(即期付款行)收

到相符单证后立即予以付款的信用证。这种信用证可以要求也可不要求提交汇票。

延期付款信用证(Deferred Payment Credit)是指开证行或指定银行(延期付款行)按信用证的规定在收到相符单证若干天后再付款的信用证。这种信用证不要求受益人开立汇票，仅规定受益人交单后若干天付款。延期付款行收到相符单证后作出延期付款承诺，并在到期日付款。

承兑信用证(Acceptance Credit)是指开证行指令指定银行(承兑行/付款行)在单证相符的情况下对汇票承兑并在到期日付款。这种信用证要求受益人开立以指定银行为付款人的远期汇票，连同规定单证向指定银行作承兑交单，该行确认汇票和单证表面合格后，即收下单证，承兑汇票，并在汇票到期日付款。该承兑汇票可以在资金市场进行贴现，获取融资。

议付信用证(Negotiation Credit)是指信用证规定由某指定银行(议付行)议付或任何银行都可议付的信用证。议付信用证可以是即期信用证，也可以是远期信用证，主要是可以获得“提前付款”的融资(即议付行在开证行/付款行等付款/偿付之前的付款)。议付信用证一般要求开立汇票，汇票的付款人必须是议付行以外的当事银行(如开证行或指定的付款行)。议付信用证的到期地点通常在受益人所在地(方便受益人议付单证得到融资)。议付信用证可分为限制议付信用证和自由议付信用证：指定某一银行议付的信用证称为限制议付信用证(Restricted Negotiation Credit)；任何银行都有权议付的信用证称为自由议付信用证(Freely Negotiation Credit)。

相关链接

如果一信用证注明：①Draft at Sight；②Draft at 60 Days after B/L Date，付款人为某指定银行。那么上述分别为何种类型信用证?

分析：第一种是即期付款信用证，因为付款人为被指定银行，议付信用证项下的付款人不可能是议付行自己，汇票是即期的也就不可能是承兑信用证，故推断为付款信用证。第二种同理应为远期付款信用证。

4. 保兑信用证和不保兑信用证

根据是否有另一家银行对信用证加以保兑，信用证可分为保兑信用证和不保兑信用证两种。

保兑信用证(Confirmed L/C)一般是指经另一家银行加具保证付款条文或声明的信用证。如果受益人对开证行的资信不明或者有疑义，认为收证后有收款风险，可以要求开证行另找一家受益人满意的银行对该信用证加具保兑。保兑的信用证有开证行和保兑行双重确定的付款承诺。保兑行对受益人负有第一性的付款责任，受益人可凭相符交单直接向保兑行提出付款要求。

不保兑信用证(Non-confirmed L/C)一般是指只有开证行的付款保证；没有另一家银行承担保证兑付责任的信用证。不保兑信用证的开证行将独立承担信用证项下有条件的第一性付款责任。

相关链接

我某公司收到国外开来的不可撤销 L/C，由设在我国的某外资银行通知并加以保兑。我方在货物装运后，正拟将有关单证交银行议付时，忽接外资银行通知，由于开证银行拟宣布破产，该行不再承担对该 L/C 的付款责任。

问：我方应如何处理？

5. 可转让信用证和不可转让信用证

可转让信用证是指特别注明“可转让”字样的信用证。可转让信用证可应受益人(第一受益人)的要求转为全部或部分由另一受益人(第二受益人)兑用。可转让信用证(Transferable Credit)是指信用证的第一受益人可以要求受委托付款、承担延期付款、承兑或议付的银行或者在自由议付信用证的情况下，经特别授权作为转让行的银行，把信用证的全部或部分使用权转让给一个或数个第二受益人的信用证。根据 UCP600 的规定，可转让信用证必须特别注明“可转让”字样。可转让信用证可一次转让给多个第二受益人，但第二受益人不可以再继续转让给下一个受益人，但可再转让给第一受益人。信用证须按原证所定的条款进行转让，但信用证的金额和单价可以减少，装运期和有效期及交单期可以缩短，而必须投保的保险金额比例可以增加，以达到原信用证或本惯例规定的保险金额。还有一项可以改变的是可用第一受益人的名称替换原证中的开证申请人的名称，但如果原证特别要求开证申请人的名称应在发票以外的任何单证中出现时，已转让信用证必须反映该项要求。

不可转让信用证(Non-transferable Credit)是指受益人不能将信用证的可执行权利转让给他人的信用证。

6. 其他类型的信用证

(1)循环信用证(Revolving Credit)：循环信用证是指该信用证带有条款和条件，使其被全部或部分利用后，不须修改信用证，金额能够重新恢复至原金额而再被使用，直至达到约定的次数或总金额为止。

循环信用证多适用于大宗商品交易，买卖双方订有长期合同，且可分批交货的情况，进口方可以节省开证手续和少交押金及其他费用，出口方也能减少等待开证和催证的麻烦，且有利于安排货源及运输。

(2)对开信用证(Reciprocal Credit)：对开信用证是指两张信用证的开证申请人互以对方为受益人而开立的金额相等或大体相等的不可撤销信用证。即第一张信用证的受益人是第二张信用证的开证人，第一张信用证的通知行，通常就是第二张信用证的开证行。两张信用证可以分别生效，也可以同时生效。

对开信用证多用于易货交易、来料加工和补偿贸易业务。这种支付方式对于进口方(原信用证的申请人)来说，表面上是用信用证付款，实际上是用产品进行偿还。而对于设备、原料的供应者(原信用证的受益人)来说，可以利用收到的信用证进行资金的融通。

(3)背对背信用证(Back-to-back Credit)：背对背信用证又称转开信用证，是指

一张信用证的受益人以这张信用证为保证，要求该证的通知行或其他银行在该证的基础上，开立一张以本地或第三国的实际供货人为受益人的新证，这张新证就是背对背信用证，它是一种从属性质的信用证。

背对背信用证的开立通常是因为中间商转售他人货物而从中渔利，或两国不能直接办理进出口贸易时通过第三者来沟通贸易。

(4)预支信用证(Anticipatory Credit)：预支信用证是指允许出口商在装货交单前，可预先支取全部或部分货款的信用证。其特点是进口商先付款、出口商后交货的贸易方式，是进口商给予出口商的一种优惠、融通资金的便利。凡欲采用预支款的信用证，买卖双方于谈判时，出口商须向进口商提出预支款额和方法，列明在信用证内。经进口商同意后，进口商在开立信用证申请书中予以明示。

预支信用证主要用于供不应求的短缺商品，出口商在资金周转不灵的情况下，进口商为及时抓到货源而应出口商的要求采用预支信用证，给出口商提供一种融资。常见的预支信用证有预支全部金额信用证(Clean Payment Credit)、红色条款信用证(Red Clause Letter of Credit)、绿色条款信用证(Green Clause Letter of Credit)及打包信用证(Packing Letter of Credit)(又称打包放款)。

(5)备用信用证(Stand-by L/C)：备用信用证又称担保信用证、履约信用证，它是开证行根据申请人的请求，对受益人开立的承诺承担某项义务的凭证，即开证行保证在开证申请人未履行其应履行的义务时，受益人只要按照备用信用证的规定向开证银行开具汇票(或不开具汇票)，并提交开证申请人未履行义务的声明或证明文件，即可取得开证行的偿付。备用信用证属于银行信用，开证行保证在开证申请人不履行其义务时，即由开证行付款。

备用信用证与一般常用的跟单信用证不同，一般的跟单信用证是用以购买货物、清偿货款的，而备用信用证则是用以作为借款、投标或履约保证用的。

本项目重点介绍了信用证的当事人、主要内容及操作流程，并分析了SWIFT信用证的主要结构和内容。信用证中的当事人较多，最主要的是申请人、受益人、开证行和议付行。目前，实务中使用较多的是SWIFT信用证，它有固定的格式和结构，操作安全、快捷，学习中要掌握SWIFT信用证的特点并能看懂SWIFT信用证的各个条款。在信用证项下准确地理解信用证条款，修改信用证中与合同不符的地方以及卖方无法接受的条款十分重要。正确地修改信用证是外贸单证人员最基本的素质之一。信用证的使用主要是依据国际商会编订的《跟单信用证统一惯例》，在学习信用证知识时，对其对应的国际惯例和法规要加以学习。

>>> 基础知识练习

单选题

1. 在信用证业务中，有关当事方处理的是( )。

A. 服务　B. 货物　C. 单据　D. 其他行为

2. 信用证的汇票条款注明“drawn on us”，则汇票的付款人是( )。

A. 开证申请人　B. 开证行　C. 议付行　D. 受益人

3. 按照《跟单信用证统一惯例》的规定，受益人最后向银行交单议付的期限是不迟于提单签发日的( )天后。

A. 11　B. 15　C. 21　D. 25

4. 在补偿贸易或易货贸易中经常使用的信用证是( )。

A. 循环信用证　B. 对开信用证

C. 背对背信用证　D. 红条款信用证

5. 承兑是( )对远期汇票表示承担到期付款责任的行为。

A. 付款人　B. 收款人　C. 出口人　D. 议付银行

6. 国外开来的不可撤销信用证规定，汇票的付款人为开证行，货物装船完毕，出口人闻悉申请人已破产倒闭，则( )。

A. 由于申请人破产，货款将落空

B. 开证行得悉申请人破产后，即使货已装船，仍可撤回信用证，受益人未能取得货款

C. 只要单证相符，受益人仍可从开证行取得货款

D. 待申请人财产清算后方可收回货款

7. 如果国外来证规定装运期为“On or about 10 August，2013”，银行将理解为在( )装运。

A. 8 月 10 日这一天　B. 8 月 5 日至 8 月 15 日

C. 8 月 10 日前的任何一天　D. 8 月 6 日至 8 月 14 日

8. 按 UCP600 解释，若信用证条款中未明确规定是否“允许分批装运”“允许转运”，则应视为( )。

A. 可允许分批装运，但不允许转运　B. 可允许分批装运和转运

C. 可允许转运，但不允许分批装运　D. 不允许分批装运和转运

9. 根据 UCP600 的规定，银行审单时间最多为收到单据次日起的第( )银行工作日。

A. 5 个　B. 7 个　C. 10 个　D. 15 个

10. 在信用证方式下，银行保证向信用证受益人履行付款责任的条件是( )。

A. 受益人按期履行合同

B. 受益人按信用证规定交货

C. 受益人提交严格符合信用证要求的单据

D. 开证申请人付款赎单

11. 我公司按 CIF London USD 80 per m/t 向英国出口数量为 10000 m/t 的散装货，国外开立信用证金额为 80 万美元，则卖方发货(　　)。

A. 数量和金额不能增减

B. 数量和金额可在 5%以内增减

C. 数量和金额可在 10%以内增减

D. 数量在 9500～10000 公吨之间，金额不得超过 80 万美元

12. 所谓“信用证严格相符”的原则，是指受益人必须做到(　　)。

A. 信用证和合同相符　　B. 信用证和货物相符

C. 信用证和单据相符　　D. 信用证与实践操作相符

13. 信用证的基础是买卖合同，当使用证与买卖合同规定不一致时，受益人应要求(　　)。

A. 开证行修改　　B. 开证申请人修改

C. 通知行修改　　D. 交单行修改

14. 在合同规定的有效期，(　　)负有开立信用证的义务。

A. 卖方　　B. 买方　　C. 开证行　　D. 议付行

15. 在交易金额较大，对开证行的资信有不了解时，为保证货款的及时收回，买方最好选择(　　)。

A. 可撤销信用证　　B. 远期信用证

C. 承兑交单　　D. 保兑信用证

16. 下列说法错误的是(　　)。

A. 对同一信用证修改书的内容，必须全部接受，部分接受无效

B. 在受益人告知通知行他接受修改前，原信用证对受益人仍有效

C. 不能接受信用证的到期地点在开证人所在地的信用证

D. 信用证下汇票的付款人必须是开证行，否则汇票将被视作附属单据

17. 信用证有效地点是指受益人(　　)。

A. 取得议付款的地点　　B. 提交单据的地点

C. 得到偿付的地点　　D. 装运的地点

18. 保兑中的“SILENT CONFIRMATION”是保兑行应(　　)的要求加具的。

A. 开证申请人　　B. 信用证受益人

C. 开证行　　D. 付款行

19. 通知行的责任是(　　)。

A. 及时转递信用证

B. 保兑、及时转递信用证

C. 及时转递信用证、证明信用证的真实性并及时澄清疑点

D. 保兑、及时转递信用证、证明信用证的真实性并及时澄清疑点

20. 以下有关信用证修改程序描述，正确的是（　　）。

A. 信用证的修改要由受益人通知开证行修改

B. 信用证的修改要由通知行通知开证行修改

C. 只要开证申请人与受益人达成一致，就可以，不用通知其他当事人

D. 要由受益人通知申请人，申请人向开证行提出申请修改

>>> 实训练习

一、根据合同审核信用证。

SALES CONTRACT

BUYER：JAE&SONS PAPERS COMPANY　　　　NO. ST05－016

203 LODIA HOTEI，OFFICE 1546，DONG-GU，　　DATE：AUGUST 08. 2013

BUSAN，KOREA　　　　SIGNED AT：NANJING CHINA

SELLER：WONDER INTERNATIONAL COMPANY LIMITED

NO. 529，QIJIANG ROAD HE DONG DISTRICT，NANJING CHINA

THIS CONTRACT IS MADE BY THE SELLER；WHEREBY THE BUYERS AGREE TO BUY AND THE SELLER AGREES TO SELL THE UNDER-MENTIONED COMMODITY ACCORDING TO THE TERMS AND CONDITIONS STIPULATED BELOW：

1. COMMODITY：UNBLEACHED KRAET LINEBOARD.

   UNIT PRICE：USD390.00/PER METRIC TON，CFR BUSAN KOREA.

   TOTAL QUANTITY：100METRIC TONS，±10% ARE ALLOWED.

   PAYMENT TERM：BY IRREVOCABLE L/C 90 DAYS AFTER B/L DATE.

2. TOTAL VALUE：USD39，000.00(SAY U.S. DOLLARS THIRTY NINE THOUSAND ONLY. * * * 10% MORE OR LESS ALLOWED.)

3. PACKING：TO BE PACKED IN STRONG WOODEN CASE(S)，SUITABLE FOR LONG DISTANCE OCEAN TRANSPORTATION.

4. SHIPPING MARK：THE SELLER SHALL MARK EACH PACKAGE WITH FADELESS PAINT THE PACKAGE NUMBER，GROSS WEIGHT，MEASUREMENT AND THE WORDING："KEEP AWAY FROM MOUSTURE"."HANDLE WITH CARE". ETC. AND THE SHIPPING MARK：ST05－016 BUSAN KOREA.

5. TIME OF SHIPMENT：BEFORE OCTOBER 02. 2013.

6. PORT OF SHIPMENT：MAIN PORTS OF CHINA.

7. PORT OF DESTINATION：BUSAN KOREA.

8. INSURANCE：TO BE COVERED BY THE BUYER AFTER SHIPMENT.

9. DOCUMENT：

   ＋SIGNED INVOICE INDICATING LC NO. AND CONTRACT NO.

   ＋FULL SET(3/3)OF CLEAN ON BOARD OCEAN BILL OF LADING MARKED"FREIGHT PREPAID"MADE OUT TO ORDER BLANK ENDORSED NOTIFYING THE APPLICANT.

   ＋PACKING LIST/WEIGHT LIST INDICATING QUANTITY/GROSS AND NET WEIGHT.

   ＋CERTIFICATE OF ORIGIN.

10. OTHER CONDITIONS REQUIRED IN LC：

    ＋ALL BANKING CHARGES OUTSIDE THE OPENING BANK ARE FOR BENEFICIARY'S A/C.

+DO NOT MENTION ANY SHIPPING MARKS IN L/C.

+PARTIAL AND TRANSSHIPMENT ALLOWED.

11. REMARKS: THE LAST DATE OF L/C OPENING: 20 AUGUST, 2013.

BANK OF KOREA LIMITED, BUSAN

SEQUENCE OF TOTAL, * 27: 1/1

FORM OF DOC. CREDIT * 40 A: IRREVOCABLE

DOC. CREDIT NUMBER * 20: S 100－108085

DATE OF ISSUE 31 C: 20130825

EXPIRY * 31 D: DATE 20131001 PLACE APPLICANT'S COUNTRY

APPLICANT * 50: JAE&SONS PAPERS COMPANY

203 LODIA HOTEL, OFFICE, 1546. DONG-GU, BUSAN, KOREA

BENEFICIARY * 59: WONDER INTERNATIONAL COMPANY LIMITED

NO. 529, QIJIANG ROAD HE DONG DISTRICT, NANJING CHINA

AMOUNT * 32 B: CURRENCY HKD AMOUNT 39, 000. 00

AVAILABLE WITH/BY * 41D: ANY BANK IN CHINA BY NEGOTIATION

DRAFTS AT... 42C: DRAFT AT 90DAYS SIGHT FOR FULL INVOICE COST

DRAWEE 42A: BANK OF KOREA LIMITED, BUSAN

PARTIAL SHIPMENT 43P: NOT ALLOWED

TRANSSHIPMENT 43T: NOT ALLOWED

LOADING IN CHARGE 44A: MAIN PORTS OF CHINA

FOR TRANSPORT TO... 44B: MAIN PORTS OF KOREA

LATEST DATE OF SHIP 44C: 20131031

DESCRIPT. OF GOODS 45A:

+COMMODITY: UNBLEACHED KR AET LINEBOARD

U/P: HKD 390. 00/MT

TOTAL: 100MT±10% ARE ALLOWED

PRICE TERM: CIF BUSAN KOREA

COUNTRY OF ORIGIN: P. R. CHINA

PACKING: STANDARD EXPORT PACKING

SHIPPING MARK: ST05-016 BUSAN KOREA

DOCUMENTS REQUIRED 46A:

1. COMMERCIAL INVOICE IN 3 COPIES: INDICATING LC NO. & CONTRACT NO. ST05－018.
2. FULL SET OF CLEAN ON BOARD OCEAN BILL OF LADING MADE OUT TO ORDER AND BLANK ENDORSED, MARKED FREIGHT TO COLLECT NOTIFYING THE APPLICANT.
3. PACKING LIST/WEIGHT LIST IN 3 COPIES INDICATING QUANTITY/GROSS WEIGHTS AND NET WEIGHTS.
4. CERTIFICATE OF ORIGIN IN 3 COPIES.

ADDITIONAL COND. 47B: ALL DOCUMENTS ARE TO BE PRESENTED TO US IN ONE LOT BY COURIER/SPEED POST.

DETAILS OF CHARGES 71B: ALL BANKING CHARGES OUTSIDE OF OPENNING BANK ARE

FOR BENEFICIARY'S ACCOUNT.

PRESENTATION PERIOD 48：DOCUMENTS TO BE PRESENTED WITHIN 21 DAYS AFTER THE DATE OF SHIPMENT BUT WITHIN THE VALIDITY OF THE CREDIT.

CONFIRMATION *49：WITHOUT

INSTRUCTIONS 78：+WE HEREBY UNDERTAKE THAT DRAFTS DRAWN UNDER AND IN COMPLY WTTH THE TERMS AND CONDITIONS OF THIS CREDIT WILL BE PAID MATURITY.

SEND TO REC. INFO. 72：SUBJECT U. C. P. 2007 ICC PUBLICATION 600

二、阅读下面的信用证并完成后面的问题。

27 SEQUENCE OF TOTAL
1/1

40A FORM OF L/C
IRREVOCABLE

20 DOCUMENT CREDIT NO.
0190805

31C DATE OF ISSUE
130918

40E APPLICABLE RULES
UCPURR LATEST VERSION

31D DATE AND PLACE OF EXPIRY
131220 CHINA

51D APPLICANT BANK
THE HOUSING BANK
INT'L TRADE OPERATION
P. O. BOX，JORDAN.

50 APPLICANT
M/S：GD IMP. AND EXP. GROUP
P. O. BOX AMMAN 11118 JORDAN
TEL：00962－62222

59 BENEFICIARY
COG GROUP CO.，LTD.
ADD：NO. 619 HUBIN SOUTH RD XIAMEN CITY CHINA
TEL：0086－592－22222

32B CURRENCY CODE，AMOUNT
USD35985，

39A PERCENTAGE CREDIT AMOUNT
05/05

41A AVAILABLE WITH…BY
SCBLCNSXXXX

BY PAYMENT

43P PARTIAL SHIPMENT

ALLOWED

43T TRANSHIPMENT

ALLOWED

44E PORT OF LOADING/AIRPORT OF DEPARTURE

TIANJIN/CHINA

44F PORT OF DISCHARGE/AIRPORT OF DESTINATION

AQABA PORT-JORDAN BY VESSEL IN CONTAINER.

44C LATEST DATE OF SHIPMENT

131130

45A DESCRIPTION OF GOODS

2300 SQM OF GRANITE PRODUCT (MONGOLLAN BLACK-DEGREE OF POLISHED MORE 90%) AT TOTAL AMOUNT USD 35985

ALL OTHER DETAILS AS INVOICE NO. XM2007082701, DATED 25/3/2013

FOB: TIANJIN/CHINA

46A DOCUMENTS REQUIRED

1-SIGNED BENEFICIARY'S COMMERCIAL INVOICES IN ONE ORIGINAL AND 3 COPIES, CERTIFIED BY C. C. P. I. T AND BEARING THIS CLAUSE: "WE CERTIFY THAT INVOICES ARE IN ALL RESPECTS CORRECT AND TRUE BOTH WITH REGARD TO THE PRICE AND DESCRIPTION OF GOODS REFERRED TO THEREIN AND AS INVOICE NO. XM2007082701 DATED 25. 3. 2013 INDICATED IN THIS CREDIT AND THAT THE COUNTRY OF ORIGIN OR MANUFACTURER OF THE GOODS IS CHINA".

2-CERTIFICATE OF ORIGIN IN ONE ORIGINAL AND 3 COPIES ISSUED OR CERTIFIED BY C. C. P. I. T TO THE EFFECT THAT THE GOODS UNDER EXPORT ARE OF CHINESE ORIGIN AND THAT SAID CERTIFICATE SHOULD SHOW THE NAME OF FACTORY OR PRODUCER OF SUCH GOODS.

3-FULL SET OF CLEAN (ON BOARD) MARINE BILLS OF LADING IN 3/3 ORIGINALS ISSUED BY SHIPPING CO. IT'S LETTER HEAD FORMAT ISSUED TO THE ORDER OF THE HOUSING BANK SHOWING FREIGHT PAYABLE AT DESTINATION AND NOTIFY M/S: BEE IMPORT AND EXPORT GROUP AND INDICATING NAME AND ADDRESS OF THE SHIPPING COMPANY'S AGENT IN JORDAN.

4-PACKING LIST IN 3 COPIES.

5-CERTIFICATE OF WEIGHT IN 3 COPIES.

6-CERTIFICATE ISSUED BY THE BENEFICIARIES INDICATING THAT THE GOODS ARE BRAND NEW AND IN CONFORMITY WITH THE CREDIT.

7-CERTIFICATE ISSUED BY THE MASTER OR THE CARRIER OWNER OR THE AGENTS CERTIFYING THAT THE CARRYING VESSEL INDICATED IN THE B/L IS CLASSIFIED AND NOT OVERAGE.

8-CERTIFICATE ISSUED, SIGNED AND STAMPED BY THE OWNERS, CARRIERS, MASTER, CHARTERS OR AGENTS OF THE VESSEL CERTIFYING THAT THE CARRYING

VESSEL IS SUBJECT TO INTERNATIONAL SAFETY MANAGEMENT CODE (ISM) CARRIES VALID SAFETY MANAGEMENT CERTIFICATE (SMC) AND DOCUMENT OF COMPLIANCE (DOC) FOR THE PURPOSE OF PRESENTING THEM TO THE PORT AUTHORITIES.

47A　ADDITIONAL CONDITIONS

1-ALL DOCUMENTS SHOULD BE DATED AND INDICATE THIS L/C NUMBER AND THE HOUSING BANK FOR TRADE AND FINANCE NAME AND ISSUANCE DATE.

2-NEGOTIATION OF DOCUMENTS UNDER RESERVE/GUARANTEE IS NOT ACCEPTABLE.

3-ALL DOCUMENTS SHOULD BE ISSUED IN ENGLISH LANGUAGE.

4-SHIPMENT OF REQUIRED GOODS ON DECK ACCEPTABLE.

5-THIRD PARTY DOCUMENTS ARE NOT ACCEPTABLE.

6-B/L MUST SHOW THE CONTAINER(S) SEAL(S) NUMBER(S) ALWAYS WHENEVER SHIPMENT EFFECTED BY CONTAINER(S).

7-FREIGHT FORWARDER TRANSPORT DOCUMENT IS ACCEPTABLE.

8-SHORT FORM B/L IS NOT ACCEPTABLE.

9-A FLAT FEES FOR USD 50.-OR EQUIVALENT WILL BE DEDUCTED FROM EACH SET OF DISCREPANT DOCUMENTS AS DISCREPANCY FEES.

10-L/C AMOUNT TO READ: +/− 5% USD THIRTY FIVE THOUSAND NINE HUNDRED EIGHTY FIVE.

11-ALL DOCUMENTS SHOULD BE ISSUED IN THE NAME OF M/S: BEE IMPORT AND EXPORT GROUP EXCEPT B/L TO BE ISSUED TO THE ORDER OF THE HOUSING BANK AND NOTIFY M/S BEE IMPORT AND EXPORT GROUP.

12-5 % MORE OR LESS IN QUANTITY AND AMOUNT IS ACCEPTABLE.

13-DOCUMENTS RECEIVED BY US AFTER 12 O'CLOCK WILL BE STAMP RECEIVED ON THE SECOND DAY DATE.

14-EXCLUDE ARTICLE 14 I, J AND K SO ALL DOCUMENTS MUST BE DATED WITHIN L/C VALIDITY AND SHOW THE ADDRESS AND CONTRACT DETAILS FOR BOTH APPLICANT AND BENEFICIARY AS STATED IN THE L/C SHIPPER OR CONSIGNOR OF THE GOODS INDICATE ON ANY DOX MUST BE THE BENEFICIARY OF THE CREDIT.

15-IF THE ISSUING BANK DETERMINE THAT THE PRESENTED DOCUMENTS IS ADISCREPANT DOCUMENT THE DISCREPANT DOCUMENTS WILL BE HELD UNDER THE PRESENTING BANK DISPOSAL UNTILL RECEIVES AWAIVER OF THE DISCREPANCIES FROM THE APPLICANT BY AGREES TO ACCEPT THE DISCREPANT DOCUMENTS AND THE ISSUING BANK HOLD HIS RIGHTS TO DELIVER THE DOCUMENTS TO THE APPLICANT IF ACCEPTED PRIOR TO YOUR INSTRUCTIONS.

16-ALL REQUIRED STAMPS MUST BE IN ENGLISH AND BEARS SIGNED MANUALY.

17-EXCLUDE ARTICLE 18A IV AND B.

18-EXCLUDE ARTICLE 26 B.

71B　CHARGES

ALL BANKS CHARGES OUTSIDE JORDAN INCLUDING REIMB. AND PMT. TRANSFER CHARG-

ES ARE ON BENEF'S A/C.

49 CONFIRMATION INSTRUCTION

CONFIRM

53A REIMBURSMENT BANK

CHASUS33XXX

78 INSTR TO PAY/ACCEP/NEG

A-PLS FORWARD TO THE HOUSING BANK AMMAN-JORDAN THE ORIGINAL SET OF DOCUMENTS BY SPECIAL AIR COURIER AND THE DUPLICATE BY AIRMAIL IN STRICT CONFORMITY WITH L/C TERMS.

B-IN REIMBURSMENT TO DOCUMENTS NEGOTIATED IN FULL COMPLIANCE WITH L/C TERMS YOU ARE AUTHORIZED TO DRAW ON OUR USD A/C WITH JP MORGAN CHASE BANK，N. Y-USA AFTER FIVE WORKING DAYS FROM YOUR AUTH. SWIFT MSG. ADVICE TO US.

57A ADVISE THROUGH BANK

STANDARD CHARTERED BANK XIAMEN BR.

SWIFT CODE：SCBLCNSXIMN

A/C NO. USD 222222

1. 翻译信用证中画线部分的句子。

2. 阅读信用证，回答下列问题。

(1)该信用证是哪种类型的信用证?

(2)该信用证是什么时候开立的? 号码为多少? 什么时候到期?

(3)信用证的金额是多少? 伸缩幅度是多少? 贸易术语是什么?

(4)信用证中出现的关于运输的信息有哪些?

(5)该信用证中分别出现了哪些信用证当事人? 他们与该信用证的关系是什么?

(6)指出信用证中画线句子中各个条款的具体含义。

项目三

发票与包装单证的缮制

学习目标

通过本项目的学习，能够熟悉发票和包装单证的内容，并理解其作用，学会发票和包装单证的填制以及知道国际惯例对信用证项下发票和包装单证的要求。

重点掌握：

- 商业发票的内容。
- 商业发票的缮制。
- 装箱单和重量单的缮制。

3.1 商业发票

3.1.1 商业发票的含义

商业发票(Commercial Invoice)，简称发票(Invoice)，是指出口商向进口商开列的发货价目清单。商业发票是一笔业务的全面反映，内容包括商品的名称、规格、价格、数量、金额和包装等，它是买卖双方记账的依据，也是进出口报关交税的总说明，同时也是进口商办理进口报关不可缺少的文件。因此，商业发票是全套出口单证的核心，缮制得最早，其余单证均需参照商业发票缮制。

UCP600 中关于商业发票的描述

UCP600 第十八条是关于商业发票的描述，主要内容有以下几点：

- 关于出票人。商业发票必须表明是由受益人出具(转让信用证的情形除外)。
- 关于抬头人。商业发票必须做成以申请人为抬头(转让信用证的情形除外)。
- 关于发票的币种。商业发票的货币必须与信用证的货币相同。
- 关于发票的金额。一般不超过信用证的最高金额，但按指定行事的指定银行、保兑行(如有的话)或开证行可以接受金额大于信用证允许金额的商业发票，其决定对有关各方均有约束力，只要该银行对超过信用证允许金额的部分未作承付或者议付。
- 关于货物描述。商业发票上的货物、服务或履约行为的描述应该与信用证中的描述一致。
- 关于签名。若无明确要求，商业发票无须签名。

3.1.2 商业发票的作用

1. 商业发票是卖方履约的证明

商业发票记载了一笔交易的主要项目，包括装运货物的名称、规格、数量、单价、总值等内容，它能帮助进口商了解出口商的履约情况，核查出口商是否按照合同规定的要求装运所需货物。同时，商业发票是出口商向进口商发送货物的凭证，它基本体现了合同的精神，可以帮助双方了解整笔交易的概况。制作好发票后，其他单证应参照信用证和商业发票进行制作。

2. 商业发票是出口商凭以收取货款和进出口双方记账的凭证

发票是销售货物的凭证，进出口双方均需按照发票记载的内容，逐笔登记入账。对出口商而言，通过发票可了解销售收入、核算盈亏，按不同的支付方式记好外汇账，及时对外催收外汇。对进口商而言，也应根据发票逐笔记账，及时履行付款义务。

3. 商业发票是进出口双方办理报关纳税的重要依据

货物出运前，出口商需向海关递交包括商业发票在内的一系列单证，凭以报关。而商业发票中有关货物的说明和记载的金额是海关确定税金、验关放行的凭据。在货物到达目的港后，进口商也需向当地海关提供发货人的商业发票通关，海关以此核定税金，使进口商能够清关提货。因此，商业发票必须制作准确、清楚。

4. 商业发票是出口商办理保险等出口手续时提供的单证之一

除此之外，在不用汇票的情况下，商业发票可替代汇票作为付款的依据；凭光票付款时，通常用以确定有关交易的细节；在保险索赔时作为货物价值的证明，或作为统计的凭证等。

相关链接

不同种类的发票及其作用

● 商业发票：是所有单证里面最详细的单证，是所有单证的核心。

● 形式发票：很多国家规定必须有形式发票才能开L/C，因此发票常担当了此项功能，同时还有诸如有意向下单时一般也需要，某些国际快递也同样需要。注意"形式"一词表明了它和合同不同，是没有法律约束力的，因此不管是什么，一定要订立合同。

● 海关发票：主要目的是进口国通过这个来掌握进口商品的原产地、数量、价值等情况。因此，海关发票又被称为 Combined Certificate of Value and Origin (i. e.：CCVO)。目前一般有10种格式：西非格式、东非格式、尼日利亚格式、加纳格式、赞比亚格式、加勒比共同体格式、牙买加格式、巴布亚新几内亚格式、加拿大格式和美国格式。

海关发票通常须手签，有些格式中有"证明人(Witness)"一栏，该证明人的签字不得与其他单证上的签字相同。(海关发票在本书7.2节中有详细介绍)

● 厂商发票：由生产商出具的发票，供进口国官方核定商品的真实成本，判断是否存在倾销，此发票使用的币种应该为出口国货币，发票额应该低于FOB货价。

3.1.3 商业发票的内容

商业发票由出口商根据自己业务的需要自行制作，目前还没有统一的格式，但内容大体相同。随着国际贸易单证电子化的发展，我国商务部国际电子商务中心制定了一系列标准的外贸出口单证格式，单证员在采用EDI方式填制商业发票时，可采用标准商业发票模板，比较方便。商业发票样本如图3-1和图3-2所示。商业发票的内容一般包括：

● 发票须载明"发票"(Invoice)字样。

● 发票编号和签发日期(Number and Date of Issue)。

● 合同或订单号码(Contract Number or Order Number)。

● 收货人名址(Consignee's Name and Address)。

● 出口商名址(Exporter's Name and Address)。

● 装运工具及起讫地点(Means of Transport and Route)。

● 商品名称、规格、数量、重量(毛重、净重)等(Commodity, Specifications, Quantity, Gross Weight, Net Weight etc.)。

● 包装及尺码(Packing and Measurement)。

● 唛头及件数(Marks and Numbers)。

● 价格及价格条件(Unit Price and Price Term)。

● 总金额(Total Amount)。

● 出票人签字(Signature of Maker)。

● 加注的说明等。

<table>
<tr><td colspan="2">ISSUER</td><td colspan="3" rowspan="2">商业发票
COMMERCIAL INVOICE</td></tr>
<tr><td colspan="2" rowspan="2">TO</td></tr>
<tr><td>NO.</td><td colspan="2">DATE</td></tr>
<tr><td colspan="2" rowspan="2">TRANSPORT DETAILS</td><td>S/C NO.</td><td colspan="2">L/C NO.</td></tr>
<tr><td colspan="3">TERMS OF PAYMENT</td></tr>
<tr><td>MARKS AND NUMBERS</td><td>NUMBER AND KIND OF PACKAGE DESCRIPTION OF GOODS</td><td>QUANTITY</td><td>UNIT PRICE</td><td>AMOUNT</td></tr>
<tr><td></td><td></td><td></td><td></td><td></td></tr>
<tr><td colspan="5">TOTAL:</td></tr>
<tr><td colspan="5">SAY TOTAL:</td></tr>
</table>

图 3-1 商业发票(通用模板样本)

SHANGHAI FOREIGN TRADE CORP.
SHANGHAI, CHINA

COMMERCIAL INVOICE

To:

INVOICE NO.: ______
INVOICE DATE: ______
S/C NO.: ______
S/C DATE: ______

FROM: ______ TO: ______

LETTER OF CREDIT NO.: ISSUED BY:

MARKS AND NUMBERS	NUMBER AND KIND OF PACKAGE DESCRIPTION OF GOODS	QUANTITY	UNIT PRICE	AMOUNT

TOTAL:

SAY TOTAL:

图 3-2 商业发票(自由模板样本)

相关链接

EDI(Electronic Data Interchange)即电子数据交换，就是利用计算机和网络技术在部门之间乃至世界范围内进行贸易信息、资料交换，也就是将传统的、有效的信息源变为无形的电子信息，从而将贸易信息数据交换的效率大大提高。EDI单证被人们称之为“无纸单证”。目前，世界上部分国家的一些大企业已经实施EDI，而不接受纸单证，也有一些国家的海关规定，使用EDI单证可优先报关。

3.1.4　商业发票的缮制

1. 发票抬头人名称与地址

发票抬头人(Messrs)又称收货人。如果是信用证项下结算的发票，UCP600有明确的指示：“Commercial invoices must be made out in the name of the applicant”(发票必须做成以信用证申请人名称为抬头)。如果信用证对抬头人的填写另有规定，则按信用证的要求做。当采用托收或其他方式支付货款时，填写合同进口商的名称和地址。

填写时应注意名称和地址必须准确、详细，必须是名称和地址的全称，进出口双方的名称及地址分行放置。

2. 发票出票人的名称和地址

出票人(Issuer)是出具发票的人。在信用证结算方式下，发票出票人的名称和地址应与信用证受益人的名称和地址相一致。其他结算方式下一般为出口商，填写出票商详细的英文名称及地址，名称及地址分行写。

3. 运输资料

运输资料(Transport Details)按信用证的规定填写，应与货物的实际起运港(地)、目的港(地)以及运输方式一致，且与其他单证保持一致。如果货物需经转运，应把转运港的名称打上。例如，Shipment from Shanghai to Hamburg with transshipment at Hongkong by vessel(装运自上海到汉堡，在香港转运)。如果货物还要转运到内陆目的地，可打上“In Transit to某地”等字样。

注意：重名的目的地/港要打上具体的国家或地区名，以区别其他；一般海运目的地为港口，且不宜接受指定码头条款。

4. 发票号码和日期

发票号码和日期(Invoice Number and Date)由出口公司根据实际情况自行编制，一般在编制时，在发票号码的顺序数字中能看出这一票业务是哪个部门及谁做的，具体的年份，以便于日后查找。发票日期一般在信用证开证日期之后、装运日期之前。按UCP600的规定，发票日期可早于信用证开证日期，但不得迟于信用证的有效期限(Expiry Date)。

5. 信用证号码

当采用信用证结算方式时，填写信用证号码(L/C No.)。当采用其他支付方式时，此项不填。

6. 合同号码

合同号码(Sale Contract/Confirmation No.)应与信用证上所列的相一致，如果一笔交易牵涉到几个合同时，应在发票上全部表示出来。

7. 支付方式

支付方式(Terms of Payment)应填写该笔业务的付款方式，如T/T、托收或者信用证结算方式等，按合同的规定填写。

8. 唛头及件数编号

唛头及件数编号(Shipping Mark and Number)应按信用证或合同的规定填写，并与提单、托运单等单证严格一致。如果无唛头或者是裸装货、散装货等，则应填写"No Mark"(缩写N/M)。如信用证或合同中没有规定具体的唛头，要求出口商自行设计唛头。唛头的内容一般包括收货人简称、合同号、目的地和件号四个部分。

9. 商品描述

商品描述(Description of Goods)应先打上货物名称和总数量，然后根据信用证或合同的规定打出详细的规格、单位及有关订单或合约号码等。商品名称及规格必须与信用证上的说明完全一致。商业发票上货物的名称要具体，不宜用总称和简称。

10. 商品包装及件数

商品的包装及件数(Packing and Quantity)的填写应与实际装运的数量包装单位，及与其他单证相一致。同时标出货物的毛重、净重及包装尺码等。

11. 单价和总值

单价(Unit Price)须显示计价货币、计量单位、单位金额及价格术语。计价货币必须与信用证中的币种一致。如果出口国外汇管制要求发票以当地货币表示金额，出口商可以在发票上显示信用证货币金额的同时，写上以当地货币表示的等值金额。

发票的总值(Total Amount)不能超过信用证规定的最高金额。但是信用证总值前有"约""大概""大约"或类似词语的，允许有10%的增减幅度。

如果信用证的总金额是按含佣价计算的，则商业发票上的总金额也应按含佣价计算，不需要扣除佣金；如果信用证单价为含佣价，而总金额已扣除佣金的，即使信用证没有规定扣减，发票总金额也应是扣除佣金后的货物总值。

例如：一信用证显示 USD21/DOZ CIFC5 KOBE，单价包含佣金，数量500DOZ，信用证总金额是USD9975.00，制作发票时，应写成：

	USD	10 500.00
Less commission	USD	525.00
	USD	9 975.00

12. 价格术语

价格术语(Trade Terms)即贸易术语，须根据信用证或合同的规定照打，不能遗漏。

13. 发票上加各种证明/声明文句

国外来证有时要求在发票上加注各种费用、特定号码、有关证明句，一般可将这些内容打在发票商品栏以下的空白处，大致有几下几种：

(1)加注运费、保险费和 FOB 金额；

(2)注明特定号码，如许可证号、出口商品 H. S. code 或税则号等；

(3)缮打证明句，例如：出口澳大利亚享受 GSP 待遇，往往要求加注"发展中国家声明"；又如：有些来证要求加注非木质包装证明句等；

(4)但也有来证过分苛刻，如来证要求卖方在列出一系列详细费用包括成本、海洋运费以后，再给出 CFR 价的总额。

14. 更正和"错漏当查"(E&OE)

发票的更正处应盖有签发人的更正章。

"E&OE"是"errors and omissions excepted"的简称。应该注意的是当发票已经显示了证明真实、正确等文句时，就不能出现"E&OE"的字样。

15. 出票人签章

发票的出票人即受益人、出口商，其名称必须与信用证规定的受益人名字相一致。根据 UCP600 的规定，发票可无须签字，但仍应表示出具人。如果信用证有"Signed Commercial Invoice"字样，则此发票必须签字；若信用证中有"Manually Signed Invoice"字样，则必须要有出票人的手签。

相关链接

部分国家对发票的特殊规定

(1)智利：发票内要注明运费、保险费和 FOB 值

(2)墨西哥：发票要手签。一般发票要求领事签证，可有贸促会代签，并注"THERE IS NO MEXICAN CONSULATE HERE"(此地无墨西哥领事)在北京可由墨西哥驻华使馆签证。

(3)澳大利亚：发票内应加发展中国家声明，可享受优惠关税政策。声明如下："Developing country declaration that final process of manufacture of the goods for which special rates are claimed has been performed in China and that not less than one half of the factory or works cost of the goods is represented by the value of the labor or the labor the labor or material or of labor and materials of China and Australia."

(4)伊拉克：要求领事签证，由贸促会代替即可。

(5)黎巴嫩：发票应加证实其真实性的词句。如："We hereby certify that this invoice is authentic that it is the only one issued by us for the goods herein, that the value and price of the goods are correct without any deduction of payment in advance and its origin is exclusively China."

(6)科威特：发票内注明制造厂商名称和船名，注明毛净重并以千克表示。

(7)巴林：发票内注明货物原产地，并且应手签。

(8)斯里兰卡：发票要手签，并且注明 BTN NO(布鲁塞尔分则)

(9)秘鲁：如信用证要求领事签证，可由贸促会代替。发票货名应以西班牙文表示，同时要列明 FOB 价值、运费、保险费等。

(10)巴拿马：可由贸促会签证并须注明"此地无巴拿马领事"。

(11)委内瑞拉：发票加注西班牙文货名，由贸促会签证。

(12)伊朗：发票内应注明关税号。

(13)阿拉伯地区：一般要求注明货物原产地并由贸促会签证，或由贸促会出具产地证。

(14)尼泊尔、印度：发票手签。

(15)土耳其：产地证不能联合在发票内。

3.1.5 发票的认证条款

例如，SIGNED COMMERCIAL INVOICE IN 3 — FOLD ORIGNAL OF WHICH SHOULD BE CERTIFIED BY CHAMBER OF COMMERCE OR CCPIT AND LEGALIZED BY U. A. E: EMBASSY/CONSULATE AT BENEFICIARY'S COUNTRY.

条款大意：签字发票一式三份，其中一份正本需由受益人所在国的商会或贸促会认证，再经阿拉伯联合酋长国大使或领事馆认证。此类条款应尽可能改证取消，因为认证需时较长，且运费较高，很容易错过信用证的交单有效期，遭到银行拒付。如不能取消，核算成本时应将认证费用考虑在内，并留足交单期。

3.1.6 发票的回签条款

例如，COMMERCIAL INVIOCE IN DUPLICATE DULY SIGNED BY BENEFICIARY AND COUNTSRSIGNED BY MR. WHITE AS APPLICANT'S LEGAL REPRESENTIVE WHICH AUTOGRAPHS SIGNATURE WE ARE SENDING YOU BY DHL AS AN INTEGRAL PART OF THIS L/C.

条款大意：受益人签字发票一式两份，该发票需由作为申请人合法代表的怀特先生回签，我们正用 DHL 将他的亲笔签名快邮给你，并将其作为 L/C 不可分割的一部分。该条款风险较大，因这样导致将能否安全及时收汇的主动权完全掌握在回签人手里，大大降低了信用证的银行信用，故受益人应尽可能争取取消此类条款。

3.1.7 UCP600 有关商业发票的条款

(1)UCP600 第十八条 a 款规定，商业发票必须看似由受益人出具(第三十八条规定的情形除外)，必须出具成以申请人为抬头(第三十八条 g 款规定的情形除外)，必须与信用证的货币相同，无须签字；b 款规定，按指定行事得指定银行、保兑行(如有的话)或开证行可以接受金额大于信用证允许金额的商业发票，其决定对有关各方均有约束力，只要该银行对超过信用证允许金额的部分未作承付或者议付；c 款规定，商业发票上的货物、服务或履约行为的描述必须与信用证显示的内容相符。

(2)UCP600 第十七条 a 款规定，信用证中规定的各种单据必须至少提供一份正本；b 款规定，除非单据本身表明其不是正本，银行将视任何单据表面上具有单据出具人正本签字、标志、图章或标签的单据为正本单句；c 款规定，除非单据另有显示，银行将接受单据作为正本单据，如果该单据表面看来由单据出具人手工书写、打字、穿孔签字或盖章；或表面看来使用单据出具人的正本信笺；或声明单据为正本，除非该项声明表面看来与所提示的单据不符；d 款规定，如果信用证要求提交副本单据，则提交正本单据或副本单据均可；e 款规定，如果信用证使用诸如“一式两份”“两张”“两份”等术语要求提交多份单据，则可以提交至少一份正本，其余份数以副本来满足。但单据本身另有相反指示者除外。

(3)UCP600 第三十条 a 款规定，“约”或“大约”用于信用证金额或信用证规定的数量或单价时，应解释为允许有关金额或数量或单价不超过 10%的增减幅度；b 款规定，在信用证未以包装单位件数或货物自身件数的方式规定货物数量时，货物数量允许有 5%的增减幅度，只要总支取金额不超过信用证金额；c 款规定，如果信用证规定了货物数量，而该数量已全部发运，及如果信用证规定了单价，而该单价又未降低，或当第 30 条 b 款不适用时，则即使不允许部分装运，也允许支取的金额有 5%的减幅。若信用证规定有特定的增减幅度或适用第 30 条 a 款提到的用语限定数量，则该减幅不适用。

3.1.8　信用证中有关商业发票条款的举例

1. Signed Commercial Invoice in duplicate showing a deduction of USD 200.00 being commission.

签字商业发票一式两份，显示扣除 200 美元作为佣金。

2. Signed Commercial Invoice, one original and two copies.

签字商业发票，一正两副。

3. Manually Signed Invoice in five folds certifying that goods are as per Indent No. ABC567 of 03.10, 2014, quoting L/C No..

手签发票一式五份，并在发票上显示根据 2014 年 3 月 10 日合同号 ABC567 订立，注明信用证号码。

4. Signed Commercial Invoice combined with certificate of origin and value in triplicate as required for imports into Nigeria.

签字商业发票一式三份，发票须连同产地证明和货物价值声明，为输入尼日利亚所需。

5. Signed Commercial Invoice in quintuplicate, certifying merchandise to be of Chinese origin.

签署的商业发票一式五份，证明产品的原产地为中国。

6. 5% discount should be deducted from total amount of the Commercial Invoice.

商业发票的总金额须扣除 5%的折扣。

7. Signed Commercial Invoice in five folds certifying that goods are as per Contract No. 12345 of 03.11, 2014 quoting L/C Number BTN/HS NO. and showing

original invoice and a copy to accompany original set of documents.

签字发票一式五份，证明货物是根据2014年3月11日号码为12345的合同，并注明信用证号码和布鲁塞尔税则分类号码，显示正本发票和一份副本，随附原套单证。

8. Commercial Invoice in triplicate showing separately FOB value, freight charges, insurance premium, CIF value and country of origin.

商业发票一式三份，分别显示FOB价值、运费、保险费，CIF总值和原产地国。

9. Commercial Invoice in quadruplicate indicating the following:

(1)That each item is labeled "Made in China".

(2)That one set of non-negotiable shipping documents has been airmailed in advance to buyer.

商业发票一式四份，注明以下内容：①每件商品标明"中国制造"。②一套副本运输单证已预先航空邮寄给了买方。

10. Beneficiary must certify on the invoice… have been sent to the accountee.

受益人须在发票上证明，已将……寄交开证人。

11. Documents in combined form are not acceptable.

不接受联合单证。

12. Combined invoice is not acceptable.

不接受联合发票。

相关链接

英文中表示份数的说法

In Duplicate	2—Fold	2copies	一式二份
In Triplicate	3—Fold	3copies	一式三份
In Quadruplicate	4—Fold	4copies	一式四份
In Quintuplicate	5—Fold	5copies	一式五份
In Sextuplicate	6—Fold	6copies	一式六份
In Septuplicate	7—Fold	7copies	一式七份
In Octuplicate	8—Fold	8copies	一式八份
In Nonuplicate	9—Fold	9copies	一式九份
In Decuplicate	10—Fold	10copies	一式十份

相关链接

发票缮制方式导致的拒付

在信用证实务中，发票缮制方式可能引起开证行的争议，各国或各地区制作发票的模式不尽相同，在处理国际结算实务中，常常有因为制作发票的格式有异，而造成单证收汇的拖延，如下就是一家中东银行发来的因发票制作的方式而引发的拒付电：

某银行发来的“拒付电”，理由是：“发票中的运费和成本金额是分别列出的”。(Commercial Invoice showing freight charges separately from goods amount)。对照信用证，发现信用证只规定了价格条款“CFR Flattakia”，并没有另外规定“运费不能够和成本分别列在发票上”的指示，因此有关人员认为发票正确地显示了信用证规定的成本价(Cost)和运费(Freight)的要求，并回电说明。后来开证银行没有提出异议，不久金额收妥。但从中不难看出，发票的制作方式、各地的习惯是不尽相同的。尽量适应各国制单的方式，以避免不必要的麻烦。

3.2　包装单证

包装单证(Packing Document)是指一切记载或描述商品包装情况的单证，是商业发票的补充说明。常见的包装单证如装箱单(Packing List)、重量单(Weight List)、包装说明(Packing Specification)等，通过对商品的包装件数、规格、唛头、重量等项目的填制，明确阐明商品的包装情况，便于买方对进口商品的包装、数量及重量等的了解和掌握，也便于国外买方在货物到达目的港时，供海关检查和核对货物。在实际业务中，这些包装单证经常合并使用。

3.2.1　装箱单

1. 装箱单的含义与作用

装箱单(Packing List or Packing Specifications)又称包装单、码单，是用以说明货物包装细节的清单，重点说明包装情况、包装条件和每件的毛重、净重等方面的内容，是信用证经常要求的单证之一。装箱单的作用主要是补充发票内容，详细记载包装方式、包装材料、包装件数、货物规格、数量和重量等内容，以便于进口商或海关等有关部门对货物的核准。

装箱单所列的各项数据和内容必须与提单等单证的相关内容一致，还要与货物的实际情况相符。

2. 装箱单的主要内容和缮制方法

装箱单没有统一的格式，但内容基本相同，着重表现货物的包装情况，内容包括从最小包装到最大包装所有使用的包装材料、包装方式，对于重量和尺码内容，在装箱单中一般只体现它们的累计总额。除包装方面的说明，有关货物的描述及唛头等内容要与发票及其他单证相符。从内容上可以看出，装箱单其实是商用发票对包装的一个补充单证，如果发票上已经显示了包装单证所要求的内容时，业务中可以不需要单独的装箱单，这种情况又称为联合装箱单。另外，装箱单的形式与商业发票类似，也有模板格式(见图 3-3)和自由格式(见图 3-4)两种。

<table>
<tr><td colspan="3">ISSUER:
AOWEISI MACHINERY DEVELOPMENT
#G116 EXHIBITION QUANZHOU CITY
FUJIAN PROVINCE CHINA</td><td colspan="3" rowspan="2">PACKING LIST</td></tr>
<tr><td colspan="3" rowspan="2">TO:
ROSE FRANCE IMPORT AND
EXPORT CO.,
24 SANT MART RUE PARIS</td></tr>
<tr><td colspan="2">NO. HL567</td><td>DATE: 2014-1-10</td></tr>
<tr><td colspan="3" rowspan="2">TRANSPORT DETAILS:
FROM QUANZHOU TO HONGKONG
BY SEA</td><td colspan="2">S/C NO. 20070001</td><td>L/C NO.</td></tr>
<tr><td colspan="3">TERMS OF PAYMENT: D/P AT SIGHT</td></tr>
<tr><td>MARKS & NO.</td><td>DESCRIPTION & SPECIFICATION</td><td>QUANTITY</td><td>G. W. (KGS)</td><td>N. W. (KGS)</td><td>MEAS. (CBM)</td></tr>
<tr><td></td><td>MACHINERY</td><td></td><td></td><td></td><td></td></tr>
<tr><td></td><td>CHECK2"</td><td>2000PCS</td><td>500</td><td>460</td><td>34.00×23.00×24.00</td></tr>
<tr><td></td><td>CHECK3"</td><td>1000PCS</td><td>340</td><td>320</td><td>35.00×33.00×23.00</td></tr>
<tr><td></td><td>TOTAL</td><td>3000PCS</td><td>840</td><td>780</td><td>0.64CBM</td></tr>
<tr><td colspan="6">PACKED IN FIFTY CARTONS WITH ONE HUNDRED PIECES IN EACH CARTON</td></tr>
</table>

图 3-3 装箱单模板格式

PACKING LIST

<table>
<tr><td rowspan="3">1) SELLER GOLDEN SEA TRADING CORPORATI
8TH FLOOR JIN DU BUILDING
277 WU XING ROAD
SHANGHAI, CHINA</td><td>3)INVOICE NO.
JH-FLSINV01</td><td>4)INVOICE DATE
5-Aug-2014</td></tr>
<tr><td>5)FROM
SHANGHAI</td><td>6)TO
COPENHAGEN</td></tr>
<tr><td colspan="2">7)TOTAL PACKAGES(IN WORDS)
SAY ONE THOUSAND AND TWO
HUNDRED CARTONS ONLY</td></tr>
<tr><td>2)BUYER F. L. SMIDTH & CO. A/S
77, VIGERSLEV ALLE
DK-2500 VALBY
COPENHAGEN, DENMARK</td><td colspan="2">8)MARKS & NOS.
AS PER INVOICE NO.: JH-FLSINV01</td></tr>
</table>

9)C/NOS.	10)NOS. & KINDS OF PKGS.	11)ITE	12)QTY. (PCS).	13)G. W. (KG)	14)N. W. (KG)	15)MEAS(M.)
		"FOREVER" BRAND BICYCLES				
1-600	600 CTNS	YE803 26′	600 UNITS	19800.0KGS	16800.0KGS	273.6M.
601-1200	600 CTNS	TE600 24′	600 UNITS	19800.0KGS	16800.0KGS	273.6M.
TOTAL	1200 CTNS		1200 UNITS	39600.0KGS	33600.0KGS	547.2M.

PACKING IN NEUTRAL SEAWORTHY EXPORT CARTONS SUITABLE FOR LONG DISTANCE OCEAN TRANSPORTATION

TOTAL NUMBER OF PACKAGE：1200 CARTONS
(SAY ONE THOUSAND AND TWO HUNDRED CARTONS ONLY)

EACH ITEM/PACKAGE	G. W.	N. W.	MEAS
YE803 26′	33KGS	28KGS	0.456M.
TE600 24′	33KGS	28KGS	0.456M.

16)ISSUED BY
GOLDEN SEA TRADING COPERATION

17)SIGNATURE
×××

图 3-4　装箱单自由格式

装箱单的主要内容和缮制方法如下：

(1)出口企业名称和地址(Exporter's Name and Address)：出口企业的名称、地址应与发票同项内容一致，缮制方法相同。

(2)单证名称(Name of Document)：单证名称通常用英文粗体标出。常见的英文名称有：Packing List(Note)，Packing Specifications，Specifications。在实际使用中，应与信用证要求的名称相符，倘若信用证未作规定，可自行选择。

(3)装箱单编号(No.)：装箱单编号一般填发票号码，也可填合同号。

(4)出单日期(Date)：出单日期填发票签发日，不得早于发票日期，但可晚于发票日期 1～2 天。

(5)唛头(Shipping Mark)：与发票的唛头相一致。

(6)品名和规格(Name of Commodity and Specifications)：品名和规格必须与信用证的描述相符。规格包括商品规格和包装规格，例如，Packed in polythene bags of 3 kgs each，and then in inner box，20 boxes to a carton.(每 3 千克装一个塑料袋，每袋装一盒，20 盒装一个纸箱。)

(7)数量(Quantity)：数量填写实际件数，如品质规格不同应分别列出，并累计其总数。

(8)单位(Unit)：单位是指外包装的数量单，如箱、包、桶等。

(9)毛重(Gross Weight)：毛重包括包装在内的每件货物的重量，规格不同要分别列出，并累计其总量。

(10)净重(Net Weight)：净重填写每件货物的实际重量并计其总量。

(11)尺码(Measurement)：尺码填写每件包装的体积，并标明总尺码。

注意：毛重、净重是以千克为单位，保留整数。填写商品的体积(尺码)，单位是立方米，且保留三位小数。

(12)签章(Signature)：出单人签章应与商业发票相符，如果信用证规定为中性包装，此栏可不填。

(13)其他特别说明：信用证或合同要求在包装单内加以说明的内容。

有些公司的装箱单上还有关于装运的相关信息，如装运地、目的地及运输方式等，可根据要求添加一些项目。

在实际业务中，要根据不同商品的品质和信用证的要求，提供适当的包装单证，做到既能符合信用证的规定，为银行所接受，又能满足客户对商品包装的要求。如果信用证条款只要求提供装箱单(Packing List)，而无任何特殊规定，那么只要提供一般装箱单，将货物的包装情况作一般简要说明就可以了。如果信用证条款要求提供"详细装箱单"(Detailed Packing List)，那么就必须提供详细的装箱内容，如描述每件包装的具体细节，包括商品的货号、色号、尺寸搭配、毛重、净重及尺码等。

3. 制作装箱单证的注意事项

包装单证的内容，既包括包装的商品内容，也包括包装的种类和件数、每件毛净重、毛净总重量、总尺码(体积)，所以无论信用证要求的包装单证是什么名称，都必须按其规定照打。

(1)信用证的特殊规定，必须在单证中充分体现出来。如信用证规定：每件装一袋、每打装一盒、每20打装一箱，则必须注明：Each piece in a bag，each dozen in a carton box，then 20 dozens in a carton.

(2)除非有明确要求，装箱单证一般不显示货物的单价、总价，因为进口商在转移这些单证给实际买家时大多不愿泄露其购买的实际成本。

4. 信用证中有关装箱单证条款举例

(1)Separate Packing List in full details required.

单独制作详细装箱单。

(2)Combined of Packing List is not acceptable.

不接受联合装箱单。

(3)Packing List showing gross and net weights expressed in kilos of each type of goods required.

装箱单上标明每种货物的毛重和净重，重量以千克计量。

(4)Packing List in 3 copies manual signed by the beneficiaries.

装箱单一式三份，由受益人手签。

(5)Signed Packing List，one original and one copy.

一正一副签署的装箱单。

(6)Packing List detailing the complete inner packing specifications and contents of each package.

装箱单说明货物内部的包装规格及内容。

(7)Detailed weight and measurement list showing the detail of colors, sizes and quantities in each carton and also net weight and gross weight.

重量/尺码明细单，详注每箱货物的颜色、尺寸、数量以及毛重和净重。

(8)Detailed Packing List in quadruplicate showing gross weight, net weight, net net weight, measurement, color, size and quantity breakdown for each package.

详细装箱单一式四份，标明每个包装的毛重、净重、净净重、尺码、颜色、尺寸和数量的详细说明。

(9)Packing List in triplicate issued by beneficiary indicating quantity, gross and net weight of each package/container.

受益人出具的装箱单一式三份，标明数量及每一包装或集装箱的毛重和净重。

3.2.2　其他包装单证

1. 重量单

重量单(Weight List/ Weight Memo/Weight Certificate)是出口商向进口商提供的装货重量(Shipping Weight)的凭证标签。除装箱单上的基本内容外，重量单上必须尽量清楚地列明每件货物的毛重、净重，以及总的毛重和净重。总的毛重和净重必须与商业发票、运输单证、原产地证书、商检证书等单证上的描述一致。

重量单多用于以重量计价的初级产品，作用与包装单相同。在具体业务中，出口方须提供这两种单证，或只提供其中的一种单证，主要根据国外来证的规定及商品的性质来决定。

重量单证明所装重量与合同规定相符，货到目的港有缺量时，出口商不负责任。如果货物有缺量时，进口商也必须提出重量证明书，才可以向出口商或轮船公司或保险公司提出索赔。关于货物重量的证明书，一般由出口商或生产厂商出具。

重量单的格式和内容如图 3-5 所示。

2. 尺码单

尺码单(Measurement List)主要用于说明所装运货物的体积，即每件商品的包装尺码及总尺码，如果不是统一尺码，则应逐件列明，尺码用公制表示。用托盘装运时，除注明货物装上托盘后的总尺码外，还应注明托盘本身的尺码。其作用是方便买方安排接货运输、装卸和仓储，同时也是计算运费的一种主要依据。尺码单无固定格式，由出口商自行制作。

CERIFICATE OF WEIGHT

CONSIGNOR：　　　　　　　　　　　　　　　　　　　　　　　　　INV. NO.：DS2001INV205

DESUNSOFT CO. LTD.　　　　　　　　　　　　　　　　　　　　　DATE：May 22，2014

ROOM 2901，HUARONG MANSION，GUANJIAQIAO 85#，　　　　L/C NO.：LC010986

NANJING 210005，P. R. CHINA

TEL：025-4711363 FAX：025-4691619

CONSIGNEE：

SAMAN AL-ABDUL KARIM AND PARTNERS CO.

POB 13552，RIYADH 44166，KSA

TEL：4577301/4577312/4577313 FAX：4577461

MARKS AND NUMBERS	NUMBER AND KIND OF PACKAGE DESCRIPTION OF GOODS	QUANTITY	PACKAGE	G. W	N. W
				KGS	
N/M	CANNED APPLE JAM 24 TINS×340 GMS	2200CARTONS	2200	19747.00	17952.00
	CANNED STRAWBERRY JAM 24 TINS×340 GMS	2200CARTONS	2200	19747.00	17952.00
	Total：	4400CARTONS	4400 CARTONS	39494.00 KGS	35904.00 KGS

SAY TOTAL：FOUR THOUSAND FOUR HUNDRED CARTONS ONLY.

图 3-5　重量单

本项目主要讲述商业发票和装箱单。商业发票是办理通关手续时，海关据此对货件进行分类，并正确估算关税及税金的重要单证，也是外贸业务中制作各个单证的基础。因此，认真缮制商业发票是外贸工作中的一项基本而重要的工作。本项目详细介绍了商业发票的内容和缮制。装箱单是商业发票的一个补充单证，也是出口结汇的一个主要单证，要准确掌握装箱单的缮制。

>>> 基础知识练习

单选题

1. 根据《跟单信用证统一惯例》(UCP600)，除非信用证另有规定，商业发票的签发人必须是(　　)。

A. 开证申请人　　B. 受益人　　C. 开证行　　D. 保兑行

2. 出口一批大宗商品，国外来证规定："数量为 10000 公吨，散装，总金额 100 万美元，禁止分批装运。"根据《跟单信用证统一惯例》(UCP600)规定，卖方交货的(　　)。

A. 数量和金额不得增减

B. 数量和总金额均可在 10%的范围内增减

C. 数量和总金额均可在 5%的范围内增减

D. 数量可以有 5%的伸缩，但总金额不得超过 100 万美元

3. 根据《跟单信用证统一惯例》(UCP600)，除非信用证另有规定，商业发票的抬头必须作成(　　)。

A. 开证行　　B. 开证行指定的银行

C. 开证申请人　　D. 受益人

4. 下面单证中，哪个可以不签署(　　)。

A. 运输单据　　B. 包装单据　　C. 汇票　　D. 保险单

5. 出口单证中最重要的单据，能让当事人了解一笔交易的全貌。其他单据都是以其为依据的单据是(　　)。

A. 装箱单　　B. 产地证书　　C. 发票　　D. 提单

6. 凡"约""大概""大约"或类似的词语，用于信用证数量时，应理解为(　　)。

A. 有关数量不超过10%的增减幅度

B. 有关数量不超过15%的增减幅度

C. 有关数量的增减幅度可双方协定

D. 有关数量的增减幅度可按单方要求来定

7. 厂商发票是厂方出具给出口商的销售货物凭证。来证要求提供厂商发票，其目的是(　　)。

A. 检查是否有削价倾销行为，以便确定应否征收"反倾销税"

B. 是按某些国家法令规定，出口商对其国家输入货物时必须取得进口国在出口国或其邻近地区的领事签证的、作为装运单据一部分和货物进口报关的前提条件之一的特殊发票

C. 为进口商向其本国当局申请进口许可证或请求核批外汇之用

D. 作为国际商务单据中的基础单据，是缮制报关单、产地证、报检单、投保单等其他单据的依据

8. 包装单据一般不应显示货物的(　　)，因为进口商把商品转售时只要交付包装单据和货物，不愿泄露其购买成本。

A. 品名、总金额　　B. 单价、总金额

C. 包装件数、品名　　D. 品名、单价

9. 商业发票(Commercial Invoice)，在实际工作中简称发票(Invoice)。下述表达最合适的是(　　)。

A. 出口商向进口商开列的发货价目清单

B. 买卖双方记账的依据，也是进出口报关交税的总说明

C. 它是商务单据中最重要的单据，能让有关当事人了解一笔交易的全貌，其他单据都是以发票为依据的

D. 上述说法都对

10. 商业发票由出口企业自行拟制，无统一格式，但基本栏目大致相同。以下(　　)不包括在其中。

A. 关于信用证介绍部分

B. 首文部分包括发票名称、号码、出票日期地点、抬头人、合同号、运输路线等

C. 本文部分包括货物描述、单价、总金额、唛头等

D. 结文部分包括有关货物产地、包装材料等各种证明句、发票制作人签章等

11. 在显示发票付款人(抬头人)时，以下(　　)表述不正确。

A. 抬头可以是空白的

B. 如果信用证有指定抬头人的，按来证规定制单

C. 如果该信用证已被转让，则银行也可接受由第二受益人提交的以第一收益人为抬头的发票

D. 必须作成信用证的申请人名称、地址

12. 发票中的价格术语十分重要，以下说法不正确的是(　　)。

A. 因为它涉及买卖双方责任的承担、费用的承担和风险的划分问题，另外，也是进口国核定关税的依据

B. 来证价格术语如与合同规定的有出入，应及时修改信用证，如事先没有修改，还是应该按照信用证规定制单，否则会造成单证不符

C. 是进口地海关核定关税的依据

D. 价格可以根据具体情况酌情修改

13. 形式发票也称预开发票或估价发票，通常在未成交之前，为进口商向其本国当局申请进过许可证或请求核批外汇之用。下列说法不正确的是(　　)。

A. 形式发票不是一种正式发票

B. 能用于托收和议付，正式成交后不要另外重新缮制商业发票

C. 形式发票和商业发票的关系密切，信用证在货物描述后面常有"按照某月某日之形式发票"等条款

D. 假如来证附有形式发票，则形式发票构成信用证的组成部分，制单时要按形式发票内容全部打上

14. 以下单据中，不对发票起补充作用的是(　　)。

A. 装箱单　　B. 运输单据　　C. 重量单　　D. 尺码单

15. 中性包装单据上，不能出现(　　)。

A. 出口商的名址、产地　　B. 进口商名址

C. 唛头　　D. 没有特别规定

>>> 实训练习

根据所给资料填写发票和装箱单。

资料：

(1)出口商公司名称：SHANGHAI JINHAI IMP&EXP CORP. LTD.。

(2)进口商公司名称：ANTAK DEVELOPMENT LTD.。

(3)支付方式：20%T/T BEFORE SHIPMENT AND 80%L/C AT 30 DAYS AFTER SIGHT。

(4)装运条款：FROM SHANGHAI TO SINGAPORE NOT LATER THAN SEP. 30，2013。

(5)价格条款：CFR SINGAPORE。

(6)货物描述：MEN'S COTTON WOVEN SHIRTS。

货号/规格	装运数量及单位	总金额	毛重/净重(件)	尺码
1094L	700 DOZ	USD19 180.00	33KGS/31KGS	68＊46＊45CM
286G	800 DOZ	USD31 680.00	45KGS/43KGS	72＊47＊49CM
666	160 DOZ	USD5 440.00	33KGS/31KGS	68＊46＊45CM

包装情况：一件一塑料袋装，6件一牛皮纸包，8打或10打一外箱。

尺码搭配：			
1094L：	M	L	XL
	3	3	4＝10打/箱
286G：	M	L	XL
	1.5	3	3.5＝8打/箱
666：	M	L	XL
	1.5	3.5	3＝8打/箱

(7)唛头由卖方决定(要求使用标准化唛头)。

(8)L/C NO. 123456 DATED AUG. 18，2013 ISSUED BY BANK OF CHINA SINGAPORE BRANCH

ADVISING BANK：BANK OF CHINA SHANGHAI

(9)S/C NO. 00SHGM3178B DATE AUG2. 2013。

(10)INVOICE NO. SHGM7056I。

一、填写商业发票

<table>
<tr><td colspan="3">ISSUER (1)</td><td colspan="3" rowspan="2">商业发票
COMMERCIAL INVOICE</td></tr>
<tr><td colspan="3" rowspan="2">TO(2)</td></tr>
<tr><td colspan="2">NO. (3)</td><td>DATE (4)</td></tr>
<tr><td colspan="3" rowspan="2">TRANSPORT DETAILS (5)</td><td colspan="2">S/C NO. (6)</td><td>L/C NO. (7)</td></tr>
<tr><td colspan="3">TERMS OF PAYMENT (8)</td></tr>
<tr><td>MARKS AND NUMBERS</td><td>NUMBER AND KIND OF PACKAGE
DESCRIPTION OF GOODS</td><td colspan="2">QUANTITY</td><td>UNIT PRICE</td><td>AMOUNT</td></tr>
<tr><td rowspan="2">(9)</td><td rowspan="2">(10)</td><td colspan="2" rowspan="2">(11)</td><td colspan="2">(12)</td></tr>
<tr><td>(13)</td><td>(14)</td></tr>
<tr><td colspan="6">TOTAL：(15)

SAY TOTAL：(16)</td></tr>
</table>

二、填写装箱单

<table>
<tr><td colspan="2" rowspan="2">ISSUER (1)</td><td colspan="5">装箱单
PACKING LIST(2)</td></tr>
<tr><td colspan="2">INVOICE NO. (3)</td><td colspan="3">DATE (4)</td></tr>
<tr><td>MARKS AND NUMBERS</td><td>NUMBER AND KIND OF PACKAGE
DESCRIPTION OF GOODS</td><td>QUANTITY</td><td>PACKAGE</td><td>G. W</td><td>N. W</td><td>MEAS.</td></tr>
<tr><td>(5)</td><td>(6)</td><td>(7)</td><td>(8)</td><td>(9)</td><td>(10)</td><td>(11)</td></tr>
<tr><td colspan="7">TOTAL：(12)

SAY TOTAL：(13)</td></tr>
</table>

项目四
运输单证的缮制

通过本项目的学习，能够熟悉几种运输单证的主要内容，同时能够准确地填写运输单证上的各项内容。

重点掌握：

- 海运提单的分类。
- 海运提单各项目的填写和注意事项。
- 装运通知的制作。
- 相关运输单证的主要内容及填写规范。

4.1 运输单证概述

4.1.1 运输单证的重要作用

运输单证是承运方收到承运货物后签发给托运方的收据，是承运方与托运方之间运输契约的证明，如以可转让形式出立的港至港海运提单，还具有物权凭证的效用，经过合法背书，可以不止一次地转让，其受让人即为货权所有人。正因为如此，它已成为国际贸易中买卖双方最为关注的一种单证。

4.1.2 运输单证的种类和名称

运输单证种类繁多，UCP600 按照运输方式把它概括为七大类，见表 4-1。

表 4-1　运输单证的种类

运输方式	单证名称
海洋运输	1. 海运提单(Marine/Ocean B/L)
	2. 不可转让海运单(Non-negotiable Sea Way B/L)
	3. 租船提单(Charter Party B/L)
多式运输	4. 运输行出具的多式运输单证(Multimodal Transfer Document Issued by Freight Forwarders)
空运	5. 空运单(Air Transport Document)
公路、铁路、内河运输	6. 公路、铁路、内河运输单证(Road, Rail or Waterway Transport Documents)
专递或邮寄	7. 专递或邮局单证(Courier and Post Receipts)

此外，在实际操作中还会遇到承运货物收据(Cargo Receipt)，即内地通过国内铁路运往港澳地区的出口货物，一般都委托中国对外贸易运输公司承办。货物装车发运后，由外运公司签发一份承运货物收据给托运人，托运人以此作为结汇凭证。承运货物收据既是承运人出具的货物收据，也是承运人与托运人签署的运输契约。

4.1.3　可转让和不可转让运输单证

可转让运输单证是单证受让人或持有人在运输目的地的提货凭证，它是物权凭证，可在国际市场上以对价转让，银行一般可接受质押。不可转让运输单证不是提货凭证，货物到达目的地后，承运人或其当地代理通知单证上指名的收货人由其提供必要的证明提货。UCP600 七大类运输单证中：不可转让海运单，空运单，公路、铁路或内河运输单证，专递、邮局收据，按国际惯例，其收货人均作成记名式抬头，因此是不可转让的；海运提单，租船提单和多式运输单证，其收货人如是指示式的为可转让单证，如是记名式的则为不可转让单证。

4.1.4　运输单证的签署人

运输单证的签署人见表 4-2。

表 4-2　运输单证的签署人

单证种类	单证表面标明	签署人
海运提单	须有承运人名称	1. 承运人或其代理，或 2. 船长或其代理
不可转让海运单	同上	同上
租船提单	标明或不标明承运人均可	1. 船长或其代理，或 2. 船东或其代理
运输行出具的多式运输单证	须有承运人或多式运输经营人的名称	1. 承运人或其代理，或 2. 多式运输经营人或其代理，或 3. 船长或其代理
空运单	须有承运人名称	承运人或其代理

续表

单证种类	单证表面标明	签署人
公路、铁路、内河运输单证	同上	同上
专递或邮局单证	专递：专递服务机构名称	寄发地专递服务机构
	邮单：邮局收据或证明	寄发地邮局

4.1.5　运输单证操作流程

目前，国际进出口贸易大多采用海洋运输方式进行。在海洋运输方式下，出口企业要填制订舱文件，向海运承运人办理托运手续，同时填写报关文件，自理或委托代理公司办理出口报关手续。出口企业还必须提供与货物有关的各项单证，如商业发票、装箱单、出口货物报关单、外汇核销单、出口许可证、检验检疫证书、减(免)税证明文件、出口贸易合同、产地证明及其他有关文件，以供查验。

在海运条件下，运输单证的基本流程如图 4-1 所示。

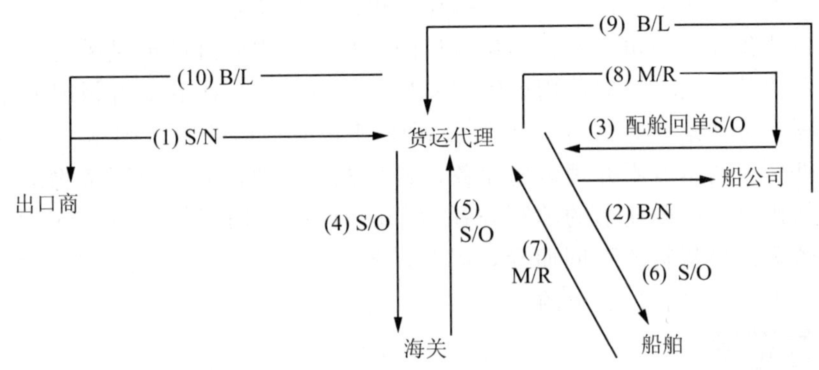

图 4-1　运输单证的基本流程

运输单证基本流程解释：

(1)出口企业填制海运出口货物代运委托单(Shipping Note，S/N)，随附商业发票、装箱单等必要单证，委托货运代理订舱，有时还委托其代理报关等事宜。

(2)货运代理接受订舱委托后，缮制托运单(Booking Note，B/N)，随同商业发票、装箱单及其他必要的单证一同向船公司办理订舱手续。

(3)船公司如接受订舱，并在托运单上编号(该号将来即为提单号)，填上船名、航次，并签署。同时，把配舱回单、装货单(Shipping Order，S/O)等与托运人有关的单证退还给货运代理。

(4)货运代理持船公司签署的装货单及报关所需的全套必要文件，向海关办理出口报关手续。

(5)海关进行查验，如同意出口，则在装货单上盖放行章，并将装货单退还给货运代理。

(6)货运代理持海关盖章并由船公司签署的装货单要求船长装货。

(7)装货后，由船上的大副签署大副收据(Mate's Receipt，M/R)，交给货运代理。

(8)货运代理持大副收据，向船公司换取正本已装船提单，并支付运费。

(9)船公司凭大副收据，签发正本提单并交给货运代理。

(10)出口企业向货运代理支付运费，取得全套已装船提单，凭此结汇。

从以上流程来看，与出口企业有关的托运单证主要为出口货物代运委托单(Shipping Note，S/N)；对货运代理而言，还涉及托运单(Booking Note，B/N)。

4.2 托运单

托运单(Booking Note，B/N)俗称下货纸，是托运人根据贸易合同和信用证条款内容填制的，向承运人或其代理人办理货物托运的单证。托运单是出口企业向外运公司提供出口货物的必要资料，是外运公司向船公司订舱配载的依据。它虽然不是出口结汇的正式单证，但却是日后制作提单的主要背景资料。

从出口业务人员的角度看，出口托运的流程是从租船订舱或是委托出口托运开始的。外贸业务人员应根据信用证规定的最迟装运期及货源和船源情况安排委托出运，并填写有关托运单证。如果外贸公司本身开展托运业务，则须填写出口托运单；如果外贸公司本身不办理运输业务，则可委托代理订舱，填写货物出口订舱委托书。货物出口订舱委托书的填写与托运单的有关栏目相同。填写时中英文结合，个别栏目依据出口货物的不同而异，因此，各公司在印制自己使用的此类单证时，稍有变化，但大体内容是一致的。

相关链接

集装箱货物托运单的流转程序

- 托运人填写托运单，留下货主留存联。
- 外轮代理公司加注编号和所配船名。
- 海关审核认可后，加盖海关放行章。
- 货运代理将集装箱号/封箱号/件数填入托运单，在集装箱进入指定的港区、场站完毕后，在24小时内交场站签收。
- 场站的业务员在集装箱进场后，加批实际收箱数并签收。
- 场站业务员在装船前24小时分批送外轮理货员，理货员于装船时交大副。然后第一联收据由场站业务员交还托运人，作为向外轮代理公司换取收货待运提单的凭证，或装船后换取装船提单。

相关链接

集装箱托运单一式数份，根据承运人或代理人的不同，有不同的名称和格式，但大致内容基本相同。

第一联：集装箱货物托运单(货主留底)(B/N)。

第二联：集装箱货物托运单(船代留底)。

第三联：运费通知(1)。

第四联：运费通知(2)。

第五联：场站收据(货代单)(S/O)。

第六联：大副收据(场站收据副本)。

第七联：场站收据(D/R)。

第八联：货代留底。

第九联：配舱回单(1)。

第十联：配舱回单(2)。

4.2.1　集装箱货物托运单

1. 样例

集装箱货物托运单的格式和内容如图 4-2 所示。

<table>
<tr><td colspan="4">Shipper 2</td><td colspan="3" rowspan="5">D/R No. 1
集装箱货物托运单
第一联　船代留底</td></tr>
<tr><td colspan="4">Consignee 3</td></tr>
<tr><td colspan="4">Notify Party 4</td></tr>
<tr><td colspan="2">Pre-carriage by 5</td><td colspan="2">Place of Receipt 6</td></tr>
<tr><td colspan="2">Vessel & Voy No. 7</td><td colspan="2">Port of Loading 8</td></tr>
<tr><td colspan="2">Port of Discharge 9</td><td colspan="2">Place of Delivery 10</td><td colspan="3">Final Destination 11</td></tr>
<tr><td>Container No.</td><td>Seal No. & Marks & No.</td><td>No. of Containers or P'kgs</td><td>Kind of Packages</td><td>Description of Goods</td><td>Gross Weight</td><td>Measurement</td></tr>
<tr><td>12</td><td>13</td><td>14</td><td>15</td><td>16</td><td>17</td><td>18</td></tr>
<tr><td colspan="7">Total Number of Containers or Packages (IN WORDS) 19</td></tr>
<tr><td>Freight & Charges 20</td><td>Revenue Tons 21</td><td>Rate 22</td><td>Per 23</td><td>Prepaid 24</td><td colspan="2">Collect 25</td></tr>
<tr><td rowspan="2">Ex Rate 26</td><td>Prepaid at 27</td><td colspan="2">Payable at 29</td><td colspan="3">Place of Issue 31</td></tr>
<tr><td>Total Prepaid 28</td><td colspan="2">No. of Original B(S)/L 30</td><td colspan="3"></td></tr>
<tr><td colspan="2">Service Type on Receiving</td><td colspan="2">Service Type on Delivery</td><td colspan="3" rowspan="6">Class:
Property: 38
IMDG Code Page:</td></tr>
<tr><td colspan="2">可否转船： 32</td><td colspan="2">可否分批： 33</td></tr>
<tr><td colspan="2">装期： 34</td><td colspan="2">有效期： 35</td></tr>
<tr><td colspan="4">金额： 36</td></tr>
<tr><td colspan="4">制单日期： 37</td></tr>
</table>

图 4-2　集装箱货物托运单

2. 托运单填制说明

集装箱货物托运单的填制内容及要点见表 4-3。

表 4-3 集装箱货物托运单的填制内容及要点

项目顺序号	应填写内容	要 点 提 示
1. 托运单号码 D/R No.		一般填写发票号码
2. 发货人 Shipper	出口公司的名称和地址	如果是代理货主办理租船订舱的，要列明代理人的名称
3. 收货人 Consignee	记名收货人的名称或指示收货人	A. 信用证下可用两种方式表示收货人：记名收货人(合同买方)与指示收货人(空白指示：to order 和记名指示 to order of) B. 托收项下此栏留空
4. 通知人 Notify Party	信用证中规定的被通知人的名称和地址	通知人无权提货
5. 前程运输 Pre-carriage by	第一承运船名	如果货物不需要转运，本栏目留空
6. 收货地点 Place of Receipt	收货的港口名称或地点	如果货物不需要转运，本栏目留空
7. 船名和航次 Vessel & Voy No.	实际货运船名、航次	A. 如需转船需列明，以符号"/"间隔，顺序列出各程船名 B. 如为预定船只，装船时发生变化，应在单证上作相应修改或待装船时填写该栏
8. 装货港 Port of Loading	货物实际装船港口名称	如果货物需要转运，填写货物中转港口名称
9. 卸货港 Port of Discharge	货物实际卸下的港口名称，一般为目的港	A. 明确具体，并与信用证描述一致，如有同名港口，需注明国家、地区或州、城市；如经转船，应在卸货港名称后加注转船港名称 B. 如信用证规定目的港为选择港，则应是同一航线上、同一航次挂靠的基本港
10. 交货地点 Place of Delivery	货物最终目的地	如果货物的目的地就是卸货港，此栏留空
11. 目的地 Final Destination		
12. 集装箱号 Container No.		

续表

项目顺序号	应填写内容	要点提示
13. 封志号 & 唛头与号码 Seal No. & Marks & No.		A. 注意唛头与信用证及合同规定的内容和形式完全一致 B. 如果合同和信用证没有唛头规定，卖方可以自行选择一个合适的唛头，也可以不制作唛头，此时在该栏目标注“No Marks”(N/M)
14. 箱数或件数 No. of Containers or P'kgs	集装箱箱数或包装的件数	A. 对于裸装货和包装货应详细列明最大包装数量 B. 若出口货物有若干种，而包装方式、包装材料完全不同，应该分别填列不同包装单位数量，然后再合计总数 C. 散装货检署只填“In Bulk”，大写合计总数可不填
15. 包装种类 Kind of Packages		包装按货物是散装货、裸装货和包装货的实际情况填写
16. 货描 Description of Goods	货物的实际名称	A. 信用证下，应严格与信用证的货物描述一致 B. 托收项下，可参照合同的规定结合实际情况进行填写
17. 毛重 Gross Weight	货物的实际毛重	A. 货物毛重以公吨或千克表示，公吨以下保留小数点后三位，千克以下四舍五入处理 B. 如果为裸装货，应在净重前加注 N. W
18. 尺码 Measurement		A. 一般按照托运货物的尺码总数填写，其值略大于原先计算出来的各件货物的尺码总和数 B. 货物的体积保留小数点后三位
19. 集装箱数或件数合计(大写) Total Number of Containers or Packages (IN WORDS)		
20. 运费与附加费 Freight & Charges		

续表

项目顺序号	应填写内容	要点提示
21. 运费吨 Revenue Tons		船公司或其代理人填写
22. 运费率 Rate		
23. 每 Per		
24. 预付 Prepaid		
25. 到付 Collect		
26. 兑换率 Ex Rate		
27. 预付地点 Prepaid at		
28. 预付总额 Total Prepaid		
29. 到付地点 Payable at		
30. 正本提单份数 No. of Original B(S)/L		A. 与信用证或合同规定相符 B. 承运人一般签发提单正本 2～3 份，签发的份数应用英文大写注明
31. 签发地点 Place of Issue	装运港名称	
32. 可否转船	“允许”或“不允许”	A. 与信用证或合同规定相符 B. 如果信用证、合同规定对此栏有进一步说明，填入“托运人备注”栏
33. 可否分批	同上	
34. 装期	货物装运日期	与信用证或合同规定相符
35. 有效期	信用证有效期	
36. 金额	运费总额	
37. 制单日期	发票日期	也可早于发票日期，实务中应按实际开立托运单的日期填写
38. 托运人备注		IMDG Code Page 是指《国际海上危险货物运输规则》中的危险货物信息页码

4.2.2 出口货物托运单

出口货物托运单的格式及内容如图 4-3 所示。

填制日期：　年　月　日

<table>
<tr><td colspan="3">SHIPPER：

TEL：　　FAX：</td><td colspan="3" rowspan="2">托运条款：①货物的各项资料，包括唛码、件数、货名、重量、尺码、运输条款等由托运人认真填写，并对其填写内容的准确性负责。②运费与附加费栏，按双方商定的金额填写。③货物可否转船，不填写的，一律视做可转船；运费预付/到付栏不填的，一律视做预付；运输条款不填的，可视做CY/CY等条款。④特殊柜种托运需填写清楚特殊要求。⑤托运单必须有经办人签名及盖章。⑥货物经订舱后，由于托运单填写错误或资料不全等产生的一切责任、费用概由托运人承担。⑦托运人填报本托运单，即表示已接受以上条款。</td></tr>
<tr><td colspan="3">CONSIGNEE：

ATTN：</td></tr>
<tr><td colspan="3">NOTIFY PARTY：</td><td colspan="3">运输条款：□ CY/CY　□ CY/HK　□ CY/FO
□ CY/DR　□ DR/DR　□ DR/CY</td></tr>
<tr><td colspan="3">VESSEL：</td><td colspan="3">□ 需正本提单　　□ 电放</td></tr>
<tr><td colspan="3">SHIPPING ORDER：</td><td colspan="3" rowspan="5">海运费：　□ 预付　　□ 到付
文件费：　　　　报关费：
电放费：　　　　拖车费：
其他：</td></tr>
<tr><td colspan="3">CLOSING DATE：</td></tr>
<tr><td colspan="3">LOADING：</td></tr>
<tr><td colspan="3">VIA：</td></tr>
<tr><td colspan="3">FINAL DESTINATION：</td></tr>
<tr><td>标记唛码
Marks & Nos.</td><td>件数
Packages</td><td>货物品名及规格
Description of Goods</td><td>箱量
Containers</td><td>毛重
Gross Weight
(KGS)</td><td>尺码
Measurement
(CBM)</td></tr>
<tr><td></td><td></td><td></td><td></td><td></td><td></td></tr>
<tr><td colspan="3">拖车行名称：</td><td colspan="2">电话：</td><td>联系人：</td></tr>
<tr><td colspan="6">如委托我司拖车、报关，请填写：
装货时间：　　　　装货地点：</td></tr>
<tr><td colspan="6">特别事项：
备注/Note：美国货物限重：17.2T/20’GP，19.9T/40’GP，19.9T/40’HQ；其他地区限重：21.7T/20’GP，26.6T/40’GP，26.6T/40’HQ</td></tr>
</table>

托运人签名和签章：

图 4-3　出口货物托运单

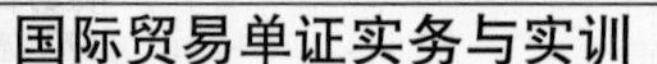

4.3 海运提单

4.3.1 提单的作用

海运提单(Marine Bill of Lading or Ocean Bill of Lading)，简称为提单(Bill of Lading，B/L)，是国际结算中的一种最重要的单证。它是由承运人或其代理人签发的确认已收到单证表面所描述的货物，并承诺将货物运到指定地点的单据。提单在班轮运输中被广泛地采用，有关提单的国际公约一般都规定，承运人或其代理人在将货物收归其保管(或装船)后，应根据托运人的要求签发提单。

提单的作用，主要体现在以下三个方面：

第一，货物收据(Receipt of the Goods)，证明承运人已如数收到提单上所列货物。无论是备运提单，还是已装船提单，均具有货物收据的性质。但由于在实际业务中，一般以货物装船作为象征性交货，而货物未实际装船而签发的提单，如备运提单，银行通常不予接受。因此，一般做法是承运人接管货物后，应托运人的要求，签发收妥待运提单，货物装船后，再换成已装船提单。

第二，物权凭证(Document of Title)。提单的合法持有人有权在目的港以提单来提取货物，而承运人只要出于善意，凭提单发货，即使持有人不是真正的货主，承运人也无责任。而且，除非在提单中指明，提单可以不经承运人的同意而转让给第三者，提单的转移就意味着物权的转移，连续背书可以连续转让。提单的合法受让人或提单持有人就是提单上所记载货物的合法持有人。提单所代表的物权可以随提单的转移而转移，提单中所规定的权利和义务也随着提单的转移而转移。即使货物在运输过程中遭受损坏或灭失，也因货物的风险已随提单的转移而由卖方转移给买方，只能由买方向承运人提出赔偿要求。

第三，运输合同(Contract of Carriage)。提单上印就的条款规定了承运人与托运人之间的权利和义务，而且提单也是法律承认的处理有关货物运输的依据，因而常被人们认为提单本身就是运输合同。但是按照严格的法律概念，提单并不具备经济合同应具有的基本条件：它不是双方意思表示一致的产物，约束承托双方的提单条款是承运人单方拟定的；它履行在前，而签发在后，早在签发提单之前，承运人就开始接受托运人托运货物和将货物装船的有关货物运输的各项工作。所以，与其说提单本身就是运输合同，还不如说提单只是运输合同的证明更为合理。如果在提单签发之前，承托双方之间已存在运输合同，则不论提单条款如何规定，双方都应按原先签订的合同的约定行事；但如果事先没有任何约定，托运人接受提单时又未提出任何异议，这时提单就被视为合同本身。虽然由于海洋运输的特点，决定了托运人并没有在提单上签字，但因提单毕竟不同于一般的合同，所以不论提单持有人是否在提单上签字，提单条款对他们都具有约束力。

此外，提单还可作为收取运费的证明，以及在运输过程中起到办理货物的装卸、发运和交付等方面的作用。

4.3.2 提单的分类

1. 根据货物是否装船分类，分为已装船提单和备运提单

(1)已装船提单(On Board B/L or Shipping B/L)是指承运人已将货物全部装上指定船舶后签发的提单，提单上必须注明装运货物船舶的名称，明确表示货物已装船，并写明装运日期(即签发提单的日期)。目前，在出口业务中所见到的信用证，除集装箱运输使用运输单证以外都要求提供已装船提单。这是因为，凡已装上船的货物既不会在装运港再卸下又不会改装其他船只，这样对收货人来说有按时收货的保证。故而信用证中一般均规定提供已装船提单。

(2)备运提单(Received for Shipment B/L)，又称收讫待运提单，是指承运人收到托运货物等待装运期间应托运人的要求而签发的提单。由于备运提单表示货物尚未装船，能否按时装运及到货时间都没有保证，因此，买方一般不愿接受备运提单。在信用证业务中，银行一般也不予接受，不过，当这种提单经承运人加注"已装船"(On Board)字样，并注明船名和装运日期后，就成为"已装船提单"而为银行所接受 。应该指出的是，当交易双方使用的是 FCA(货交承运人)或 CPT(运保费付至……)或 CIP(运费付至……)贸易术语，而买方开来的信用证中并未规定须提交已装船提单时，则卖方提交备运提单应该是可以的，因为在这三种贸易术语下，双方风险的划分是当货物交付承运人后，风险即由卖方转移至买方。

2. 按货物外表状况有无不良批注分类，分为清洁提单和不清洁提单

(1)清洁提单(Clean B/L)是指货物装船时，表面状况良好，承运人在签发提单时未加任何货损、包装不良或其他有碍结汇批注的提单。国际航运公会(International Chamber of Shipping)于 1951 年提出允许清洁提单上有下列三种内容的批注：①不明白地表示货物或包装不能令人满意，如只在提单上批注旧包装、旧麻袋等；②强调承运人对于货物或包装性质所引起的风险不负责任，如批注对货物生锈免责(No Responsible for Rusty)或对货物或包装破碎免责(No Responsible for Breakage)等；③否认承运人知悉货物的内容、重量、容积、质量或技术规格。这三项内容，已被大多数国家或组织所接受。清洁提单是买方收到完好货物的保证，也是提单转让时必备的条件之一。

(2)不清洁提单(Unclean B/L or Foul B/L)是指承运人收到货物之后，在提单上加注了货物外表状况不良或货物存在缺陷或包装破损的提单。例如，在提单上批注：铁条松失(Iron Straps Loose)、包装不固(Insufficiently Packed)、×件损坏(X Packages Damaged)等。在使用信用证支付方式时，银行通常不接受不清洁提单。当装船发生货损或包装不良时，托运人经常要求承运人不在提单上加批注，而由托运人向承运人出具保函，也称赔偿保证书(Letter of Indemnity)，向承运人保证如因货物破残短损以及承运人因签发清洁提单而引起的一切损失，由托运人负责。承运人则给予签发提单，以便卖方在信用证下顺利结汇。对于这种保函，有些国家的法律和判例并未承认，如美国法律认为这是一种欺骗行为，所以使用保函时要视具

体情况而定。

UCP600 第二十七条表明银行只接受清洁运输单证。清洁运输单证是指未载有明确宣称货物或包装有缺陷的条款或批注的运输单证。“清洁”一词并不需要在运输单证上出现，即使信用证要求运输单证为清洁已装船的(A bank will only accept a clean transport document. A clean transport document is one bearing no clause or notation expressly declaring a defective condition of the goods or their packaging. The word “clean” need not appear on a transport document, even if a credit has a requirement for that transport document to be “clean on board”)。

3. 按提单抬头的不同分类，分为记名提单、不记名提单和指示提单

(1)记名提单(Straight B/L)又称收货人抬头提单，是指在提单的收货人栏内，具体写明了收货人的名称。由于这种提单只能由提单内指定的收货人提货，不能转让，记名提单虽避免了提单转让过程中可能带来的风险，使货物始终控制在货主手中，但也失去了其代表货物转让流通的便利。同时，银行也不愿意接受记名提单作为议付的证件。由于这些原因，记名提单在国际贸易业务中很少使用，一般只有在运送价值较高的货物、展览品及援外物资时方才使用。

记名提单根据货物的运交对象，收货人可以填写为：

- Unto Buyer 或 Consigned to Buyer(运交购买人，即以购买人为抬头人)。
- Unto Issuing Bank 或 Consigned to Bank(运交信用证的开证行，即以开证行为抬头人)。中南美洲国家开来的信用证中所规定的提单，很多是这种提单。
- Unto Shipper's agent 或 Consigned to Shipper's agent(运交托运人的代理人，即以托运人在目的港的代理人为抬头人)。

(2)不记名提单(Open B/L)又称空白提单，是指在提单收货人栏内不填明具体的收货人或指示人的名称而留空的提单。不记名提单的转让不需经任何背书手续，提单持有人仅凭提单交付即可提货。这种提单的转让或提货手续比较简便，但一旦遗失或被盗，货物也容易被人提走，即使货物未被提走，提单被转让到了第三者手里，也会引起纠纷。因此，这种提单在国际贸易中很少应用。

(3)指示提单(Order B/L)是指在提单上收货人一栏内载明“凭某人指示”(To Order of)或“凭指示”(To Order)字样的提单。前者称为记名指示提单，承运人应按记名的指示人的指示交付货物；后者叫不记名指示提单，承运人按托运人的指示交付货物。

指示提单中的收货人(又称抬头)一般有以下几种填写方法：

- 凭银行指示，即提单收货人栏填写为“To the Order of ×× Bank”。
- 凭收货人指示，即提单收货人栏填写为“To the Order of A. B. C. Co., Ltd.”。
- 凭发货人指示，即提单收货人栏填写为“To the Order of Shipper”，并由托运人在提单背面空白处背书。这种提单亦可根据信用证的规定而作成记名背书。托收人也可不作背书，在这种情况下则只有托运人可以提货，即是卖方保留货物所有权。
- 不记名指示，即提单收货人栏填写为“To the Order”，并由托运人在提单背面作空白背书，亦可根据信用证的规定而作成记名背书。

指示提单经过背书后才能提取货物或转让，背书的方法有两种：

第一种：空白背书(Blank Endorsement)，是指由背书人(即提单转让人)在提单背面签上背书人单位名称及负责人签章，但不注明被背书人的名称，也不须取得原提单签发人的认可。指示提单一经背书即可转让，意味着背书人确认该提单的所有权转让。一般银行多欢迎采用"空白抬头，空白背书"。

第二种：记名背书除同空白背书需由背书人签章外，还要注明被背书人的名称。如被背书人再进行转让，必须再加背书。指示提单有凭托运人的指示、凭收货人指示和凭进口方银行指示等，则分别需托运人、收货人或进口方银行背书后方可转让或提货。

4. 按运输过程中是否需转运分类，分为直达提单、转船提单和联运提单

(1)直达提单(Direct B/L)是指货物从装运港装船后，中途不经换船而直接驶达目的港卸货，按照这种条件所签发的提单，称为直达提单或直运提单。直达提单内仅列有装运港和目的港之名，而无中途"转船""在某港转船"等批语。在国际贸易中，信用证如规定货物不准转船，卖方就必须取得承运人签发的直达提单，银行才接受办理议付货款。

(2)转船提单(Transhipment B/L)是指船舶从装运港装货后，不直接驶往目的港而在中途港口换船把货物转往目的港。凡按此条件签发的包括运输全程的提单，称为转船提单。转船提单内一般注有"在××港转船"字样。由于货物在中途港转船，对进口人来讲，不仅会增加货物受损或其他风险，而且还会因为等候换装船延误到货时间。所以买方通常争取直达运输，并在信用证内明确规定不许转船。但碍于运输的条件所限，有时转船也许会使货物更快地驶达目的港。在这种情况下，经买卖双方约定也可以使用转船提单。

UCP600第二十条表明银行可以接受注明将要发生或可能发生转运的提单。即使信用证禁止转运，只要提单上证实有关货物已由集装箱、拖车或子母船运输，银行仍可接受注明将要发生或可能发生转运的提单。但对于提单中包含的声明承运人保留转运权利的条款，银行将不予置理(A bill of lading indicating that transhipment will or may take place is acceptable, even if the credit prohibits transhipment, if the goods have been shipped in a container, trailer or LASH barge as evidenced by the bill of lading. Clauses in a bill of lading stating that the carrier reserves the right to transhipment will be disregarded)。

(3)联运提单(Through B/L)是指须经两种或两种以上的运输方式(如海陆、海河、海空等)联合运输的货物，托运人在办理托运手续并缴纳全程运费之后，由第一程承运人所签发的，包括运输全程并能凭以在目的港提取货物的提单，称为联运提单。采用这种提单时，如同采用转船提单一样，货物在运输途中的转换交通工具和交换工作，均由第一程承运人或其代理人负责向下段航程承运人办理，托运人不需自己办理。联运提单和转船提单虽然包括全程运输，但签发提单的承运人或其代理人，一般都在提单条款中规定：只担负货物在他负责运输的一段航程内所发生的损失责任，货物从他所有的运输工具卸下后，他的责任即告终止。

5. 按船舶经营性质分类，分为班轮提单和租船提单

(1)班轮提单(Liner B/L)是指经营班轮运输的轮船公司或其代理人出具的提单，提单上列有详细的运输条款。

(2)租船提单(Charter Party B/L)是指船方根据租船合同签发的提单。提单上注有“一切条件、条款和免责事项按照某年某月某日的租船合同”或批注“根据租船合同出立”字样。银行或买方在接受这种提单时，通常要求卖方提供租船合同的副本，以了解提单和租船合同的全部情况。但在UCP600中表明，即使信用证中的条款要求提交租船合约，银行也将对该租船合约不予审核，予以照转而不承担责任(A bank will not examine charter party contracts, even if they are required to be presented by the terms of the credit)。如果信用证不要求或不允许提交租船合约提单，银行将不接受租船合约提单。如由货物托运人作为船舶承租人时不可能产生承运人；由船舶承租人承运第三人作为托运人的货物，成为承租人时，提单注明“运输费用及其他条款和条件根据××租船合同办理”。

6. 按提单的格式分类，分为全式提单与略式提单

(1)全式提单(Long Form B/L)，亦称繁式提单，它是指通常应用的，既有正面内容又在提单背面列有承运人和托运人的权利、义务等详细条款的提单。略式提单，亦称简式提单，它是仅保留全式提单正面的必要项目，如船名、货名、标志、件数、重量或体积、装运港、目的港、托运人名称等记载，而略去提单背面全部条款的提单。

(2)略式提单(Short Form B/L)，亦称简式提单，它又可分为租船项下的略式提单及班轮项下的略式提单。租船项下的略式提单，应用于租船项下的货物运输，提单内注有“根据某月某日签订的租船合同开立”等字样。由于这种提单受到租船合同的约束，它本身不构成一个完整的独立文件，因此银行一般都不愿意凭这种提单办理议付。班轮项下的略式提单，一般是为了简化提单的制作，而采用的提单。这种提单一般都印有“本提单货物的收受、保管、运输和运费等事项，均按本公司全式提单的正面、背面的铅印，手写印章和打字等书面的条款和例外条款办理。该全式提单存本公司、分支机构或代理人处，可供托运人随时查阅”等内容。根据国际银行业务的惯例，这种略式提单可凭以向银行办理议付。

7. 其他种类的提单

(1)预借提单(Advanced B/L)，是指信用证规定的装船日期已到期或接近到期，而货主因故未能及时备妥货物装船或因船期延误影响货物装船，在这种情况下托运人要求承运人先行签发已装船提单，以便结汇。虽然托运人在要求签发预借提单时，必须提供保函，以承担一切责任，但仍会给承运人带来风险，收货人可以向法庭控告承运人的欺诈行为，而保函在法律上的有效性，往往是不能成立的。因此，承运人应避免签发这种提单。

(2)倒签提单(Antedated B/L)，是指货物的实际装船日期迟于信用证的规定，如仍按实际装船日期签署提单，势必影响结汇，为使签发提单日期与信用证规定的日期相符，承运人应托运人的要求，在提单上仍按信用证规定的装船日期填写。提单签发的日期一般应为该批货物全部装船完毕的日期。但有时由于种种原因，不能在信用证规定的装船期内装运，又来不及修改信用证，为符合信用证的规定，采用倒签日期的做法。这种提单与预借提单的签发均属于不合法行为，承运人需承担由此产生的风险，特别是在货价下跌时，收货人可以伪造提单(False B/L)为理由，拒绝提货并向法院起诉，扣留船只，直到取得补偿或保证金为止。因此，不应使用倒签提单。

(3)舱面提单(On Deck B/L)，又称甲板货提单，是指货物装于露天甲板上承运时，并于提单注明“装于舱面”(On Deck)字样的提单。承运人在提单上一般加列不负责任的批注，如“Shipped on Deck at Shipper's Risk”或“Cargo Shipped on Deck. Carrier not Responsible for the Losses Arising Therefrom”。对于一般货物，由于装在舱面容易遭受损失(如遭雨淋、水浸或卷入海中)，对收货人不利。故而除非信用证另有规定外，银行一般不接受舱面提单。由于集装箱货物多式联运的发展，情况有所变化。

在UCP600第二十六条A款中表明，运输单证不得表明货物装于或者将装于舱面。声明货物可能被装于舱面的运输单证条款银行可以接受。(A transport document must not indicate that the goods are or will be loaded on deck. A clause on a transport document stating that the goods may be loaded on deck is acceptable.)

(4)过期提单(Stale B/L)有两种情形：①由于航线较短或银行单证流转速度太慢，以至于提单晚于货物到达目的港，收货人提货受阻。②由于出口商在取得提单后未能及时到银行议付形成过期提单。根据UCP600的规定，向银行交单时间超过提单签发日期21天的提单为过期提单。过期提单使得收货人不能及时凭单提货，将造成码头费用、仓租等损失，而且要承担货物遭受火灾、丢失、雨淋等风险。故而在信用证业务中，银行不接受过期提单。但在近洋运输时容易出现过期提单，所以在近洋国家间的买卖合同中，一般都订有“过期提单可以接受”(Stale B/L is Acceptable)的条款。

相关链接

船东提单和货代提单的区别

● 签发的主体不一样：MB/L(Master B/L，船东提单)是船公司签发的提单，而HB/L是货代基于MB/L签发的提单，由货代公司签发。

● 抬头不一样：船公司提单是以船公司为抬头的，货代提单是以货代名称为抬头的。

● 目的港收货方式不一样：船东提单可以直接向船公司提货，货代提单提货时必须先在目的港向货代的代理换取船公司提单。然后再凭着船公司提单去提货，俗称换单；或者由目的港客户凭货代提单直接找货代的代理提货。

● 适用范围不一样：船东提单适用于FCL货物、LCL货物，货代只能给客户签发货代提单，或者电放。

● 提货费用不一样：船东提单在目的港提货时一般不会产生什么费用，货代提

单提货会收取目的港客户的换单费，也有可能由发货人支付给货代，货代另行和代理结算。

相关链接

海运单(Seaway Bill)，又称海上运送单或海上货运单，它是“承运人向托运人或其代理人表明货物已收妥待装的单证，是一种不可转让的单证，即不须以在目的港揭示该单证作为收货条件，不须持单证寄到，船主或其代理人可凭收货人收到的货到通知或其身份证明而向其交货”。

(引自 1978 年 9 月联合国欧洲经济委员会《Recommendation》)

4.3.3 联运提单

1. 样例

联运提单的格式和内容如图 4-4 所示。

BILL OF LADING

<table>
<tr><td colspan="6">SHIPPER 1</td><td colspan="6" rowspan="6">B/L NO. 10
CARRIER
C O S C O
中国远洋运输(集团)总公司
CHINA OCEAN SHIPPING (GROUP) CO.
COMBINED TRANSPORT BILL OF LADING</td></tr>
<tr><td colspan="6">CONSIGNEE 2</td></tr>
<tr><td colspan="6">NOTIFY PARTY 3</td></tr>
<tr><td colspan="3">PLACE OF RECEIPT 4</td><td colspan="3">OCEAN VESSEL 5</td></tr>
<tr><td colspan="3">VOYAGE NO. 6</td><td colspan="3">PORT OF LOADING 7</td></tr>
<tr><td colspan="3">PORT OF DISCHARGE 8</td><td colspan="3">PLACE OF DELIVERY 9</td></tr>
<tr><td colspan="2">MARKS
11</td><td colspan="2">NOS. & KINDS OF PKGS.
12</td><td colspan="3">DESCRIPTION OF GOODS
13</td><td colspan="2">G. W. (KG)
14</td><td colspan="3">MEAS(M^3)
15</td></tr>
<tr><td colspan="12">CONTRACT NO. 16</td></tr>
<tr><td colspan="12">TOTAL NUMBER OF CONTAINERS OR PACKAGES(IN WORDS)
17</td></tr>
<tr><td colspan="3">FREIGHT & CHARGES
18</td><td colspan="3">REVENUE TONS
19</td><td>RATE
20</td><td>PER
21</td><td colspan="2">PREPAID
22</td><td colspan="2">COLLECT
23</td></tr>
<tr><td colspan="3">PREPAID AT
24</td><td colspan="3">PAYABLE AT
25</td><td colspan="6">PLACE AND DATE OF ISSUE
26</td></tr>
<tr><td colspan="3">TOTAL PREPAID
27</td><td colspan="3">NUMBER OF ORIGINAL B(S)L
28</td><td colspan="6" rowspan="2">SIGNATURE 29
中国外轮代理公司广州分公司
CHINA OCEAN SHIPPING
AGENCY, GUANGZHOU BRANCH
FOR THE CARRIER NAMED ABOVE</td></tr>
<tr><td colspan="3">DATE 30</td><td colspan="3">BY 31</td></tr>
</table>

图 4-4 联运提单

2. 联运提单填制说明

联运提单的填制内容及要点见表 4-4。

表 4-4　联运提单的填制内容及要点

项目顺序号	应填写内容	要点提示
1. 托运人 Shipper	发货人的全称和地址	A. 信用证项下通常为受益人，如果信用证没有特别规定，亦可以受益人以外的第三者为托运人 B. 托收项下为合同的买方
2. 收货人 Consignee	提单的抬头人	A. 信用证项下根据信用证的规定填写，三种填写情况：记名收货人、凭指示、记名指示 B. 托收项下填写“To Order”或“To Order of Shipper”，要避免做成以买方为抬头人的提单，防止物权的过早转移
3. 被通知人 Notify Party	承运人在货物到港后通知的对象	A. 信用证项下根据信用证的规定填写 B. 若信用证未作规定，为确保单证一致，此栏可留空。但是提交给船公司的副本必须详细记载申请人的全称、地址及电话等 C. 托收项下此栏留空
4. 收货地点 Place of Receipt	收货的港口名称或地点	
5. 船名 Ocean Vessel	按托运单上的船名、航次填写	A. 如需转船，需列明以符号“/”间隔、顺序列出各程船名 B. 如已预定船只，装船时发生变化，应在单证上做相应修改或待装船时填写该栏
6. 航次 Voyage No.		
7. 装运港 Port of Loading	货物实际装船港口的名称	
8. 卸货港 Port of Discharge	货物实际卸下的港口名称，一般为目的港	A. 明确、具体，并与信用证描述一致，如有同名港口，需注明国家、地区或州、城市；如经转船，应在卸货港名称后加注转运港名称 B. 如信用证规定目的港为选择港，则应是同一航线、同一航次挂靠的基本港
9. 交货地点 Place of Delivery	填写最终目的地的名称	
10. 提单号码 B/L No.	按托运单上的号码填写	必须注明，否则提单无效

续表

项目顺序号	应填写内容	要点提示
11. 唛头 Marks		A. 唛头要与信用证、合同的规定形式完全一致 B. 如合同和信用证中没有无唛头的规定时，卖方可以自行选择一个合适的唛头，也可以不制作唛头，此时，在该栏填注"No Marks(N/M)"
12. 包装件数和种类 Nos. & Kinds of Pkgs.	按照发票的有关栏目填写	A. 散装货物，此栏目填写"In Bulk" B. 提单内不能加注关于包装状况的描述 C. 包装的数量应该大小写都有
13. 货描 Shipper's Description of Goods		A. 信用证下，应严格与信用证的货物描述一致 B. 托收项下，可参照合同的规定结合实际情况进行填写
14. 毛重 G. W. (kg)	货物的毛重总数	A. 货物毛重以公吨或千克表示，公吨以下保留小数点后三位，千克以下做四舍五入处理 B. 如果为裸装货，应在净重前加注 N. W C. 与发票、装箱单、托运单上的数据一致
15. 尺码吨 MEAS(m.)	货物的体积总数	与托运单一致
16. 合同号 Contract No.		
17. 总的集装箱数或件数(大写) Total Number of Containers or Packages(In Words)		A. 整箱货物可以只填写集装箱的数量，同时提单内要加注"Shipper's Load & Count." B. 如用托盘装运，本栏目填写托盘的数量，同时在括号内加注货物的包装件数
18. 运费 Freight & Charges	运费的支付情况	
19. 计费吨 Revenue Tons		
20. 费率 Rate		与托运单一致
21. 每 Per		
22. 预付 Prepaid		与托运单一致

续表

项目顺序号	应填写内容	要点提示
23. 到付 Collect		同上
24. 预付地点 Prepaid At	装运港名称	
25. 运费到付地点 Payable At		要与合同的规定一致：如在 CIF、CFR 条件下，为装运港的名称和地址；在 FOB、FAS 条件下，为卸货港的名称和地址
26. 签单地点和日期 Place and Date of Issue	签单地点是装货港地点	A. 签发日期为装运日期，应不晚于信用证或合同规定的最迟装运日期 B. 如转船，填写一程船装货港地点
27. 预付总金额 Total Prepaid		
28. 正本提单数 Number of Original B(s)/L		A. 信用证和合同的规定相符 B. 承运人一般签发提单正本 2～3 份，签发的份数应用英文大写注明
29. 署名 Signature		
30. 装船日期 Date	承运人接管货物的时间	签单日期为装运日期，不得晚于信用证或合同规定的最迟装运日期
31. 承运人 By		

相关链接

主要的班轮公司名称及代码

中国远洋运输集团公司	COSCO	中国海运集团公司	CHINA SHIPPING
中国对外贸易运输公司	SINOTRANS	马士基—海陆公司	MAERSK—SEALAND
地中海航运公司	MSC	日本邮船	NYK
韩进海运	HANJIN	商船三井	M. O. S. K
铁行渣华	P&O	东方海外	OOCL
海皇/总统轮船	NOL/APL	长荣	EVERGREEN
法国达飞	CMA	德国胜利航运	SENATOR LINES

4.4 航空运单

航空运单(Airway Bill，AWB)，是指由承运人或其代理人签发的重要的货物运输单证，是承托双方的运输合同，但不具有物权凭证的性质。收货人不是凭航空运单提货，而是凭航空公司的提货通知单提货，因此航空运单是不可转让的，在航空运单的收货人栏必须详细填写收货人的全称和地址，而不能做成指示式抬头。

4.4.1 航空运单的种类

航空运单主要分为两大类：航空主运单和航空分运单。

(1)航空主运单(Master Airway Bill，MAWB)，是指凡由航空运输公司签发的航空运单就称为主运单。它是航空运输公司据以办理货物运输和交付的依据，是航空公司和托运人订立的运输合同，每一批航空运输的货物都有相对应的航空主运单。

(2)航空分运单(House Airway Bill，HAWB)，是指集中托运人在办理集中托运业务时签发的航空运单。在集中托运的情况下，除了航空运输公司签发主运单外，集中托运人还要签发航空分运单。

航空分运单作为集中托运人与托运人之间的货物运输合同，合同双方分别为货A、B和集中托运人；而航空主运单作为航空运输公司与集中托运人之间的货物运输合同，当事人则为集中托运人和航空运输公司。货主与航空运输公司没有直接的契约关系。

不仅如此，由于在起运地货物由集中托运人将货物交付给航空运输公司，在目的地由集中托运人或其代理从航空运输公司处提取货物，再转交给收货人，因而货主与航空运输公司也没有直接的货物交接关系。

相关链接

航空运单各联的用途

航空货运单一般一式十二联，其中三联正本、六份副本联、三份额外副本联。各联用途如下：

顺序	名称	英文名称	颜色	用途
1	正本3	Original 3	蓝	交托运人(For shipper)
2	正本1	Original 1	绿	开单人(For accounting)
3	副本9	Copy 9	白	交代理人
4	正本2	Original 2	粉红	交收货人(For consignee)
5	副本4	Copy 4	黄	提货收据
6	副本5	Copy 5	白	交目的地机场

续表

顺序	名称	英文名称	颜色	用途
7	副本 6	Copy 6	白	交第三承运人
8	副本 7	Copy 7	白	交第二承运人
9	副本 8	Copy 8	白	交第一承运人
10	额外副本 10	Extra copy 10	白	供承运人使用
11	额外副本 11	Extra copy 11	白	供承运人使用
12	额外副本 12	Extra copy 12	白	供承运人使用

4.4.2 航空运单的作用

1. 航空运单是发货人与航空承运人之间的运输合同

与海运提单不同，航空运单不仅证明航空运输合同的存在，而且航空运单本身就是发货人与航空运输承运人之间缔结的货物运输合同，在双方共同签署后产生效力，并在货物到达目的地交付给运单分别记载的收货人后失效。

2. 航空运单是承运人据以核收运费的账单

航空运单分别记载着属于收货人负担的费用，属于应支付给承运人的费用和应支付给代理人的费用，并详细列明费用的种类、金额，因此可作为运费账单和发票。承运人往往也将其中的承运人联作为记账凭证。

3. 航空运单是承运人签发的已接收货物的证明

航空运单也是货物收据。在发货人将货物发运后，承运人或其代理人就会将其中一份交给发货人(即发货人联)，作为已经接收货物的证明。除非另外注明，它是承运人收到货物并在良好条件下装运的证明。

4. 航空运单同时可作为保险证书

如果承运人承办保险或发货人要求承运人代办保险，则航空运单也可用来作为保险证书。

5. 航空运单是报关单证之一

出口时航空运单是报关单证之一，在货物到达目的地机场进行进口报关时，航空运单通常是海关查验放行的基本单证。

6. 航空运单是承运人内部业务的依据

航空运单随货同行，证明了货物的身份，运单上载有有关该票货物发送、转运、交付的事项，承运人会据此对货物的运输作出相应安排。航空运单的正本一式三份，每份都印有背面条款，其中一份交发货人，是承运人或其代理人接收货物的依据；第二份由承运人留存，作为记账凭证；最后一份随货同行，在货物到达目的地，交付给收货人时作为核收货物的依据。

航空运单与海运提单类似，也有正面、背面条款之分，不同的航空公司也有自己独特的航空运单格式。所不同的是，航运公司的海运提单可能千差万别，但各个航空公司所使用的航空运单则大多借鉴 IATA (International Air Transport Association，国际航空运单协会)所推荐的标准格式，差别不大。我们这里只介绍这种标准格式，也称中性运单。

4.4.3 航空运单样例

航空运单的格式和内容如图 4-5 所示。

SHIPPER'S NAME AND ADDRESS 1		NOT NEGOTIABLE AIR WAYBILL
CONSIGNEE'S NAME AND ADDRESS 2		IT IS AGREED THAT THE GOODS DESCRIBED HEREIN ARE ACCEPTED IN APPARENT GOOD ORDER AND CONDITION (EXCEPT AS NOTED) FOR CARRIAGE SUBJECT TO THE CONDITIONS OF CONTRACT ON THE REVERSE HEREOF, ALL GOODS MAY BE CARRIED BY ANY OTHER MEANS. INCLUDING ROAD OR ANY OTHER CARRIER UNLESS SPECIFIC CONTRARY INSTRUCTIONS ARE GIVEN HEREON BY THE SHIPPER. THE SHIPPER'S ATTENTION IS DRAWN TO THE NOTICE CONCERNING CARRIER'S LIMITATION OF LIABILITY. SHIPPER MAY INCREASE SUCH LIMITATION OF LIABILITY BY DECLARING A HIGHER VALUE OF CARRIAGE AND PAYING A SUPPLEMENTAL CHARGE IF REQUIRED.
ISSUING CARRIER'S AGENT NAME AND CITY 3		
AGENTS IATA CODE 4	ACCOUNT NO. 5	
AIRPORT OF DEPARTURE(ADD. OF FIRST CARRIER) AND REQUESTED ROUTING 6		ACCOUNTING INFORMATION 7

TO 8	BY FIRST CARRIER 9	TO 10	BY 11	TO 12	BY 13	CURRENCY 14	DECLARED VALUE FOR CARRIAGE 15	DECLARED VALUE FOR CUSTOMS 16

AIRPORT OF DESTINATION 17	FLIGHT/DATE 18	AMOUNT OF INSURANCE 19	INSURANCE-IF CARRIER OFFERS INSURANCE AND SUCH INSURANCE IS REQUESTED IN ACCORDANCE WITH THE CONDITIONS THERE OF INDICATE AMOUNT TO BE INSURED IN FIGURES IN BOX MARKED "AMOUNT OF INSURANCE".

HANDLING INFORMATION 20

NO. OF PIECES 21	G. W. 22	RATE CLASS 23	CHARGEABLE WEIGHT 24	RATE/CHARGE 25	TOTAL 26	NATURE & QUANTITY OF GOODS 27

PREPAID WEIGHT CHARGE COLLECT 28	OTHER CHARGES 29
VALUATION CHARGE 30	SHIPPER CERTIFIES THAT THE PARTICULARS ON THE FACE HEREOF ARE CORRECT AND THAT INSOFAR AS ANY PART OF THE CONSIGNMENT CONTAINS DANGEROUS GOODS, SUCH PART IS PROPERLY DESCRIBED BY NAME AND IS IN PROPER CONDITION FOR CARRIAGE BY AIR ACCORDING TO THE APPLICABLE DANGEROUS GOODS REGULATIONS. ________________ SIGNATURE OF SHIPPER OR HIS AGENT
TAX 31	
TOTAL OTHER CHARGES DUE AGENT 32	
TOTAL OTHER CHARGES DUE CARRIER 33	

TOTAL PREPAID 34	TOTAL COLLECT 35	EXECUTED ON ___ AT ___ SIGNATURE OF ISSUING CARRIER OR AS AGENT FOR CARRIER'S USE ONLY AT DESTINATION. 41
CURRENCY CONVERSION RATES 36	CC CHARGES IN DES. CURRENCY 37	

CHARGES AT DESTINATION 38	TOTAL COLLECT CHARGES 39	AIR WAY BILL NUMBER 40	

图 4-5 航空运单

4.4.4 航空运单填制说明

航空运单的填制内容及要点见表 4-5。

表 4-5 航空运单的填制内容及要点

项目顺序号	应填写内容	要点提示
1. 发货人的姓名、住址 Shipper's Name and Address	填写发货人的姓名、地址、所在国家及联络方法	
2. 收货人的姓名、住址 Consignee's Name and Address	应填写收货人的姓名、地址、所在国家及联络方法	A."凭指示"之类的字样不得出现在单面上 B. 在信用证项下，与信用证的规定一致
3. 承运人代理的名称和所在城市 Issuing Carrier's Agent Name and City		
4. 代理人的 IATA 代号 Agents IATA Code		由承运人如实填写，如果信用证没有规定，一般此栏留空
5. 代理人的账号 Account No.		
6. 始发站机场及所要求的航线 Airport of Departure (Add. of First Carrier) and Requested Routing	填写 IATA 统一制定的始发站机场或城市的三字代码	1A 是指 IATA 统一编制的航空公司代码
7. 支付信息 Accounting Information		此栏只有在采用特殊付款方式时才填写
8. 去往 To	填写第一中转站机场的 IATA 代码	
9. 第一段运输承运人 By First Carrier	填写第一段运输的承运人	
10. 去往 To	填写第二中转站机场的 IATA 代码	
11. 第二段运输承运人 By	填写第二段运输的承运人	
12. 去往 To	填写第三中转站机场的 IATA 代码	
13. 第三段运输承运人 By	填写第三段运输的承运人	

续表

项目顺序号	应填写内容	要点提示
14. 货币 Currency	填写ISO货币代码	
15. 运输声明价值 Declared Value for Carriage	填写发货人要求的用于运输的声明价值	如果发货人不要求声明价值，则填入“NVD (No Value Declared)”
16. 海关声明价值 Declared Value for Customs	发货人在此栏填写对海关的声明价值	发货人也可以填写“NCV(No customs valuation)”，表明没有声明价值
17. 目的地机场 Airport of Destination	填写最终目的地机场的全称	
18. 航班及日期 Flight/Date	填写货物所搭乘航班及日期	
19. 保险金额 Amount of Insurance		只有在航空公司提供代保险业务而客户也有此需要时才填写
20. 操作信息 Handling Information	填写承运人对货物处理的有关注意事项	
21. 货物件数 No. of Pieces	填写货物包装的件数	
22. 毛重 Gross Weight	填写货物的总毛重	
23. 运价等级 Rate Class	根据具体的收费标准，填写运价代码	针对不同的航空运价共有6种代码：M(Minimum，起码运费)、C(Specific Commodity Rates，特种运价)、S(Surcharge，高于普通货物运价的等级货物运价)、R(Reduced，低于普通货物运价的等级货物运价)、N(Normal，45公斤以下货物适用的普通货物运价)、Q(Quantity，45公斤以上货物适用的普通货物运价)
24. 计费重量 Chargeable Weight	填写航空公司据以计算运费的计费重量	该重量可以与货物的毛重相同也可以不同
25. 运价 Rate/Charge	填写该货物适用的费率	
26. 运费总额 Total		数值应为起码运费值或者是运价与计费重量两栏数值的乘积
27. 货物的品名、数量 Nature & Quantity of Goods		
28. 预付运费收取 Prepaid Weight Charge Collect		

续表

项目顺序号	应填写内容	要点提示
29. 其他费用 Other Charges		根据 IATA 规则的规定，各项费用分别用三个英文字母表示。其中前两个字母是某项费用的代码，如运单费就表示为 AW(Airway Bill Fee)。第三个字母是 C 或 A，分别表示费用应支付给承运人(Carrier)或货运代理人(Agent)
30. 声明价值费 Valuation Charge		
31. 税款金额 Tax		
32. 付与货运代理人的其他费用合计金额 Total Other Charges Due Agent		
33. 付与承运人的其他费用合计金额 Total Other Charges Due Carrier		
34. 运费预付总金额 Total Prepaid		
35. 运费到付总金额 Total Collect		
36. 货币兑换比率 Currency Conversion Rates		
37. 运费到付 CC Charges in DES. Currency		
38. 目的地机场收费 Charges at Destination		
39. 到付总金额 Total Collect Charges		
40. 航空运单份数 Airway Bill Number		
41. 签单时间(日期)、地点、承运人或其代理人的签字		

常用的航空货运代码

国家名称及代码

中国	CN	澳大利亚	AU
法国	FR	英国	GB
加拿大	CA	韩国	KR
美国	US	德国	GE
日本	JP	新加坡	SG

城市名称及代码

北京	BJS	芝加哥	CHI
天津	TSN	上海	SHA
伦敦	LON	杭州	HGH
纽约	NYC	东京	TYO
广州	CAN	汉城	SEL
深圳	SZX	重庆	CKG
巴黎	PAR	大阪	OSA

航空公司名称及代码

中国国际航空公司	CA	中国南方航空公司	CZ
中国东方航空公司	MU	美洲航空公司	AA
加拿大航空公司	AC	大韩航空公司	KE
日本航空公司	JL	美国西北航空公司	NW

国际机场名称及代码

首都国际机场(中国)	PEK	成田机场(日本)	NRT
戴高乐机场(法国)	CDG	奥墨尔国际机场(美国)	ORD
底特律机场(美国)	DTW	法兰克福(德国)	FRA
香港(中国)	HKG	墨尔本(澳大利亚)	MEL
米兰(意大利)	LIN	伦敦(英国)	LHR

其他代码

货运单 AIR WAYBILL	AWB	运费到付 CHARGES COLIECT	CC
无声明价值 NO VALUE	NVD	运费预付 CHARGES PREPAID	PP
主运单 MASER AIR WAYBILL	MAWB	分运单 HOUSE AIR WAYBILL	HAWB

4.5　装运通知

装运通知(Shipping Advice)，又称装船声明(Shipping Statement)，即装运货物后，按照国际贸易的习惯做法，发货人应立即(一般在装船后 3 天内)发送装运通知给买方或其指定的人，从而方便买方办理保险和安排接货等事宜。如卖方未及时发送上述装运通知给买方而使其不能及时办理保险或接货，卖方就应负责赔偿买方由此而引起的一切损害及/或损失。在信用证支付方式下，若信用证有要求，则此项单证就成为卖方交单议付的单证之一。

装运通知可采用电报、电传、传真及 E-mail 等各种形式发送。

4.5.1　装运通知样例

装运通知的格式及内容如图 4-6 所示。

SHIPPING ADVICE

INV No.: ____1____
S/C No.: ____2____
L/C No.: ____3____
FROM: ____4____
ADDRESS:
TEL:
FAX:
TO: ____5____
ADDRESS:
ATTN: ____6____

DEAR SIR,

WE HEREBY INFORM YOU THAT THE GOODS UNDER THE ABOVE MENTIONED CREDIT HAVE BEEN SHIPPED. THE DETAILS OF THE SHIPMENT ARE STATED BELOW.

COMMODITY: ____7____　　SHIPPING MARKS 16
NUMBER OF CTNS: ____8____
TOTAL G. W: ____9____
OCEAN VESSEL: ____10____
DATE OF DEPARTURE: ____11____
B/L No.: ____12____
PORT OF LOADING: ____13____
DESTINATION: ____14____
ETA: ____15____

B/RGDS
×××

图 4-6　装运通知

4.5.2 装运通知填制说明

装运通知的填制内容及要点见表4-6。

表4-6 装运通知的填制内容及要点

项目顺序号	应填写内容	要点提示
1. 发票号 INV No.	根据发票填写	
2. 合同号 S/C No.	根据合同填写	
3. 信用证号 L/C No.	根据信用证填写	非信用证贸易，此栏留空
4. 出口方 From	具体的名称和地址	
5. 装运通知接收人 To	买方，或者是买方指定的人或保险公司	若为买方指定的保险公司，则应同时注明预保险单合同号(Cover Note)
6. 事由(提请注意) ATTN	一般填写关于某货物的装运通知	
7. 品名 Commodity	填写商品的名称	一般根据商业发票填写
8. 包装件数 Number of CTNS	填写总的包装件数	以纸箱包装的，不足一箱的按一箱计算
9. 总毛重 Total G. W	填写货物的毛重总数	A. 货物毛重以公吨或千克表示，公吨以下保留小数点后三位，千克以下做四舍五入处理 B. 如果为裸装货，应在净重前加注 N. W. C. 与发票、装箱单、托运单上的数据一致
10. 船名 Ocean Vessel	根据提单填写	
11. 开船日期 Date of Departure	填写提单上的签单日期	
12. 提单号码 B/L No.	具体参看提单	要与提单保持一致
13. 卸货港 Port of Loading	按合同或信用证的规定，一般与提单一致	
14. 目的地 Destination	同上	
15. 预计到达日期 ETA	依据船公司的说明填写	一般不得晚于合同上规定的交货日期
16. 唛头 Shipping Marks	根据商业发票填写	

4.6　其他运输单证

4.6.1　出口货物订舱委托书

出口企业委托对外贸易运输公司或其他有权受理对外货运业务的货运代理公司（以下简称货代）向承运人或其代理办理出口货物运输时，需向其提供订舱委托书，委托其代为订舱。订舱委托书是出口企业和货代之间委托代理关系的证明文件，内容包括信用证对提单的要求，即托运人名称、收货人名称、货物明细、起运港、目的港、信用证规定的装运期限、信用证的有效期、关于分批和转运的规定、对运输的要求等。

1. 出口货物订舱委托书样例

出口货物订舱委托书的格式及内容如图 4-7 所示。

<table>
<tr><td colspan="8" align="center">出口货物订舱委托书
日期</td></tr>
<tr><td>发货人</td><td>1</td><td colspan="2">信用证号</td><td colspan="4">4</td></tr>
<tr><td></td><td></td><td colspan="2">开证银行</td><td colspan="4">5</td></tr>
<tr><td></td><td></td><td>合同号码</td><td>6</td><td colspan="2">成交金额</td><td colspan="2">7</td></tr>
<tr><td></td><td></td><td>装运口岸</td><td>8</td><td colspan="2">目的港</td><td colspan="2">9</td></tr>
<tr><td>收货人</td><td>2</td><td>转船运输</td><td>10</td><td colspan="2">分批装运</td><td colspan="2">11</td></tr>
<tr><td></td><td></td><td>信用证有效期</td><td>12</td><td colspan="2">装船期限</td><td colspan="2">13</td></tr>
<tr><td></td><td></td><td>运费</td><td>14</td><td colspan="2">成交条件</td><td colspan="2">15</td></tr>
<tr><td></td><td></td><td>公司联系人</td><td>16</td><td colspan="2">电话/传真</td><td colspan="2">17</td></tr>
<tr><td>通知人</td><td>3</td><td>公司开户行</td><td>18</td><td colspan="2">银行账号</td><td colspan="2">19</td></tr>
<tr><td></td><td></td><td>特别要求</td><td colspan="5">20</td></tr>
<tr><td>标记唛头
21</td><td>货号规格
22</td><td>包装件数
23</td><td>毛　重
24</td><td>净　重
25</td><td>数　量
26</td><td>单　价
27</td><td>总　价
28</td></tr>
<tr><td>总件数
29</td><td colspan="2">总毛重
30</td><td colspan="2">总净重
31</td><td colspan="2">总尺码
32</td><td>总金额
33</td></tr>
<tr><td>备注</td><td colspan="7">34</td></tr>
</table>

图 4-7　出口货物订舱委托书

2. 出口货物订舱委托书填制说明

出口货物订舱委托书的填制内容及要点见表 4-7。

表 4-7　出口货物订舱委托书的填制内容及要点

项目顺序号	应填写内容	要点提示
1. 发货人	出口公司的名称和地址	如果是代理货主办理租船订舱的要列明代理人的名称
2. 收货人	记名收货人的名称或指示收货人	A. 信用证项下可用两种方式表示收货人：记名收货人(合同的买方)和指示收货人 B. 托收项下本栏留空
3. 通知人	接受船方发出货到通知的人的名称与地址	通知人无权提货
4. 信用证号	信用证的编号	
5. 开证银行	参照信用证中的开证行，列明其全称	
6. 合同号码	销售合同的编号	
7. 成交金额	信用证表明的货物总金额	
8. 装运口岸	货物出口时实际的装船港口名称	
9. 目的港	货物最终的目的地	
10. 转船运输	允许或不允许	与信用证及合同规定相符
11. 分批装运	同上	同上
12. 信用证有效期	参照信用证中的有关规定	
13. 装船期限	货物的装运期	与信用证及合同的规定相符
14. 运费	实际的运费总额	
15. 成交条件	所采用的贸易术语	与信用证及合同的规定相符
16. 公司联系人	出口货物订舱委托方的负责人	
17. 电话和传真	上述公司联系人的电话和传真	
18. 公司开户行	出口货物订舱委托方的开户银行名称	
19. 银行账号	上述开户银行的账号	
20. 特别要求	发货人对出口货物订舱时有何特别要求，要具体标明	

续表

项目顺序号	应填写内容	要 点 提 示
21. 标记唛头	出口货物的唛头	A. 唛头要与信用证、合同的规定形式完全一致 B. 如合同和信用证中没有无唛头的规定时，卖方可以自行选择一个合适的唛头，也可以不制作唛头，此时，在该栏填注“No Marks(N/M)”
22. 货号规格	按照实际情况填写	
23. 包装件数	实际包装件数	A. 对于裸装货和包装货应详细列明最大包装数量 B. 若出口货物有若干种，而包装方式、包装材料完全不同，应该分别填列不同包装单位的数量，然后再合计总数 C. 散装货检署只填“In Bulk”，大写合计总数可不填
24. 毛重	货物的实际毛重	A. 货物毛重以公吨或千克表示，公吨以下保留小数点后三位，千克以下做四舍五入处理 B. 如果为裸装货，应在净重前加注 N. W
25. 净重	货物的实际净重	A. 货物净重以公吨或千克表示，公吨以下保留小数点后三位，千克以下做四舍五入处理 B. 如果为裸装货，只填此栏
26. 数量	按照实际数量填写	
27. 单价	由计价货币、计量单价、计量单位和价格术语四个部分组成	
28. 总价	成交商品总价	与信用证和合同的内容相符
29. 总件数	实际包装的总件数	A. 如果出口货物有若干种，而包装材料完全不同，按照不同包装单位的数量合计总件数 B. 散装货合计总数不填写
30. 总毛重	按照实际总毛重填写	散装货物，此栏留空
31. 总净重	按照实际总净重填写	
32. 总尺码	按照实际尺码填写	A. 一般按照托运货物的尺码总数填写，其值略大于原先计算出来的各种货物的尺码总和数 B. 货物的体积小数点后保留三位
33. 总金额	运费及各项费用总额	
34. 备注	无	

4.6.2 装货单

装货单(Shipping Order，S/O)又名关单，俗称“下货纸”，是接受托运人装运申请的船公司或外轮代理公司签发给托运人或货运代理人的单证，同时也是命令船长将单上的货物装船的证明。装货单通常分为一式三联，其主要作用有：

- 运送承诺运载货物的凭证。
- 办理银行出口手续。
- 办理外贸机关输出手续。
- 办理海关出口报关手续。
- 送货至出口仓库的凭证。
- 办理商品检验手续。
- 办理卫生检验手续。
- 通知船长准予装船的命令。

1. 装货单样例

装货单的格式及内容如图 4-8 所示。

中国外轮代理公司
CHINA OCEAN SHIPPING AGENCY

装货单
SHIPPING ORDER
S/O No. 1

船名 S/S 2　　目的港 For 3

托运人 Shipper 4

兹将下列完好状况之货物装船后希签署收货单

Receive on board the undermentioned goods appearance in good order and condition and sign the accompanying receipt for the same.

唛头及号码 Marks & Nos.	件数 Quantity	货名 Description of Goods	净重(kg) N. W.	毛重(kg) G. W.
5	6	7	8	9

共计件数(大写)

Total Number of Packages in Words 10

日期 Date 11　　时间 Time 12

装入何舱 Stowed 13

实收 Received 14

理货员签名 Tallied 15　　经办员 Approved by 16

图 4-8 装货单

2. 装货单填制说明

装货单的填制内容及要点见表4-8。

表4-8　装货单的填制内容及要点

项目顺序号	应填写内容	要点提示
1. 装货单号 S/O No.	提单号码	提单号码早在船方或其代理人接受托运单时就已告知托运人
2. 船名 S/S	提单中的船名	A. 如需转船，需列明以符号"/"间隔、顺序列出各程船名 B. 如为预定船只，装船时发生变化，应在单证上作相应修改或待装船时再填写该栏
3. 目的港 For	货物最终目的港	A. 不是最终目的地 B. 如需转运，以符号"/"间隔装运港和目的港地点 C. 如目的港为选择港，应在港名前/后加注"Option"字样
4. 托运人 Shipper	一般为出口公司的名称	A. 若托运单中这一栏是第三方，应与托运单保持一致 B. 若货物直接从制造产地装运，可填制造厂商的名称
5. 唛头及号码 Marks & Nos.		A. 唛头要与信用证、合同的规定形式完全一致 B. 如合同和信用证中没有无唛头规定时，卖方可以自行选择一个合适的唛头，也可以不制作唛头，此时，在该栏填注"No Marks(N/M)"
6. 件数 Quantity		A. 对于裸装货和包装货应详细列明最大包装数量 B. 若出口货物有若干种，而包装方式、包装材料完全不同，应该分别填列不同包装单位的数量，然后再合计总数 C. 散装货检署只填"In Bulk"，大写合计总数可不填
7. 货名 Description of Goods		与托运单相应栏目一致
8. 净重(kg) N. W.		同上
9. 毛重(kg) G. W.		同上
10. 共计件数(大写)	件数合计	散装货物大写合计数可以不填写
11. 日期 Date	制作装货单日期	为防止与提单日期相混淆，出口公司一般放弃该栏目的填写

续表

项目顺序号	应填写内容	要 点 提 示
12. 时间 Time	制作装货单时间	
13. 装入何舱 Stowed	货物所装的具体舱位	由船公司或其代理人填写
14. 实收 Received		
15. 理货员签名 Tallied		
16. 经办员 Approved by		

4.6.3 大副收据

大副收据(Mate's Receipt，M/R)，也称作收货单，是大副签发给托运人的，用以证明货物收到并已装上船的凭证。大副收据是海洋运输业务中的主要货运单证之一，是划分船货双方责任的依据，同时也是托运人换取已装船提单的依据。

根据《海牙规则》，承运人对货物所负的责任是从货物装上船后才开始的。所以，为了明确船、货双方的责任，在货物装船时，大副应将货物的实际情况与装货单上的记载内容进行仔细的核对、校正，然后签发大副收据。

1. 大副收据样例

大副收据的格式及内容如图 4-9 所示。

中 国 外 轮 代 理 公 司

CHINA OCEAN SHIPPING AGENCY

收 货 单

MATE'S RECEIPT

M/R No. ____1____

托运人
Shipper ____2____

编号
No. ____3____　船名
S/S ____4____

目的港
For ____5____

下列完好状况之货物业已收妥无损。

Received on board the following goods apparent in good order and condition.

唛头及号码 Marks & Nos.	件 数 Quantity	货 名 Description of Goods	净重(kg) N. W.	毛重(kg) G. W.
6	7	8	9	10

续表

共计件数(大写) Total Number of Packages in Words ____11____	
日期 Date ____12____	时间 Time ____13____
装入何舱 Stowed ____14____	
实收 Received ____15____	
理货员签名 Tallied ____16____	大副 Chief Officer ____17____

图 4-9　大副收据

2. 大副收据填制说明

大副收据的填制内容及要点见表 4-9。

表 4-9　大副收据的填制内容及要点

项目顺序号	应填写内容	要 点 提 示
1. 收货单号 M/R No.		
2. 托运人 Shipper	一般为出口公司名称和地址	
3. 编号 No.		
4. 船名 S/S	提单中的船名	A. 如需转船，需列明以符号“/”间隔、顺序列出各程船名 B. 如为预定船只，装船时发生变化，应在单证上作相应修改或待装船时再填写该栏
5. 目的港 For		
6. 唛头及号码 Marks & Nos.		A. 唛头要与信用证、合同的规定形式完全一致 B. 如合同和信用证中没有无唛头规定时，卖方可以自行选择一个合适的唛头，也可以不制作唛头，此时，在该栏填注“No Marks(N/M)”
7. 件数 Quantity		A. 对于裸装货和包装货应详细列明最大包装数量 B. 若出口货物有若干种，而包装方式、包装材料完全不同，应该分别填列不同包装单位的数量，然后再合计总数 C. 散装货检署只填“In Bulk”，大写合计总数可不填

续表

项目顺序号	应填写内容	要点提示
8. 货名 Description of Goods		与托运单相应栏目一致
9. 净重(kg) N. W.		同上
10. 毛重(kg) G. W.		同上
11. 共计件数(大写) Total Number of Packages in Writing	件数合计	散装货物大写合计数可以不填写
12. 日期 Date	制作收货单的日期	
13. 时间 Time	制作收货单的时间	
14. 装入何舱 Stowed		由船公司或其代理人填写
15. 实收 Received		
16. 理货员签名 Tallied		
17. 大副 Chief Officer	大副签名	

相关链接

大副如果发现货物外包装状况不良或存在缺陷等情况，就会如实地记载到收货单上，这就是大副批注。

大副收据是签发提单的依据。有无不良批注，是托运人能否换取清洁提单的重要依据。经大副签字的收货单如果没有任何不良批注，托运人持此单并且付清预付运费，可以换取已装船清洁提单。从本质上讲，清洁提单就是货物表面处于良好状态，并已被装上船的证明文件。

如果大副收据上出现了不良批注，在换发提单时，就要被原封不动地转注到提单上，这就构成了不清洁提单(Unclean B/L)。批注的主要原因是“货物残损”或“包装不良”，批注的内容常标有“包装不固、标志不清、残损、渗漏、污渍、封条、铁皮脱落、松包、散包、下雨时装船”等字样。银行拒收载有不良批注的运输单证，银行接受“单证上不注有声称货物及/或包装条件有缺陷的附加条款或批注的运输单证，除非信用证规定接受上述附加条款或批注的运输单证”。(UCP600 第二十七条)

签发大副收据时应注意的问题

按照某些国际法或公约的规定，有些货物的灭失、损坏属于承运人的免责范围，或者提单条款有些免责事项已成为一种惯例，承运人均可不负赔偿责任，大副在签发收货单时，没有必要将此类免责条款逐一批注，使之与提单条款的内容重复。例如，中远提单背面的“木材条款”规定：“……承运人对上述木材的玷污、裂缝、洞孔或碎块不负责任。”如果在大副收据上批注，不仅与提单条款重复，进而可能还会给货主收汇造成不必要的麻烦。

银行接受具有下列批注或类似意思的提单：

(1)不明显地指出货物或其包装有缺陷的批注。例如，旧箱、旧桶、旧包装袋、包装材料脆弱、没有包装等字样。

(2)强调由于货物性质或包装而引起的风险，承运人不负担责任的批注。例如，对装入纸袋中的货物因包装质量引起的损失或损坏不负责任。

(3)宣布对货物的内容、重量、容量、质量或技术规格等情况不知情的批注。例如，承运人对货物质量和箱内数量不负责任，或装货人装船和计数，内容据装货人报称，承运人在装船时未核对。

(4)在大副收据上的诸如“装卸自理(FIO)”等装卸条件，不构成不良批注。UCP600(第二十六条C款)规定，除非信用证条款明确禁止，银行将接受用戳记或其他方式提及运费以外的附加费用——诸如有关装卸或其他活动引起的费用或开支的运输单证。

4.6.4　场站收据

场站收据(Dock Receipt，D/R)是由发货人或其代理人编制，由承运人签发的，证明船公司已从发货人处接收了货物，并证明当时的货物状态，船公司对货物开始负有责任的凭证，托运人据此向承运人或其代理人换取待装提单或装船提单。它相当于传统的托运单、装货单、收货单等一整套单证，共有十联(有的口岸有七联)。一般在装船后大副签字(特殊情况下船长签)，场站加盖收据章。集装箱货物托运单的第七联就是场站收据。

场站收据的作用如下：

- 船公司或船代确认订舱，并在场站收据上加盖有报关资格的单证章后，将场站收据交给托运人或其代理人，意味着运输合同开始执行。
- 出口货物报关的凭证之一。
- 承运人已收到托运货物并开始对其负责的证明。
- 换取海运提单或联运提单的凭证。
- 船公司、港口组织装卸、理货和配载的凭证。
- 运费结算的依据。
- 如信用证中有规定，可作为向银行结汇的单证。

1. 场站收据样例

场站收据的格式及内容如图 4-10 所示。

<table>
<tr><td colspan="3">SHIPPER 2</td><td colspan="4">D/R NO. 1</td></tr>
<tr><td colspan="3">CONSIGNEE 3</td><td colspan="4" rowspan="4">场站收据
DOCK RECEIPT
第七联</td></tr>
<tr><td colspan="3">NOTIFY PARTY 4</td></tr>
<tr><td colspan="2">PRE-CARRIAGE BY 5</td><td>PLACE OF RECEIPT 6</td></tr>
<tr><td colspan="2">OCEAN VESSEL VOY. NO. 7</td><td>PORT OF LOADING 8</td></tr>
<tr><td colspan="2">PORT OF DISCHARGE 9</td><td colspan="2">PLACE OF DELIVERY 10</td><td colspan="3">FINAL DESTINATION FOR THE MERCHANT'S RETERENCE 11</td></tr>
<tr><td>CONTAINER NO. 12</td><td>SEAL NO. MARKS & NOS. 13</td><td>NO. OF CONTAINERS OR PKGS 14</td><td>KIND OF PACKAGES 15</td><td>DESCRIPTION OF GOODS 16</td><td>GROSS WEIGHT 17</td><td>MEASUREMENT 18</td></tr>
<tr><td colspan="7">TOTAL NUMBER OF CONTAINERS OR PACKAGES (IN WORDS) 19</td></tr>
<tr><td>FREIGHT & CHARGE 20</td><td>REVENUE TONS 21</td><td>RATE 22</td><td>PER 23</td><td>PREPAID 24</td><td colspan="2">COLLECT 25</td></tr>
<tr><td rowspan="2">EX RATE 26</td><td colspan="2">PREPAID AT 27</td><td colspan="2">PAYABLE AT 29</td><td colspan="2">PLACE OF ISSUE 31</td></tr>
<tr><td colspan="2">TOTAL PREPAID 28</td><td colspan="4">NO. OF ORIGINAL B/L 30</td></tr>
<tr><td colspan="2">SERVICE TYPE ON RECEIVING</td><td colspan="2">SERVICE TYPE ON DELIVERY</td><td colspan="3" rowspan="5">中华人民共和国天津海关
验讫放行专用章</td></tr>
<tr><td colspan="2">可否转船： 32</td><td colspan="2">可否分批： 33</td></tr>
<tr><td colspan="2">装期： 34</td><td colspan="2">有效期： 35</td></tr>
<tr><td colspan="4">金额： 36</td></tr>
<tr><td colspan="4">制单日期： 37</td></tr>
</table>

图 4-10 场站收据

2. 场站收据填制说明

场站收据的填制内容及要点见表 4-10。

表 4-10 场站收据的填制内容及要点

项目顺序号	应填写内容	要 点 提 示
1. 场站收据号码 D/R No.	托运单号	
2. 托运人 Shipper	一般为出口公司的名称	如果是代理货主办理租船订舱的，要列明代理人的名称

续表

项目顺序号	应填写内容	要点提示
3. 收货人 Consignee	记名收货人的名称或指示收货人	A. 信用证项下可用两种方式表示收货人：记名收货人(合同的买方)和指示收货人 B. 托收项下本栏留空
4. 通知人 Notify Party	接受船方发出货到通知的人的名称与地址	通知人无权提货
5. 前程运输 Pre-carriage by	第一程船名	如果货物不需要转运，本栏留空
6. 收货地点 Place of Receipt	收货港口的名称或地点	同上
7. 船名和航次 Ocean Vessel VOY. No.	实际货运船名和航次	A. 如需转船，需列明以符号"/"间隔、顺序列出各程船名 B. 如为预定船只，装船时发生变化，应在单证上作相应修改或待装船时再填写该栏
8. 装货港 Port of Loading	货物实际装船港口的名称	如果货物需要转运，填货物中转港口的名称
9. 卸货港 Port of Discharge	货物实际卸下的港口名称，一般为目的港	A. 明确、具体，并与信用证描述一致，如有同名港口，需注明国家、地区或州、城市；如经转船，应在卸货港名称后加注转船港名称 B. 如信用证规定目的港为选择港，则应是同一航线、同一航次挂靠的基本港
10. 交货地点 Place of Delivery	货物最终目的地	如果货物的目的地就是卸货港，此栏留空
11. 目的地 Final Destination for the Merchant's Reference		
12. 集装箱号 Container No.		
13. 封志号&唛头和号码 Seal No. Marks & Nos.		A. 唛头要与信用证、合同规定的形式完全一致 B. 如合同和信用证中没有无唛头规定时，卖方可以自行选择一个合适的唛头，也可以不制作唛头，此时，在该栏填注"No Marks(N/M)"
14. 箱数或件数 No. of Containers or PKGs	集装箱的箱数或包装件数	A. 对于裸装货和包装货应详细列明最大包装数量 B. 若出口货物有若干种，而包装方式、包装材料完全不同，应该分别填列不同包装单位的数量，然后再合计总数 C. 散装货检署只填"In Bulk"，大写合计总数可不填

续表

项目顺序号	应填写内容	要点提示
15. 包装种类 Kind of Packages		包装按货物是散装货、裸装货和包装货物的实际情况填写
16. 货物描述 Description of Goods	货物的实际名称	A. 信用证下，应严格与信用证的货物描述一致 B. 托收项下，可参照合同的规定结合实际情况进行填写
17. 毛重 Gross Weight	货物的实际毛重	A. 货物毛重以公吨或千克表示，公吨以下保留小数点后三位，千克以下做四舍五入处理 B. 如果为裸装货，应在净重前加注 N/W
18. 尺码 Measurement		A. 一般按托运货物的尺码总数填写，其值略大于原先计算出来的各件货物的尺码总和数 B. 货物的体积，其小数点后保留三位
19. 集装箱或件数合计(大写) Total Number of Containers or Packages(In Words)		
20. 运费与附加费 Freight & Charge		船公司或其代理人填写
21. 运费吨 Revenue Tons		
22. 运费率 Rate		
23. 每 Per		
24. 预付 Prepaid		
25. 到付 Collect		
26. 兑换率 Ex Rate		
27. 预付地点 Prepaid at		
28. 预付总额 Total Prepaid		
29. 到付地点 Prepable at		
30. 正本提单份数 No. of Original B/L		A. 与信用证及合同的规定相符 B. 承运人一般签发提单正本 2～3 份，签发的份数应用英文大写注明

续表

项目顺序号	应填写内容	要 点 提 示
31. 签发地点 Place of Issue	装运港的名称	
32. 可否转船	“允许”或“不允许”	A. 与信用证及合同的规定相符 B. 如果信用证、合同的规定对此栏有进一步的说明，填入“托运人备注”栏
33. 可否分批	同上	同上
34. 装期	货物的装运日期	与信用证及合同的规定相符
35. 有效期	信用证的有效期	
36. 金额	运费的总额	
37. 制单日期	发票的日期	也可以早于发票日期，实务中应按开立托运单的日期填写

相关链接

场站收据流转的过程及程序

●托运人(或货代)填制后，留下货方留底联(第一联)，将第二～第十联送船代(签单)编号。

●船代编号后，留下第二～第四联，并在第五联上加盖确认订舱及报关章，然后将第五～第十联退给货代，货代留下第八联并把第九、第十联送给托运人做配舱回单。

●第五～第七联作报关使用。

●海关审核认可后，在第五联装货单上加盖放行章。

●货代负责将箱号、封志号、件数等内容填入第五～第七联，并将集装箱货物与这些联在规定的时间内送到堆场。

●场站业务员在集装箱货物进场、验收完毕后，在第五～第七联上填入实收箱数、进场完毕日期，并签收和加盖场站公章。第六联由场站留底，第七联送理货员，理货员在装船时将该联交大副，并将经双方签字的第七联即场站收据正本返回货代。

在场站收据的流转过程中，应注意以下事项：

●托运人或货代的出口货物，一般要求在装箱前 24 h 内向海关申报，海关在场站收据上加盖放行章后方可装箱。如在海关盖章放行前装箱或先进入堆场的集装箱，必须经海关同意，并在装箱前 24 h 内将海关盖章的场站收据送交收货的场站业务员。

●场站收据中出口重箱的箱号，允许装箱后由货代或装箱单位正确填写，海关验放时允许无箱号，但进场完毕时必须填写所有的箱号、封志号和箱数。

●托运人和货代对场站收据内容的变更，必须及时通知有关各方，并在 24 h 内出具书面通知，办理变更手续。

●各承运人委托场站签发场站收据必须有书面协议。

●场站业务员签发的场站收据必须验看是否有海关放行章。没有海关放行章不

得安排所载明的集装箱装船。

● 采用 CY 交接条款，货主对箱内货物的准确性负责；如采用 CFS 交接条款，装箱单位对货物负责。拼箱货物以箱为单位签发场站收据。

● 外轮理货人员应根据交接条款，在承运人指定的场站和船边理箱，并在有关单证上加批注，提供理货报告和理箱单。

● 货代、船代应正确、完整地填写和核对场站收据的各个项目。

货物能否顺利进出口，适时的装运是很重要的，因此，与运输相关的单证在货物进出口中就扮演着重要的角色。及时、准确、规范地操作相关单证有助于货物的顺利进出口。本项目通过样例的列举分别介绍了托运单、海运提单、航空运单、铁路运单、装运通知等常用的运输单证的填写规范，同时介绍了出口货物订舱委托书、装货单、大副收据、场站收据等与运输相关的单证的填写规范。并且通过相关知识的补充较系统地介绍了运输单证的操作流程，有助于学习者更加全面地掌握本项目的知识。

>>> 基础知识练习

单选题

1. 在空运业务中的机场代码往往比全称重要的多。国际航协规定的首都国际机场(中国北京)，希思国际机场(英国伦敦)，成田国际机场(日本东京)，分别依次代码为(　　)。

A. PEK，LHR，NRT　　B. PEK，NRT，LHR
C. LHR，PEK，NRT　　D. NRT，LHR，PEK

2. 以下国际港口：Amsterdam，Manila，Hong Kong 所在国家代码分别依次为(　　)。

A. PH，HL，CN　　B. HL，PH，CN
C. PH，CN，HL　　D. HL，CN，PH

3. 某商品由上海港海运至美国洛杉矶港(Los Angeles，US)，托运人应查询下列(　　)航线的船期表和运价表。

A. 远东——北美西岸　　B. 远东——北美东岸
C. 远东——欧洲　　D. 远东——地中海

4. 以下关于海运提单的说法不正确的是(　　)。

A. 货物收据　　B. 运输合同的证明
C. 物权凭证　　D. 无条件支付命令

5. 香港进口商向上海某企业购货，双方约定贸易术语“FOB SHA”。托运前，进口商要求供应商将货直接运往美国纽约，并同意承担上海至纽约的全程运费。这时，海运托运单上运费支付栏内应填写(　　)。

A. Freight Prepaid　　B. Freight Collect
C. Freight Prepayable　　D. Freight Collectable

6. 按照有关规定，对不同包装种类的货物混装在一个集装箱内，这时货物的总件数显示数字之和，包装种类用统称(　　)来表示。

A. Cartons　　B. Pieces　　C. Packages　　D. Pallets

7. 在纸质托运单一式十联单，其中(　　)是托运单的核心。此联在海关放行后被海关盖上"放行章"，据此联，船公司才可以将货物装上船。

A. 第二联船代留底　　B. 第五联装货单

C. 第七联场站收据　　D. 第九联配舱回单

8. 根据UCP600规定，海运提单的签单日期应理解为(　　)。

A. 货物开始装船的日期　　B. 货物装船完毕的日期

C. 货物装运过程中的任何一天　　D. 运输合同中的装运日

9. 海运提单的抬头是指提单的(　　)。

A. Shipper　　B. Consignee　　C. Notify Party　　D. Title

10. 以下运输单据中，能同时具有货物收据、运输合同证明和物权凭证作用的是(　　)。

A. 铁路运单　　B. 航空运单　　C. 海运提单　　D. 海运单

11. 根据UCP600规定，正本运输单据受益人或其代表在不迟于发运日之后的21个日历日内交单，并不得迟于信用证的截止日。若发生正本提单交银行超过提单签发日期21天，这时，该正本提单为(　　)。

A. 过期提单　　B. 倒签提单　　C. 不清洁提单　　D. 无效提单

12. 下列费用中，不属于班轮运费的是(　　)。

A. 装卸费　　B. 速遣费　　C. 平舱费　　D. 理舱费

13. 以下海运提单收货人不同，显示(　　)收货人时需要托运人背书。

A. To Order　　B. ABC Company

C. To order of Issuing Bank　　D. To order of applicant

14. 根据UCP600规定，如果信用证使用诸如induplicate，in two fold，in two copies等用语要求提交多份单据，则提交至少(　　)正本，其余使用副本即可满足要求。

A. 三份　　B. 二份　　C. 十份　　D. 一份

15. 以下有关缩写的中文含义，不正确的是(　　)。

A. NO表示"号码"

B. N/M表示"未提及"

C. N/N表示"不可转让"

D. NCV表示"对海关没有声明价值"

E. NVD表示"对承运人没有声明价值"

16. 航空货运单一般有三联正本：正本1交(　　)，正本2(　　)，正本3交(　　)。

A. 托运人，收货人，开单人　　B. 托运人，开单人，收货人

C. 开单人，托运人，收货人　　D. 开单人，收货人，托运人

17. 航空货运单中的运费，应采用货币币种为(　　)，并用 IATA 货币代码来表示。

A. 美元　　B. 人民币

C. 目的港所在国家的货币　　D. 始发站所在国家的货币

18. 当空运货物为重货时，一般按货物的(　　)作为计费重量。

A. 实际毛重　　B. 实际净重

C. 体积重量　　D. 较高重量较低运价的分界点重量

19. 航空货运单的实际毛重一般以公斤或磅为计量单位，并保留小数后一位，按(　　)进位。

A. 0.5　　B. 1.0　　C. 0.1　　D. 10.0

20. 有一批货物从杭州经由上海港海运至加拿大温哥华，再转铁路运至加拿大多伦多。以下多式联运单据中有关装运地和目的地的正确写法是(　　)。

A. Place of Receipt：Hangzhou，Port of Discharge：Shanghai，Place of Delivery：Toronto，Port of Loading：Vancouver

B. Place of Receipt：Hangzhou，Port of Discharge：Vancouver，Place of Dlivery：Toronto，Port of Loading：Shanghai

C. Place of Delivery：Hangzhou，Port of Delivery：Shanghai，Place of Receipt：Toronto，Port of Loading：Vancouver

D. Place of Delivery：Toronto，Port of Loading：Hangzhou，Place of Receipt：Vancouver，Port of Discharge：Shanghai

21. 根据 UCP600 规定，受益人应向银行提交的空运单据是(　　)，即使信用证规定提交全套正本。

A. Original 1 for Accounting　　B. Original 3 for Shipper

C. Original 2 for Consignee　　D. Copy 9 for Agent

22. 有一信用证规定货物从中国港口运至美国纽约港，不允许分期发运，提交海运提单。

第一套提单显示：

Port of Loading：Shanghai，China Vessel & Voy：SHANHE V. 107

Port of Discharge：New York，USA On board date：AUG. 07，2014

第二套提单显示：

Port of Loading：Qingdao，China Vessel & Voy：SHANHE V. 107

Port of Discharge：New York，USA On board date：AUG. 08，2014

如果受益人将两份提单一起提交给银行，以下关于提单的正确理解应是(　　)。

A. 提单发生分期发运不予接受，因为装运港不同、装运时间不同

B. 提单未发生分期发运可接受，因为同一运输工具并经由同次航程运输至同一目的地

C. 提单发生分期发运不予接受，因为提交了两份提单

D. 提单未发生分期发运可接受，因为两套提单的目的地相同

23. 有一信用证规定 Shipment from Shanghai to Hong Kong，最迟装运期 2014 年 12 月 20 日，提交空运单据，禁止转运。实际空运单据显示签单日期 12 月 19 日，并显示：

MAWB NO：781—12345678

Airport of Departure：PVG(SHANGHAI) To：SZX By：MU501/19 DEC 2014

Airport of Destination：HONG KONG By：MU507/20 DEC 2014

如果受益人将该份空运单据提交给银行，以下关于空运单据的正确理解是（ ）。

A. 发生了转运不予接受，因为货物从一飞机卸下再装上另一飞机

B. 发生了转运不予接受，因为全程运输虽然由同一货运单据涵盖，但飞行日期不同

C. 未发生转运可接受，因为空运单注明将要或可能转运，全程运输由同一空运单据涵盖

D. 未发生转运可接受，因为空运起飞地、目的地、装运日期符合信用证规定，可忽略转运

>>> 实训练习

一、装运通知实例

Contract No.：CH/12/66.809

L/C No.：LC84E0074/12

SHIPPING ADVICE

To：Dalian Weida Trading Co.，Ltd.

No. 10 Yunming Road Xigang District Dalian China

From：Deling Trade bv P. O. Box 100 3700 GC Bunsten Holland

Commodity：DEMINERALIZED WHEY POWDER

Packing Conditions：As called for by the L/C

4760 25kg in 4-ply paper sacks with inner polyethylene liner and big bags in 7x 20’containers.

Quantity：119.00 Mt

Gross Weight：121380 kgs

Net Weight：119000 kgs

Total Value：USD1118860.00

Please be informed that these goods have been shipped from Rotterdam to Dalian with mv Sea Nordica and Lindoe Maersk.

Shipment Date：September 15，2014.

B/L No.：SEAU871107101

We herewith certify this message to be true and correct.

Deling Trade bv as beneficiary

Bunsten，September 17，2014

二、依据所给合同与信用证填写联运提单、装运通知

1. 合同

SALES CONFIRMATION

S/C No. : XL-MONSC10

Date: APRIL 1ST 2014

The Seller: GUANGZHOU XINCHUANG IMP. & EXP.

The Buyer: MONARCH TRADING S. A. CO. , LTD.

Address: No. 1100 SIPING ROAD GUANGZHOU, CHINA

Address: PASEO DELA CASTELLANA 178 BARCELONA, SPAIN

ITEM NO.	COMMDITY & SPECIFICATIONS	UNIT	QUANTITY	UNIT PRICE (US$)	AMOUNT (US$)
	DAILY BRAND TUMBLERS			CIFC5 BARCELONA	
1	71H5	SET	2 300	6.18	14 214.00
2	71H5B	SET	2 300	7.39	16 997.00
3	71H5H	SET	2 300	8.36	19 228.00
4	71H1O	SET	3 150	4.75	14 962.50
				TOTAL	65 401.50
TOTAL CONTRACT VALUE:	SAY US DOLLARS SIXTY FIVE THOUSAND FOUR HUNDRED AND ONE CENTS FIFTY ONLY				

PACKING:

71H5, 71H5B, 71H5F: TO BE PACKED IN GIFT BOX OF 6 PIECES EACH. 10 BOXES TO ONE EXPORT CARTON. MEAS. 40cm×25.5cm×35.5cm.

71H10: TO BE PACKED IN GIFT BOX OF 12 PIECES EACH. 6 BOXES TO ONE EXPORT CARTON. MEAS. 40cm×34cm×35cm.

TERMS OF SHIPMENT:

DURING MAY 2014 PARTIAL SHIPMENT NOT ALLOWED, TRANSHIPMENT ALLOWED.

PORT OF LOADING & DESTINATION:

FROM GUANGZHOU, CHINA TO BARCELONA, SPAIN.

PAYMENT:

BY IRREVOCABLE SIGHT LETTER OF CREDIT OPENED BY THE BUYER THROUGH A BANK ACCEPTABLE TO THE SELLER NOT LATER THAN APRIL 25TH 2012 AND REMAIN VALID FOR NEGOTIATION IN GUANGZHOU UNTIL 15TH DAY AFTER THE AFORESAID TIME OF SHIPMENT.

INSURANCE:

TO BE COVERED BY THE SELLER FOR 110% OF TOTAL INVOICE VALUE AGAINST ALL RISKS AND WAR RISK AS PER AND SUBJECT TO CIC OF PICC.

CONFIRMED BY:

THE SELLER: **THE BUYER**:

REMARKS:

1. The buyer shall have the covering letter of credit which shall reach the Seller 30 days before shipment, falling which the Seller reserves the right to rescind without futher notice, or to regard as still valid whole or any part of this contract not fulfilled by the Buyer, or to lodge a claim for losses thus sustained, if any.

2. In case of any discrepancy in quantity/ quatity, claim should be filed by the Buyer with 30 days after the arrival of the goods at port of destination; while for quantity discrepancy, claim should be filed by the Buyer within 15 days after the arrival of the goods at port of destination.

3. For transactions concluded on CIF basis, it is understood that the insurance amount will be for 110% of the invoice value against the risks specified in the Sales Confirmation. If additional insurance amount or coverage required, the Buyer must have the consent of the Seller before the shipment, and the additional premium is to be paid by the Buyer.

4. The Seller shall not hold liable for non-delivery or delay in delivery of the entire lot or a portion of the goods here under by reason of natural disasters, war or other causes of Force Majeure. However, the Seller shall notify the Buyer as soon as possible and furnish the Buyer within 15 days by registered airmail with a certificate issued by the China Council for the Promotion of International Trade attesting such event(s).

5. All deputies arising out of the performance of, or relating to this contract, shall be settled through negotiation. In case no settlement can be reached through negotiation, the case shall then be submitted to the China International Economic and Trade Arbitration Commission for arbitration in accordance with its arbital rules. The arbitration shall take place in Guangzhou. The arbitral award is final and binding upon both parties.

6. The Buyer is requested to sign and return one copy of this contract immediately after receipt of the same. Objection, if any, should be raised by the Buyer within it is understood that the Buyer has accepted the terms and conditions of this contract.

7. Special conditions: (These shall prevail over all printed terms in case of any conflict.)

2. 信用证

BANCO POPULAR ESPANOL XINT

TEST CORRECT WITH US GUANGZHOU

LOGICAL TERMINAL P005

ISSUE OF A DOCUMENT

ARY CREDIT PAGE 00001

FUNC SWPR3

UMR 00704186

MSGACK DWS7651 AUTH OK, KEY 03, BKCHCNBJ POPUESMM RECORD

BASIC HEADER F01 BKCHCNBJA300 8371 758819

APPLICATION HEADER 07001312010414 POPUESMMA ××× 23911812730104141913 N

* BANCO POPULAR ESPANOL, S. A.

* BARCELONA, SPAIN

* 0753700

USER HEAD

SERVICE CODE. 103:

BANK, PRIORITY. 113:

MSG USER REF, 108:

INFO, FROM CI 115:

SEQUENCE OF TOTAL * 27: 1/1.

FORM OF DOC. CREDIT * 40 A: IRREVOCABLE.

DOC. CREDIT NUMBER * 20: MON-XLLC10.

DATE OF ISSUE 31 **C**: 120414.

EXPIRY * 31 **D**: DATE 120616PLACE GUANGZHOU.

APPLICANT * 50: MONARCH TRADING S. A.

PASEO DELA CASTELLANA 178, BARCELONA, SPAIN.

BENEFICIARY * 59: GUANGZHOU XINCHUANG IMP & EXP CO., LTD.

NO. 1100 SIPING ROAD GUANGZHOU, CHINA.

AMOUNT * 32 **B**: CURRENCY USD AMOUNT 65401. 50.

AVAILABLE WITH/ BY * 41 **D**: BANK OF CHINA, GUANGZHOU BRANCH BY NEGOTIATION.

DRAFTS AT... * 42 C: AT SIGHT

QUOTING NO. AND DATE OF THIS LC AND NAME OF LC ISSUING BANK.

DRAWEE * 42 **D**: ISSUING BANK FORFULL INVOICE VALUE.

PARTIAL SHIPMENTS * 43 **P**: NOT ALLOWED.

TRANSSHIPMENT * 43 **T**: ALLOWED.

LOADING IN CHARGE * 44 **A**: GUANGZHOU, CHINA.

FOR TRANSPORT TO … * 44 **B**: BARCELONA (PORT), SPAIN BY SEAWAY.

LATEST DATE OF SHIP. * 44 **C**: 120531.

DISCRIPT OF GOODS * 45 **A**: DAILY "BRAND TUMBLERS"(DETAILS AS PER SELLER'S S/C NO. XL- MONSC10) CIFC5 BARCELONA PACKING IN STANDARD EXPORT CARTON.

DOCUMENTS REQUIRED * 46 **A**: SIGNED COMMERCIAL INVOICE IN 3 FOLDS.

SIGNED PACKING LIST IN 3 FOLDS.

INSURANCE POLICY / CERTIFICATE, ENDORSED IN BLANK FOR 110 PERCENT OF FULL CIF VALUE, COVERING ALL RISKD AND WAR RISKS FOR 110% OF THE TOTAL VALUE. AS PER THE RELEVANT OCEAN MAR-

ING CARGO OFP. I. C. C. DATED 1/1/1981 SHOWING CLAIMS, IF ANY, ARE TO BE PAID AT DESTINATION IN THE SAME CURRENCY OF THE DRAFTS.

FULL SET OF CLEAN ON BOARD BILL OF LADING MADE OUT. TO ORDER MARKED "FREIGHT PREPAID"BLANK ENDORSED, AND NOTIY APPLICANT WITH FULL ADDRESS.

G. S. P. CERTIFICATE FORM A IN 1 FOLD.

SHIPPING MARK: MONARCH/ XL-MONSC10/BARCELONA/ C/NO. 1-UP

ADDITIONAL COND. * 47 **A:** AN ADDITIONAL FEE QUOTED BELLOW WILL BE APPLICABLE TO EACH SET OF DISCREPANT DOCUMENT SPRESENTED UNDER THE TERMS OF THIS L/C, THE FEE WILL ALWAYS HAVE TO BE BORNE BY THE BENEFICIARY'S IRRESPECITIVE OF WHETHER SUCH DOCUMENTS ARE FINALLY ACCEPTED BY US OR NOT, OUR DISCREPANCY FEE IS USD 40. 00.

DETAILS OF CHARGES * 71 **B:** ALL BANKING CHARGED OUTSIDE SPAIN ARE FOR THE ACCOUNT OF BENEFICIARY.

PRESENTATION PERIOD * 48: 21 DAYS AFTER SHIPMENT DATE.

CONFIRMATION * 49: WITHOUT.

INSTRUCTIONS * 78: UPON RECEIPT OF DOCUMENTS IN ACCORDANCE WITH L/C TERMS, AT BUSINESS DAY IN SPAIN AND CHINA.

ADVICE THROUGH * 57 **D:** BANK OF CHINA GUANGZHOU BRANCH 23 ZHONG SHAN ROAD E. I. GUANGZHOU 200002 CHINA.

SEND. TO REC. INFO. * 72: SUBJECT TO U. C. P. (2007 REVISION)I. C. C.

PUBLICATION NO. 600

THIS IS THE OPERATIVE INSTRUMENT, NO MAIL CONFIRMATION WILL FOLLOW.

TRAILER:

ORDER IS <MAC: > <PAC: > <CHK: ><TNG: > <PDE: >

MAC: F6FD1203

CHK: 4064F25DF856

1. 填写联运提单(样本参照图 4-4)

2. 填写装运通知(样本参照图 4-6)

项目五
保险单证的缮制

通过本项目的学习，能够理解保险单证的含义，熟悉保险单证的分类，学会保险单证的填制。

重点掌握：

- 保险单证的种类及内容。
- 保险单的缮制方法。
- 信用证中有关保险的条款。

5.1 保险单证的种类

5.1.1 保险单证的基本概念

保险单证是保险公司在接受投保人投保后签发的，证明保险人(即保险公司)与被保险人(即投保人)之间订有保险合同的文件。当货物出险后，它是投保人索赔和保险公司理赔的主要依据。

5.1.2 保险单证的分类

1. 保险单

保险单(Insurance Policy)，即大保单，它是保险人和被保险人之间建立保险合同关系的正式凭证。因险别的内容和形式有所不同，海上保险最常用的形式有船舶保险单、货物保险单、运费保险单、船舶所有人责任保险单等。其内容除载明被保险人、保险标的(如是货物需填明数量及标志)、运输工具、险别、起讫地点、保险期限、保险价值和保险金额等项目外，还附有有关保险人责任范围以及保险人和被保险人的权利和义务等方面的详细条款。如当事人双方对保险单上所规定的权利和义务需要增补或删减时，可在保险单上加贴条款或加注字句。保险单是被保险人向保险人索赔或对保险人上诉的正式文件，也是保险人理赔的主要依据。保险单可转让，通常是被保险人向银行进行押汇的单证之一。在 CIF 合同中，保险单是卖方必须向买方提供的单证。

2. 保险凭证

保险凭证(Insurance Certificate)，即小保单，它是保险人签发给被保险人，证明货物已经投保和保险合同已经生效的文件。保险凭证上无保险条款，表明按照本保险人的正式保险单上所载的条款办理。保险凭证具有与保险单同等的效力，但在信用证规定提交保险单时，一般不能采用保险单的简化形式。

3. 联合凭证

联合凭证(Combined Insurance Certificate)，俗称承保证明(Risk Note)，它是我国保险公司特别使用的一种更为简化的保险单证，由保险公司在出口公司提交的发票上添加保险编号、承保险别、保险金额、装载船只、开船日期等，并加盖保险公司印章即可，这种单证不能转让。

4. 预约保险单

预约保险单(Open Cover)是一种长期性的货物保险合同，其上载明保险货物的范围、险别、保险费率、每批运输货物的最高保险金额以及保险费的结付、赔款处理等项目，凡属于此保险单范围内的进出口货物，一经起运，即自动按保险单所列条件承保。被保险人在获悉每批保险货物起运时，应立即将货物装船的详细情况包括货物名称、数量、保险金额、运输工具种类和名称、航程起讫地点、开船日期等情况通知保险公司和进口商。这种保险单证目前在我国一般适用于以 FOB 或 CIF 价格条件成交的进口货物以及出口展览品和小卖品。预约保险单的具体内容与格式，可参见本书“8.2.7 预约保险单”。

5.1.3 国际货物运输保险投保单

国际货物运输保险投保单的格式和内容如图 5-1 和图 5-2 所示。

PICC 中国人民财产保险股份有限公司
PICC PROPERTY AND CASUALTY COMPANY LIMITED
地址(ADD)：　　　　　　　　　邮编(POST CODE)：
电话(TEL)：　　　　　　　　　传真(FAX)：

国际货物运输保险投保单
APPLICATION FORM FOR CARGO TRANSPORTATION INSURANCE

被保险人
INSURED: ______________________________

发票号(INVOICE NO.)________合同号(CONTRACT NO.)________信用证号(L/C NO.)________
发票金额(INVOICE AMOUNT)__________投保加成(PLUS)__________%
兹有下列物品向中国人民保险公司北京市分公司投保。(INSURANCE IS REQUIRED ON THE FOLLOWING COMMODITIES.)

标　记 MARKS & NOS.	包装及数量 QUANTITY	保险货物项目 DESCRIPTION OF GOODS	保险金额 AMOUNT INSURED

起运日期：　　　　　　　　　　　装载运输工具：
DATE OF COMMENCEMENT __________ PER CONVEYANCE __________
自　　　　　　　　　经　　　　　　　　　至
FROM __________ VIA __________ TO __________
提单号：　　　　　　　　　　　　赔款偿付地点：
B/L NO.: __________ CLAIM PAYABLE AT __________
投保险别：(PLEASE INDICATE THE CONDITIONS &/OR SPECIAL COVERAGES:)

____

请如实告知下列情况：(如"是"在[ ]中打"✓"，"不是"打"×") IF ANY, PLEASE MARK "✓"OR "×"：

1. 货物各类：袋装[ ]　散装[ ]　冷藏[ ]　液体[ ]　活动物[ ]　危险品等级[ ]
GOODS: BAG/JUMBO　BULK　REFR　LIQUID　LIVE ANIMAL　DANGEROUS CLASS
2. 集装箱种类：　普通[ ]　开顶[ ]　框架[ ]　平板[ ]　冷藏[ ]
CONTAINER: ORDINARY　OPEN　FRAME　FLAT　REFRIGERATOR
3. 转运工具：　海轮[ ]　飞机[ ]　驳船[ ]　火车[ ]　汽车[ ]
BY TRANSIT: SHIP　PLANE　BARGE　TRAIN　TRUCK
4. 船舶资料：　　船籍[ ]　船龄：[ ]
PARTICULAR OF SHIP: RIGISTRY　AGE

____

备注：被保险人确认本保险合同的条款和内容已经完全了解。　　　　投保人(签名盖章)
APPLICANT'S SIGNATURE

THE ASSURED CONFIRMS HEREWITH THE TERMS AND CONDITIONS OF THESE INSURANCE CONTRACT FULLY UNDERSTOOD.

投保日期：(DATE)__________　　　　电话：(TEL)__________
地址：(ADD)__________

费率：　　　　　　　　保费：　　　　　　　　备注：__________
RATE: __________ PREMIUM: __________
经办人：　　　　　　核保人：　　　　　　负责人：
BY __________　__________　__________

图 5-1　国际货物运输保险投保单(1)

中国平安保险股份有限公司
PING AN INSURANCE COMPANY OF CHINA，LTD.
国际货物运输保险投保单
APPLICATION FOR IMP/EXP TRANSPORTATION INSURANCE

被保险人 Insured：

本投保单由投保人如实填写并签章后作为向本公司投保货物运输保险的依据，本投保单为该货物运输保险单的组成部分。

The Applicant is required to fill in the following items in good faith and as detailed as possible，and affix signature to this application，which shall be treated as proof of application to the company for cargo transportation insurance and constitute an integral part of the insurance policy.

<table>
<tr><td colspan="2">兹拟向中国平安财产保险股份有限公司投保下列货物运输保险：
Herein apply to the Company for Transportation Insurance of following cargo：

请将保险货物项目、标记、数量及包装注明此上。
Please state items，marks，quantity and packing of cargo insured here above.</td><td colspan="2">请将投保的险别及条件注明如下：
Please state risks insured against and conditions：
(　) PICC (C. I. C.) Clause　(　) S. R. C. C.
(　) ICC Clause　(　) W/W
(　) All Risks　(　) TPND
(　) ICC Clause A　(　) FREC
(　) ICC Clause B　(　) IOP
(　) ICC Clause C　(　) RFWD
(　) Air TPT All Risks　(　) W. A.
(　) Air TPT Risks　(　) F. P. A.
(　) O/L TPT All Risks
(　) O/L TPT Risks
(　) War Risks
(　) Risk of Breakage
(　) Risks during Transshipment</td></tr>
<tr><td colspan="4">装载运输工具(船名/车号)：Per Conveyance S. S.　船龄：Age of Vessel　集装箱运输：Container Load　是□ Yes 否□ No　整船运输：Full Vessel Charter　是□ Yes 否□ No</td></tr>
<tr><td colspan="4">发票或提单号 Invoice No. or B/L No.　开航日期：Slg. On or Abt.　年 Year　月 Month　日 Day</td></tr>
<tr><td colspan="4">自：From：　国 Country　港/地 Port　经：Via：　港/地 Port　至：To：　国 Country　港/地 Port</td></tr>
<tr><td colspan="2">发票金额
Invoice Value：</td><td colspan="2">保险金额
Amount Insured：</td></tr>
<tr><td colspan="2">费率
Rate：</td><td colspan="2">保险费
Premium：</td></tr>
<tr><td colspan="4">备注
Remarks：</td></tr>
<tr><td colspan="4">投保人兹声明上述所填内容属实，同意以本投保单作为订立保险合同的依据；对贵公司就货物运输保险条款及附加险条款(包括责任免除和投保人及被保险人义务部分)的内容及说明已经了解。
I declare that above is true to the best of my knowledge and belief，and hereby agree that the application be incorporated into the policy. I have read and understand the company's cargo transportation insurance and extensions(including the exclusions and the applicant's or insured's obligations).
投保人签章：Name/Seal of Proposer　联系地址：Address of Proposer
送单地址：Delivery Address：　同上□ Ditto　或 or　电话：Tel：　日期：Date：　年 Year　月 Month　日 Day</td></tr>
</table>

图 5-2　国际货物运输保险投保单(2)

5.2 保险单的内容及缮制方法

1. 保险单的内容及缮制方法

(1)保险公司名称(Name of Insurance Company)。此栏应根据信用证和合同的要求到相应的保险公司去办理保险单证，尤其是在信用证支付方式下，如来证规定“Insurance Policy in Duplicate by PICC”，PICC即中国人民保险公司，信用证要求出具由中国人民保险公司出具的保险单。

(2)保险单证名称(Name)。此栏按照信用证和合同填制，如来证规定“Insurance Policy in Duplicate”，即要求出具保险单而非保险凭证(Insurance Certificate)等。

(3)发票号码(Invoice No.)。此栏填写投保货物商业发票的号码。

(4)保险单号(No.)。此栏填写保险单的号码。

(5)被保险人(Insured)。此项填在保险单上的“insured”或“at the request of”后面。被保险人有以下几种填法：

①L/C无特殊要求，或要求“Endorsed in blank”，一般应填L/C受益人名称，可不填详细地址，且出口公司应在保险单背面背书。

②若来证指定以＊＊＊公司为被保险人，则应在此栏填＊＊＊CO.，出口公司不要背书。

③若来证规定以某银行为抬头，如“to the order of ＊＊＊ bank”，则在此栏先填上受益人的名称，再填上“held to the order of ＊＊＊ bank”。

(6)标记(Marks and Nos.)。此栏填制装船唛头，与提单上同一栏目内容相同或填上“As Per Invoice No.”。

(7)包装及数量(Quantity)。此栏填制大包装的件数，与提单上的同一栏目内容相同。

(8)保险货物项目(Description of Goods)。此栏填制货物的名称，一般使用统称即可，与提单上的名称相同。

(9)保险金额(Amount Insured)。保险金额应严格按照信用证和合同上的要求填制，如信用证和合同无明确规定，一般都以发票金额加一成(即110%的发票金额)填写。

(10)总保险金额(Amount Insured in Capital)。这一栏目只需将第9栏中的保险金额以大写的形式填入，计价货币也应以全称的形式填入。注意：保险金额使用的货币单位应与信用证中的一致，如应填Say United States Dollars(U. S. Dollars)One Thousand Two Hundred and Fifty-five Only.

(11)保费(Premium)。此栏一般由保险公司填制或已印好(As Arranged)，除非信用证另有规定，如“Insurance Policy Endorsed in Blank Full Invoice Value Plus 10% Marked Premium Paid”时，此栏就填入“Paid”或把已印好的“As Arranged”删去加盖校对章后打上“Paid”字样。

(12)费率(Rate)。此栏由保险公司填制或已印上“As Arranged”字样。

(13)装载运输工具(Per Conveyance S. S)。此栏应按照实际情况填写，当运输由两段或两段以上运程完成时，应把各种运输的船只名填在上面。例如，提单上的一程船名是“East Wind”，二程船名为“Red Star”，本栏应这样填：“East Wind/Red Star”，以此类推。

(14)开船日期(Sailing on or about)。此栏填制提单的签发日期或签发日期前5天内的任何一天，或可简单地填上As Per B/L。

(15)起讫地点(From… To…)。此栏填制货物实际装运的起运港口和目的港口名称，货物如转船，也应把转船地点填上。例如，From Ningbo，China To New York，USA Via Hongkong(Or W/T Hongkong)。

注：有时信用证中未明确列明具体的起运港口和目的港口。例如，Any Chinese Port或Any Japanese Port，填制时应根据货物实际装运选定一个具体的港口，如Shanghai或Osaka等。

(16)承保险别(Conditions)。此栏应根据信用证或合同中的保险条款要求填制。例如，来证要求“Insurance Policy Covering the Following Risks：All Risks and War Risk As Per China Insurance Clause(C. I. C)”，制单时应打上“All Risks and War Risk As Per China Insurance Clause(C. I. C)”。

(17)赔款偿付地点(Claim Payable at…)。此栏应按照信用证或合同的规定填制，如无具体规定，一般将目的地作为赔付地点，将目的地名称填入这一栏目，赔款货币为投保险金额相同的货币。例如，来证要求“Insurance Claims Payale at a Third Country Germany”。此时，应把第三国“Germany”填入此栏。

(18)日期(Date)。此栏填制保险单的签订日期。由于保险公司提供仓至仓服务，所以保险手续应在货物离开出口方仓库前办理，保险单的签发日期应为货物离开仓库的日期或至少填写早于提单签发的日期。

(19)投保地点(Place)。此栏一般填制装运港口的名称。

(20)盖章和签字(Stamp & Signature)。此栏盖与第一栏相同的保险公司印章及其负责人的签字。

(21)特殊条款(Special Conditions)。如果信用证和合同中对保险单证有特殊要求就填在此栏中。如果来证要求“L/C No. Must be Indicated in All Documents”，即在此栏中填上L/C No.。

(22)“Original”字样。《跟单信用证统一惯例》条款中规定，正本保险单上必须有“Original”字样。

2. 保险单样本

保险单样本如图5-3所示。

中国平安保险股份有限公司

PING AN INSURANCE COMPANY OF CHINA，LTD.

NO. 1000005959

国际货物运输保险单

CARGO TRANSPORTATION INSURANCE POLICY

被保险人：Insured

中国平安保险股份有限公司根据被保险人的要求及其所交付约定的保险费，按照本保险单背面所载条款与下列条款，承保下述货物运输保险，特立本保险单。

This Policy of Insurance witnesses that PING AN INSURANCE COMPANY OF CHINA，LTD.，at the request of the Insured and in consideration of the agreed premium paid by the Insured，undertakes to insure the under mentioned goods in transportation subject to the conditions of Policy as per the clauses printed overleaf and other special clauses attached hereon.

保单号 Policy No.	赔款偿付地点 Claim Payable at
发票或提单号 Invoice No. or B/L No.	运输工具 Per Conveyance S. S.
起运日期 Slg. on or Abt.	
自 From	至 To
保险金额 Amount Insured	
保险货物项目、标记、数量及包装： Description，Marks，Quantity & Packing of Goods：	承保条件 Conditions：

签单日期

Date：

For and on Behalf of **PING AN INSURANCE COMPANY OF CHINA，LTD.**

Authorized Signature ______________

图 5-3　国际货物运输保险单

5.3　UCP600 有关保险的条款

(1)UCP600 第二十八条 a 款规定，保险单据，例如保险单或预约保险项下的保险证明书或者声明书，必须由保险公司或承保人或其代理人或代表出具并签署；代理人或代表的签字必须标明其系代表保险公司或承保人签字。

(2)UCP600 第二十八条 b 款规定，如果保险单据表明其以多份正本出具，所有正本均须提交。

(3)UCP600 第二十八条 c 款规定，暂保单将不被接受。

(4)UCP600 第二十八条 d 款规定，可以接受保险单代预约保险项下的保险证明书或声明书。

(5)UCP600 第二十八条 e 款规定，保险单据日期不得晚于发运日期，除非保险单据表明保险责任不迟于发运日生效。

(6)UCP600 第二十八条 f 款规定，保险单据必须表明投保金额并以与信用证相同的货币表示；信用证对于投保金额为货物价值、发票金额或类似金额的某一比例的要求，将被视为对最低保额的要求；如果信用证对投保金额未做规定，投保金额须至少为货物的 CIF 或 CIP 价格的 110%；如果从单据中不能确定 CIF 或者 CIP 价格，投保金额必须基于要求承付或议付的金额，或者基于发票上显示的货物总值来计算，两者之中取金额较高者；保险单据须表明承保的风险区间至少涵盖从信用证规定的货物接管地或发运地开始到卸货地或最终目的地为止。

(7)UCP600 第二十八条 g 款规定，信用证应规定所需投保的险别及附加险(如有的话)。如果信用证使用诸如"通常风险"或"惯常风险"等含义不确切的用语，则无论是否有漏保之风险，保险单据将被照样接受。

(8)UCP600 第二十八条 h 款规定，当信用证规定投保"一切险"时，如保险单据载有任何"一切险"批注或条款，无论是否有"一切险"标题，均将被接受，即使其声明任何风险除外。

(9)UCP600 第二十八条 i 款规定，保险单据可以援引任何除外条款。

(10)UCP600 第二十八条 j 款规定，保险单据可以注明受免赔率或免赔额(减除额)约束。

5.4　信用证中有关保险条款举例

(1)Marine Insurance policy or Certificate in duplicate, indorsed in blank, for full invoice value plus 10 Percent, stating claim payable in Thailand covering FPA as per ocean marine cargo clause of the People's Insurance Company of China Dated 1/1/1981, Including T. P. N. D. Loss and/or damage caused by heat, ship's sweat and odour, hoop-rust, breakage of packing.

保险单或保险凭证一式两份，空白背书，按发票金额加 10%投保，声明在泰国赔付，根据中国人民保险公司 1981 年 1 月 1 日的海洋运输货物保险条款投保平安险，包括偷窃提货不着、受热船舱发汗、串味、铁箍锈损、包装破裂所导致的损失。

(2)Insurance Policies or Certificate in duplicate endorsed in blank of 110% of invoice value covering All Risks and War Risks as per CIC with claims payable at Singapore in the currency of draft(irrespective of percentage), including 60 days after discharges of the goods at port of destination(of at station of destination) subject

to CIC.

保单或保险凭证做成空白背书，按发票金额的110%投保中国保险条款的一切险和战争险，按汇票所使用的货币在新加坡赔付(无免赔率)，并根据中国保险条款，保险期限在目的港卸船(或在目的地车站卸车)后60天为止。

(3)Insurance Policies or Certificate in two fold issued to the applicant, covering risks as per Institute Cargo Clauses(A) and Institute War Clauses (cargo), including Warehouse to Warehouse Clause up to final destination at Schorndorf for at least 110% of CIF value, marked premium paid showing claims if any payable in Germany, naming settling agent in Germany.

此保单或保险凭证签发给开证人，按伦敦保险协会条款投保ICC(A)和协会战争险，包括仓至仓条款到达最后目的地Schorndorf，至少按CIF价发票金额投保，标明保费已付，注明在德国赔付，同时表明在德国理赔代理人的名称。

保险单证是保险公司在接受投保人投保后签发的，证明保险人(即保险公司)与被保险人(即投保人)之间订有保险合同的文件。当货物出险后，它是投保人索赔和保险公司理赔的主要依据。

本项目主要介绍了保险单证的概念、种类以及保险单的内容及缮制方法。列举了信用证中有关保险的条款。

>>> 基础知识练习

单选题

1. 下列关于保单栏目的说法不正确的是(　　)。

A. Premium 栏是指保费，通常填 As Arranged

B. Condition 栏是指承保险别，根据L/C或合同的保险条款填写

C. Marks & Nos. 栏是指唛头，填时与其他单据相一致，不能填 As Per Invoice No. * * * * *

D. Amount Insured 栏是指保险金额，填小写的金额，包括货币名称和数值

2. 保险单"被保险人"栏目填写，正确的说法是(　　)。

A. 一般应填L/C受益人名称，出口公司应在保险单背面背书

B. 可以填信用证指定的* * *公司为被保险人，出口公司不要背书

C. 可以填信用证指定的某银行，此时应在该栏先填上受益人的名称，再填上"held to the order of * * * bank"

D. 以上三种说法都对

3. 下列说法正确的是(　　)。

A. 保单在提单之前出具

B. 保单在提单之后出具

C. 国际运输中一般由卖方办理保险

D. 国际运输中一般由承运人办理保险

4. 按 CFR 条件成交时，货物装船后，卖方应及时向买方发装船通知，这涉及(　　)。

A. 卖方的服务态度问题　　B. 发生损失时的法律责任问题

C. 今后业务的发展问题　　D. 货物交给谁保管的问题

5. 按我国海运货物保险条款的规定，投保一切险后还可以加保(　　)。

A. 偷窃、提货不着险　　B. 卖方利益险

C. 战争、罢工险　　D. 淡水雨淋险

6.“仓至仓”条款是(　　)。

A. 承运人负责运输责任起讫的条款

B. 保险人负责保险责任起讫的条款

C. 出口人负责交货责任，买方负责起讫的条款

D. 进口人向保险公司索赔的起讫条款

7. 按照国际保险市场的惯例，投保时的保险加成率一般为(　　)。

A. 2%　　B. 5%　　C. 10%　　D. 没有惯例

8. 下列关于保险单的填写正确的是(　　)。

A.“保险货物的项目”的填写必须与发票的填写一模一样，不可用统称

B.“包装及数量”的填写与提单的同一栏目内容一致

C.“保险金额”栏的数值是指投保人向保险公司缴纳的保费

D.“赔款偿付地点”栏填出口国或进口国均可以，买卖双方商定

9. FOB/CIF 术语下，办理保险者应为(　　)。

A. 买方/买方　　B. 卖方/买方　　C. 买方/卖方　　D. 卖方/卖方

10. 下列关于投保的时间最合适的是(　　)。

A. 装运时　　B. 装运前　　C. 备货时　　D. 报检时

>>> 实训练习

参照以下有关内容，填制货物运输投保单和保险单。

1. Quantities and descriptions are as follows:

Description	Quantity	Unit Price	Amount
Ball Pen:			
631	1 000 Dozs	@USD0.84/Doz	USD 840.00
121F	300 Dozs	@USD5.00/Doz	USD 1 500.00
515B	400 Dozs	@USD2.84/Doz	USD 1 136.00
66D	480 Dozs	@USD1.86/Doz	USD 892.80
157	400 Dozs	@USD2.50/Doz	USD 1 000.00
542 Black	600 Dozs	@USD0.50/Doz	USD 300.00
Blue	1 200 Dozs	@USD0.50/Doz	USD 600.00

Red	600 Dozs	@USD0.50/Doz	USD 300.00
542B	4 500 Bags	@USD0.15/Bag	USD 675.00
602	200 Dozs	@USD3.60/Doz	USD 720.00
620	560 Dozs	@USD0.70/Doz	USD 392.00
Roller Pen:			
886A	240 Dozs	@USD3.95/Doz	USD 948.00
886	240 Dozs	@USD3.27/Doz	USD 784.80
882 Black	400 Dozs	@USD1.85/Doz	USD 740.00
Blue	400 Dozs	@USD1.85/Doz	USD 740.00
Red	200 Dozs	@USD1.85/Doz	USD 370.00
Water Colour Pen:			
901-12	360 Dozs	@USD3.66/Doz	USD 1 317.60
918-6	360 Dozs	@USD2.37/Doz	USD 853.20
			USD 14 109.40

TOTAL: 1) 5 740 dozs and 4 500 bags of ball pen.

2) 1480 dozs of roller pen.

3) 720 dozs of water colour pen.

As Per Sales Contract No.: 96FH1016.

2. 买方开来的信用证如下所示:

DAO HENG BANK LTD., HONGKONG

(INCORPORATED IN HONGKONG)
11 QUEENS ROAD, CENTRAL, HONGKONG
TEL: 00852-28123334
TELEX: 22333 DHBHK HX
SWIFT: DHBLHK××××

<table>
<tr><td colspan="3">TO: BANK OF CHINA SHANGHAI PUDONG BRANCH
L/C NO.: 16441688
DATED: 140115
AMOUNT: USD14 109.00</td></tr>
<tr><td colspan="3">PLEASE ADVISE BENEFICIARY THAT WE ISSUED AN IRREVOCABLE DOCUMENTARY CREDIT NO. 16441688 DATED 140115 FOR USD14 109.00 (SAY U.S. DOLLARS FOURTEEN THOUSAND ONE HUNDRED AND NINE ONLY) DETAILED AS FOLLOWS:</td></tr>
<tr><td colspan="2">BENEFICIARY(FULL NAME AND ADDRESS):</td><td>APPLICANT(FULL NAME AND ADDRESS):</td></tr>
<tr><td colspan="2">SHANGHAI MEIHUA BALL PEN CO.LTD., 3601MEIHUA ROAD SHANGHAI CHINA</td><td>LINKMAX INTERNATIONAL COMPANY ROOM 3 24/F HANG SAM HOUSE KING IN COURT SHATIN, HONGKONG</td></tr>
<tr><td>PARTIAL SHIPMENT:</td><td>TRANSHIPMENT:</td><td>EXPIRY DATE: 130415</td></tr>
<tr><td>ALLOWED</td><td>ALLOWED</td><td>LATEST DATE OF SHIPMENT: 130331</td></tr>
<tr><td colspan="2">SHIPMENT FROM: SHANGHAI, CHINA</td><td>SHIPMENT TO: BANGKOK, THAILAND</td></tr>
</table>

续表

CREDIT AVAILABLE WITH ANY BANK BY NEGOTIATION WITH BENEFICIARY'S DRAFT FOR __ 100 % OF THE INVOICE VALUE AT ________ SIGHT ON ISSUING BANK AGAINST THE DOCUMENTS DETAILED HEREIN.
DOCUMENTS REQUIRED: 1. (×)SIGNED COMMERCIAL INVOICE IN 5 FOLDS INDICATING L/C NO. AND CONTRACT NO. 96FH1016. 2. (×)FULL SET (3/3) OF CLEAN ON BOARD OCEAN BILLS OF LADING MADE OUT TO ORDER AND BLANK ENDORSED MARKED "(×)FREIGHT PREPAID / ( ) TO COLLECT" NOTIFY THE APPLICANT. 3. (×)INSURANCE POLICY/CERTIFICATE IN 2 FOLDS FOR 110% OF THE INVOICE VALUE, SHOWING CLAIMS PAY IN CHINA IN THE CURRENCY OF THE DRAFT, BLANK ENDORSED COVERING (×) OCEAN MARINE TRANSPORTATION / ( ) AIR TRANSPORTATION / ( ) OVERLAND TRANSPORTATION ALL RISKS, WAR RISKS AS PER CIC CLAUSE. 4. (×)PACKING LIST/WEIGHT LIST IN 3 FOLDS INDICATING QUANTITY/GROSS AND NET WEIGHTS. 5. (×)CERTIFICATE OF ORIGIN IN 3 FOLDS. 6. (×)CERTIFICATE OF QUANTITY/WEIGHT IN 3 FOLDS. 7. ( ) CERTIFICATE OF QUALITY IN 3 FOLDS ISSUED BY ( ) MANUFACTURER / ( ) BENEFICIARY. 8. ( ) BENEFICIARY'S CERTIFIED COPY OF TELEX/FAX DISPATCHED TO THE APPLICANT WITHIN _____ DAYS/HOURS AFTER SHIPMENT ADVISING GOODS NAME, ( ) NAME OF VESSEL / ( ) FLIGHT NO., DATE, QUANTITY, WEIGHT AND VALUE OF SHIPMENT.

DAO HENG BANK LTD., HONGKONG

(INCORPORATED IN HONGKONG)
11 QUEENS ROAD, CENTRAL, HONGKONG
TEL: 00852－28123334
TELEX: 22333 DHBHK HX
SWIFT: DHBLHK××××

COMMODITY: PEN QUANTITIES AND DESCRIPTIONS AS PER SALES CONTRACT NO. 96FH1016 PRICE TERM: CIF BANGKOK, THAILAND ADDITIONAL INSTRUCTIONS: 1. ALL BANKING CHARGES OUTSIDE THE ISSUING BANK ARE FOR BENEFICIARY'S ACCOUNT. 2. DOCUMENTS MUST BE PRESENTED WITHIN 15 DAYS AFTER THE DATE OF SHIPMENT BUT WITHIN THE VALIDITY OF THIS CREDIT. 3. BOTH QUANTITY AND AMOUNT _____% MORE OR LESS ARE ALLOWED.

续表

SPECIAL INSTRUCTION: ALL DOCUMENTS MUST BE SENT TO ISSUING BANK BY COURIER/SPEED POST IN ONE LOT, UPON RECEIPT THE DOCUMENTS CONFORMED WITH THE CREDIT'S TERMS AND CONDITIONS, WE SHALL PAY THE PROCEEDS AS PER THE NEGOTIATING BANK'S INSTRUCTIONS. YOUR FAITHFULLY FOR DAO HENG BANK LTD., HONGKONG BRANCH JACKEY NG AUTHORIZED SIGNATURE(S) EXCEPT SO FAR AS OTHERWISE EXPRESSLY STATED, THIS DOCUMENTARY CREDIT IS SUBJECT TO UNIFORM CUSTOMS AND PRACTICE FOR DOCUMENTARY CREDITS (2007 REVISION) INTERNATIONAL CHAMBER OF COMMERCE PUBLICATION NO. 600. WE HEREBY ENGAGE WITH DRAWERS AND/OR BONA FIDE HOLDERS THAT DRAFTS DRAWN AND NEGOTIATED IN CONFORMITY WITH THE TERMS OF THIS CREDIT WILL BE DULY HONOURED ON PRESENTATION.

上海美华圆珠笔有限公司
SHANGHAI MEIHUA BALL PEN CO. LTD
3601 MEIHUA ROAD, SHANGHAI, CHINA

3. 该批货物被“长庆 522”号轮运送出海，保险查勘代理人是中国平安保险股份有限公司曼谷分公司，信用证保险条款如下：

DOCUMENTS REQUIRED:

INSURANCE POLICY/CERTIFICATE IN 2 FOLDS FOR 110% OF THE INVOICE VALUE, SHOWING CLAIMS PAY IN CHINA IN THE CURRENCY OF THE DRAFT, BLANK ENDORSED COVERING OCEAN MARINE TRANSPORTATION ALL RISKS, WAR RISKS AS PER CIC. CLAUSE.

(1)填写投保单(样本参照图 5-2)

(2)填写保险单(样本参照图 5-3)

项目六

商检单证的制作

通过对本项目的学习，要求能够了解报检单、产地证明书和商品检验检疫证书的含义，理解它们各自的作用，掌握其缮制方法。

重点掌握：

- 报检单的内容和缮制方法。
- 产地证明书的内容和缮制方法。
- 商品检验检疫证书的内容和缮制方法。

6.1 报检单

为了维护我国对外贸易的信誉和保护我国的利益不受损害，我国对一些进出口商品进行了严格的检验检疫管制。按法律的规定需要检验检疫的商品，即列入《出入境检验检疫机构实施检验检疫的进出境商品目录》的商品，在进出口通关时，必须向有关商品检验检疫机构报检。海关凭出入境检验检疫机构签发的《入境货物通关单》或《出境货物通关单》验放。

6.1.1 商品检验

1. 商品检验的含义

商品检验(Commodity Inspection)是指在国际货物买卖中，对卖方交付给买方货物的质量、数量和包装进行检验，以确定货物是否符合买卖合同的规定；有时还

对装运技术条件或货物在装卸运输过程中发生的残损、短缺进行检验或鉴定，以明确事故的起因和责任的归属；货物的检验还包括根据一国的法律或行政法规对某些进出口货物或有关的事项进行质量、数量、包装、卫生、安全等方面的强制性检验或检疫。进出口商品检验是买卖双方交接货物过程中必不可少的重要业务技术。

2. 商品检验的机构

商品检验机构是指根据客户的委托或有关法律、法规的规定对进出境商品进行检验检疫、鉴定和管理的机构。在国际贸易中，从事商品检验的机构很多。官方的有国家设立的检验机构；非官方的有私人或同业公会、协会等开设的检验机构，如公证人、公证行，还有工厂企业、用货单位设立的化验室、检验室等。

中华人民共和国国家质量监督检验检疫总局(General Administration of Quality Supervision, Inspection and Quarantine of the People's Republic of China (AQSIQ))，是我国最主要的官方检验机构。质检总局在各省、自治区、直辖市及进出口商品口岸、集散地都设立出入境检验检疫局及其分支机构，专门从事出入境商品检验、出入境卫生检疫、出入境动植物检疫、进出口食品安全和认证认可、标准化等工作。

相关链接

国外的商检机构

目前国际上比较著名的商检机构有：美国粮谷检验署(FGES)、美国食品药物管理局(FDA)、法国国家实验室检测中心、日本通商产业检查所等官方所设立的检验机构，以及美国保险人实验室(UL)、瑞士通用鉴定公司(SGS)、英国英之杰检验集团(IITS)、日本海事鉴定协会(NKKK)、中国香港天祥公证化验行(Intertek)等民间或社团检验机构。

美国保险人实验室(UL)

美国保险人实验室又称美国安全实验所，世界上最大的从事安全试验和鉴定的民间机构之一。其宗旨是采用科学测试方法来研究确定各种材料、装置、产品、建筑等对生命财产有无危害和危害的程度，确定编写、发行相应的标准和资料，从而确保安全的可靠性。UL在中国的业务由中国进出口商品检验总公司(CCIC)承办。

瑞士通用鉴定公司(SGS)

瑞士通用鉴定公司又称瑞士通用公证行，总部设在日内瓦，是当今世界上最大的检验鉴定公司，是专门从事检验、实验、质量保证和质量认证的全球领先的检验鉴定公司。

英国英之杰检验集团(IITS)

英国英之杰检验集团是一个国际性的商品检验组织，总部设在伦敦。IITS通过购买世界上有名望、有实力的检验机构，组建自己的检验集团。IITS 中包括嘉碧集团、天祥国际公司、安那实验室、英之杰劳埃德代理公司(汉基国际集团、马修斯但尼尔公司)、英特泰克服务公司及英特泰克国际服务有限公司等。这些附属机构独立经营，各机构均有自己的专业技术人员和设备，以自身名义提供服务。IITS 各集团、公司与其分支机构在世界上 90 多个国家与地区设有办事机构与实验室。IITS 与中国 CCIC 有多年的友好往来，并签订有委托检验协议。

日本海事鉴定协会(NKKK)

日本海事鉴定协会是日本最大的综合性商品检验鉴定机构。NKKK 与中国商检机构签订了长期的委托检验协议，相互之间多年来有着密切的合作关系与业务往来，并共同组建了中日商品检查株式会社从事检验鉴定业务，以及进行经常性的技术交流。

3. 商品报检的工作程序

(1)出口报检

凡需办理出口检验的商品，发货人应备齐货物，打好包，刷上唛头，在装运前的一定时间内向出入境检验检疫机构(由原出入境卫生检疫、动植物检疫和进出口商品检验机构合并而成，归属于中华人民共和国质量监督检验检疫总局)报检，报检时应填制出入境检验检疫机构统一印制的出境货物报检单，随附有关合同、发票、装箱单和信用证等资料。

出入境检验检疫机构接受出口单位要求报检的申请后，对所申请的检验商品根据申报资料进行检验检疫，检验合格后发给《出境货物通关单》或检验证书。出口单位须在规定期限内报关出口，超过期限的应重新报检。通关单有效期限，一般出口商品是发证后 60 天；植物和植物产品为 21 天，北方冬季可延长至 35 天；鲜活类货物 14 天。

经出入境检验检疫机构检验不合格的商品，签发《出境货物不合格通知单》，不准出口。

出境货物的报验最迟应于货物报关或装运出口前 7 天办理，对于个别货物，应留有相应的检验检疫时间。报检时，申请人需填制《出境货物报检单》。

(2)进口报检

凡需办理进口报检的商品，收货人应在货物入境前或入境时，向卸货口岸或到达口岸的出入境检验检疫机构报检，报检时应填制出入境检验检疫机构统一印制的入境货物报检单，随附有关合同、发票、装箱单和信用证等资料。

出入境检验检疫机构接受进口单位要求报检的申请后，审核报检人提供的资料，受理报检并计收费，视情况对货物的交通工具和运输包装实施必要的检疫、消毒、卫生除害处理，然后签发《入境货物通关单》供报检人办理海关通关手续。《入境货物通关单》有效期为 60 天。

货物通关后，报检人应及时与出入境检验检疫机构联系检验检疫事宜。未经检验检疫的，不准销售、使用；检验检疫合格的，出入境检验检疫机构签发《入境货物检验检疫证明》(进口食品签发《卫生证书》)，准予销售、使用；经检验检疫不合格的货物签发《检验检疫处理通知书》，货主或其代理人应在出入境检验检疫机构监督下进行处理。无法处理或处理后仍不合格的，做退运或销毁处理。需要对外索赔的，出入境检验检疫机构签发检验检疫证书。

出入境报检的一般程序如下图所示：

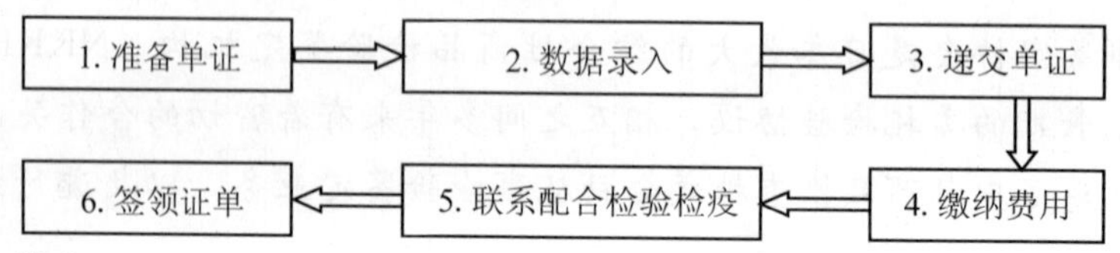

4. 报检单位

出入境检验检疫报检单位有两类：自理报检单位与代理报检单位。

自理报检单位，是指根据我国法律、法规规定办理出入境检验检疫报检或委托代理报检单位办理出入境报检手续的进出口货物收发货人、进出口货物的生产、加工和经营单位等。

代理报检单位是指经国家工商行政部门注册的境内企业法人再经国家质检总局注册登记，取得代理报检资质，并依法接受进出口货物收货人、发货人、货主等相关对外贸易法人的委托，为其向出入境检验检疫机构办理出入境检验检疫申报手续的单位。代理报检单位接受委托办理报检手续时，应当向检验检疫机构提交报检委托书(见图 6-3)。

相关链接

进出口报检准备单证

出境报检时，一般应填写出境货物报检单，并提供外贸合同(售货确认书或函电)、信用证、发票、装运箱单等必要的单证。还需按要求提供的有关单证有：

- 凡实施安全质量许可、卫生注册、或需审批审核的货物，应提供有关证明。
- 出境货物，须经生产者或经营者检验合格并加附检验合格证或检测报告；申请重量鉴定的，应加附重量明细单或磅码单。
- 凭样成交的货物，应提供经买卖双方确认的样品。
- 生产出境危险货物包装容器的企业，必须向检验检疫机构申请包装容器的性能鉴定。生产出境危险货物的企业，必须向检验检疫机构申请危险货物包装容器的使用鉴定。
- 出境危险货物报检时，必须提供危险货物包装容器性能鉴定结果单和使用鉴定结果单。
- 出境特殊物品的，根据法律、法规规定应提供有关的审批文件。
- 出境货物采取集装箱运输方式的，须提供有关集装箱检疫的单据。

●出境货物有木质包装的，须进行木质包装检疫除害处理，并提供相关单据。

●检验检疫机构需要的其他单证。

入境报检时，一般应填写入境货物报检单，并提供合同、发票、提单等有关单证。还需按要求提供的有关单证有：

●品质检验的，还应提供国外品质证书或质量保证书、产品使用说明书及有关标准和技术资料；凭样成交的，须加附成交样品；以品级或公量计价结算的，应同时申请重量鉴定。

●报检入境废物时，还应提供相关的证书。

●申请残损鉴定的，还应提供理货残损单、铁路商务记录、空运事故记录或海事报告等证明货损情况的有关单证。

●货物经收、用货部门验收或其他单位检测的，应随附验收报告或检测结果以及重量明细单等。

●入境的动植物及其产品，还需提供产地证书及输出国家或地区官方的检疫证书；需办理入境检疫审批手续的，还应提供入境动植物检疫许可证。

●过境动植物及其产品报检时，应持货运单和输出国家或地区官方出具的检疫证书；运输动物过境时，还应提交国家检验检疫局签发的动植物过境许可证。

●因科研等特殊需要，输入禁止入境物的，必须提供相关的审批证明。

●入境特殊物品的，应提供有关的批件或规定的文件。

●入境货物采取集装箱运输方式的，须提供有关集装箱检疫的单据。

●入境货物有木质包装的，须在输出国进行木质包装的除害处理。

●检验检疫机构要求的其他单证。

6.1.2　出入境货物报检单

1. 出入境货物报检单的含义及作用

根据《中华人民共和国进出口商品检验法》的规定，国家对某些商品进出口前进行强制性检验——法定检验。具体应实施法检的商品见《出入境检验检疫机构实施检验检疫的进出境商品目录》，凡列入该目录中的商品以及合同和信用证规定由商品检验检疫机构出具商检证书的商品均，需在出入境报关前到商检机构申请检验。否则，凡属法定检验的商品，如果不提供出入境货物通关单，海关不接受申报。非法定检验但必须商检出证的商品，没有经过出入境检验检疫机构检验和发给相应证书的，有关银行不予以结汇。

出境货物报检单的格式和内容如图 6-1 所示。

入境货物报检单的格式和内容如图 6-2 所示。

中华人民共和国出入境检验检疫

出境货物报检单

报检单位(加盖公章)：　　　　　　　　　　　　　　　　　　　* 编号：__________

报检单位登记表：　　　联系人：　　　　电话：　　　　　　　　报检日期：　　年　月　日

发货人	(中文)(1)							
	(外文)							
收货人	(中文)(2)							
	(外文)							
货物名称(中/外文)	H. S. 编码	产地	数/重量	货物总值	包装种类及数量			
运输工具名称号码		贸易方式		货物存放地点				
合同号		信用证号		用途				
发货日期		输入国家(地区)		许可证/审批号				
起运地		到达口岸		生产单位注册号				
集装箱规格、数量及号码								

合同、信用证订立的检验检疫条款或特殊要求	标记及号码	随附单证(划"✓"或补填)	
		□合同 □信用证 □发票 □换证凭单	□装箱单 □厂检单 □包装性能结果单 □许可/审批文件

需要证单名称(划"✓"或补填)				* 检验检疫费	
□品质证书	_正_副	□植物检疫证书	_正_副	总金额 (人民币/元)	
□质量证书	_正_副	□熏蒸/消毒证书	_正_副		
□数量证书	_正_副	□出境货物换证凭单	_正_副		
□兽医卫生证书	_正_副	□出境货物通关单	_正_副	计费人	
□健康证书	_正_副	□			
□卫生证书	_正_副	□		收费人	
□动物卫生证书	_正_副	□			

报检人郑重声明：	领单证单	
1. 本人被授权报检。 2. 上列内容正确属实，货物无伪造或冒用他人的厂名、标志、认证标志，并承担货物质量责任。	日期	
签名：	签名	

注："＊"号栏由出入境检验检疫机关填写。　　　　　　　　　　　　国家出入境检验检疫局制

图 6-1　出境货物报检单

中华人民共和国出入境检验检疫

入境货物报检单

报检单位(加盖公章)：　　　　　　　　　　　　　　＊编　　号

报检单位登记号：　　　联系人：　　　电话：　　　报检日期：　　年　月　日

发货人	(中文)	
	(外文)	
收货人	(中文)	
	(外文)	

货物名称(中/外文)	H.S.编码	原产国	数/重量	货物总值	包装种类及数量

运输工具名称号码		合同号	

贸易方式		贸易国别(地区)		提单/运单号	
到货日期		启运国家(地区)		许可证/审批号	
卸毕日期		启运口岸		入境口岸	
索赔有效期		经停口岸		目的地	
集装箱规格、数量及号码					

合同订立的特殊条款 以及其他要求		货物存放地点	
		用途	

随附单据(划"√"或补填)		标记及号码	＊外商投资财产划("√"或补填)	□是　□否
□合同	□到货通知		＊检验检疫费	
□发票	□装箱单		总金额 (人民币元)	
□提/运单	□质保书			
□兽医卫生证书	□理货清单			
□植物检疫证书	□磅码单		计费人	
□动物检疫证书	□验收报告			
□卫生证书	□			
□原产地证	□		收费人	
□许可/审批文件	□			

报检人郑重声明： 1. 本人被授权报检 2. 上列填写内容正确属实 签名__________	领取证单	
	日期	
	签名	

注：有"＊"号栏由出入境检验检疫机关填写　　　　◆国家出入境检验检疫局制

[1－1(2000.1.1)＊1]

图 6-2　入境货物报检单

2. 出境货物报检单的缮制说明

(1)发货人。出口合同履行的单位，即卖方。中外文名称均需填写。

(2)收货人。出口合同的买方。国外公司如无中文名称，可以填“＊＊＊”。

(3)货物名称。按照信用证和合同中的货物名称填写，一般用中英文填写，应与合同、发票所列一致。

(4)H. S. 编码。即商品税则号列及符合海关要求的附加号码组成的10位编号。

(5)产地。货物的出产地。一般填具体的地名，如浙江省宁波市。

(6)数/重量。填写本批货物的数/重量，注明数/重量单位。如重量，则填总净重。填制时，H. S. 编码对应的第一计量单位必须输入，可以同时填制另一项数/重量。如“1000件/50千克”无法同时填写的，可只填标准计量单位的一项。

(7)货物总值。与商业发票上的同一栏目一致。非贸易货物，按报关价填制。

(8)包装种类及数量。填运输状态时最外层包装件数、包装种类。

(9)运输工具名称号码。填写实际装载货物的运输工具类别名称(如船舶、飞机、货柜车、火车等)或运输工具编号(船名、飞机航班号、车牌号码、火车车次)，以及载运货物出境的运输工具的航次号。报检时，未能确定运输工具编号的，可只填写运输工具类别。如为海运，则填“By Sea”或“船舶”，对于船名和航次号可填“＊＊＊”。

(10)贸易方式。按照填实际情况，如一般贸易等。

(11)货物存放地点。填货物装船前的存放的具体地点、厂库。

(12)合同号。填合同或协议编号。特殊情况无合同号的，应注明原因。

(13)信用证号。如采用信用证支付方式则填信用证号码，如电汇则填T/T等。

(14)用途。填本批货物的实际用途，选填“其他”的，应手填具体用途。

(15)发货日期。填预计出运日期(此栏一般由检验检疫机构填写)。

(16)输往国家(地区)。填货物离开我国关境直接运抵的国家(地区)，或者在中转国(地区)未发生任何商业性交易的情况下最后运抵的国家或地区。

(17)许可证/审批号。如有则填许可证号码，否则空白此栏。

(18)起运地。填出境货物报关地的口岸。

(19)到达口岸。填出境货物的境外运抵口岸。

(20)生产单位注册号。填写本批货物生产、加工单位在检验检疫机构备案登记的10位数代码。

(21)集装箱规格、数量及号码。一般填装载出口货物的集装箱的具体规格、数量和箱体识别号，如1×20′/TGHu8491952。

(22)特殊条款。如信用证和合同中对检验检疫条款有特殊要求，则填在此栏。

(23)标记及号码。填出口货物唛头，如无则填“N/M”。

(24)随附单证。如有随附单证，则在此栏中单证前的方框内打“√”。

(25)需要证单名称。按照信用证和合同，在此栏所需单证前方框内打“√”，并注明正副本数量。

(26)报检人郑重声明。报检员亲笔签名，不得打印。

(27)编号和报检日期。编号由出入境检验检疫机构编制，如3802002011869。

3. 入境货物报检单的缮制说明

(1)发货人。进口合同的发货方，即卖方。由于发货人一般为国外公司，可能没有相应的中文名称，发货人中文一栏可以填“* * *”。

(2)收货人。进口合同的收货方，即买方。中外文名称均需填写。

(3)货物名称。按信用证和合同中的货物名称填写，一般用中英文填写，应与合同、发票所列一致。

(4)H. S. 编码。即商品税则号列及符合海关要求的附加号码组成的10位数编号。

(5)原产国。本批货物的生产、开采或加工制造的国家或地区，经过几个国家或地区加工制造的货物，以最后一个对货物进行实质性加工的国家或地区作为原产国。

(6)数/重量。填写报检货物的数/重量，重量一般以净重填写，如填写毛重，或以毛重作净重则需注明。填制时，H. S. 编码对应的第一计量单位必须输入，可以同时填制另一项数/重量。无法同时填写的，可只填标准计量单位的一项。

(7)货物的总值。与商业发票上同一栏目一致，非贸易货物，按报关价填制。

(8)包装种类及数量。填运输状态时最外层包装件数、包装种类。

(9)运输工具名称号码。填写实际装载货物的运输工具类别名称(如船舶、飞机、货柜车、火车等)及运输工具编号(船名、飞机航班号、车牌号码、火车车次)以及载运货物入境的运输工具的航次号。报检时，未能确定运输工具编号的，可转船运输的，填最终航程运输工具名称和号码，只填写运输工具类别；船名、航次号可填“* * *”。

(10)贸易方式。按实际情况填。

(11)贸易国别(地区)。填写本批货物合同卖方所在的国家(地区)。

(12)提单/运单号。填写本批货物海运提单号、空运单号或铁路运单号。转船运输的，一般应填最终航程的提(运)单号。

(13)到货日期。填写运载进口货物的运输工具到达口岸的日期。

(14)启运国家(地区)。口货物起始发出直接运抵我国的国家或地区，或者在中转国(地区)未发生任何商业性的情况下运抵我国的国家或地区。

(15)许可证/审批单号。如有则填许可号码，否则填“* * *”。

(16)卸毕日期。填本批货物在口岸卸毕的日期。

(17)启运口岸。填写装运本批货物的交通工具起始发出直接运抵我国的口岸名称。

(18)入境口岸。填写本批货物实际进入我国国境的口岸名称。

(19)索赔有效期至。填写合同约定的索赔有效期限，如 60 天、90 天等。合同未约定的，注明"无索赔期"。

(20)经停口岸。填写货物随运输工具离开第一个境外口岸后，在抵达中国入境口岸之前所抵靠的发生货物(含集装箱)装卸的境外口岸。

(21)目的地。填已知的进境货物在我国国内的消费、使用地区或最终运抵的地点，一般应具体到显示行政区名称。

(22)集装箱规格、数量及号码：填写装载本批货物的集装箱规格(如 40 英尺、20 英尺等)、数量和箱体识别号。

(23)合同、信用证订立的检验检疫条款或特殊要求：如信用证或合同中对检验检疫条款有特殊要求，则填在此栏。

(24)货物存放地点。填写货物进境后拟存放的地点。

(25)用途。填写本批货物的实际用途，选填"其他"的，应手填具体用途。

(26)随附单据。如有随附单证，则在此栏中单证前的方框内打"√"。

(27)标记及号码。填进口货物唛头，如无则填"N/M"。

(28)外商投资财产。由于目前检验检疫机构已不再进行强制性价值鉴定工作，企业填制时应选择"否"。

(29)报检人郑重声明。报检员亲笔签名，不得打印。

(30)领取证单：由领证人在领证时填写实际领证日期并签名。

出/入境货物报检单所列各栏必须填写完整、准确、清晰，栏目内容确实无法填写的以"＊＊＊"表示，不得留空。

每份报检单只限填报一批商品。不同的合同分开填报；同一合同不同的品名分开填报(即要求同一品名、同一运输工具、运往同一地点、同一收(发)货人、同一报关单的货物报一批)；同一合同各种货物混装在一个包装内的，需提供报检商品清单(清单内容应包括：海关编码、商品名称、数/重量、计量单位、单价及商品总值)。

6.1.3 报检委托书的制作

在检验检疫机构办理注册登记手续的代理报检单位，接受委托办理代理报检手续时，应当向检验检疫机构提交报检委托书，报检委托书应当列明委托事项，并加盖委托人和代理报检单位的公章。报检委托书没有统一的规定格式，各地检验检疫机构的要求可能不一样，可以到当地检验检疫局网站上下载。报检委托书的一般格式如图 6-3 所示。

报 检 委 托 书

____________出入境检验检疫局：

本委托人郑重声明，保证遵守出入境检验检疫法律、法规的规定。如有违法行为，自愿接受检验检疫机构的处罚并负法律责任。

具体委托情况如下：

本单位将于________年________月间进口/出口如下货物：

品　名		H. S. 编码	
数(重)量		合同号	
信用证号		审批文号	
其他特殊要求			

特委托________________________________(单位/注册登记号)，代表本公司办理下列出入境检验检疫事宜：

1. 办理代理报检手续；
2. 代缴检验检疫费；
3. 负责与检验检疫机构联系和验货；
4. 领取检验检疫证单；
5. 其他与报检有关的相关事宜。

请贵局按有关法律、法规规定予以办理。

图 6-3　报检委托书

报检委托书的制作说明：

(1)出入境检验检疫局名称。填写出入境口岸检验检疫局的名称。

(2)进出口货物时间。填写该批货物的进出口日期。

(3)品名。填写该批货物的名称，并与发票上的货名一致。

(4)数(重)量。填写该批货物的数量或重量，并与其他单据同项内容相一致。

(5)信用证号。填写买方为购买该货物而开来的信用证的编号。

(6)H. S. 编码。按海关规定的商品分类编码规则填写该进出口货物的商品编码。

(7)合同号。填写该批货物贸易合同的编号。

(8)审批文号。此栏填写根据有关法律、法规的规定该出口货物报检必须提供的文件名称。

(9)其他特殊要求。此栏注明委托人在报检中必须达到的要求。

(10)受托单位/注册登记号。填写接受委托报检业务的单位名称及其在商检机构注册的登记号。

(11)代理内容。根据实际情况，选择委托代理报检单位代理的业务项目，在相应的选项前的“□”内打“√”。

(12)委托人签章。委托人在此处签名盖章，填写日期。

(13)受委托人签章。受委托人在此处签名盖章，填写日期。

(14)委托书有效期。此处填写本委托书有效期的截止日期。

6.2 产地证明书

6.2.1 产地证明书的定义

产地证明书(Certificate of Origin)简称产地证，也有称作来源证的，是证明货物产地或制造地的证明文件。

6.2.2 产地证明书的作用

订有互惠条约国家间的贸易，凭产地证明书可以享受优惠关税。产地证明书是进口国海关实行差别关税、实施进口限制、适用不同进口税率和不同配额等不同国别政策的书面依据。

- 在有些国家之间的贸易中，可用产地证明书代替领事签证发票。
- 实行外汇管制的国家，将产地证明书作为核准输入许可的证明文件。
- 可以作为某些特殊地区的贸易统计资料。
- 对于实行普遍优惠制的国家，进口商凭普惠制产地证明书享受进口关税优惠。

6.2.3 产地证明书的分类

(1)一般原产地证明书：又称普通产地证书，它是出口国根据一定的原产地规则签发的证明货物原产地的证明文件，主要用于非优惠性原产地证明。

此种产地证根据签发者的不同，分为：

1)出口商自己出具的产地证。

2)国家进出口商品检验机构签发的产地证明书，如中华人民共和国出入境检验检疫局(CIQ)出具的一般原产地证书(CERTIFICATE OF ORIGIN 简称 C. O. 产地证)。

3)商会出具的产地证，如中国国际贸易促进委员会(CCPIT)出具的一般原产地证书(CCPIT CERTIFICATE OF ORIGIN)。

4)厂商自己出具的产地证。

由谁出具普通产地证要根据信用证要求办理。对意大利出口，有时要求在产地证上除加盖贸促会印章外，还要增加手签。

(2)普惠制原产地证明书：普惠制原产地证明书(GSP FORM A)又称格式 A，它是依据给惠国的原产地规则，由受惠国官方签发的具有法律和经济效力的证明文件。凭普惠制原产地证明书受惠国出口产品在给惠国可享受减免进口关税的优惠待遇。

我国的普惠制待遇

普惠制，即普遍优惠制，简称GSP，是一种关税制度，是指工业发达国家对发展中国家或地区出口的制成品和半制成品给予普遍的、非歧视的、非互惠的关税制度。

此前，世界上共有40个发达国家给予发展中国家普惠制待遇，这些发达国家被称为给惠国。即：欧盟28个成员国(英国、法国、德国、意大利、荷兰、卢森堡、比利时、爱尔兰、丹麦、希腊、西班牙、葡萄牙、奥地利、瑞典、芬兰、波兰、匈牙利、捷克、斯洛伐克、斯洛文尼亚、爱沙尼亚、拉脱维亚、立陶宛、塞浦路斯、马耳他、保加利亚、罗马尼亚和克罗地亚)、瑞士、挪威、俄罗斯、白俄罗斯、乌克兰、哈萨克斯坦、日本、澳大利亚、新西兰、加拿大、土耳其、美国。除美国外，其它国家均给予我国普惠制待遇。

中国的普惠制给惠国中，欧盟国家是主要成员。随着中国经济的发展和国家地位的上升，欧盟修订了普惠制安排。根据欧委会第1421/2013号法规，自2015年1月1日起，中国内地所有产品不再获得欧盟普惠制优惠。随着欧盟“普惠制”待遇取消，我国产品出口欧盟市场的竞争力将明显降低，我国政府相关部门和企业须引起高度关注，并积极采取有效举措主动应对。

(3)区域性经济集团成员间的原产地证明书：区域范围内(如自由贸易协定、关税同盟、区域贸易协定、特惠税区域等)的国家(或地区)根据协定或安排享受互惠或单方面减免关税的凭证。

(4)专用产地证书：是国际组织或国家根据政治和贸易措施的需要，针对某一特殊行业的特定产品的原产地证书。纺织品(配额)产地证明书：该证书是纺织品设限国家实行配额管制的一种手段，如我国出口到美国、欧盟各国的纺织品，每批产品都必须由有关部门出具纺织品产地证明书或装船证书，进口国海关方准进口。

相关链接

专用原产地证书

专用原产地证书上所列的产品均属某一特殊行业的某项特定产品，这些产品应符合特定的原产地规则。签证依据为中国政府与外国政府签订的双边协议规定。如纺织品(配额)产地证明书、《手工制品原产地证书》、《濒危动植物原产地证明书》、《输欧盟农产品原产地证书》、原产地命名证书(《托考依葡萄酒原产地名称证书》、《皇帝牌葡萄酒真实性证书》、《奶酪制品证书》)、《烟草真实性证书》、《金珀利进程国际证书》和《原产地标记证书》等)。

纺织品(配额)产地证明书是纺织品设限国家实行配额管制的一种手段，如2005年以前我国出口到美国、欧盟的纺织品，每批产品都必须由有关部门出具纺织品产

地证明书或装船证书，进口国海关方准进口。

《手工制品原产地证书》是证明货物的加工和制造全是人工而非机械生产的一种证明书。

《濒危动植物原产地证明书》是为了证明加工成货物的动物或植物，来自饲养的而非野生的濒危动植物(或在数量限制以内)的证明书。

6.2.4 产地证明书的签证机构

我国签发原产地证书的机构主要有：

(1)出入境检验检疫局(CIQ)；

(2)中国国际贸易促进委员会(CCPIT)；

(3)中国商务部(MOFTEC)。

出入境检验检疫机构为官方签证机构，中国国际贸易促进委员会及其地方分会为民间签证机构。进出口要求由官方签发原产地证书的应当向出入境检验检疫机构申请办理；进口方要求由民间机构签发原产地证的，应当向中国贸促会及其地方分会申请办理；未明确要求的，可向出入境检验检疫机构或中国国际贸易促进委员会申请办理。

根据中国政府颁布法规规定，出入境检验检疫机构是中国政府授权签发普惠制原产地证书的唯一合法机构，国家质检总局对全国普惠制原产地证书签证工作实施统一监督管理。

国家质检总局设在各地的出入境检验检疫机构和中国国际贸易促进委员会及其地方分会，负责出口货物一般原产地证书签证工作。未经授权的其他部门和机构，不得签发一般原产地证书或产地证证明。

常用原产地证书一览表

名　称	简　称	签发机构	产地证格式
一般原产地证明书	C/O 产地证	贸促会、检验检疫局	商务部统一格式
普惠制原产地证明书	GSP 产地证	检验检疫局	格式 A、格式 59A、格式 APR
对美国出口纺织品申明书	DCO 产地证	出口商	格式 A、格式 B、格式 C

6.2.5 信用证产地证条款示例

1. 一般原产地证

"Certificate of Origin Issued by China Council for Promotion of International Trade."

2. 普惠制原产地证(GSP FORM A)

"G. S. P. Certificate of Origin Form A showing importing country."

一般原产地证和普惠制原产地证的格式分别如图 6-4 和图 6-5 所示。

ORIGINAL

1. EXPORTER DESUNSOFT CO. LTD. ROOM 2901, HUARONG MANSION, GUANJIAQIAO 85#, NANJING 210005, P. R. CHINA TEL: 025-4711363 FOX: 025-4691619	CERTIFICATE NO. CERTIFICATE OF ORIGIN OF THE PEOPLE'S REPUBLIC OF CHINA
2. CONSIGNEE SAMAN AL-ABDUL KARIM AND PARTNERS CO. POB 13552, RIYADH 44166, KSA TEL: 4577301/4577312/4577313 FAX: 4577461	
3. MEANS OF TRANSPORT AND ROUTE SHIPMENT FROM TIANJIN PORT TO DAMMAM PORT BY SEA	5. FOR CERTIFYING AUTHORITY USE ONLY
4. COUNTRY/REGION OF DESTINATION SAUDI ARABIA	

6. MARKS AND NUMBERS	7. NUMBER AND KIND OF PACKAGES; DESCRIPTION OF GOODS	8. H. S. CODE	9. QUANTITY	10. NUMBER AND DATE OF INVOICES
		2007.9910	2200CARTONS	DS2001 INV 205 MAY 22, 2014
N/M	CANNED APPLE JAM 24 TINS×340 GMS	2007.9910	2200CARTONS	
	CANNED STRAWBERRY JAM 24 TINS×340 GMS			

SAYTOTAL: FOUR THOUSAND FOUR HUNDRED CARTONS ONLY.

11. DECLARATION BY THE EXPORTER THE UNDERSIGNED HEREBY DECLARES THAT THE ABOVE DETAILS AND STATEMENTS ARE CORRECT, THAT ALL THE GOODS WERE PRODUCED IN CHINA AND THAT THEY COMPLY WITH THE RULES OF ORIGIN OF THE PEOPLE'S REPUBLIC OF CHINA. NANJING, CHINA MAY 22, 2014 .... PLACE AND DATE, SIGNATURE AND STAMP OF AUTHORIZED SIGNATORY	12. CERTIFICATION IT IS HEREBY CERTIFIED THAT THE DECLARATION BY THE EXPORTER IS CORRECT. .... PLACE AND DATE, SIGNATURE AND STAMP OF CERTIFYING AUTHORITY

图 6-4　一般原产地证

ORIGINAL

1. GOODS CONSIGNED FROM (EXPORTER'S BUSINESS NAME, ADDRESS, COUNTRY) NO.
DESUNSOFT CO. LTD.
ROOM 2901, HUARONG MANSION, GUANJIAQIAO 85#, NANJING 210005, P. R. CHINA
TEL: 025-4711363 FAX: 025-4691619

REFERENCE

GENERALIZED SYSTEM OF PREFERENCES
CERTIFICATE OF ORIGIN
(COMBINED DECLARATION AND CERTIFICATE)

FORM A
ISSUED IN ....
(COUNTRY)

SEE NOTES OVERLEAF

2. GOODS CONSIGNED TO (CONSIGNEE'S NAME, ADDRESS, COUNTRY) SAMAN AL-ABDUL KARIM AND PARTNERS CO.
POB 13552, RIYADH 44166, KSA
TEL: 4577301/4577312/4577313
FAX: 4577461

3. MEANS OF TRANSPORT AND ROUTE (AS FAR AS KNOWN)
SHIPMENT FROM TIANJIN PORT TO DAMMAM PORT BY SEA

4. FOR OFFICIAL USE

5. ITEM NUMBER	6. MARKS AND NUMBERS OF PACKAGES	7. NUMBER AND KIND OF PACKAGES; DESCRIPTION OF GOODS	8. ORIGIN CRITERION (SEE NOTES OVERLEAF)	9. GROSS WEIGHT OR OTHER QUANTITY	10. NUMBER AND DATE OF INVOICES
(1)	N/M	CANNED APPLE JAM 24 TINS×340 GMS	P	2200CARTONS	DS2001INV205 MAY 22, 2014
(2)		CANNED STRAWBERRY JAM 24 TINS×340 GMS	P	2200CARTONS	

SAYTOTAL: ROUR THOUSAND FOUR HUNDRED CARTONS ONLY.

11. CERTIFICATION
IT IS HEREBY CERTIFIED, ON THE BASIS OF CONTROL CARRIED OUT, THAT THE DECLARATION BY THE EXPORTER IS CORRECT.

NANJING, CHINA, MAY 22, 2014
....
PLACE AND DATE, SIGNATURE AND STAMP OF CERTIFYING AUTHORITY

12. DECLARATION BY THE EXPORTER
THE UNDERSIGNED HEREBY DECLARES THAT THE ABOVE DETAILS AND STATEMENTS ARE CORRECT, THAT ALL THE GOODS WERE
PRODUCED IN ....
(COUNTRY)
AND THAT THEY COMPLY WITH THE ORIGIN REQUIREMENTS SPECIFIED FOR THOSE GOODS IN THE GENERALIZED SYSTEM OF PREFERENCES FOR GOODS EXPORTED TO
SAUDI ARABIA
....
PLACE AND DATE, SIGNATURE AND STAMP OF AUTHORIZED SIGNATORY

图 6-5 普惠制原产地证

6.2.6　一般原产地证明书的缮制

1. 证书编号

应在证书右上角填上证书编号(Certificate No.)。此栏不得留空，否则此证书无效，通常由发证机构填写。

2. 出口方

填写出口方(Exporter)的名称、详细地址及国家(地区)。若经由其他国家或地区需填写转口名称时，可在出口商后面添加“Via”，然后再填写转口商的名称、地址和国家(地区)。

例如，

GUANGDONG TEXTILES IMPORT& EXPORT KNITWEARS CO. LTD.

15/F GUANGDONG TEXTILE MANSION NO. 168 XIAO BEI RD. GUANGZHOU, CHINA.

VIA HONGKONG DAMING CO.

LTD. NO. 566, GUANGDONG ROAD, HONGKONG

3. 收货方

填写最终收货方(Consignee)的名称、地址和国家(地区)名。通常是外贸合同中的买方或信用证上规定的提单通知人。如信用证规定所有单证收货人一栏留空，在这种情况下，此栏应加注“To Whom It May Concern ”或“To Order ”，但不得留空。若需填写转口商的名称时，可在收货人后面加填英文“Via”，然后再填写转口商的名称、地址、国家。

例如，

AL OTHAIMAN TRADING CO.

LLC P. O. BOX 76438 DUBAI, U. A. E.

VIA SHANGHAI LUQIAO CO. LTD NO. 389, PUDONG ROAD, SHANGHAI.

4. 运输方式和路线

填写以下三项内容：(1)起运地至目的地“FROM... TO... ”；(2)运输方式“BY SEA/AIR/RAILWAY”；(3)若经转运，还应注明转运地，“VIA…”或“WITH TRANSHIPMENT AT... ”，或“W/T... ”。若转运地不明确，也可只填“WITH TRANSHIPMENT”。

例如：

通过海运，于2014年5月17日由上海港经香港转运至鹿特丹港。

FROM SHANGHAI TO ROTTERDAM BY VESSEL VIA HONGKONG 或者 FROM SHANGHAI TO HONGKONG ON MAY 17, 2014, THENCE TRANSHIPPED TO ROTTERDAM BY VESSEL.

5. 目的地国家(地区)名称

此栏填列最终目的地的国家(地区)(Country/Region of Destination)的名称，通常将目的地和国名一并列出，不可表示中间商的国名。此栏表示的国家名称必须与第二栏收货人所在国家(或地区)或第三栏所表示的最终目的地的国家(或地区)一致。

6. 签证机构用栏

此栏为签证机构(Certifying Authority)在签发后发证书、补发证书或加注其他声明时使用。例如，在原证遗失时，可在栏内声明因原证作废而补发新证。证书申领单位应将此栏留空。

7. 运输标志(Marks and Numbers)

填写唛头。应按照出口发票上所列唛头填写完整的图案、文字标记及包装号码，不可简单地填写“按照发票(As Per Invoice No.)”或者“按照提单(As Per B/L No.)”。货物无唛头时，应填写“N/M(No Mark)。此栏不得留空。如因唛头多本栏空白不够填写，可填写在第 7、8、9 栏结束符以下的空白处，如还不够，可用附页填写。

8. 商品的名称、包装数量及种类

(1)商品要写具体名称，如睡袋(Sleeping Bag)、杯子(Cup)。不得用概括性描述，如服装(Garment)。

(2)包装数量及种类，按具体单位填写，并用大小写分别表示，如 100 箱彩电(100 Cartons (One Hundred Cartons Only) of Colour TV Sets)。如果是散装货，在品名后加注“IN BULK”，如 1000 吨生铁(1000 M/T (One Thousand M/T Only) Pig iron in Bulk)。

(3)有时信用证要求加注合同号、L/C 号，可加于此。

(4)本栏的末行要打上表示结束的符号，“———————”或“* * * * * * * * * * * * * * * * * * *”，以防添加内容。

9. 商品编码

H. S. 是“The Harmonized Commodity Description and Coding System”(《协调商品名称及编码制度》，简称协调制编码)的缩写。此栏要求填写 H. S. 编码，应与报关单一致。若同一证书中包含有几种商品，则应将相应的税目号全部填写。此栏不得留空。

10. 量值

此栏要求填写出口货物的量值(Quantity)以及商品的计量单位。例如，100 箱彩电，此栏填“100 SETS”；1000 公吨散装花生，此栏填“N. W. 1000 M/T”(净重 1000 公吨)或“1000 M/T (N. W.)”。如果只有毛重时，则需注明“G. W.”。

11. 发票号码及日期

此栏填写申请出口货物的商业发票的号码和日期(Number and Date of Invoices)。此栏不得留空。为避免对月份、日期的误解，月份一律用英文表述，如 2014 年 12 月 9 日，用英文表述为“DEC. 10，2014”。

12. 出口方声明(Declaration by the Exporter)

填写出口方的名称、申报地点及日期，由已在签证机构注册的人员签名并加盖有中英文的印章。在本栏加盖申报单位中英文对照的图章和签字，签字人必须是事先指定的申领人，申领人及其签字样本需事先在签证机构登记注册，签字和盖章不得重合，并填具签署的地址和日期，地址一般为出口商所在地。日期不应早于发票日期。

13. 由签证机构签字、盖章

填写签证地址、日期。签证机构签证人经审核后在此栏(正本)签名，并盖签证印章。

6.2.7　普惠制产地证书的缮制

普惠制原产地证右上角的标题栏填上出入境检验检疫机构编定的证书号。在证书横线上方填上“THE PEOPLES REPUBLIC OF CHINA”。国名必须填打英文全称，不得简化。(国内印制的证书，已将此印上，无需再填打。)

1. 出口商名称、地址、国家

此栏带有强制性，应填明详细地址，包括街道名、门牌号码等。例如，

ZHEJIANG TEXTILES IMPORT AND EXPORT GROUP CO.，LTD.

#165 ZHONGHE ZHONG ROAD HANGZHOU CHINA

中国地名的英文译音应采用汉语拼音。如 ZHEJIANG(浙江)、HANGZHOU(杭州)、WENZHOU(温州)等等。

2. 收货人的名称、地址、国家

该栏应填给惠国最终收货人名称(即信用证上规定的提单通知人或特别声明的收货人)，如最终收货人不明确，可填发票抬头人。但不可填中间转口商的名称。

欧洲联盟、挪威对此栏是非强制性要求，如果货物直接运往上述给惠国，而且进口商要求将此栏留空时，则可以不填详细地址，但须填：TO ORDER。

3. 运输方式及路线(就所知而言)

一般应填装货、到货地点(始运港、目的港)及运输方式(如海运、陆运、空运)，该栏还要填明预定自中国出口的日期，日期必须真实填写，例如，

ON/AFTER NOV. 6，2014 FROM HANGZHOU TO HONGKONG BY AIR，

THENCE TRANSHIPPED TO HAMBURG BY SEA.

转运商品应加上转运港，如 VIA HONGKONG。对输往内陆给惠国的商品，如瑞士、奥地利，由于这些国家没有海岸，因此如系海运，都须经第三国，再转运至该国，填证时应注明。例 ON/AFTER NOV. 6，2014 BY VESSEL FROM HANGZHOU TO HAMBURG VIA HONGKONG，IN TRANSIT TO SWITZERLAND.

4. 供官方使用(官方声明)

此栏由签证当局填写，申请签证的单位应将此栏留空。正常情况下此栏空白。特殊情况下，签证当局在此栏加注，如：

(1)货物已出口，签证日期迟于出货日期，签发“补发”证书时，此栏盖上“ISSUED RETROSPECTIVELY”红色印章；

(2)证书遗失、被盗或损毁，签发“复本”证书时盖上“DUPLICATE”红色印章，并在此栏注明原证书的编号和签证日期，同时声明原发证书作废，其文字是“THIS

CERTIFICATE IS IN REPLACEMENT OF CERTIFICATE OF ORIGIN NO.... DATED... WHICH IS CANCELLED”。

5. 商品顺序号

如同批出口货物有不同品种，则按不同品种、发票号等分列“1”“2”“3”…，以此类推。单项商品，此栏填“1”。

6. 唛头及包装号

填具的唛头应与货物外包装上的唛头及发票上的唛头一致；唛头不得出现中国以外的地区或国家制造的字样，也不能出现香港、澳门、台湾原产地字样(如 MADE IN MACAO，HONGKONG，TAIWAN)；如货物无唛头应填“N/M”或“NO MARK”。如唛头过多，此栏不够填，可填在第 7、8、9、10 栏结束符以下的空白处。如还不够，此栏打上“SEE THE ATTACHMENT ”，用附页填打所有唛头(附页的纸张要与原证书一般大小)，在附页的右上角打上 FORM A 证书号，并由申请单位和签证机构分别在附页末页的右下角和左下角签字、盖章。附页上的申请、签证日期及地点、手签笔迹、印章均应与 FORM A 证书相一致。

7. 包装数量及种类、商品的名称

(1)包装数量必须用英文和阿拉伯数字同时表示，例如，

ONE HUNDERD AND FIFTY(150) CARTONS OF WORKING GLOVES。

(2)商品名称必须具体填明，不能笼统填“MACHINE”(机器)、“GARMENT”(服装)等。对一些商品，如玩具电扇应注明为“TOYS：ELECTRIC FANS”，不能只列“ELECTRIC FANS”(电扇)。

(3)商品的商标、牌名(BRAND)及货号(ARTICLE NUMBER)一般可以不填。商品名称等项列完后，应在下一行加上表示结束的符号“＊＊＊＊＊＊＊＊”，以防止加填伪造内容。

国外信用证有时要求填具合同、信用证号码等，可加填在此栏结束符下的空白处。

8. 原产地标准

原产地标准是国外海关审核的重点项目，必须按规定如实填写。

(1)完全原产品，不含任何非原产成分，出口到所有给惠国，填“P”。

(2)含有非原产成分的产品，出口到欧盟、挪威、瑞士、土耳其和日本，填“W”，并在字母后面标上产品的四位数 H.S. 品目号，如“W”42.02。

(3)含有非原产成分的产品，非原产成分的价值未超过产品出厂价的 40%，出口到加拿大，填“F”。

(4)含有非原产成分的产品，非原产成分的价值未超过产品离岸价的 50%，出口到俄罗斯、乌克兰、白俄罗斯、哈萨克斯坦四国，填“Y”，并在字母后面标上非原产成分价值占该产品离岸价格的百分比，如“Y”48%。

(5)输往澳大利亚、新西兰的货物，此栏可以留空。

9. 毛重或其他数量

此栏应以商品的正常计量单位填，例如 1000DOZ. 或 625KG.

以重量计算的则填毛重，只有净重的，填净重亦可，但要标上 N. W.（NET WEIGHT）。

10. 发票号码及日期

此栏不得留空。月份一律用英文(可用缩写)表示，例如 PHK50016 JUNE 12，2014。

此栏的日期必须按照正式商业发票填具，发票日期不得迟于出货日期。

11. 签证当局的证明

此栏填打签证机构的签证地点、日期，例如 HANGZHOU SEPT. 3，2014。

检验检疫机构签证人员经审核后在此栏(正本)签名，盖签证印章。

此栏日期不得早于发票日期(第 10 栏)和申报日期(第 12 栏)，而且应早于货物的出运日期(第 3 栏)。

12. 出口商的申明

在生产国横线上填英文的“中国”(CHINA)。进口国横线上填最终进口国，进口国必须与第三栏目的港的国别一致。凡货物运往欧盟二十八国范围内，进口国不明确时，进口国可填 EU。

申请单位应授权专人在此栏手签，填上申报地点、日期，并加盖申请单位中英文印章。手签人手迹必须在检验检疫机构注册登记，并保持相对稳定。

此栏日期不得早于发票日期(第 10 栏)(最早是同日)。盖章时应避免覆盖进口国名称和手签人姓名。本证书一律不得涂改，证书不得加盖校对章。

6.3　商品检验检疫证书

6.3.1　商品检验检疫证书的定义和分类

1. 商品检验检疫证书的定义

商品检验检疫证书是指进出口商品经商品检验检疫机构检验、鉴定后出具的证明检验检疫结果的书面文件。商品检验检疫证书的种类很多，在实际的进出口商品交易中，应在检验检疫条款中规定检验检疫证书的类别及商品检验检疫的要求。

2. 商品检验检疫证书的分类

(1)品质检验证书，主要证明出口商品品质、规格、等级、成分、性能等，证明语言包括抽样过程、检验依据、检验结果和评定意见等四项内容。品质检验证书是出口商品交货结汇和进口商品结算索赔的有效凭证；法定检验商品的证书，是进出口商品报关、输出输入的合法凭证。

(2)重量或数量检验证书，证明进出口商品重量或数量，是出口商品交货结汇、签发提单和进口商品结算索赔的有效凭证；出口商品的重量证书，也是国外报关征税和计算运费、装卸费用的证件。

(3)兽医检验证书，是证明出口动物产品或食品经过检疫合格的证件。适用于冻畜肉、冻禽、禽畜罐头、冻兔、皮张、毛类、绒类、猪鬃和肠衣等出口商品，是对外交货、银行结汇和进口国通关输入的重要证件之一。

(4)卫生/健康证书，是证明可供人类食用的出口动物产品、食品等经过卫生检验或检疫合格的证件。适用于肠衣、罐头、冻鱼、冻虾、食品、蛋品、乳制品和蜂蜜等，是对外交货、银行结汇和通关验放的有效证件。

(5)消毒检验证书，是证明出口动物产品经过消毒处理，保证安全卫生的证件。适用于猪鬃、马尾、皮张、山羊毛、羽毛、人发等商品，是对外交货、银行结汇和国外通关验放的有效凭证。

(6)熏蒸证书，是用于证明出口粮谷、油籽、豆类、皮张等商品，以及包装用木材与植物性填充物等已经过熏蒸灭虫的证书。主要证明使用的药物、熏蒸的时间等情况，是交货、结汇、通关的凭证。

(7)残损检验证书，是证明进口商品残损情况的证件。适用于进口商品发生残、短、渍、毁等情况，可作为收货人向发货人或承运人或保险人等有关责任方索赔的有效证件。

(8)积载鉴定证书，是证明船方和集装箱装货部门正确配载积载货物，作为证明履行运输契约义务的证件。可供货物交接或发生货损时处理争议之用。

(9)财产价值鉴定证书，是作为对外贸易关系人和司法、仲裁、验资等有关部门索赔、理赔、评估或裁判的重要依据。

(10)船舱检验证书，证明承运出口商品的船舱清洁、密固、冷藏效能及其他技术条件是否符合保护承载商品的质量和数量完整与安全的要求。可作为承运人履行租船契约的适载义务，对外贸易关系方进行货物交接和处理货损事故的依据。

(11)生丝品级及公量检验证书，是出口生丝的专用证书。其作用相当于品质检验证书和重量/数量检验证书。

(12)产地证明书，是出口商品在进口国通关输入和享受减免关税优惠待遇和证明商品产地的凭证。

(13)舱口检视证书、监视装/卸载证书、舱口封识证书、油温空距证书、集装箱监装/拆证书，作为证明承运人履行契约义务、明确责任界限、便于处理货损货差责任事故的证明。

(14)价值证明书，作为进口国管理外汇和征收关税的凭证。在发票上签盖商检机构的价值证明章与价值证明书具有同等效力。

(15)货载衡量检验证书，是证明进出口商品的重量、体积吨位的证件。可作为计算运费和制订配载计划的依据。

(16)集装箱租箱交货检验证书、租船交船剩水/油重量鉴定证书，可作为契约双方明确履约责任和处理费用清算的凭证。

此外，根据具体业务需要，商检机构还可以签发检温证书、验舱证书等。如为法检货物，检验检疫机构还将签发出/入境货物通关单或换证凭单(见图 6-8、图 6-9)。

商品检验证书的格式和内容如图 6-6、图 6-7、图 6-8、图 6-9 所示。

中华人民共和国出入境检验检疫
ENTRY－EXIT INSPECTION AND QUQRANTINE
OF THE PEOPLE'S REPUBLIC OF CHINA
品质检验证书编号　　　　No.：
QUALITY CERTIFICATE

发货人：
Consignor
收货人：
Consignee
品名：　　　　　　　　　　　　标记及号码
Description of Goods　　　　　　Mark & No.

报检数量/重量：
Quantity/Weight Declared
包装种类及数量：
Number and Type of Packages
运输工具：
Means of Conveyance
检验结果：
Results of Inspection
签证地点　　　　　　　　　　　签证日期
Place of Issue　　　　　　　　　Date of Issue
授权签字人
Authorized Officer　　　　　　　签名 Signature

我们已尽所知和最大能力实施上述检验，不能因我们签发本证书而免除买方或其他方面根据合同和法律所承担的产品质量责任和其他责任。

All inspections are carried out conscientiously to the best of our knowledge and ability. This certificate does not in any respect absolve the seller and other related parties from his contractual and legal obligations especially when product quality is concerned

图 6-6　品质检验证书

中华人民共和国出入境检验检疫
ENTRY-EXIT INSPECTION AND QUARANTINE
OF THE PEOPLE'S REPUBLIC OF CHINA

正 本
ORIGINAL

健康证书
HEALTH CERTIFICATE

编号 No.：130000203013130

发货人名称及地址 Name and Address of Consignor	ZHEJIANG TIANHUAN FOODSTUFFS IMPORT CO.，LTD.		
收货人名称及地址 Name and Address of Consignee	* * *		
品名 Description of Goods	CANNED MELON JAM		
加工种类或状态 State or Type of Processing	* * *	标记及号码 Mark & No. WAZAH、RIYADA	
报检数量/重量 Quantity/Weight Declared	－17952－KGS		
包装种类及数量 Number and Type of Packages	－2200－CARTONS		
贮藏和运输温度 Temperature during Storage and Transport	* * *		
加工厂名称、地址及编号(如果适用) Name，Address and approval No. of the approved Establishment (if applicable)	1300/01034		
启运地 Place of Despatch	XINGANG	到达国家及地点 Country and Place of Destination	SAUDI ARABIA
运输工具 Means of Conveyance	BY SEA	发货日期 Date of Despatch	* * *

检验结果
RESULTS OF INSPECTION：

THE ABOVE MENTIONED GOODS WERE INSPECTED AND FIT FOR HUMAN CONSUMPTION.

* * * * * * * * * *

REMARKS：

LOT NO：3E17

印章 Official Stamp　　签证地点 Place of Issue SHIJIAZHUANG　　签证日期 Date of Issue 21 SEP. 2003

(出入境检验检疫局章)　授权签字人 Authorized Officer YANGZHIYONG

签　名 Signature 杨志勇

中华人民共和国出入境检验检疫机关及其官员或代表不承担签发本证书的任何财经责任。No financial liability with respect to this certificate shall attach to the entry－exit inspection and quarantine authorities of the P. R. of China or to any of its officers or representative

图 6-7　健康证书

中华人民共和国出入境检验检疫

出境货物通关单

编号：

<table>
<tr><td colspan="3">1. 发货人</td><td>5. 标记及号码</td></tr>
<tr><td colspan="3"></td><td rowspan="5"></td></tr>
<tr><td colspan="3">2. 收货人</td></tr>
<tr><td colspan="3"></td></tr>
<tr><td>3. 合同/信用证号</td><td colspan="2">4. 输往国家或地区</td></tr>
<tr><td></td><td colspan="2"></td></tr>
<tr><td>6. 运输工具名称及号码</td><td colspan="2">7. 发货日期</td><td>8. 集装箱规格及数量</td></tr>
<tr><td></td><td colspan="2"></td><td></td></tr>
<tr><td>9. 货物名称及规格</td><td>10. H. S. 编码</td><td>11. 申报总值</td><td>12. 数/重量、包装数量及种类</td></tr>
<tr><td></td><td></td><td></td><td></td></tr>
<tr><td colspan="4">上述货物业经检验检疫，请海关予以放行。
本通关单有效期至　年　月　日
签字：　　　　　　日期：　年　月　日</td></tr>
<tr><td colspan="4">13. 备注</td></tr>
</table>

图 6-8　出境货物通关单

中华人民共和国出入境检验检疫

出境货物换证凭单

类别：口岸申报换证　　　　　　　　　　　　　　　　　　编号：3140400202000944

发货人	浙江天环食品进出口股份有限公司	标记及号码	
收货人	* * *	WAZAH/RIYADH	
品名	西瓜酱罐头 24 瓶×340 克		
H. S. 编码	2003.1001		
报检数/重量	－2200 箱/17952 千克		
包装种类及数量	纸箱－2200		
申报总值	－13970－美元		
产地	河北省石家庄市	生产单位(注册号)	1300/01034
生产日期	2014/09	生产批号	* * *
包装性能检验结果单号	320100381005836	合同/信用证号	2014EK151
		运输工具名称及号码	船舶
输往国家或地区	沙特阿拉伯	集装箱规格及数量	* * * * * *
发货日期	* * *	检验依据	合同

检验检疫结果	本批商品经按 QB1006—90 抽取代表性样品检验结果如下： 一、物理检验： 1. 外观无膨胀，无损坏，密封良好。 2. 罐外无锈，罐内壁无腐蚀，罐内无杂质。 3. 内容物，形状，块粒，色泽，香味正常。 4. NACL：1.75%. 二、化学检验(重金属含量：每公斤制品中含量) 锡不超过 200 毫克　铜不超过 5 毫克　铅不超过 1 毫克　砷不超过 0.5 毫克 三、细菌检验：商业无菌。 结论：本批商品符合上述检验依据，适合人类食用。 * * * * * * * *　　（出入境检验检疫局检验检疫专用章） 签字：邓志国　　日期：2014 年 9 月 21 日
本单有效期	截止于 2015 年 9 月 21 日
备注	查验合格。

分批出境核销栏	日期	出境数/重量	结存数/重量	核销人	日期	出境数/重量	结存数/重量	核销人

说明：1. 货物出境时，经口岸检验检疫机关查验货证相符，且符合检验检疫要求的予以签发通关单或换发检验检疫证书；2. 本单不作为国内贸易的品质或其他证明；3. 涂改无效。

①办理换证　　　　　　　　[5－3(2003. 9. 20) * 1]

图 6-9　出境货物换证凭单

6.3.2　商品检验检疫证书的内容和缮制方法

近年来，因各国日益关注环境保护、人类和动植物安全，对出入境的运输工具、人员和物品等都会根据本国法律、国际准则、合同或信用证提出依法检验、检疫后出证的具体要求，有资格签发这类证书的有政府检验机构(我国的CIQ等)、非官方检验机构、生产厂商、用货单位和进口商等；证书种类几十种，多用于履行合同、通关、索赔、仲裁和诉讼等；证书、印章、印制均统一，证书中使用术语的政治、技术和外语要求比其他单证高；证书所列各项内容必须完整、准确、清晰、不得涂改；证书由报检人和检验检疫机构共同缮制完成。

1. 证书的内容

证书内容因出证机构及各国标准不一而有区别，但一般都有以下内容：

(1)证书的名称：检验检疫证书因其证明内容有别、各国标准不一、货物差异、当事人要求不同等而名称各异。卫生证书(Certificate of Sanitation)、消毒证书(Certificate of Disinfection)、熏蒸证书(Certificate of Fumigation)、植物检疫证书(Phytosanitary Certificate)、动物检疫证书(Veterinary Certificate)、未再加工证书(Certificate of Non-manipulation)和非木制包装证书(Non-wood Packing Certificate)等近年较多出现，除非信用证另有规定，检验检疫证明书的名称应与合同或信用证的规定相符。

(2)品名、数量、重量、包装种类及数量、口岸、运输工具、唛头等应与商业发票及提单上所描述的内容完全一致；报检时每份报检单只限一批货，但对批量小的同一类货物，只要运输工具、目的地、收发货人相同，且属同一报关单的货物可同一单申报和出证。

(3)收货人：一般填写“＊＊＊”，也可填“To Whom It May Concern”。如做成记名式，应与合同、信用证等单证一致。

(4)检验结果：此栏是检验证明书中最重要的一项，在此栏中记载报检货物经检验的状况，是证明货物是否符合合同或信用证要求的关键所在。

(5)出证机关、地点：可由我国出入境检验检疫机构/商会出具，亦可由外国公证行、公证人、鉴定人签发，如果信用证并未规定出证机关，则由出口商根据实际情况决定，如要求“Competent Authority”出证，一般由出入境检验检疫机构出具；如要求手签有关检验证，就不可以只加盖图章；加盖图章时，图章内的文字可以不是英文(这不构成不符)；出证地点通常在装运口岸。

(6)证书的日期：在提单之前或与之同日；个别商品(如食盐)由于要在装船后进行公估，出证日可晚于提单日；证书日也不可过分早于提单日(如鲜活商品检验、检疫证书的有效期为两周，超过这个期限必须重新检验)；证书日若晚于提单日三天以上，容易遭开证行/人拒付，议付也会发生问题；有的证书必须在装运前出(如要求对运输货物容器的清洁状况进行检验)；根据ISBP(International Standard Banking Practice for the Examination of Documents under Documentary Credits，是

国际商会在信用社领域编纂的国际惯例)的规定，分析证、检验证、装船前检验证上注明的日期可以晚于提单日期。

(7)单证的份数：检验、检疫证的份数通常是一正三副，如合同或L/C要求两份正本，可以在证书上注明："本证书是×××号证书正本重本"并在证书号前加注"D"。

2. 缮制有关证书时应注意的事项

(1)各种单证应由相关部门有资格的人员如实填制。

(2)任何人不得更改已受理的报检单，检验证书应做到货证、事(货物的事实状态)证和证证(同一批货物各种证书之间)的"三相符"。

(3)检验证书的更改除了在更正处加盖"变更已批准"章、签发人的小签外，还应加上"变更内容已经出单人授权"字样。

(4)换证凭单和换证凭条。两者都是出境货物报检的凭证，(换证凭条是电子转单的凭证)适用于在报检地与出境地不同的情况下向出境地检验检疫机构换取正本《通关单》的情形。区别在于：前者可以一次报检，分批核销，后者一证一批；前者速度慢，后者快；前者换单时需提交正本，后者则不必。

(5)代理报检和自理报检。自理报检是指为本企业生产的产品在出口时进行报检，而代理报检是指有关货代公司或报关公司接受企业委托代为办理报检业务的活动。对代理报检从业人员而言，处理的单证和经过的程序要求相对更高。

(6)CISS和CRF。CISS(全面进口监管计划)是40多个亚非拉发展中国家对进口商品的特殊要求，为使我国商品能顺利进入这些国家，中国进出口商品检验总公司(CCIC)分别与COTECNA、OMIC、BV、ITS、SGS和INTERTEK等检验机构签署了委托代理协议，由上述代理机构进行货物装船前的品质检验、数量/重量检验、包装检验、监视装载检验和价格比较等，并出具清洁报告书(CRF)。CCIC是CISS业务在国内的总代理，实践中应由哪个国际公证机构对商品进行检验，有关单位可直接与当地CCIC联系。

(7) Notarize、Legalized、Authenticate/Validate/Verify/Certify和Visa的区别。Notarize是指由第三方公证人证实的"公证"；Legalized(认证)是指有关文件由进口国驻出口国使、领馆或相关协会进行确认；Authenticate/Validate/Verify/Certify(证实)可由官方和非官方机构进行；Visa(签证)则一定由官方批准。出口商对上述要求的处理应尽早入手，避免被动。

(8)"商检软条款"是信用证中软条款最为集中的项目。俗话说，害人之心不可有，防人之心不可无，进口商开列"商检软条款"并非完全不合理，对含有这类条款的信用证应一分为二，根据具体交易情况进行分析，区别对待，不能一概拒绝；对列有由申请人或其授权人签发检验证书且其签字与银行留存签字样本一致条款的信用证一律不接受，对不能或很难办到的商检条款应及时接洽客户通过开证行改证，不宜接受只凭客户出具的检验证书或报告正本作为议付单证，安排客户检验必须要留有足够的时间，以便及早拿到符合信用证要求的检验证书。

(9)无木质包装声明等。出境货物木质包装是指木板箱、木条箱、木托盘、木框、木桶、木轴、木楔、垫木、枕木和衬木等。自 1998 年年底起，美国、加拿大、巴西、欧盟、澳大利亚、韩国、日本等国(或地区)对木质包装的货物，要求必须进行检疫、熏蒸处理并提供相应的证明。熏蒸(Heat Treatment/ Fumigation)、木质包装(Wood Packing Material)、无实心原木(No Solid Wood)等词汇频现于相关证书中；对已熏蒸过的木质包装，应加贴"Passed Treatment"标签，所有标签应置于木质包装的醒目、表露部位，并确保牢固。经人工合成或经加热、加压等深度加工的胶合板、刨花板、纤维板等不属于木质包装。

(10)出口特定产品应满足检验标志、标识和标签等的要求。例如，出口到日本的纺织品有如下功能性标志认证："Q"标记认证(日本的优质产品标志)、"HEMP"标记认证(日本麻纺织协会规定的麻标记认证协会标准)、检针标志认证、SIF 标记认证、Oko-tex Standard 100 标签认证等；许多进口国还要求纺织品出口商应提供所出口的纺织品的不含偶氮证明(AZO Free Certificate)。

3. 实例分析

(1) Preshipment inspection for quantity, quality, description, classification and price should be carried out by cotecna Inspection SA for issuance of a clean report of Findings (CRF). The final invoice and packing list shall be endorsed by cotecna inspection SA with number and date of issuance of the CRF which must accompany shipping documents.

由 Cotecna 公司对货物的数量、质量、货描、类别和价格实施装船前检验并签发清洁报告单一份，所提交的发票和装箱单应显示清洁报告单的签发日期和份数，并由 Cotecna 公司背书，一并随装运单证向银行提交。

(2) Engineer S. K. Biswas or any of his nominated technical person will do a quality inspection of the products, so the exporter should inform the importer 15 days piror to the completion of production. An inspection certificate issued by the above named person, or his nominee must accompany the original documents.

为了使工程师 S. K. Biswas 或其指定技术人员进行产品质量检测，出口商应在产品完成前 15 天通知进口商，由上述人员或其指定人出具的检验证应随正本单证向银行提交。

(3) Clean inspection certificate issued, stamped and signed by the authorised signatures of DC applicant(Whose signatures and any seal or chop required by the issuing bank's mandate must be in conformity with the record held in DC issuing bank's file and will only be verified by the office of the DC issuing bank at the time of presentation of documents) certifying that the goods have been inspected and accepted and showing the total number of inspection.

这是软条款，是说由申请人出具清洁验货报告并签章(该签章须与在开证行预留的签章一致并在交单时经开证行证实其真实性)，验货报告证明货物业已验收且标明验货的次数。对这样的规定应予以修改或拒绝。

为了维护我国对外贸易的信誉和保护我国的利益不受损害，我国对一些进出口商品进行了严格的检验检疫管制。按法律规定需要检验检疫的商品，在进出口通关时，必须向出入境检验检疫机构报验。

本项目介绍了几种商检单证的内容、作用及缮制方法，并对缮制这些单证时应注意的事项做了相关分析。

>>> 基础知识练习

单选题

1.《入境货物报检单》的“报检日期”一栏应填写(　　)。

A. 出境货物检验检疫完毕的日期

B. 检验检疫机构实际受理报检的日期

C. 出境货物的发货日期

D. 报检单的填制日期

2. 某公司与美国某公司签订外贸合同，进口一台原产于意大利的印刷机械(检验检疫类别为M/)，货物自意大利运至天津口岸后再运至西安使用。报检时，《入境货物报检单》中的贸易国别、原产国、启运国家和目的地应分别填写(　　)

A. 美国、意大利、美国、天津

B. 意大利、美国、美国、天津

C. 美国、意大利、意大利、西安

D. 意大利、意大利、天津、西安

3. 报检单上的“报检人郑重声明”一栏应由(　　)签名。

A. 报检单位的法定代表人　　B. 打印报检单的人员

C. 收用货单位的法定代表人　　D. 办理报检手续的报检员

4. 在填制《入境货物报检单》时，不能在“贸易方式”一栏中填写的是(　　)。

A. 来料加工　　B. 无偿援助

C. 观赏或演艺　　D. 外商投资

5.《出境货物报检单》“输往国家”一栏中应填写的是(　　)

A. 出境货物境外运抵口岸

B. 未发生交易的中转地

C. 外贸合同买方所在国

D. 货物离境后直接运抵的国家或地区

6. 如果已签的发原产地证书正本遗失或损毁，申请单位必须向检验检疫机构申请签发(　　)，同时声明原证书作废。

A. 更改证书　　B. 重发证书

C. 后发证书　　D. 补发证书

7. 某公司有一批玩具(H. S. 编码为9503)出口至日本，该批玩具采用了部分非原产材料，但是产品符合原产地标准，出口公司申请了一份相关的FORM A原产地证书，请问在证书第八栏应该填(　　)。

A. "W"95.03　　B. "Y"95.03

C. "Y"30%　　D. "W"30%

8. (　　)是定有区域性优惠贸易协定国家官方机构签发的享受成员国关税减免待遇的凭证。

A. 一般原产地证书　　B. 区域性优惠原产地证书

C. 普惠制原产地证书　　D. 烟草真实性证书

9. 法检货物入境报检完成后，报检人员应领取(　　)到海关办理通关手续。

A. 入境货物通关单　　B. 检验证书

C. 检验检疫通知单　　D. 品质证书

10. 我国出口冻禽、冻兔、皮张、毛类、猪鬃、肠衣等货物时，需提供(　　)。

A. 品质检验证书　　B. 重量检验证书

C. 价值检验证书　　D. 兽医检验证书

>>> 实训练习

一、根据信用证的要求，填制《出境货物报检单》一份，要求中国出入境检验检疫公司经检验后出具《重量、健康和质量检验证书》。商品的H.S.编码为0306.1311。

1. 设本信用证项下货物的交接方式为CY—CY，整批货被装在2个20尺(1尺=0.33米)，编号分别为EASU982341、EART520142的集装箱内，由YINHU A3032号船于8月30日装运出海。该批货物的合同号为BEIT0112，体积为66.4CBM，每个纸箱重0.15KGS，唛头由受益人自行设计。

ISSUING BANK：FIRST ALABAMA BANK
106 ST. FRANCIS STREET MOBILE ALABAMA 36602 USA

BENEFICIARY：XIAMEN YINCHENG ENTERPRISE GENERAL CORP.
176 LUJIANG ROAD XIAMEN，CHINA(厦门银城企业总公司)
TELEX：93052 IECTA CN ，TEL：86-592-2046841
FAX：86-592-2020396

APPLICANT：BAMA SEA PRODUCTS. INC.
1499 BEACH DRIVE S. E. ST PELERSBURG. FL 33701，USA

ADVISING BANK：THE BANK OF EAST ASIA LIMITED XIAMEN BRANCH
G/F & 1/F HUICHENG BUILDING 837 XIAHE ROAD,

XIAMEN, CHINA
TELEX: 93132 BEAXM CN FAX: 86-592-5064980

DATE: AUGUST 1, 2014

FORM OF DC: IRREVOCABLE L/C AT SIGHT

AMOUNT: USD 170 450.00

PARTIAL SHIPMENT: PERMITTED

TRANSSHIPMENT: PERMITTED ONLY FROM XIAMEN CHINA FOR TRANSPORTATION TO LONG BEACH, CA. USA. WITH FINAL PORT OF DESTINATION TAMPA, FL, USA.

SHIPMENT CONSISTS OF: 34000KGS CHINESE SAND SHRIMP OR BIG HARD SHELL SHRIMP. BLOCK FROZEN SHRIMP (PTO), PACKED 6X2KGS/CTN. (RAW, PEELED, TAIL ON)

CONSISTING OF:

KGS.	SIZE(MM)	UNIT PRICE(/KGS)	TOTAL
3 000	71/90	USD 6.60	USD 19 800.00
5 000	91/110	USD 6.35	USD 31 750.00
6 000	111/130	USD 5.45	USD 32 700.00
8 000	131/150	USD 4.55	USD 36 400.00
12 000	151/200	USD 4.15	USD 49 800.00

TOTAL AMOUNT OF USD170 450.00 CFR TAMPA FL. U.S.A.

THE LATEST SHIPMENT DATE IS AUGUST 31. 2014

DOCUMENTARY REQUIREMENTS:

1) FULL SET(3/3) CLEAN ON BOARD COMBINED TRANSPORT BILLS OF LADING CONSIGNED TO THE ORDER OF BAMA SEA PRODUCTS INC., 1499 BEACH DRIVE S.E., ST, PELERSBURG, FL.33701 MARKED "FREIGHT PREPAID" NOTIFYING WILLIAMS CLARKE, INC., 603 NORTH FRIES AVENUE, WILMINGTON, CA 90744, USA. AND MUST INDICATE CONTAINER(S) NUMBER AND STATE THAT CONTAINER(S) HAVE BEEN MAINTAINED AT ZERO DEGREES FAHRENHEIT OR BELOW. IF COMBINED TRANSPORT BILL OF LADING IS PRESENTED, MUST BE INDICATE VESSEL NAME.

2) BILLS OF LADING MUST ALL FREIGHT CHARGES PREPAID, INCLUDING FUEL ADJUSTMENT FEES (FAF).

2. 信用证增加以下部分内容：

DOCUMENTARY REQUIREMENTS：

（1）WEIGHT，PHYTOSANITARY AND QUALITY INSPECTION CERTIFICATES IN ONE FOLD ISSUED BY CHINA NATIONAL IMPORT & EXPORT COMMODITIES INSPECTION CORPORATION（CCIC）.

（2）THE BUYER WILL SEND HIS TECHNICIANS TO INSPECT CARGO BEFORE SHIPMENT AND BUYER MUST APPROVE QUALITY BEFORE SHIPMENT.

二、根据下列提供的内容，填制《出境货物报检单》一份，要求中国出入境检验检疫局出具品质检验证明书。

1. THE SELLER：DALIAN HAITIAN GARMENT CO.，LTD. 中韩合资大连海天服装有限公司(2115930064)

2. THE BUYER：WAN DO APPAREL CO. LTD，550-17，YANGCHU N-GU，SEOUL，KOREA

3. PORT OF LOADING：DALIAN CHINA，FINAL DESTINATION：INCHON KOREA，CARRIER：DAIN/431E

4. TERMS OF PAYMENT：DOCUMENTS AGAINST ACCEPTANCE

5. NO. S OF PACKAGES DESCRIPTION QTY/UNIT UNIT PRICE AMOUNT FOB DALIAN CHINA

260CTNS	LADY'S JUMPER	1 300 PCS	@＄11.00	USD 14 300.00
	MAN'S JUMPER	1 300PCS	@＄11.00	USD 14 300.00

TOTAL：USD28 600.00

6. B/L NO.：DAINE 431227，INVOICE NO.：HT01A08

7. NW：2 600KGS，GW：3 380KGS，1×40'CONTAINER NO.：EASU9608490.

8. 该公司在来料加工合同 9911113 项下出口男、女羽绒短上衣，分列手册(编号 B09009301018)第 2、3 项，外汇核销单编号：215157263，计量单位：件/千克。

9. 大连亚东国际货运有限公司于 2014 年 3 月 25 日向大连海关申报出口，提单日期为 2014 年 3 月 26 日。

10. 该男、女羽绒短上衣的商品编码分别为 6201.9310、6202.1310。

中华人民共和国出入境检验检疫
出境货物报检单

报检单位(加盖公章)：　　　　　　　　　　　　　　＊编号________

报检单位登记号：　　联系人：　　电话：　　报检日期：　　年　月　日

发货人	(中文)
	(外文)
收货人	(中文)
	(外文)

货物名称(中/外文)	H. S. 编码	产地	数/重量	货物总值	包装各类及数量

运输工具名称号码		贸易方式		货物存放地点	
合同号		信用证号		用途	
发货日期		输入国家(地区)		许可证/审批号	
起运地		到达口岸		生产单位注册号	
集装箱规格、数量及号码					

合同、信用证订立的检验检疫条款或特殊要求	标记及号码	随附单证(画"√"或补填)	
		□合同 □信用证 □发票 □换证凭单 □装箱单	□厂检单 □包装性能结果单 □许可/审批文件 □ □

需要证单名称(划"√"或补填)		＊检验检疫费
□品质证书 □重量证书 □数量证书 □兽医卫生证书 □健康证书 □卫生证书	□动物卫生证书 □植物检疫证书 □熏蒸/消毒证书 □出境货物换证凭单 □出境货物通关单 □	总金额 (人民币/元) 计费人 收费人

报检人郑重声明： 1. 本人被授权报检。 2. 上列内容正确属实，货物无伪造或冒用他人的厂名、标志、认证标志，并承担货物质量责任。 签名：________	领单证单 日期 签名

注"＊"号栏由出入境检验检疫机关填写。

项目七

通关单证的制作

通过对本项目的学习，要求能够了解并熟悉几种主要通关单证的主要内容，同时能准确填写通关单证上的各项内容。

重点掌握：

- 进口许可证的填写规范。
- 出口许可证的填写规范。
- 进口货物报关单的填写规范。
- 出口货物报关单的填写规范。

7.1 配额与许可证

配额是指一国政府在一定时期内对某些敏感商品的进口或出口进行数量或金额上的控制，其目的旨在调整国际收支和保护国内工农业生产，是非关税壁垒措施之一。配额可分为进口配额和出口配额两大类。

进口配额按照管理方式的不同可分为绝对配额和关税配额。绝对配额是指在一定时期内，对某些商品规定一个最高进口数量或金额，一旦达到这个最高数额就不准进口。绝对配额又分为两种形式：①“全球配额”，它适用于来自任何国家或地区的商品。主管当局按进口商申请先后或按过去某一时期的进口实绩，批给一定的额度，直到总配额发放完为止；②“国别配额”，这是在总配额中按国别和地区分配配额，不同的国家和地区如果超过所规定的配额，就不准进口。

关税配额不绝对限制商品的进口数量，而是在一定时期内对一定数量的进口商品，给予低税、减税或免税的待遇，对超过此配额的进口商品，则征收较高的关税或附加税和罚款。我国现在还有数十种机电产品和一般商品实行进口配额管理。

出口配额可以分为自动出口配额(被动配额)和主动配额，其中自动出口配额是指出口国家或地区在进口国家的要求或压力下，自动规定在某一时期内(一般为3年)某些商品对该国出口的限制额。在限制的配额内自行控制出口，超过限制额即不准出口。主动配额是指出口国家或地区根据境内外市场上的容量和其他一些情况而对部分出口商品实行的配额出口。

我国现在实行主动配额管理的商品，相当一部分是在国际市场的优势出口商品或垄断商品，赢利空间较大，且大多涉及出口主导行业。国外对我国有配额的出口商品，实行被动配额管理，每年出口数量按双边协议执行。配我国曾经对54类68种343个商品编码实行配额出口许可证管理。(注：纺织品出口被动实行被动配额2005年1月1日取消)

对于所限制的商品，无论以何种贸易方式进出口，海关均需凭进出口货物许可证放行。

商务部授权配额许可证事务局(以下简称许可证局)统一管理、指导全国的许可证签发工作，许可证局向商务部负责。

许可证局负责监督、检查、管理商务部驻各地特派员办事处(以下简称各特办)、各省、自治区、直辖市、计划单列市及部分省会城市外经贸委(厅、局)所属发证机构(以下简称各地方发证机构)的进出口商品许可证签发工作，并进行业务指导。

7.1.1 进口货物许可证

进口货物许可证(Import Licence)是指有关当局签发的批准进口商品的证明文件，也是进口通关的证件之一。根据《中华人民共和国对外贸易法》和《中华人民共和国货物进出口管理条例》的规定，商务部和海关签署发布年度《进口许可证管理货物目录》。商务部负责制定、调整和发布年度《进口许可证管理货物分级发证目录》。凡列入《进口许可证管理货物目录》中的进口货物，必须申请进口货物许可证。否则，货物到达进口港海关后，海关不予放行。

进口许可证在对外贸易中是非常重要的，所以合同本身也应该做充分的规定。如关于万一得不到进口许可证的情况下取消合同(Cancellation of Contract)等措施，或在买卖合同中订入所谓“以领到进口许可证为条件”(Subject to Import Licenses)，规定如果进口许可证得不到批准的情况下无条件解除合同等措施。

1. 进口货物许可证样例

进口货物许可证的格式和内容如图7-1所示。

<table>
<tr><td colspan="3">1. 进口商：
IMPORTER：</td><td colspan="3">3. 进口许可证号：
IMPORT LICENCE NO.：</td></tr>
<tr><td colspan="3">2. 收货人：
CONSIGNEE：</td><td colspan="3">4. 进口许可证有效期：
VALIDITY：</td></tr>
<tr><td colspan="3">5. 贸易方式：
TERMS OF TRADE：</td><td colspan="3">8. 出口国(地区)：
COUNTRY/REGION OF EXPORTATION：</td></tr>
<tr><td colspan="3">6. 外汇来源：
TERMS OF FOREIGN EXCHANGE：</td><td colspan="3">9. 商品原产地：
COUNTRY/REGION OF ORIGIN：</td></tr>
<tr><td colspan="3">7. 到货口岸：
PLACE OF CLEARANCE：</td><td colspan="3">10. 商品用途：
USE OF GOODS：</td></tr>
<tr><td colspan="6">11. 唛头——包装件数：
MARKS AND NUMBER—NO. OF PACKAGES：</td></tr>
<tr><td colspan="3">12. 商品名称：
DESCRIPTION OF COMMODITY：</td><td colspan="3">商品编码：
COMMODITY NO.：</td></tr>
<tr><td>13. 规格、等级
SPECIFICATION</td><td>14. 单位
UNIT</td><td>15. 数量
QUANTITY</td><td>16. 单价(币别)
UNIT PRICE</td><td>17. 总值(币别)
AMOUNT</td><td>18. 总值折美元
AMOUNT IN USD</td></tr>
<tr><td>19. 总计：
TOTAL：</td><td></td><td></td><td></td><td></td><td></td></tr>
<tr><td colspan="3" rowspan="2">20. 备注：
SUPPLEMENTARY DETAILS：
申请单位盖章
申请日期</td><td colspan="3">21. 发证机关：
ISSUNING AUTHORITY'S STAMP：</td></tr>
<tr><td colspan="3">22. 发证日期：
SIGNATURE DATE：</td></tr>
</table>

填表说明：

(1)本表应用正楷逐项填写清楚，不得涂改，不得遗漏，否则无效。

(2)本表内容须打印多份许可证的，请在备注栏内注明。

商务部监制

图 7-1　中华人民共和国进口货物许可证

2. 进口货物许可证的填制说明

进口货物许可证的填制内容及要点见表 7-1。

表 7-1　进口货物许可证的填制内容及要点

项目顺序号	应填写内容	要点提示
1. 进口商 Importer	签订进口合同的具备该商品进口经营权的单位名称及其编码	企业编码应按商务部授权的发证机关编定的代码填写
2. 收货人 Consignee	实际收货人的名称	
3. 进口许可证号 Import Licence No.	许可证号码	由发证机关编排
4. 进口许可证有效期 Validity	许可证的有效期	有效期为1年，当年有效
5. 贸易方式 Terms of Trade	合同中成交的贸易方式	与进口报关单一致
6. 外汇来源 Terms of Foreign Exchange	进口商品所需外汇的获得渠道	
7. 到货口岸 Place of Clearance	实际的进口报关口岸	与进口报关单一致
8. 出口国(地区) Country/Region of Exportation	向进口国发货的国家(或地区)	如中转则应在中转国内未发生任何商业交易
9. 商品原产地 Country/Region of Origin	根据原产地规则生产或制造商品的国家(或地区)	
10. 商品用途 Use of Goods	商品进口后的用途	
11. 唛头——包装件数 Marks and Number-No. of Packages	进口货物包装上的装运标记和符号	无唛头时，填写“N/M”
12. 商品名称和编码 Description of Commodity& Commodity No.	合同上描述的商品名称及该商品的海关编码	根据《中华人民共和国海关统计商品目录》的标准名称和统一编码填写
13. 规格、等级 Specification	合同中的商品实际进口时的规格	
14. 单位 Unit	合同中对商品计量单位的描述	A. 计量单位按 H. S. 分类规定填写 B. 非贸易项下的进口商品，此栏以“批”为计量单位，具体单位在备注栏中说明

续表

项目顺序号	应填写内容	要点提示
15. 数量 Quantity	实际进口货物数量	A. 与发票的内容相符 B. 此数值允许保留一位小数，凡位数超出的一律以四舍五入进位 C. 计量单位为“批”的，此栏为1
16. 单价(币别) Unit Price	合同成交单价，括号内填写币名	
17. 总值(币别) Amount	合同成交总额，括号内填写币名	与发票金额一致
18. 总值折美元 Amount in USD	按外汇牌价折算为美元计入	
19. 总计 Total	各栏的合计数分别填入本栏	
20. 备注 Supplementary Details	填写以上未尽事宜	由签证机关使用，作出必要证明或其他事项。
21. 发证机关 Issuing Authority's Stamp	发证机关审核无误后盖章，由授权人签名	
22. 发证日期 Signature Date	注明签证日期	

7.1.2　出口货物许可证

出口货物许可证(Export Licence)是由国家对外经贸行政管理部门代表国家统一签发的批准某项商品出口的具有法律效力的证明文件，也是海关查验放行出口货物和银行办理结汇的依据。

根据国家规定，凡是国家宣布实行出口许可证管理的商品，不管任何单位或个人，也不分任何贸易方式(对外加工装配方式，按有关规定办理)，出口前均需申领出口许可证；非外贸经营单位或个人运往国外的货物，不论该商品是否实行出口许可管理，价值在人民币1 000元以上的，一律申领出口许可证；属于个人随身携带出境或邮寄出境的商品，除符合海关规定自用、合理数量范围外，也都应申领出口许可证。

商务部是全国进出口许可证的归口管理部门，负责制定进出口许可证管理办法及规章制度，监督、检查进出口许可证管理办法的执行情况，处罚违规行为。

商务部会同海关总署制定、调整和发布年度《出口许可证管理货物目录》。商务部负责制定、调整和发布年度《出口许可证管理货物分级发证目录》。

1. 出口货物许可证样例

出口货物许可证的格式和内容如图 7-2 所示。

<table>
<tr><td colspan="3">1. 出口商：
EMPORTER：</td><td colspan="3">3. 出口许可证号：
EMPORT LICENCE NO.：</td></tr>
<tr><td colspan="3">2. 发货人：
CONSIGNOR：</td><td colspan="3">4. 出口许可证有效截止日期：
EXPORT LICENCE EXPIRY DATE：</td></tr>
<tr><td colspan="3">5. 贸易方式：
TERMS OF TRADE：</td><td colspan="3">8. 进口国(地区)：
COUNTRY/REGION OF PURCHASE：</td></tr>
<tr><td colspan="3">6. 合同号：
CONTRACT NO.：</td><td colspan="3">9. 付款方式：
PAYMENT：</td></tr>
<tr><td colspan="3">7. 报关口岸：
PLACE OF CLEARANCE：</td><td colspan="3">10. 运输方式：
MODE OF TRANSPOT：</td></tr>
<tr><td colspan="3">11. 商品名称：
DESCRIPTION OF COMMODITY：</td><td colspan="3">商品编码：
COMMODITY NO.：</td></tr>
<tr><td>12. 规格、等级
SPECIFICA-
TION</td><td>13. 单位
UNIT</td><td>14. 数量
QUANTITY</td><td>15. 单价(币别)
UNIT PRICE</td><td>16. 总值(币别)
AMOUNT</td><td>17. 总值折美元
AMOUNT IN USD</td></tr>
<tr><td>18. 总计：
TOTAL：</td><td></td><td></td><td></td><td></td><td></td></tr>
<tr><td colspan="3" rowspan="2">19. 备注：
SUPPLEMENTARY DETAILS：</td><td colspan="3">20. 发证机关：
ISSUNING AUTHORITY'S STAMP&
SIGNATURE：</td></tr>
<tr><td colspan="3">21. 发证日期：
LIENCE DATE：</td></tr>
</table>

填表说明：

(1)本表应用正楷逐项填写清楚，不得涂改，不得遗漏，否则无效。

(2)本表内容须打印多份许可证的，请在备注栏内注明。

商务部监制

图 7-2　中华人民共和国出口货物许可证

2. 出口货物许可证的填制说明

出口货物许可证的填制内容及要点见表 7-2。

表 7-2　出口货物许可证的填制内容及要点

项目顺序号	应填写内容	要 点 提 示
1. 出口商 Exporter	出口公司的名称及其编码	申领单位须为有进出口经营权的单位 企业编码应按商务部授权的发证机关编定的代码填写
2. 发货人 Consignor	通常与 1 的内容相同	若为委托出口业务，应填实际委托单位的名称、编码
3. 出口许可证号 Export Licence No.	许可证号码	由发证机关编排
4. 出口许可证有效截止日期 Export Licence Expiry Date	许可证的有效期	有效期有 6 个月，当年有效
5. 贸易方式 Terms of Trade	合同中成交的贸易方式	与出口报关单一致
6. 合同号 Contract No.	出口合同号码	A. 原油、成品油及非贸易项下出口可不填写合同号 B. 展品出运时填商务部批准办展的文件号
7. 报关口岸 Place of Clearance	实际报关口岸	与出口报关单一致，允许填写 3 个口岸，但仅能在 1 个口岸报关
8. 进口国(地区) Country/Region of Purchase	最终目的国家(地区)的全称	不允许使用地域名(如欧洲)
9. 付款方式 Payment	合同中规定的付款方式	
10. 运输方式 Mode of Transport	货物离岸时使用的运输方式	
11. 商品名称和编码 Description of Commodity& Commodity No.	合同上描述的商品名称及该商品的海关编码	根据《中华人民共和国海关统计商品目录》的标准名称和统一编码填写
12. 规格、等级 Specification	合同中商品实际进口时的规格	
13. 单位 Unit	合同中对商品计量单位的描述	A. 计量单位按 H. S. 分类规定填写 B. 非贸易项下的出口商品，此栏以“批”为计量单位，具体单位在备注栏中说明
14. 数量 Quantity	实际出口货物数量	A. 与发票的内容相符 B. 此数值允许保留一位小数，凡位数超出的一律以四舍五入进位 C. 计量单位为“批”的，此栏为 1

续表

项目顺序号	应填写内容	要点提示
15. 单价(币别) Unit Price	合同成交单价，括号内填写币名	
16. 总值(币别) Amount	合同成交总额，括号内填写币名	与发票金额一致
17. 总值折美元 Amount in USD	按外汇牌价折算为美元计入	
18. 总计 Total	各栏的合计数分别填入本栏	
19. 备注 Supplementary Details	填写以上未尽事宜	
20. 发证机关 Issuing Authority's Stamp&Signature	发证机关审核无误后盖章，由授权人签名	
21. 发证日期 Lience Date	注明签证日期	

7.2 海关发票

海关发票是指根据某些进口国海关的规定，由出口商填制的一种特定格式的发票，它的作用是供进口商凭此向海关办理进口报关、纳税等手续。

进口国海关根据海关发票查核进口商品的价值和产地来确定该商品是否可以进口、是否可以享受优惠税率，查核货物在出口国市场的销售价格，以确定出口国是否以低价倾售而征收反倾销税，并据以计算进口商应纳的进口税款。因此，对进口商来说，海关发票是一种很重要的单证。

目前，常见的海关发票的格式有美国的“特殊海关发票 5515 式”、加拿大海关发票格式、非洲等国的“表格 B 式”和“自由格式”等。

海关发票常见的名称有以下几种：

- Canada Customs Invoice(加拿大海关发票)。
- Special Customs Invoice(美国海关发票)。
- From 59A (新西兰海关发票)。
- From C (西非海关发票)。
- Caricon Invoice (加勒比海共同市场海关发票)。
- From C23(牙买加海关发票)。

信用证中海关发票的常见名称

目前，要求提供海关发票的主要国家(地区)有：美国、加拿大、澳大利亚、新西兰、牙买加、加勒比共同市场国家、非洲的一些国家等。信用证中在海关发票的称呼上并不统一，比较常见的名称主要有：

①Customs Invoice;

②C. C. V. O. (Combined Certificate of Value and Origin);

③Certified Invoice in Accordance with ×××(进口国名称)Customs Regulations;

④Appropriate Certified Customs Invoice;

⑤Signed Certificated of Value and Origin in Appropriate Form.

各国的海关发票格式不尽相同，但是内容和制作方法基本相同。

7.2.1　加拿大海关发票

1. 加拿大海关发票样例

加拿大海关发票的格式和内容如图 7-3 所示。

CANADA CUSTOMS INVOICE CTURS OCS DOUANES CANNDENAES	PAGE OF
1. VENDOR (NAME AND ADDRESS)	2. DATE OF DIRECE SHIPMENT TO CANADA 3. OTHER REFERENCES (INCLUDE FURCHASER'S ORDER NO.)
4. CONSIGNEE (NAME AND ADDRESS)	5. PURCHASER'S NAME AND ADDRESS (IF OTHER THAN CONSIGNEE)
	6. COUNTRY OF TRANSHIPMENT
	7. COUNTRY OF ORIGIN OF GOODS
8. TRANSPORTATION: GIVE MODE AND PLACE OF DIRECT SHIPMENT TO CANADA	9. CONDITIONS OF SALE AND TERMS OF PAYMENT (I. E. SALE, CONSIGNMENT SHIPMENT, LEASED GOODS, ETC.)
	10. CURRENCY OF SETTLEMENT

续表

<table>
<tr><td rowspan="2">11. NO. OF PKGS</td><td rowspan="2">12. SPECIFICATION OF COMMONDITIES (KIND OF PACKAGES, MARKS AND NUMBERS, GENERAL DESCRIPTION AND CHARACTERISTICS, I. E. GRADE, QUALITY)</td><td rowspan="2">13. QUANTITY (STATE UNIT)</td><td colspan="2">SELLING PRICE</td></tr>
<tr><td>14. UNIT PRICE</td><td>15. TOTAL</td></tr>
<tr><td colspan="2" rowspan="2">18. IF ANY OF FIELDS 1 TO 17 ARE INCLUDED ON AN ATTACHED COMMERCIAL INVOICE, CHECK THIS BOX □
COMMERCIAL INVOICE NO. ________</td><td colspan="2">16. TOTAL WEIGHT</td><td rowspan="2">17. INVOICE TOTAL</td></tr>
<tr><td>NET</td><td>GROSS</td></tr>
<tr><td colspan="2">19. EXPORTER'S NAME AND ADDRESS (IF OTHER THAN VENDOR)</td><td colspan="3">20. ORIGINATOR (NAME AND ADDRESS)</td></tr>
<tr><td colspan="2">21. DEPARTMENTAL RULING (IF APPLICABLE)</td><td colspan="3">22. IF FIELDS 23 TO 25 ARE NOT APPLICABLE, CHECK THIS BOX □</td></tr>
</table>

<table>
<tr><td>23. IF INCLUDED IN FIELD 17 INDICATE AMOUNT:
(ⅰ) TRANSPORTATION CHARGES, EXPENSES AND INSURANCE FROM THE PLACE OF DIRECT SHIPMENT TO CANADA
$ ________
(ⅱ) COSTS FOR CONSTRUCTION, ERECTION AND ASSEMBLY INCURRED AFTER IMPORTATION INTO CANADA
$ ________
(ⅲ) EXPORT PACKING
$ ________</td><td>24. IF NOT INCLUDED IN FIELD 17 INDICATE AMOUNT:
(ⅰ) TRANSPORTATION CHARGES, EXPENSES AND INSURANCE TO THE PLACE OF DIRECT SHIPMENT TO CANADA
$ ________
(ⅱ) AMOUNTS FOR COMMISSIONS OTHER THAN BUYING COMMISSIONS
$ ________
(ⅲ) EXPORT PACKING
$ ________</td><td>25. CHECK (IF APPLICABLE):
(ⅰ) FOYALTY PAYMENTS OR SUBSEQUENT PROCEEDS ARE PAID OR PAYABLE BY THE PURCHASER
□
(ⅱ) THE PURCHASER HAS SUPPLIED GOODS OR SERVICES FOR USE IN THE PRODUCTION OF THESE GOODS
□</td></tr>
</table>

注：加拿大海关发票是英、法双文印制的，为了更清楚地展示加拿大海关发票的主要内容，本处对加拿大海关发票作了适当的修改，把单证中的法文删除了。

图 7-3　加拿大海关发票

2. 加拿大海关发票的填制说明

加拿大海关发票的填制内容及要点见表 7-3。

表 7-3 加拿大海关发票的填制内容及要点

项目顺序号	应填写内容	要点提示
1. 卖方的名称和地址 Vendor(Name and Address)	出口商的名称和地址，包括城市和国家名称	信用证下，此栏填写受益人的名称和地址
2. 直接运往加拿大的装运日期 Date of Direct Shipment to Canada	直接运往加拿大的装运日期	此日期应与提单日期一致。如单证送银行预审，也可请银行按正本提单日期代为加注
3. 其他参考事项，包括买方订单号码 Other Reference (Include Purchaser's Order No.)	有关合同、订单或商业发票号码	
4. 收货人的名称及地址 Consignee(Name and Address)	加拿大收货人的名称与详细地址	信用证项下，一般为信用证的开证人
5. 买方(如非收货人) Purchaser's Name and Address(If other than Consignee)	实际购货人的名称及地址	如与第四栏的收货人相同，则此栏可打上"Same as Consignee"
6. 转运国家 Country of Transhipment	转船地点的国家名称	如不转船，填 N/A(即 Not Applicable)
7. 原产国 Country of Origin of Goods	China	若非单一的国产货物，则应在 12 栏中详细逐项列明各自的原产地国名
8. 运输方式及直接运往加拿大的起运地点 Transportation: Give Mode and Place of Direct Shipment to Canada	起运地和目的地的名称以及所用运载工具	只要货物不在国外加工，不论是否转船
9. 价格条件及支付方式(如销售、委托发运、租赁商品等) Conditions of Sale and Terms of Payment	按商业发票的价格术语及支付方式填写	
10. 货币名称 Currency of Settlement	卖方要求买方支付货币的名称	须与商业发票使用的货币相一致
11. 件数 No. of Pkgs	该批商品的外包装总件数	

续表

项目顺序号	应填写内容	要点提示
12. 货物描述 Specification of Commodities (Kind of Packages, Marks and Numbers, General Description and Characteristics. Le, Grade. Quality)	按商业发票项目描述填写	此栏目还要填写包装情况及唛头（包括种类、唛头、品名和特性，即等级、品质）
13. 数量 Quantity	商品的具体数量	不是包装的件数
14. 单价 Unit Price	商业发票记载的每项单价	
15. 总值 Total	商业发票的总金额	
16. 净重及毛重的总数 Total Weight of Net and Gross	分别填写货物的总毛重和总净重	应与其他单证的总毛重和总净重相一致
17. 发票总金额 Invoice Total	商业发票的总金额	
18. 如果1～17栏的任何栏的内容均已包括在所随附的商业发票内，则在方框内填一个"√"记号，并将有关商业发票号填写在横线上 If any of fields 1 to 17 are included on an attached commercial invoice, check this box Commercial Invoice No.		
19. 出口商名称及地址，如并非买方 Exporter's Name and Address(if Other Than Vendor)	如出口商与第1栏的卖方不是同一名称，则列入实际出口商的名称	若出口商与第1栏卖方为同一者，则在本栏打上" The Same as Vendor"
20. 负责人的姓名及地址 Originator(Name and Address)	出口公司的名称、地址、负责人签名	
21. 主管当局现行管理条例，如适用者（指加方海关和税务机关对该货进口的有关规定） CCRA Ruling (if Aplicable)	如有，则要求填写	如无，则填"N/A"(即 Not Applicable)
22. 如23～25栏不适用，可在方框内画"√"记号 If fields 23 to 25 are not applicable, check this box		
23. 如果以下金额已包括在第17栏目内 If included in field 17 indicate amount		

续表

项目顺序号	应填写内容	要点提示
(i)自起运地至加拿大的运费和保险费 Transportation charges. expenses and insurance from the place of direct shipment to Canada	允许以支付的原币填写运费和保险费的总和	若不适用则填"N/A"
(ii)货物进口到加拿大后进行建造、安装及组装而发生的成本费用 Costs for construction, erection and assembly incurred after importation into Canada	实际情况填列	若不适用则填"N/A"
(iii)出口包装费用 Export Packing	实际包装费用金额	若不适用则填"N/A"
24. 如果以下金额不包括在第17栏目内 If not included in field 17 indicate amount		
(i) 自起运地至加拿大的运费和保险费	一般填"N/A"	如果在FOB等价格条件下，卖方又替买方租船订舱时，其运费于货到时支付，可填实际运费额
(ii)货物进口到加拿大后进行建造、安装及组装而发生的成本费用	填"N/A"	
(iii) 出口包装费用		
25. 若适用，在方格内打"√"记号 Check(if Applicable)	根据不同的贸易方式填写	本栏系补偿贸易、来件、来料加工、装配等贸易方式专用；一般贸易不适用，可在方格内填"N/A"
(i)买方支付专利费或其后的收益 Royalty payments or subsequent proceeds are paid or payable by the purchaser (ii)为使用这些产品，买方提供了产品或服务 The purchaser has supplied goods or services for use in the production of these goods		

7.2.2 美国海关发票

美国海关发票样例

美国海关发票的格式和内容如图 7-4 所示。

DEPARTMENT OF THE TREASURY
UNITED STATES CUSTOMS SENVICE
19 U. S. A. 1481，1482，1484

SPECIAL CUSTOMS INVOICE
Use separate invoice for purchased and non-parchased goods.)

Form Approved
O. M. B. No. 48-RO342

1. SELLER	2. DOCUMENT NR. *	3. INVOICE NR. AND DATE *
	4. REFERENCES *	
5. CONSIGNEE	6. BUYER (　　　)	
	7. ORIGIN OF GOODS	
8. NOTIFY PARTY *	9. TERMS OF SALE PAYMENT，AND DISCOUNT	
10. ADDITIONAL TRANSPORTATION INFORMATION *	11. CURRENCY USED / 12. EXCH	13. DATE ACCEPIED

14. MARRS AND NUMBERS ON SHIPPING PACKAGES	15. NUMBER OF PACKAGES	16. PULL DESCRIPTION OF GOODS	17. QUANTITY	UNIT PRICE		20. INVOICE TOTALS
				18. HOME MARRET	19. INVOICE	

21. ☐ If the production of these goods involved furnishing goods or services to the seller (e. s. , assists such as dies，molds，toolas，engineering work) and the value is not included in the invoice price，check box (21) and explain below.

22. PACKING COSIS

27. DECLARATION OF SELLER/SHIPPER (OR AGENT)

I declare：

If there are any rebates，drawbacks or bounties allowed

(A) ☐ upon the exportation of goods，I have checked box (A) and itemized separately below.

(B) ☐ If the goods were not sold or agreed to be sold，I have checked box (B) and have indicated in column 19 the price I would be willing to receive.

(C) SIGNATURE OR SELLER/SHIPPER (OR AGENT)：I further declare that there is no other invoice differing from this one (unless otherwise described below) and that all statements contained in this invoice and declaration are true and correct

23. OCEAN OR INTERNATIONAL FREIGHT

24. DOMESTIC FREIGHT CHARGES

25. INSURANCE COSTS

26. OTHER COSTS

28. THIS SPACE FOR CONTINUING ANSWERS

* Not necessary for U. S. Customs purposes.

Customs Form 5515(12-20-76)

图 7-4 美国海关发票

相关链接

●对美国出口纺织品使用的海关5519发票式，其中要填明每平方码盎司重量、平均纱支数、织造方式等。

●加拿大海关发票要求逐栏都填，不可空白，如没有相应内容填写的，则填写N/A(Not Applicable或NIL，其中“Vendor”栏填出口单位名称，“Other Reference”填合同或订单号，“Originator”填卖方单位负责人名字及地址)。

●西非各国用的格式，要列明运费并印有出口单位名称的信头，否则要以印有信头的商业发票作为附件，并作如下声明：

We hereby certify that this Commercial Invoice is in support of the attached certified invoice No×× and that the particulars shown on the certified invoice are true and correct in every detail.

●尼日利亚海关发票的背面要出口单位经理和证明人签名，正面要加地方贸促会的签字盖章。

●加纳海关发票上要以发票的使用币制列明运费和保险费，用人民币列明包装费。

●牙买加海关发票上要以人民币列明包装费和包装劳务费，并证明是否包括在货价以内。

●赞比亚海关发票要以人民币列明成本和包装及其费用。

●加勒比海共同体海关发票要以发票的同样币制列明包装费用、运费、保险费。

●毛里求斯、马耳他海关发票无指定格式，可用无指定地区海关发票，并加注下列文句：

We hereby certify that this invoice is in all respect true and is the only one issued for the goods mentioned herein and that no different invoice has been or will be furnished to any one.

●如来证要求提供海关发票，而在国内尚属少见的，则可向进口商人索取空白海关发票备用，按栏目填制。

7.3　进出口货物报关单

7.3.1　进出口报关概述

1. 报关概述

报关是履行进出境手续的必要环节之一。进出口报关是指进出口货物收发货

人、进出境运输工具负责人、进出境物品所有人或者他们的代理人向海关办理货物、物品或运输工具进出境手续及相关海关事务的过程，包括向海关申报、交验单据证件，并接受海关的监管和检查等。

相关链接

海关监管货物的分类

根据货物进出境目的的不同，海关监管货物可以分成六大类：

1. 一般进出口货物，包括一般进口货物和一般出口货物。一般进口货物是指办结海关手续进入国内生产、消费领域流通的进口货物；一般出口货物是指办结海关手续到境外生产、消费领域流通的出口货物。

2. 保税货物，是指经海关批准未办理纳税手续进境，在境内储存、加工、装配后复运出境的货物。保税货物又分为保税加工货物和保税物流货物两大类。

3. 特定减免税货物，是指经海关依法准予免税进口的用于特定地区、特定企业和特定用途的货物。

4. 暂准进出境货物，包括暂准进境货物和暂准出境货物。暂准进境货物是指经海关批准凭担保进境，在境内使用后原状复运出境的货物；暂准出境货物是指经海关批准凭担保出境，在境外使用后原状复运进境的货物。

5. 过境、转运、通运货物，是指由境外起运，通过中国境内继续运往境外的货物。

6. 其他进出境货物，是指上述货物以外尚未办结海关手续的其他进出境货物。海关按照对各种监管货物的不同要求，分别建立了相应的海关监管制度。

2. 报关单位

报关单位是指在海关注册登记或经海关批准，向海关办理进出口货物报关纳税等海关事务的境内法人或其他组织。我国《海关法》规定："进出口货物收发货人、报关企业办理报关手续，必须依法经海关注册登记。报关人员是指经报关单位向海关备案，专门负责办理所在单位报关业务的人员。"

《海关法》把报关单位分为两种类型，即进出口货物收发货人和报关企业。

进出口货物收发货人是指依法直接进口或者出口货物的中华人民共和国关境内的法人、其他组织或者个人。

报关企业是指按照规定经海关准予注册登记，接受进出口收发货人委托，以进出口收发货人的名义或者以自己的名义，向海关办理代理报关业务，从事报关服务的境内企业法人。

3. 报关程序

在我国，货物的进出境阶段经过海关审单、查验、征税、放行四个环节。与之相适应，进出口货物收发货人或其代理人在按照程序办理相应的进出口申报、配合查验、缴纳税费、提取或装运货物等手续后，货物才能进出境。但是，这些程序还不能满足海关对所有进出境货物的实际监管要求。比如加工贸易原材料进口，海关要求事先备案，因此不能在“申报”和“审单”这一环节完成上述工作，必须有一个前期办理手续的阶段；如果上述进口原材料加工成成品出口，在“放行”和“装运货物”离境的环节也不能完成所有的海关手续，必须有一个后期办理核销结案的阶段。因此，从海关对进出境货物进行监管的全过程来看，报关程序按时间先后可以分为3个阶段：前期阶段、进出口阶段、后续阶段。

（一）前期阶段

前期阶段是指进出口货物收发货人或其代理人根据海关对进出境货物的监管要求，在货物进出口之前，向海关办理备案手续的过程，主要包括：

(1)保税加工货物进口之前，进口货物收货人或其代理人办理加工贸易备案手续，申请建立加工贸易电子账册、电子化手册或者申领加工贸易纸质手册。

(2)特定减免税货物进口之前，进口货物收货人或其代理人办理货物的减免税备案和审批手续，申领减免税证明。

(3)暂准进出境货物进出口之前，进出口货物收发货人或其代理人办理货物暂准进出境备案申请手续。

(4)其他进出境货物中的加工贸易不作价设备进口之前，进口货物收货人或其代理人办理加工贸易不作价设备的备案手续；出料加工货物出口之前，出口货物发货人或其代理人办理出料加工的备案手续。

（二）进出口阶段

进出口阶段是指进出口货物收发货人或其代理人根据海关对进出境货物的监管要求，在货物进出境时，向海关办理进出口申报、配合查验、缴纳税费、提取或装运货物手续的过程。

在进出口阶段中，进出口货物收发货人或其代理人需要完成以下4个环节的工作：

(1)进出口申报

进出口申报是指进出口货物的收发货人或其代理人在海关规定的期限内，按照海关规定的形式，向海关报告进出口货物的情况，提请海关按其申报的内容放行进出口货物的工作环节。

相关链接

进出口申报

1)申报地点

①进口货物应当在进境地海关申报

②出口货物应当在出境地海关申报

③经过收发货人申请，海关同意，进口货物可在指运地申报；出口货物可在起运地申报。

④保税货物、特定减免税货物、暂准进境货物，因故改变使用目的从而改变货物的性质为一般进口货物时，向货物所在地主管海关申报。

2)申报期限

①进口货物：运载进口货物的运输工具申报进境之日起 14 天内(次日起算期限的最后一天是法定节假日或星期日的，顺延到节假日或星期日后的第一个工作日)。超期 3 个月由海关变卖处理(运输工具申报进境之日起)。不宜长期保存的货物，根据实际情况随时处理。

②出口货物：货物运抵海关监管区后、装货的 24 小时以前。

③经电缆、管道或其他方式进出境的货物，按照海关规定定期申报。

3)申报方式

《海关法》规定："办理进出口货物的海关申报手续，应当采用纸质报关单和电子数据报关单的形式。"这一规定确定了电子报关的法律地位，使电子数据报关单和纸质报关单具有同等的法律效力。

在一般情况下，进出口货物收发货人或其代理人应当采用纸质报关单形式和电子数据报关单形式向海关申报，即进出口货物收发货人或其代理人先向海关计算机系统发送电子数据报关单，接收到海关计算机系统返回的表示接受申报的信息后，凭以打印向海关提交的纸质报关单，并准备必需的随附单证。

特殊情况下经海关同意，允许先采用纸质报关单形式申报，电子数据事后补报。在向未使用海关信息化管理系统作业的海关申报时，可以采用纸质报关单申报形式。在特定条件下，进出口货物收发货人或其代理人可以单独使用电子数据报关单向海关申报，保存纸质报关单证。

4)申报单证

申报单证可以分为主要单证和随附单证两大类，其中随附单证包括基本单证、特殊单证和预备单证。

主要单证就是报关单。报关单是由报关员按照海关规定格式填制的申报单。

基本单证是指进出口货物的货运单据和商业单据，主要有进口提货单据、出口装货单据、商业发票、装箱单等。

特殊单证主要是指进出口许可证件、加工贸易登记手册(包括电子的和纸质的)、特定减免税证明、外汇收付汇核销单证、原产地证明书、担保文件等。

预备单证主要是指贸易合同、进出口企业的有关证明文件等。海关提出要求时报关单位应提供这些单证。海关在审单、征税时可能需要调阅或者收取备案。

准备申报单证的原则是：基本单证、特殊单证、预备单证必须齐全、有效、合法；报关单填制必须真实、准确、完整；报关单与随附单证数据必须一致。

(2)配合查验

配合查验是指申报进出口的货物经海关决定查验时，进出口货物的收发货人或其代理人到达查验现场，配合海关查验货物，按照海关要求搬移货物，开拆包装，以及重新封装货物的工作环节。

(3)缴纳税费

缴纳税费是指进出口货物的收发货人或其代理人接到海关发出的税费缴纳通知书后，在规定的时间内向海关指定的银行办理税费款项的缴纳手续，通过银行将有关税费款项缴入海关专门账户的工作环节。

(4)提取或装运货物

提取货物即提取进口货物，是指进口货物的收货人或其代理人，在办理了进口申报、配合查验、缴纳税费等手续，海关决定放行后，凭海关加盖放行章的进口提货凭证或凭海关通过计算机发送的放行通知书，提取进口货物的工作环节。

装运货物即装运出口货物，是指出口货物的发货人或其代理人，在办理了出口申报、配合查验、缴纳税费等手续，海关决定放行后，凭海关加盖放行章的出口装货凭证或凭海关通过计算机发送的放行通知书，通知港区、机场、车站及其他有关单位装运出口货物的工作环节。

(三)后续阶段

后续阶段是指进出口货物收发货人或其代理人根据海关对进出境货物的监管要求，在货物进出境储存、加工、装配、使用、维修后，在规定的期限内，按照规定的要求，向海关办理上述进出口货物核销、销案、申请解除监管等手续的过程，主要包括：

(1)保税加工货物，进口货物收货人或其代理人在规定期限内办理申请核销的手续。

(2)特定减免税货物，进口货物收货人或其代理人在海关监管期满，或者在海关监管期内经海关批准出售、转让、退运、放弃并办妥有关手续后，向海关申请办理解除海关监管的手续。

(3)暂准进境货物，收货人或其代理人在暂准进境规定期限内，或者在经海关批准延长暂准进境期限到期前，办理复运出境手续或正式进口手续，然后申请办理销案手续；暂准出境货物，发货人或其代理人在暂准出境规定期限内，或者在经海关批准延长暂准出境期限到期前，办理复运进境手续或正式出口手续，然后申请办理销案手续。

(4)其他进出境货物中的加工贸易不作价设备、出料加工货物、出境修理货物、部分租赁货物等，进出口货物收发货人或其代理人在规定的期限内办理销案手续。

7.3.2　进出口货物报关单概述

1. 进出口货物报关单的定义及分类

进出口货物报关单是指进出口货物收发货人或其代理人，按照海关规定的格式对进出口货物的实际情况作出书面申明，以此要求海关对其货物按适用的海关制度办理通关手续的法律文书。它在对外经济贸易活动中具有十分重要的法律地位。它既是海关监管、征税、统计以及开展稽查和调查的重要依据，又是加工贸易进出口

货物核销，以及出口退税和外汇管理的重要凭证，也是海关处理走私、违规案件及税务、外汇管理部门查处骗税和套汇犯罪活动的重要证据。

2. 进出口报关单的分类

按进出口货物的流转状态分，报关单可分为进口货物报关单和出口货物报关单；

按报关单的表现形式分，报关单可分为纸质报关单和电子数据报关单；

按报关单使用性质分，报关单可分为：

(1)进料加工进出口货物报关单；

(2)来料加工及补偿贸易进出口货物报关单；

(3)一般贸易及其他贸易进出口货物报关单。

纸质进口货物报关单一式四联，分别是：海关作业联、企业留存联、海关核销联、进口付汇证明联；纸质出口货物报关单一式五联，分别是：海关作业联、企业留存联、海关核销联、出口收汇证明联、出口退税证明联。

3. 进出口货物报关单填制的一般要求

(1)报关单的填写必须真实，要做到两个相符：①单证相符，即报关单与合同、批文、发票、装箱单等相符。②单货相符，即报关单中所报内容与实际进出口货物的情况相符。特别是货物的品名、规格、数量和价格等内容必须真实，不得出现差错，更不能伪报、瞒报及虚报。

(2)不同合同的货物，不能填在同一份报关单上；同一批货物中有不同贸易方式的货物，也须用不同的报关单向海关申报。

(3)一份报关单上如有多种不同的商品，应分别填报清楚，但一张报关单上一般最多不能超过5项海关统计商品编号的货物，可另外附带3张纸质报关单，合计最多申报20项商品。

(4)报关单中填报的项目要准确、齐全。报关单所列各栏要逐项详细填写，内容无误；要求尽可能打字填报，如用笔写，字迹要清楚、整洁、端正，不可用铅笔(或红色复写纸)填报；填报项目，若有更改，必须在更改项目上加盖校对章。

(5)为实行报关自动化的需要，申报单位除填写报关单上的有关项目外，还应填上有关项目的代码。

(6)计算机预录入的进出口货物报关单，其内容必须与原始报关单完全一致。报关员应认真核对，防止录错，一旦发现有异，应及时提请录入人员重新录入。

(7)向海关申报的进出口货物报关单，事后由于各种原因，出现原来填报的内容与实际进出口货物不相一致，需立即向海关办理修改手续，填写《进出口货物报关单修改/撤销申请表》，对原来填报项目的内容进行更改，更改内容必须清楚，一般情况下，错什么，改什么；但是，如果更改的内容涉及货物件数的变化，则除应对货物的件数进行更改外，与件数有关的项目，如货物的数量、重量和金额等也应作相应的更改；如一张报关单上有两种以上的不同货物，更正单上应具体列明是哪些货物作了更改，并提交可以证明进出口实际情况的相关单证。

(8)对于海关接受申报并放行后的出口货物，由于运输工具配载等原因，全部货物或部分货物未能装载上原申报的运输工具的同“，出口货物发货人应向海关递交《进出口货物报关单修改/撤销申请表》，依法撤销原出口申报。

7.3.3 出口货物报关单

1. 出口货物报关单样例

出口货物报关单的格式和内容，如图 7-5 所示。

预录入编号：1　　　　海关编号：2

<table>
<tr><td>出口口岸
3</td><td colspan="2">备案号
4</td><td colspan="2">出口日期
5</td><td>申报日期
6</td></tr>
<tr><td>经营单位
7</td><td colspan="2">运输方式
8</td><td colspan="2">运输工具名称
9</td><td>提运单号
10</td></tr>
<tr><td>发货单位
11</td><td colspan="2">贸易方式
12</td><td colspan="2">征免性质
13</td><td>结汇方式
14</td></tr>
<tr><td>许可证号
15</td><td colspan="2">运抵国(地区)
16</td><td colspan="2">指运港
17</td><td>境内货源地
18</td></tr>
<tr><td>批准文号
19</td><td>成交方式
20</td><td colspan="2">运费
21</td><td>保费
22</td><td>杂费
23</td></tr>
<tr><td>合同协议号
24</td><td>件数
25</td><td colspan="2">包装种类
26</td><td>毛重(kg)
27</td><td>净重(kg)
28</td></tr>
<tr><td>集装箱号
29</td><td colspan="4">随附单证
30</td><td>生产厂家
31</td></tr>
<tr><td colspan="6">标记唛码及备注　32</td></tr>
<tr><td colspan="6">项号 商品编号 商品名称、规格型号 数量及单位 最终目的地国(地区) 单价 总价 币制 征免
33　34　35　36　37　38　39　40　41</td></tr>
<tr><td colspan="6"></td></tr>
<tr><td colspan="6">税费征收情况　42</td></tr>
<tr><td colspan="2">录入员　43　录入单位　44</td><td colspan="3">兹声明以上申报无讹并承担法律责任</td><td>海关审单批注及放行日期(签章)　47</td></tr>
<tr><td colspan="2">报关员

单位地址

邮编　电话</td><td colspan="3">申报单位(签章)　45

填制日期　46</td><td>审单
审价
征税
统计
查验
放行</td></tr>
</table>

图 7-5　中华人民共和国海关出口货物报关单

2. 出口货物报关单填制说明

出口货物报关单的填制内容及要点见表 7-4。

表 7-4　出口货物报关单的填制内容及要点

项目顺序号	应填写内容	要点提示
1. 预录入编号	预录入及 EDI 报关单的预录入编号由接受申报的海关决定编号规则，计算机自动打印	报关单位不用填写
2. 海关编号	海关接受申报后所作的 18 位报关单标识号	同上
3. 出口口岸	货物实际出境的口岸海关名称和代码	A. 根据《关区代码表》查找港口或国境口岸名称和代码 B. 加工贸易合同项下的货物必须在海关核发的《登记手册》(或分册，下同)限定或指定的口岸海关办理报关手续，《登记手册》限定或指定的口岸与货物实际出境口岸不符的，应向合同备案主管海关办理《登记手册》的变更手续后填报 C. 出口转关运输货物应填报货物出境地海关名称及代码 D. 按转关运输方式监管的跨关区深加工结转货物，出口报关单填报转出地海关名称及代码 E. 其他未实际进出境的货物，填报接受申报的海关名称及代码
4. 备案号	出口企业在海关办理加工贸易合同备案或征、减、免税审批备案等手续时，海关给予《进料加工登记手册》、《来料加工及中小型补偿贸易登记手册》、《外商投资企业履行产品出口合同进口料件及加工出口成品登记手册》(以下均简称《登记手册》)、《进出口货物征免税证明》(以下简称《征免税证明》)或其他有关备案审批文件的编号(12 位)	A. 加工贸易合同项下的货物，必须在报关单备案号栏目填报《登记手册》上的 12 位编号。少量低价值辅料，即 5 000 美元以下、78 种客供辅料，按规定不使用《登记手册》的，填报“C+关区代码+0000000”；使用《登记手册》的，填报《登记手册》编号，不得为空。加工贸易货物转为享受减免税或需审批备案后办理形式进口的货物，进口报关单填报《征免税证明》等审批证件备案编号，出口报关单填报《登记手册》编号 B. 凡涉及减免税备案审批的报关单，本栏目填报《征免税证明》编号，不得为空 C. 无备案审批文件的报关单，本栏目免予填报
5. 出口日期	运输工具办结出境手续的日期(6 位，年、月、日各 2 位)	预录入报关单及 EDI 报关单均免予填报

续表

项目顺序号	应填写内容	要点提示
6. 申报日期	海关接受出口申报的日期(6位，年、月、日各2位)	货物发货人或其代理人向海关申报货物免予填报
7. 经营单位	对外签订并执行进出口贸易合同的中国境内企业或单位名称及编码	A. 经营单位编码为10位数字 B. 援助、赠送、捐赠的货物，填报直接接受货物的单位 C. 出口企业之间相互代理进出口，或没有进出口经营权的企业委托有进出口经营权的企业代理进出口的，填报代理方 D. 外商投资企业委托外贸企业进口投资设备、物品的，填报外商投资企业
8. 运输方式	出境的实际运输方式和海关规定的特殊运输方式	A. 按海关规定的《运输方式代码表》选择填报相应的运输方式 B. 出口转关运输货物，按载运货物驶离出境地的运输工具填报 C. 无实际出境的，根据实际情况选择填报《运输方式代码表》中运输方式“0”(非保税区运入保税区和保税区退区)、“1”(境内存入出口监管仓库和出口监管仓库退仓)、“7”(保税区运往非保税区)、“8”(保税仓库转内销)或“9”(其他运输) D. 出境旅客随身携带的货物，按旅客所乘运输工具填报 E. 非邮政方式出口的快递货物，按实际运输方式填报
9. 运输工具名称	出境的运输工具的名称或运输工具编号	A. 一份报关单只允许填报一个运输工具的名称 B. 水路运输填报船名及航次 C. 汽车运输填报该跨境运输车辆的国内行驶车牌号码 D. 铁路运输填报车次或车厢号，以及进出境日期 E. 航空运输填报分运单号，无分运单的，本栏目为空 F. 邮政运输填报邮政包裹单号 H. 其他运输填报具体运输方式的名称，如管道、驮畜等

续表

项目顺序号	应填写内容	要点提示
10. 提运单号	出口货物提单或运单的编号	A. 本栏目填报的内容应与运输部门向海关申报的载货清单所列相应内容一致 B. 一份报关单只允许填报一个提运单号，一票货物对应多个提运单时，应分单填报 C. 水路运输填报出口提单号 D. 铁路运输填报运单号 E. 汽车运输免于填报 F. 航空运输填报总运单号+“_”+分运单号 G. 邮政运输填报邮政包裹单号 H. 无实际进出境的，本栏目为空
11. 发货单位	发货单位的中文名称及其海关注册编码	没有编码的，填报其中文名称
12. 贸易方式	填报相应的贸易方式的简称或代码	A. 一份报关单只允许填报一种贸易方式 B. 按海关规定的《贸易方式代码表》选择填报 C. 加工贸易报关单按具体情况填报
13. 征免性质	征免性质的简称或代码	A. 一份报关单只允许填报一种征免性质 B. 按照海关核发的《征免税证明》中批注的征免性质填报或根据实际情况按海关规定的《征免性质代码表》选择填报
14. 结汇方式	售货合同规定的支付方式的名称或代码	应按海关规定的《结汇方式代码表》选择填报相应的结汇方式名称或代码。本栏目不得为空，出口货物不需结汇的，填报“其他”
15. 许可证号	出口货物许可证的编号	一份报关单只允许填报一个许可证号
16. 运抵国(地区)	出口货物离开我国关境直接运抵的国家(地区)的中文名称或代码	A. 按海关规定的《国别(地区)代码表》选择填报相应的运抵国(地区)中文名称或代码 B. 无实际出境的，本栏目填报“中国”(代码“142”) C. 对发生运输中转的货物，如在中转地未发生任何商业性交易，则运抵国不变；如在中转地发生商业性交易，则以中转地作为运抵国(地区)填报
17. 指运港	境外最终目的港的中文名称或代码	A. 货物运往境外的最终目的港，不受中转影响 B. 按海关规定的《港口航线代码表》选择填报相应的港口的中文名称或代码 C. 无实际出境的，本栏目填报“中国境内”(代码“0142”)
18. 境内货源地	国内地区的名称或代码	A. 出口货物在国内的产地或原始发货地 B. 按海关规定的《国内地区代码表》选择填报相应的国内地区名称或代码
19. 批准文号	《出口收汇核销单》编号	出口收汇核销制度已废止，本栏目无需填报。

续表

项目顺序号	应填写内容	要点提示
20. 成交方式	成交方式代码	A. 按海关规定的《成交方式代码表》选择填报相应的成交方式代码 B. 无实际出境的，出口填报“FOB”
21. 运费	该份报关单所含全部货物的国际运输费用	A. 可按运费单价、总价或运费率三种方式之一填报，同时注明运费标记，并按海关规定的《货币代码表》选择填报相应的币种代码 B. 运保费合并计算的，运保费填报在本栏目 C. 运费标记“1”表示运费率，“2”表示每吨货物的运费单价，“3”表示运费总价
22. 保费	该份报关单所含全部货物国际运输的保险费用	A. 可按保险费总价或保险费率两种方式之一填报，同时注明保险费标记，并按海关规定的《货币代码表》选择填报相应的币种代码 B. 运保费合并计算的，运保费填报在运费栏目中 C.“1”表示保险费率，“3”表示保险费总价
23. 杂费	成交价格以外的、应计入完税价格或应从完税价格中扣除的费用，如手续费、佣金和回扣等	A. 可按杂费总价或杂费率两种方式之一填报，同时注明杂费标记，并按海关规定的《货币代码表》选择填报相应的币种代码 B. 应计入完税价格的杂费填报为正值或正率，应从完税价格中扣除的杂费填报为负值或负率 C.“1”表示杂费率，“3”表示杂费总价
24. 合同协议号	出口货物合同(协议)的全部字头和号码	
25. 件数	有外包装的货物的实际件数	舱单件数为集装箱(TEU)的，填报集装箱个数；舱单件数为托盘的，填报托盘数；散装、裸装货物填报为1
26. 包装种类	货物的实际外包装种类	如“木箱”“纸箱”“散装”“裸装”“托盘”等；如有多个包装种类，则统报为“其他”。
27. 毛重	货物的实际毛重	计量单位为kg，不足1kg的填报为1
28. 净重	货物的实际净重	计量单位为kg，不足1kg的填报为1
29. 集装箱号	填报装载出口货物的集袋箱的箱体信息	A. 填写“集装箱号”+“/”+“规格”+“/”+“自重”，多个集装箱的，第一个集装箱号等信息填报在“集装箱号”栏，其他依次按相同的格式填在“标记唛码及备注”栏中 B. 非集装箱货物本栏目填报“0”(不能为空)
30. 随附单证	随出口货物报关单一并向海关递交的单证或文件的代码	A. 填报格式为“监管证件代码”+“:”+“监管证件编号” B. 本栏目只填写一个监管证件的信息，多于一个监管证件的，其余的监管证件代码和编号填写在“标记唛码及备注”栏中

续表

项目顺序号	应填写内容	要点提示
31. 生产厂家	出口货物的境内生产企业	本栏目供必要时填写
32. 标记唛码及备注	货物外包装的标记唛码及其他说明事项	A. 标记唛码中除图形以外的文字、数字 B. 一票货物多个集装箱的，在本栏目打印其余的集装箱号 C. 外商投资企业委托代理其进口投资设备、物品的外贸企业的名称 D. 关联备案号(与本报关单有关联关系的，同时在海关业务管理规范方面又要求填报的备案号)在此栏填写 E. 关联报关单号(与本报关单有关联关系的，同时在海关业务管理规范方面又要求填报的报关单号)在此栏填写 F. 加工贸易货物转内销在此栏备注“活期”、企业放弃半成品、残次品、副产品备注相关字样及处理方式，如“半成品/销毁”；成品出口备注料件费与工缴费 G. 进口货物退运备注“准予直接退运决定书”或“责令直接退运通知书”编号 H. 其他申报时必须说明的事项
33. 项号	同货物在报关单上的序号	A. 本栏目分两行填报及打印：第一行打印报关单中的商品排列序号；第二行专用于加工贸易等已备案的货物，填报和打印该项货物在《登记手册》中的项号 B. 深加工结转货物，分别按照《登记手册》中的进口料件项号和出口成品项号填报 C. 料件结转货物，出口报关单按照转出《登记手册》中进口料件的项号填报；进口报关单按照转进《登记手册》中进口料件的项号填报 D. 料件复出货物，出口报关单按照《登记手册》中进口料件的项号填报 E. 成品退运货物，退运进境报关单和复运出境报关单按照《登记手册》中原出口成品的项号填报 F. 加工贸易料件转内销货物(及按料件补办进口手续的转内销成品、半成品、残次品)应填制进口报关单，本栏填报加工贸易手册进口料件的项号；加工贸易边角料、副产品内销，填报加工贸易手册中对应的料件项号。当边角料或副产品对应一个以上料件项号时，填报主要料件项号 G. 成品退运货物，退运进境报关单和复运出境报关单按照加工贸易手册原出口成品的项号填报 H. 加工贸易成品经批准转内销货物，出口报关单填报《登记手册》中原出口成品项号，进口报关单填报《征免税证明》中的项号(转为享受减免税货物的)或为空

续表

项目顺序号	应填写内容	要 点 提 示
34. 商品编号	出口货物的商品编号	A. 按海关规定的商品分类编码规则确定 B. 加工贸易《登记手册》中的商品编号与实际商品编号不符的，应按实际商品编号填报
35. 商品名称、规格型号	商品的中英文名称及规格	A. 本栏目分两行填报及打印：第一行打印进（出）口货物规范的中文商品名称；第二行打印规格型号，必要时可加注原文 B. 商品名称及规格型号应据实填报，并与所提供的商业发票相符 C. 商品名称应当规范，规格型号应当足够详细，以能满足海关归类、审价以及监管的要求为准。禁止、限制进出口等实施特殊管制的商品，其名称必须与交验的批准证件上的商品名称相符 D. 加工贸易等已备案的货物，本栏目填报录入的内容必须与备案登记中同项号下货物的名称与规格型号一致
36. 数量及单位	出口商品的成交数量及计量单位，以及海关法定计量单位和按法定计量单位计算的数量	A. 本栏目分三行填报及打印 B. 进出口货物必须按海关法定计量单位填报。法定第一计量单位及数量打印在本栏目的第一行 C. 凡海关列明第二计量单位的，必须列明该商品的第二计量单位及数量，打印在本栏目的第二行。无第二计量单位的，本栏目第二行为空 D. 成交计量单位与海关法定计量单位不一致时，还需填报成交计量单位及数量，打印在商品名称、规格型号栏下方（第三行）。成交计量单位与海关法定计量单位一致时，本栏目第三行为空 E. 加工贸易等已备案的货物，成交计量单位必须与备案登记中同项号下货物的计量单位一致，不相同时必须修改备案或转换一致后填报
37. 最终目的国（地区）	填报已知的出口货物的最终实际消费、使用或进一步加工制造国家（地区）的名称或代码	A. 按海关规定的《国别（地区）代码表》选择填报相应的国家（地区）名称或代码 B. 料件结转货物，出口报关单填报“中国” C. 深加工结转货物，进出口报关单均填报“中国” D. 料件复运出境货物，填报实际最终目的国；加工出口成品因故退运境内的，填报“中国”（代码“142”），复运出境时填报实际的最终目的国
38. 单价	货物实际成交的商品单位价格	填写单价的数字部分；无实际成交价格的，本栏目填报单位货值

续表

项目顺序号	应填写内容	要点提示
39. 总价	货物实际成交的商品总价	填写总价的数字部分；无实际成交价格的，本栏目填报货值
40. 币制	货物实际成交价格的币种的名称或代码	A. 按海关规定的《货币代码表》选择填报相应的货币名称或代码 B. 如《货币代码表》中无实际成交币种，需将实际成交币种转换成《货币代码表》列明的货币后填报
41. 征免	海关依法对货物进行征税、减税、免税或特案处理的实际操作方式	A. 按照海关核发的《征免税证明》或有关政策规定，对报关单所列每项商品选择填报海关规定的《征减免税方式代码表》中相应的征减免税方式 B. 加工贸易报关单应根据《登记手册》中备案的征免规定填报
42. 税费征收情况	海关批注出口货物税费征收及减免情况的代码	按海关规定的《征减免税方式代码表》确定的税款计征代码填写
43. 录入员	录入人员的签名	无需报关人员填报
44. 录入单位	打印录入单位的名称	无需报关人员填报
45. 申报单位	对申报内容的真实性直接按照海关负责的企业或单位的名称及代码	A. 自理报关的，应填报进(出)口货物的经营单位的名称及代码 B. 委托代理报关的，应填报经海关批准的专业或代理报关企业的名称及代码 C. 本栏目还包括报关的单位地址、邮编和电话等分项目，由申报单位的报关员填报
46. 填制日期	报关单的填制日期	A. 预录入和 EDI 报关单由计算机自动打印 B. 本栏目为 6 位数，顺序为年、月、日各 2 位
47. 海关审单批注栏	海关内部作业时签注	A. 海关内部作业时签注的总栏目，由海关关员手工填写在预录入报关单上 B. “放行”栏填写海关对接受申报的进出口货物作出放行决定的日期

7.3.4 进口货物报关单

1. 进口货物报关单样例

进口货物报关单的格式和内容如图 7-6 所示。

预录入编号：1　　　　　　　　　　　　　　　　　　　　海关编号：2

进口口岸 3	备案号 4	进口日期 5	申报日期 6
经营单位 7	运输方式 8	运输工具名称 9	提运单号 10
收货单位 11	贸易方式 12	征免性质 13	征税比例 14
许可证号 15	起运国(地区) 16	装货港 17	境内目的地 18

批准文号 19	成交方式 20	运费 21	保费 22	杂费 23
合同协议号 24	件数 25	包装种类 26	毛重(kg) 27	净重(kg) 28

集装箱号 29	随附单证 30	运途 31

标记唛码及备注　32

项号	商品编号	商品名称、规格型号	数量及单位	原产国(地区)	单价	总价	币制	征免
33	34	35	36	37	38	39	40	41

税费征收情况　42

录入员　43　录入单位　44	兹声明以上申报无讹并承担法律责任	海关审单批注及放行日期(签章)　47
报关员	申报单位(签章)　45	审单 审价
单位地址		征税 统计
邮编　电话	填制日期　46	查验 放行

图 7-6　中华人民共和国海关进口货物报关单

2. 进口货物报关单填制说明

进口货物报关单的填制内容及要点见表 7-5。

表 7-5　进口货物报关单的填制内容及要点

项目顺序号	应填写内容	要 点 提 示
3. 进口口岸	货物实际进境口岸海关的名称和代码	A. 根据《关区代码表》查找港口或国境口岸的名称和代码 B. 加工贸易合同项下货物必须在海关核发的《登记手册》(或分册，下同)中限定或指定的口岸海关办理报关手续，《登记手册》限定或指定的口岸与货物实际进境口岸不符的，应向合同备案主管海关办理《登记手册》的变更手续后填报 C. 进口转关运输货物应填报货物进境地海关的名称及代码 D. 按转关运输方式监管的跨关区深加工结转货物，进口报关单填报转入地海关的名称及代码 E. 其他未实际进出境的货物，填报接受申报的海关的名称及代码
5. 进口日期	运输工具申报进境的日期(6 位，年、月、日各 2 位)	进口申报时无法确知运输工具实际进境日期的，可免予填报
11. 收货单位	收货单位的中文名称及其海关注册编码	
14. 征税比例		现征税比例政策已取消，此栏免予填报
16. 起运国(地区)	进口货物起始发出直接运抵我国的国家(地区)的中文名称或代码	A. 按海关规定的《国别(地区)代码表》选择填报相应的起运国(地区)中文名称或代码 B. 无实际进境的，本栏目填报“中国”(代码“142”) C. 对发生运输中转的货物，如在中转地未发生任何商业性交易，则起运国不变；如在中转地发生商业性交易，则以中转地作为起运国(地区)填报
17. 装货港	进口货物在运抵我国关境前最后一个境外装运港口的中文名称或代码	A. 按海关规定的《港口航线代码表》选择填报相应的港口的中文名称或代码 B. 发生运输中转的货物，最后一个中转港是装货港 C. 无实际进境的，本栏目填报“中国境内”(代码“0142”)
18. 境内目的地	国内地区的名称或代码	A. 进口货物在国内的消费、使用地或最终运抵地 B. 按海关规定的《国内地区代码表》选择填报相应的国内地区的名称或代码
31. 用途	货物的实际用途的代码	按海关规定的《用途代码表》选择填报相应的用途代码
37. 原产国(地区)	货物的生产、开采或加工制造国家(地区)的名称或代码	A. 按海关规定的《国别(地区)代码表》选择填报相应的国家(地区)名称或代码 B. 料件结转货物，进口报关单填报原料件生产国

注：进口货物报关单与出口货物报关单相同项目的填写规范参看出口货物报关单的有关项目。

报关单填制有关代码

海关关区代码表(节选)

代码	关 区	代码	关 区	代码	关 区	代码	关 区
0100	北京关区	2235	松江加工	4241	烟加工区	5721	中山港
0101	机场单证	2236	洋山芦潮	4242	威加工区	5724	中石岐办
0102	京监管处	2237	松江B区	4243	济曲阜办	5725	坦洲货场
0103	京关展览	2238	青浦加工	4244	青滨州办	5727	中小揽办
0104	京一处	2239	闵行加工	4245	烟台邮办	5728	神湾办
0105	京二处	2240	漕河泾加	4246	青加工区	5730	拱香洲办
0106	京关关税	2241	沪业一处	4247	威机场办	5740	湾仔海关
0107	机场库区	2242	沪业二处	4248	青莱芜办	5741	湾仔船舶
0108	京通关处	2243	沪业三处	4249	潍加工区	5750	九洲海关
0109	机场旅检	2244	上海快件	4600	郑州关区	5760	拱白石办

备案号的标记码表

首位代码	备案审批文件	首位代码	备案审批文件
B★	加工贸易手册(来料加工)	RZ	减免税进口货物结转联系函
C★	加工贸易手册(进料加工)	H	出口加工区电子账册
D	加工贸易不作价设备登记手册	J	保税仓库记账式电子账册
E★	加工贸易电子账册	K	保税仓库备案式电子账册
F	加工贸易异地报关分册	Y★	原产地证书
G	加工贸易深加工结转异地报关分册	Z★	征免税证明
RT	减免税进口货物同意退运证明	RB	减免税货物补税通知

经营单位编码规则

经营单位编码第五位数为经济区划代码：

“1”表示经济特区；

“2”表示经济技术开发区和上海浦东新区，海南洋浦经济开发区两个特殊开放地区；

“3”表示高新技术开发区；

“4”表示保税区；

“9”表示其他。

经营单位编码第六位数为企业性质代码：

“1”表示国有企业，包括外贸专业公司、工贸公司及其他有进出口经营权的国有企业；

“2”表示中外合作企业；

“3”表示中外合资企业；

“4”表示外商独资企业；

“5”表示有进出口经营权的集体企业；

“6”表示有进出口经营权的私营企业；

“8”表示有报关权而无进出口经营权的企业；

“9”表示其他，包括外商企业驻华机构，外国驻华使、领馆和临时有进出口经营权的企业。

运输方式代码表

代码	运输方式名称	代码	运输方式名称
0	非保税区	8★	保税仓库
1★	监管仓库	9★	其他运输
2★	水路运输	A	全部运输方式
3	铁路运输	H	边境特殊海关作业区
4★	公路运输	W	物流中心
5★	航空运输	X	物流园区
6	邮件运输	Y	保税港区
7	保税区	Z	出口加工区

贸易方式代码表

贸易方式代码	贸易方式代码简称	贸易方式代码全称
0110★	一般贸易	一般贸易
0130	易货贸易	易货贸易
0139	旅游购物商品	用于旅游者5万美元以下的出口小批量订单货
0200	料件放弃	主动放弃交由海关处理的来料或进料加工料件
0214★	来料加工	来料加工装配贸易进口料件及加工出口货物
0245	来料料件内销	来料加工料件转内销
0255★	来料深加工	来料深加工结转货物
0258	来料余料结转	来料加工余料结转
0265	来料料件复出	来料加工复运出境的原进口料件
0300	来料料件退换	来料加工料件退换
0314	加工专用油	国家贸易企业代理来料加工企业进口柴油
0320	不作价设备	加工贸易外商提供的进口设备
0345	来料成品内销	来料加工成品转内销
0400	成品放弃	主动放弃交由海关处理的来料或进料加工成品

续表

贸易方式代码	贸易方式代码简称	贸易方式代码全称
0420	加工贸易设备	加工贸易项下外商提供的进口设备
0444	保税区进料成品	按成品征税的保税区进料加工成品转内销货物
0445	保税区来料成品	按成品征税的保税区来料加工成品转内销货物
0446	加工设备内销	加工贸易免税进口设备转内销
0456	加工设备结转	加工贸易免税进口设备结转
0466	加工设备退运	加工贸易免税进口设备退运出境
0500	减免设备结转	用于监管年限内减免设备的结转
0513	补偿贸易	补偿贸易
0544	保税区进料料件	按料件征税的保税区进料加工转内销货物
0545	保税区来料料件	按料件征税的保税区来料加工转内销货物
0615★	进料对口	进料加工(对口合同)
0642	进料以产顶进	进料加工　成品以产顶进
0644	进料料件内销	进料加工料件转内销
0654★	进料深加工	进料深加工结转货物
0657	进料余料结转	进料加工余料结转
0664	进料料件复出	进料加工复运出境的原进口料件
0700	进料料件退换	进料加工料件退换
0744	进料成品内销	进料加工成品转内销
0815	低值辅料	低值辅料
0844	进料边角料内销	进料加工项下边角料转内销
0845	来料边角料内销	来料加工项下边角料内销
0864	进料边角料复出	进料加工项下边角料复出口
0865	来料边角料复出	来料加工项下边角料复出口
1139	国轮油物料	中国籍运输工具境内添加的保税油料、物料
1200	保税间货物	海关保税场所及保税区域之间往来的货物
1233	保税仓库货物	保税仓库进出境货物
1234	保税区仓储转口	保税区进出境仓储转口货物
1300	修理物品	进出境修理物品
1427	出料加工	出料加工
1500	租赁不满一年	租期不满一年的租赁贸易货物
1523	租赁贸易	租期在一年及以上的租赁贸易货物
1616	寄售代销	寄售、代销贸易
1741	免税品	免税品

续表

贸易方式代码	贸易方式代码简称	贸易方式代码全称
1831	外汇商品	免税外汇商品
2025★	合资合作设备	合资合作企业作为投资进口设备物品
2225★	外资设备物品	外资企业作为投资进口的设备物品
2439	常驻机构公用	常驻机构公用
2600★	暂时进出货物	暂时进出口货物
2700	展览品	进出境展览品
2939	陈列样品	驻华商业机构不复运出口的进口陈列样品
3010★	货样广告品 A	有经营权单位进出口的货样广告品
3039	货样广告品 B	无经营权单位进出口的货样广告品
3100★	无代价抵偿	无代价抵偿货物
3339	其他进口免费	其他进口免费提供货物
3410	承包工程进口	对外承包工程进口物资
3422	对外承包出口	对外承包工程出口物资
3511	援助物资	国家和国际组织无偿援助物资
3612	捐赠物资	华侨、港澳、台同胞、外籍华人捐赠物资
4019	边境小额	边境小额贸易(边民互市贸易除外)
4039	对台小额	对台小额贸易
4200	驻外机构运回	我驻外机构运回旧公用物品
4239	驻外机构购进	我驻外机构境外购买运回国的公务用品
4400	来料成品退换	来料加工成品退换
4500★	直接退运	直接退运
4539	进口溢误卸	进口溢卸、误卸货物
4561★	退运货物	因质量不符、延误交货等原因退运进出境货物
4600	进料成品退换	进料成品退换
9639	海关处理货物	海关变卖处理的超期未报货物，走私违规货物
9700	后续退补税	无原始报关单的后续退、补税
9739	其他贸易	其他贸易
9800	租赁征税	租赁期一年及以上的租赁贸易货物的租金
9839	留赠转卖物品	外交机构转售境内或国际活动留赠放弃特批货
9900	其他	其他

征免性质代码表

代码	简称	全 称	代码	简称	全 称
101★	一般征税	一般征税进出口货物	502★	来料加工	来料加工装配和补偿贸易进口料件及出口成品
201	无偿援助	无偿援助进出口物资	503★	进料加工	进料加工贸易进口料件及出口成品
299★	其他法定	其他法定减免税进出口货物	506	边境小额	边境小额贸易进口货物
301	特定区域	特定区域进口自用物资及出口货物	510	港澳 OPA	港澳在内地加工的纺织品获证出口
307	保税区	保税区进口自用物资	601★	中外合资	中外合资经营企业进出口货物
399	其他地区	其他执行特殊政策地区出口货物	602★	中外合作	中外合作经营企业进出口货物
401★	科教用品	大专院校及科研机构进口科教用品	603★	外资企业	外商独资企业进出口货物
403	技术改造	企业技术改造进口货物	605	勘探开发	勘探开发煤层气
406	重大项目	国家重大项目进口货物	606	海洋石油	勘探、开发海洋石油进口货物
412	基础设施	通信、港口、铁路、公路、机场建设进口设备	608	陆上石油	勘探、开发陆上石油进口货物
413	残疾人	残疾人组织和企业进出口货物	609	贷款项目	利用贷款进口货物
417	远洋渔业	远洋渔业自捕水产品	611	贷款中标	国际金融组织贷款、外国政府贷款中标机电设备零部件
418	国产化	国家定点生产小轿车和摄录机企业进口散件	789★	鼓励项目	国家鼓励发展的内外资项目进口设备
419	整车特运	征构成整车特征的汽车零部件进口	799★	自有资金	外商投资额度外利用自有资金进口设备、备件、配件
420	远洋船舶	远洋船舶及设备部件	801	救灾捐赠	救灾捐赠进口物资
421	内销设备	内销远洋船用设备及关键部件	802	扶贫慈善	境外向我境内无偿捐赠用于扶贫慈善的免税进口物资
422	集成电路	集成电路生产企业进口货物	888	航材减免	经核准的航空公司进口维修用航空器材
423	膜晶显	“膜晶显”生产企业进口货物	898	国批减免	国务院特准减免税的进出口货物
499	ITA 产品	非全税号信息技术产品	998	内部暂定	享受内部暂定税率的进出口货物
501★	加工设备	备加工贸易外商提供的不作价进口设备	999	例外减免	例外减免税进出口货物

监管证件代码表

许可证或批文代码	许可证或批文名称	许可证或批文代码	许可证或批文名称
1★	进口许可证	L	药品进出口准许证
2	两用物项和技术进口许可证	O★	自动进口许可证(新旧机电产品)
3	两用物项和技术出口许可证	P★	固体废物进口许可证
4★	出口许可证	Q	进口药品通关单
5	纺织品临时出口许可证	S	进出口农药登记证明
6	旧机电产品禁止进口	T	银行调运现钞进出境许可证
7★	自动进口许可证	W	麻醉药品进出口准许证
8	禁止出口商品	X	有毒化学品环境管理放行通知单
9	禁止进口商品	Y ★	原产地证明
A ★	入境货物通关单	Z	进口音像制品批准单或节目提取单
B ★	出境货物通关单	a	请审查预核签章
D	出/入境货物通关单(毛坯钻石用)	c	内销征税联系单
E★	濒危物种允许出口证明书	e	关税配额外优惠税率进口棉花配额
F★	濒危物种允许进口证明书	s	适用 ITA 税率的商品用途认定证明
G	两用物项和技术出口许可证(定向)	t	关税配额证明
H	港澳 OPA 纺织品证明	v★	自动进口许可证(加工贸易)
I	精神药物进(出)口准许证	x	出口许可证(加工贸易)
J	金产品出口证或人总行进口批件	y	出口许可证(边境小额贸易)
K	深加工结转申请表		

用途代码表

用途代码	用　途	用途代码	用　途
1 ★	外贸自营内销	7	收保证金
2	特区内销	8	免费提供
3 ★	其他内销	9	作价提供
4 ★	企业自用	10	货样，广告品
5 ★	加工返销	11	其他
6	借用	13	以产顶进

常用货币代码表

110★	HKD	港币	113	IRR.	伊朗里亚尔
116★	JPY	日本元	118	KWD	科威特第纳尔
121	MOP	澳门元	122	MYR	马来西亚林吉特
127	PKR	巴基斯坦卢比	129	PHP	菲律宾比索
132	SGD	新加坡元	136	THB	泰国铢
142★	CNY	人民币	143	TWD	台币
201	DZD	阿尔及利亚第纳尔	300★	ECU	欧洲货币单位
301	BEF	比利时法郎	302	DKK	丹麦克朗
303★	GBP	英镑	304	DEM	德国马克
305	FRF	法国法郎	306	IEP	爱尔兰镑
307	ITL	意大利里拉	309	NLG	荷兰盾
312	ESP	西班牙比赛塔	315	ATS	奥地利先令
318	FIM	芬兰马克	326	NOK	挪威克朗
330	SEK	瑞典克朗	331	CHF	瑞士法郎
332	SUR	苏联卢布	398	ASF	清算瑞士法郎
501	CAD	加拿大元	502★	USD	美元
601	AUD	澳大利亚元	609	NZD	新西兰元

结汇方式代码表

结汇方式代码	结汇方式名称	英文缩写	英文名称
1 ★	信汇	M/T	Mail Transfer
2 ★	电汇	T/T	Telegraphic Transfer
3 ★	票汇	D/D	Remittance by Banker's Demand Draft
4 ★	付款交单	D/P	Documents against Payment
5 ★	承兑交单	D/A	Documents against Acceptance
6 ★	信用证	L/C	Letter of Credit
7	先出后结		
8	先结后出		
9	其他		

主要国别代码表

代　码	中文名称	代　码	中文名称
110★	中国香港	307	意大利
116★	日本	331	瑞士
121	中国澳门	344★	俄罗斯联邦

续表

代　码	中文名称	代　码	中文名称
132	新加坡	501	加拿大
133★	韩国	502★	美国要
142★	中国	601★	澳大利亚
143★	台澎金马关税区	609	新西兰
303★	英国	701	国(地)别不详的
304★	德国	702	联合国及机构和国际组织
305★	法国	999	中性包装原产国别

本项目代码表中标记有“★”的内容，要求理解含义，并记忆相应代码、符号、英文缩写等。

7.3.5　报关委托书的制作

根据《中华人民共和国海关进出口货物申报管理规定》要求，《代理报关委托书》或《委托报关协议》作为代理报关时报关单的必备随附单证使用。《代理报关委托书》是进出口货物收发货人根据《海关法》要求提交报关企业的具有法律效力的授权证明。《委托报关协议》是进出口货物收发货人(或单位)经办人员与报关企业经办报关员按照《海关法》的要求签署的明确具体委托报关事项和双方责任的具有法律效力的文件。双方经办人员应在开始委托报关操作前认真填写格式化《代理报关委托书》、《委托报关协议》，并签字、加盖单位公章后生效。为了规范报关行为，促进报关企业依法履行“合理审查”和规范填制报关单的义务，海关总署和中国报关协会在全国范围内推广规范统一代理报关委托书纸质格式，《代理报关委托书》、《委托报关协议》的格式如图 7-7、图 7-8 所示。

代 理 报 关 委 托 书

编号：

我单位现　　(A 逐票、B 长期)委托贵公司代理　　　　　　等通关事宜。(A. 填单申报　B. 辅助查验　C. 垫缴税款　D. 办理海关证明联　E. 审批手册　F. 核销手册　G. 申办减免税手续　H. 其他)详见《委托报关协议》。

我单位保证遵守《海关法》和国家有关法规，保证所提供的情况真实、完整、单货相符。否则，愿承担相关法律责任。

本委托书有效期自签字之日起至　　　年　　月　　日止。

委托方(盖章)：

法定代表人或其授权签署《代理报关委托书》的人(签字)

年　月　日

图 7-7　代理报关委托书

委 托 报 关 协 议

为明确委托报关具体事项和各自责任，双方经平等协商签订协议如下：

委托方	
主要货物名称	
H. S. 编码	□□□□□□□□□□
货物总价	
进出口日期	年　月　日
提单号	
贸易方式	一般贸易
原产地/货源地	
其他要求：	
背面所列通用条款是本协议不可分割的一部分，对本协议的签署构成了对背面通用条款的同意。	
委托方业务签章： 经办人签章： 联系电话：　　　　年　月　日	

被委托方		
＊报关单编码	No.	
收到单证日期	年　月　日	
收到单证情况	合同□	发票□
	装箱清单□	提(运)单□
	加工贸易手册□	许可证件□
	其他	
报关收费	人民币：　　　元	
承诺说明		
背面所列通用条款是本协议不可分割的一部分，对本协议的签署构成了对背面通用条款的同意。		
被委托方业务签章： 经办报关员签章： 联系电话：　　　　年　月　日		

（白联：海关留存、黄联：被委托方留存、红联：委托方留存）　　　　中国报关协会监制

图 7-8　委托报关协议

《代理报关委托书》、《委托报关协议》的填制说明：

(1)海关注册登记编码：指委托单位/被委托单位在海关备案的企业注册编号。此栏为必填项。应根据该栏在报关委托书中的不同位置分别填写委托单位和被委托单位在海关备案的 10 位数企业注册编码。

(2)单位名称：指委托单位/被委托单位在海关备案的中文或英文单位名称。此栏为只读项。委托书上载成功后，由系统根据委托单位的海关注册登记编号/被委托单位的海关注册编号自动填写。

(3)联系人：指委托单位/被委托单位负责此项事务的联系人，在此以委托单位/被委托单位在海关备案的联系人为准。此栏为只读项。委托书上载成功后，由系统根据委托单位的海关注册登记编号/被委托单位的海关注册编号自动填写。

(4)单位地址：指委托单位/被委托单位所在的地址，在此以委托单位/被委托

单位在海关备案的单位地址为准。此栏为只读项。委托书上载成功后，由系统根据委托单位的海关注册登记编号/被委托单位的海关注册编号自动填写。

(5)法定代表人：指委托单位/被委托单位的法人，在此以委托单位/被委托单位在海关备案的法定代表人为准。此栏为只读项。委托书上载成功后，由系统根据委托单位的海关注册登记编号/被委托单位的海关注册编号自动填写。

(6)联系电话：指委托单位/被委托单位负责此项事务的联系人的联系电话，在此以委托单位/被委托单位在海关备案的联系人的联系电话为准。此栏为只读项。委托书上载成功后，由系统根据委托单位的海关注册登记编号/被委托单位的海关注册编号自动填写。

(7)证件号：指委托单位/被委托单位法定代表人的证件类别所对应的证件编号，在此以委托单位/被委托单位在海关备案的法定代表人的证件类别所对应的证件编号为准。此栏为只读项。委托书上载成功后，由系统根据委托单位的海关注册登记编号/被委托单位的海关注册登记编号自动填写。

(8)证件类别：指可有效证明委托单位/被委托单位法定代表人的身份的证件类别，如：身份证、工作证。在此以委托单位/被委托单位在海关备案的法定代表人的证件类别为准。此栏为只读项。委托书上载成功后，由系统根据委托单位的海关注册登记编号/被委托单位的海关注册登记编号自动填写。

(9)是否代缴税费：指委托方是否委托被委托方代理缴纳税费。此栏只需填写“是”或“否”。如委托方委托被委托方办理的报关业务中不包含报关单申报业务时，此栏不可填写。

(10)运输工具名称：指载运货物进/出境的运输工具的名称或运输工具编号。

1)如委托方委托被委托方办理的报关业务中包含报关单录入业务时，此栏填写载运货物进/出境的运输工具的名称或运输工具编号。

具体填报要求如下：

①水路运输填报船名及航次，或载货清单编号，来往港澳小型船舶为监管簿编号；

②汽车运输填报该跨境运输车辆的国内行驶车牌号；

③铁路运输填报车次或车厢号，以及进出境日期；

④航空运输填报分运单号；

⑤邮政运输填报邮政包裹单号；

⑥进口转关运输填报转关标志“@”＋转关运输申报单编号；出口转关运输只需填报转关运输标志“@”；

⑦进出保税区的，填报保税区名称；进出保税仓库的，填报保税仓库名称。

⑧其他运输填报具体运输方式名称，例如：管道、驮畜等。

2)委托方委托被委托方办理的报关业务中包含报关单审核申报和申报业务中的一项或两项的，或无实际进/出境的，本栏目为空。

(11)加工贸易备案手册：指已在海关备案的加工贸易《登记手册》，在此指所委托的报关业务涉及的《登记手册》。

1)委托方委托被委托方办理的报关业务中包含报关单录入业务，并涉及加工贸易的，此栏填写加工贸易《登记手册》的12位编号。加工贸易《登记手册》的12位编号中，第1位是标记代码：B为来料加工手册；C为进料加工手册。

2)委托方委托被委托方办理的报关业务中包含报关单审核申报和申报业务中的一项或两项的，或委托的报关业务不涉及《登记手册》的，本栏为空。

(12)加工区备案清单：指进/出口加工区备案清单。

1)委托方委托被委托方办理的报关业务中包含报关单录入业务，并涉及加工区备案清单的，此栏填写加工区备案清单的编号。

2)委托方委托被委托方办理的报关业务中包含报关单审核申报和申报业务中的一项或两项的，或委托的报关业务不涉及加工区备案清单的，本栏为空。

(13)征免税证明：

1)委托方委托被委托方办理的报关业务中包含报关单录入业务，并涉及《征免税证明》的，此栏填写《征免税证明》的编号。

2)委托方委托被委托方办理的报关业务中包含报关单审核申报和申报业务中的一项或两项的，或委托的报关业务不涉及《征免税证明》的，本栏为空。

(14)装箱清单份数编号：本栏分别在"□"内填写委托的报关业务涉及的进/出口装箱清单的份数和在"编号"后填写这些进/出口装箱清单的编号，包括这些进/出口发票的全部字头和号码。委托的报关业务不涉及进/出口装箱清单的，本栏为空。

(15)发票份数及编号：本栏分别在"□"内填写委托的报关业务涉及的进/出口发票的份数和在"编号"后填写这些进/出口发票的编号，包括这些进/出口发票的全部字头和号码。委托的报关业务不涉及进/出口合同(协议)的，本栏为空。

(16)发票份数及编号：本栏分别在"□"内填写委托的报关业务涉及的进/出口发票的份数和在"编号"后填写这些进/出口发票的编号，包括这些进/出口发票的全部字头和号码。委托的报关业务不涉及进/出口合同(协议)的，本栏为空。

(17)合同份数及编号：本栏分别在"□"内填写委托的报关业务涉及的进/出口合同(协议)的份数和在"编号"后填写这些合同的编号，包括这些进/出口合同(协议)的全部字头和号码。委托的报关业务不涉及进/出口合同(协议)的，本栏为空。

(18)提运单号：指进/出口货物提单或运单的编号。

1)委托方委托被委托方办理的报关业务中包含报关单录入业务的，此栏填写进/出口货物提单或运单的编号。应输入提单或运单的编号，提运单号必须与舱单系统录入的提运单号完全一致(包括数码、英文大小写、符号、空格等)。一份报关单只允许输入一个提运单号，如遇一票货物对应多个提运单，则分单填报。江海运输、铁路运输、航空运输，但不涉及转关运输的，此栏必填。

2)委托方委托被委托方办理的报关业务中包含报关单审核申报和申报业务中的一项或两项的，或汽车运输、邮政运输、无实际进/出口境的，或委托方委托被委

托方办理的报关业务是转关运输提前申报的，本栏为空。

(19)报关单编号：指报关委托书对应的进/出口报关单的统一编号。

1)委托方委托被委托方办理的报关业务中包含报关单审核申报和申报业务中的一项或两项的，此栏填写在报关单申报子系统中已上载的进/出口报关单的统一编号。

2)委托方委托被委托方办理的报关业务中包含报关单录入业务的，本栏为空。

(20)委托书编号：此栏为只读项。18位数代码，暂存时系统自动填写，“Z”表示该报关单暂存后未上载，上载后，系统会自动将“Z”转换为数字“0”。

(21)备注：必须正确填写委托的报关业务涉及的所有商品的名称。

可以选择填写以下内容：

1)委托多个公司代理报关的，在此应详细说明此份委托书委托报关的货物特征或合同的相应条款；

2)一份委托书授权代理报关的货物有超过三份征免税证明(或加工贸易手册或加工区备案清单号)的，在此填写其余的海关备案号；

3)其他需要声明的事项；

(22)其余单据：填写除上述单据以外的委托的报关业务涉及的其他单据。包括这些单据的名称全称和编号。

货物的顺利通关对于买卖双方都是极其重要的，货物的通关离不开通关单证的操作。

本项目着重介绍了货物通关所需的主要单证。通过对进出口货物许可证以及进出口货物报关单填写规范的介绍，旨在对通关单证的基本内容作系统性的说明。

>>> 基础知识练习

单选题

1. A公司为一外商投资企业，其委托国内的一家有进出口经营权的进出口公司B进口服装加工设备三套，由C公司负责设备的运输，D报关行负责向海关报关进口，作为D公司的报关员，你填写报关单时，“经营单位”填为(　　)。

A. A公司　　B. B公司　　C. C公司　　D. 报关行

2. 某进出口公司向某国出口500吨散装小麦，该批小麦分装在一条船的三个船舱内，海关报关单上的“件数”和“包装种类”两个项目的正确填报应是(　　)。

A. 件数为500吨，包装种类为“吨”　　B. 件数为1，包装种类为“船”

C. 件数为3，包装种类为“船舱”　　D. 件数为1，包装种类为“散装”

3. 进口货物报关单的“标记唛码及备注”一栏不会注明下列哪些内容(　　)。

A. 多个集装箱号

B. 委托外贸公司进口货物的外商投资企业的名称

C. 标记唛码中的图形和数字、文字

D. 协定税率商品的原产地标记

4. 根据海关规定，海运直转转关进境货物的报关单中“运输工具名称”一栏应填报为(　　)。

A. 船名+/+@+进境航次　　B. @+16位转关申报单预录入号

C. 船名　　D. 船名/航次

5. 我国某进出口公司A与香港某公司B签订一份进口合同，合同订明，A向B购买5，000吨泰国香米，该香米由泰国经由新加坡、中国香港运至中国青岛。根据上述情况填写报关单时，以下哪种填写正确(　　)。

A. 起运国(地区)为“香港”，原产国(地区)为“新加坡”

B. 起运国(地区)为“新加坡”，原产国(地区)为“泰国”

C. 起运国(地区)为“香港”，原产国(地区)为“泰国”

D. 起运国(地区)为“泰国”，原产国(地区)为“香港”

6. 在填制报关单时，海关根据进出口商品的不同情况，对商品数量的填报作出了一些规定，请选择下列规定哪个是符合海关规定的(　　)。

A. 进出口货物必须按海关法定计量单位填报

B. 与海关规范的数量和单位不一致的实际成交的数量和单位不必填在报关单上

C. 可以把“一箱”“一包”等类似的数量和单位填在报关单上

D. 可以留空或填报“0”

7. 我国某进出口公司从香港购进一批SONY牌电视机，该电视机为日本品牌，其中显像管为韩国生产，集成电路板由新加坡生产，其他零件均为马来西亚生产，最后由韩国组装成整机。该公司向海关申报进口该批电视机时，原产地应填报为(　　)。

A. 日本　　B. 韩国　　C. 新加坡　　D. 马来西亚

8. 出口许可证制度是一种(　　)。

A. 非关税壁垒　　B. 鼓励出口措施

C. 出口管制措施　　D. 以上都不对

9. 配额属于(　　)。

A. 关税壁垒　　B. 非关税壁垒

C. 绝对配额　　D. 以上都不对

10. 以下关于海关发票，不正确的说法有(　　)。

A. 海关发票是由出口商填制的

B. 海关发票的作用是办理进口报关、纳税

C. 凡有海关发票的货物可享受优惠税率

D. 各国的海关发票格式不同，但内容差不多

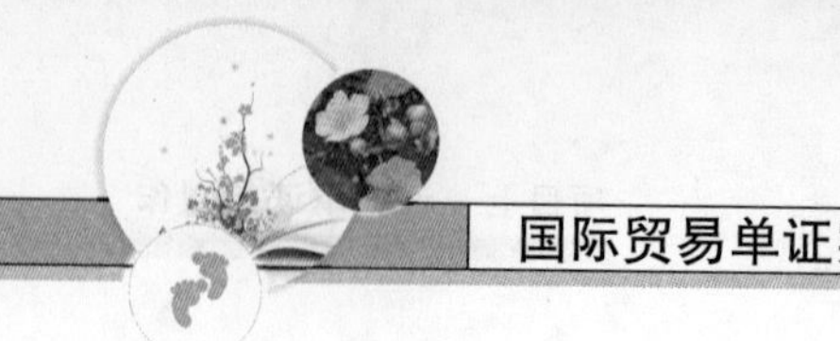

>>> 实训练习

一、依据下面给出的合同填制中华人民共和国出口货物许可证

SALES CONFIRMATION

S/C NO.: JY-HSNSC05 DATE: APRIL 1ST 2014

THE SELLER: GUANGZHOU BAIYUN INDUSTRIAL TRADING COMPANY

ADDRESS: P. O. BOX 20242 TAIZ STREET
GUANGZHOU, CHINA

THE BUYER: HASSAN ALKAMAR FOR GENERAL TRADIG

ADDRESS: 906 PUBEI ROAD SANA'A-REPUBLIC OF YEMEN

ITEM NO.	COMMDITY & SPECIFICATIONS	UNIT	QUANTITY	UNIT PRICE (US$)	AMOUNT (US$)
	TENDER BRAND BABY BLANKET			CIFC5 HODEIDAH	
1	ART. SY001	PIECE	3 000	6.59	19 770.00
2	ART. BS007	PIECE	3 000	6.83	20 490.00
3	ART. WP101	PIECE	2 660	7.45	19 817.00
4	ART. AF022	PIECE	2 380	8.19	19 492.20
				TOTAL	79 569.20
TOTAL CONTRACT VALUE	SAY US DOLLARS SEVENTY NINE THOUSAND FIVE HUNDRED AND CENTS TWENTY ONLY.				

PACKING: TO BE PACKED IN PLASTIC BAGS WITH ZIP OF ONE PC EACH, 20 PCS TO A CARTON, TOTAL 552 CARTONS ONLY.

SHIPMENT: TO BE EFFECTED BY THE SELLER FROM GUANGZHOU TO HODEIIDAH NOT LATER THAN MAY 31 ST 2014 ON CONDITION THAT UPON RECEIPT OF THE RELEVANT L/C WITH PARTIAL SHIPMENT AND TRANSHIPMENT NOT ALLOWED.

PAYMENT: THE BUYER SHALL OPEN THROUGH A BANK ACCEPTABLE TO THE SELLER AN IRREVOCABLE LETTER OF CREDIT AT 30 DAYS FROM B/L DATE TO REACH THE SELLER BEFORE APRIL 25TH 2014 AND VALID FOR NEGOTIATION IN CHINA UNTIL THE 15TH DAY AFTER THE DATE OF SHIPMENT.

INSURANCE: THE SELLER SHALL COVER THE INSURANCE FOR 110% OF TOTAL INVOICE VALUE AGAINST ALL RISKS AND WAR RISK AS PER AND SUBJECT TO THE RELEVANT OCEAN MARINE CARGO CLAUSES OF PEOPLE'S INSURANCE COMPANY OF CHINA DATED 1/1/1981.

CONFIRMED BY:

THE SELLER **THE BUYER**

GUANGZHOU BAIYUN INDUSTRIAL TRADING COMPANY

HASSAN AL KAMAR FOR GENERAL TRADING
×××
LAMIA KHASHOGGI
REMARKS：**(OMMITTED)**

二、根据下面的合同和信用证填写中华人民共和国出口货物报关单

1. 合同

SALES CONFIRMATION

S/C NO：JH-FLSSC06　　**Date**：April 1st 2014

THE SELLER：SILVER SAND TRADING CORP.

ADDRESS：ROAD，GUANGZHOU，P. R. CHINACOPENHAGEN，DENMARK

THE BUYER：F. L. SMIDTH & CO.

ADDRESS：6TH FLOOR，JINDU BUILDING，135 WUXING 77，VIGERSLEV ALLE，DK-2600 VALBY

ITEM NO.	COMMDITY & SPECIFICATIONS	UNIT	QUANTITY	UNIT PRICE (US$)	AMOUNT (US$)
	FOREVER BRAND BICYCLE			CIFC5% COPENHAGEN	
1	YE803 26'	SET	600	66.00	39 600.00
2	YE600 24'	SET	600	71.00	42 600.00
				TOTAL	82 200.00
TOTAL CONTRACT VALUE:		SAY US DOLLARS EIGHTY TWO THOUSAND AND TWO HUNDRED ONLY.			

PACKING：TO BE PACKED IN CARTONS OF ONE SET EACH，TOTAL 1 200 CARTONS.

PORTOF LOADING & DESTINATION：FROM GUANGZHOU CHINA TO COPENHAGEN，DENMARK.

SHIPMENT：TO BE EFFECTED BEFORE THE END OF MAY 31，2014 WITH PARTIAL SHIPMENT AND TRANSHIPMENT ALLOWED.

PAYMENT：THE BUYER SHALL OPEN THOUGH A BANK ACCEPTABLE TO THE SELLER AN IRREVOCABLE LETTER OF CREDIT PAYABLE AT 30 DAYS SIGHT WHICH SHOULD REACH THE SELLER BY THE END OF APRIL 25，2014 AND REMAIN VALID FOR NEGOTIATION IN CHINA UNTIL 15TH DAY AFTER THE DATE OF SHIPMENT.

INSURANCE：THE SELLER SHALL COVER INSURANCE AGAINST ALL RISKS AND WAY RISK FOR 110% OF THE TOTAL INVOICE VALUE AS PER THE RELEVANT OCEAN MARINECARGO CLAUSES OF THE PEOPLE'S INSURANCE COMPANY OF CHINA DATED 1/1/1981.

CONFIRMED BY:

THE SELLER **THE BUYER**

REMARKS:

1. The buyer shall have the covering Letter of Credit which should reach the Seller 30 days before shipment, failing to do this the Seller reserves the right to rescind without futher notice, or to regard as still valid whole or any part of this contract not fulfilled by the Buyer, or to lodge claim for losses thus sustained, if any.

2. In case of any discrepancy in quality/quantity, claim should be filed by the Buyer within 30 days after the arrival of the goods at port of destination; while for quanlity discrepancy, claim should be filed by the Buyer within 15 days after the arrival of the goods at port of destination.

3. For transactions concluded on CIF basis, it is understood that the insurance amount will be for 110% of the invoice value against the risks specified in the Sales Confirmation. If additional insurance amount or coverage required, the Buyer must have the consent of the Seller before shipment, and the additional premium is to be home by the Buyer.

4. The Seller shall not hold liable for non-delivery or delay in delivery of the entire lot or a portion of the goods here under by reason of natural disasters, war or other causes of Force Majeure. However , the Seller shall notify the Buyer as soon as possible and furnish the Buyer within 15 days by registered airmail with a certificate issued by the China Council for the Promotion of International Trade attesting such event(s).

5. All deputies arising out of the performance of, or relating to this contract, shall be settled through negotiation. In case no settlement can be reached through negotiation, the case shall then be submitted to the China International Economic and Trade Arbitration Commission for arbitration in accordance with its arbitral rules. The arbitration shall take place in GUANGZHOU. The arbitral award is final and binding upon both parties.

6. The Buyer is requested to sign and return one copy of this contract immediately after receipt of the same. Objection, if any, should be raised by the Buyer within it. It is understood that the Buyer has accepted the terms and conditions of this contract.

7. Special conditions: These shall prevail over all printed terms in case of any conflict.

2. 信用证

WEST L. B. (EUROPE) A. G. 信用证

WEST L. B. (EUROPE) A. G.

P. O. BOX 2230 3000 CE COPENHAGEN THE DENMARK IRREVOCABLE DOCUMENTARY CREDIT CABLE STANCHART TELEX 24108 (SCBR NL).

TELEPHONE: (010) 4365322

THIS IS AN OPERATIVE CREDIT INSTRUMENT：
DATE OF ISSUE：APRIL 14，2014
DATE OF EXPIRY：JUNE 15，2014
PLACE OF EXPIRY：IN CHINA
OUR REFERENCE：FLS-JHLC06
DOCUMENTS TO BE PRESENTED WITHIN 15 DAYS AFTER THE DATE OF ISSUANCE OF THE TRANSPORT DOCUMENT(S) BUT WITHIN THE VALIDITY OF THE VALIDITY OF THE CREDIT.
APPLICANT：F. L. SMIDTH & CO. A/S
77，VIGERSLEV ALLE，DK-2500 VALBY
COPENHAGEN DENMARK FAX：(01) 201190
BENEFICIARY：SILVER SAND TRADING CORP.
6TH FLOOR，JINDU BUILDING，135 WUXING ROAD，GUANGZHOU，P. R. CHINA
ADVISING BANK：BANK OF CHINA 50 HUQIU ROAD. GUANGZHOU P. R. CHINA
AMOUNT USD 82，200.00 SAY US DOLLARS EIGHTY TWO THOUSAND TWO HUNDRED ONLY.
PARTIAL SHIPMENTS：ALLOWED
TRANSHIPMENT：ALLOWED
CREDIT AVAILABLE WITH ADVISING BANK BY NEGOTIATION
SHIPMENT/DESPATH/TAKEN IN CHARGE FROM/AT GUANGZHOU TO：COPENHAGEN
NOT LATER THAN：MAY 31，2014
AGAINST PRESENTATION OF THE DOCUMENTS DETAILED HEREIN AND OF YOUR DRAFT(S) AT 30 DAYS SIGHT DRAWN ON OUR BANK.
DOCUMENTS REQUIRED：

1. Signed commercial invoice in 3 copies mentioning L/C No. and vessel's name, together with beneficiaries' declaration confirming that one set of non-negotiation docs. has to be sent to the applicant.

2. 3/3 set of original clean shipped on board Marine Bill of Loading issued to order and endorsed in blank, marked freight prepaid and notify the applicant.

3. GSP form A in duplicate, issued and signed by the commodity inspection bureau in GUANGZHOU.

4. Marine insurance policy in duplicate endorsed in blank for 110 percent of the invoice value against all risks&war risk, subject to CIC dated 1.1.1981. Claims to be payable in Denmark in currency of the draft.

5. Packing list in 3-fold showing color assortment of each art No., gross weight,

net weight and measurement of each package.

6. Beneficiaries copy of fax to the applicant, advising shipping details including name of vessel, voyage No..

7. L/C No., B/L No., quantity shipped, No. of packages, total amount, ETD/ETA, name of 2nd vessel (if possible) within 24 hours after shipment effected.

8. Special instructions: Transhipment is allowed only in anywhere.

GOODS:

S/C. NO. FLSSC01: "FOREVER" BRAND BICYCLE 600 SETS YE803 26' @USD 66.00/SET & 600 SETSTE600 24' @USD 71.00/SET CIFC5% COPENHAGEN

SHIPPING MARK: FLS/9711/COPENHAGEN/1-UP

INSTUCTIONS FOR NEGOTIATING BANK

DOCUMENTS TO BE SENT TO US BY REGISTERED AIRMAIL IN TWO SETS.

WE WILL COVER YOU UPON RECEIPT OF DOCUMENTS IN ORDER.

WEST L. B. (EUROPE) A. G.

ADELJONE

G. DEN ADEL (A570) W. E. DE JONG(A573)

SUBJECT TO UNIFORM CUSTOMS AND PRACTICE FOR DOCUMENTARY CREDITS (1993 REV.) I. C. C.

PUBLICATION NO. 500

WEST L. B. (EUROPE) A. G.

P. O. BOX 2230 3000 CE COPENHAGEN

THE DENMARK

IRREVOCABLE DOCUMENTARY CREDIT

三、依据给出的资料填制进口货物报关单

资料一:

广东东升医疗机械公司(经营单位代码:518994××××)在投资总额内,委托广东省机械进出口公司(经营单位代码:512091××××)进口设备一批,于2014年5月1日进口,次日由广东日华公司持"检验检疫货物通关单"(证件号码A:53010104230018)和证明号为Z51011A00388的征免税证明(海关签注的征免性质为"鼓励项目")及有关单证向佛山新港海关(关区代码:5189)代理报关。

资料二:

QI SUN HE ENTRERISE CORP. LONDON

PACKING LIST

NO.: PK-AP0405　　　　DATE: APR. 5, 2014

FOR ACCOUNT AND RISK OF MESSRS

GUANGZHOU DONGSHENG MEDICAL APARATUS AND INSTRMENTS

GUANGZHOU CHINA PINGSHA VILLAGE, FOSHAN, GUANGZHOU, CHINA

SHIPPED BY QI SUN HE LIMITED PER ________

SAILING ON OR ABOUT ________ FROM LONDON TO GUANGZHOU FOSHAN

VESSEL VOVAGE NO. MAY FLOWER 0425

B/L NO.：LD41025

MARKS & NOS	DESCRIPTION OF GOOD	QUANTITY	N. W(KG)	G. W(KG)
D. S. M LONDON P/NO. 1－3	医疗机械 NG-501 CONTAINERS NO YMLU 6688327(40') TAREWGT 5627KG	5 SETS	23 426	26 385
	TOTAL，3PALLETS	5 SETS	23 426kgs	26 385 kgs

资料三：

QI SUN HE ENTRERISE CORP. LONDON

INVOICE

NO. IV-AP0405　　　　　DATE：APR. 5，2014

FOR ACCOUNT AND RISK OF MESSRS

GUANGZHOU DONGSHENG MEDICAL APARATUS AND INSTRMENTS

GUANGZHOU CHINA PINGSHA VILLAGE，FOSHAN，GUANGZHOU，CHINA

广州东升医疗机械公司(广东佛山)

SHIPPED BY QI SUN HE LIMITED PER ________

CONTRACT NO. LD-054-126

MARKS & NOS	DESCRIPTION OF GOOD	QUANTITY	UNIT PRICE (USD)	AMOUNT (USD)
D. S. M LONDON P/NO. 1－3	医疗机械 NG-501 CONTAINERS NO YMLU 6688327(40') TAREWGT 5627KG	5 SETS	6 079. 25 CIF FOSHAN	30 396. 25
	TOTAL：3PALLETS	5 SETS		30 396. 25
	SAY TOTAL THIRTY THOUSAND THREE HUNDRED NINTY-SIX AND TWO-FIVE ONLY			

QI SUN HE ENTRERISE CORP. LONDON

AUTHORIZED SIGNATURE ________

项目八 其他单证的缮制

通过对本项目的学习，要求能够了解国际贸易业务中常用的一些其他单证的种类，熟悉这些单证的内容、作用和使用环境，掌握这些单证的缮制方法。

重点掌握：

- 汇票的内容及缮制。
- 各种证明的内容及缮制方法。

8.1 汇票的概念

8.1.1 汇票的定义

汇票(Bill of Exchange)是国际贸易结算中使用非常广泛的一种票据，通常简称为Bill或Draft或Exchange。《中华人民共和国票据法》中关于汇票的定义是："汇票是出票人签发的，委托付款人在见票时或者在指定日期无条件支付确定的金额给收款人或者持票人的票据。"

各国广泛引用和参照的《英国票据法》关于汇票的定义是："汇票是由一人向另一人签发的，要求即期或定期或在可以确定的将来的时间，对某人或其指定人或持票人支付一定金额的无条件书面支付命令。"(A bill of exchange is an unconditional order in writing addressed by one person to another signed by the person giving it requiring the person to whom it is addressed to pay on demand, or at a fixed or determinable future time a sum certain in money to or to the order of a specified person, or to bearer.)

世界票据法体系

世界票据法体系可分为英美法系的票据法和大陆法系的票据法。英美法系国家的票据法是以《英国票据法》为蓝本的。大陆法系国家的票据法是以《日内瓦统一法》为依据的。前者是英国的国内法，后者则是一种国际公约。

英国于1882年颁布施行票据法，美国及大部分英联邦成员国如加拿大、印度等都以此为参照制定本国的票据法。美国和其他英联邦国家的票据法虽在具体法律条文上与英国票据法有所不同，但总体说来，英美法系国家的票据法基本上是统一的，这种统一是建立在《英国票据法》基础上的。

法国、德国等欧洲大陆为主的20多个国家参加了1930年在日内瓦召开的国际票据法统一会议，签订了《日内瓦统一汇票、本票法公约》。1931年又签订了《日内瓦统一支票法公约》。两个公约合称为《日内瓦统一法》。《日内瓦统一法》是有关票据方面的国际私法的重要渊源，无疑，参加签字的大陆法系的国家在制订或修改本国的票据法时都要依循这一国际公约。

由于英美两国及其他一些英美法系国家并未参加日内瓦公约，因此在当今世界上存在两大票据法体系——大陆法系(也称日内瓦法系)和英美法系。虽然1982年联合国国际贸易法律委员会公布了《国际汇票和国际本票公约(草案)》，设想将两大票据法体系统一在一个"公约"范围内，至今因签字国过少而未果。

两大法系国家的票据法各以这两个票据法为基础，并各自基本趋于统一。

8.1.2　汇票的特点

- 汇票是由出票人签署的书面文件。
- 汇票是一种委托他人付款的票据。
- 汇票的付款必须是无条件的。
- 汇票的金额必须是确定的。
- 汇票应在见票时或在指定的日期得到兑现。

8.1.3　汇票的基本当事人

汇票的当事人一般有三个：出票人、受票人和受款人。

(1)出票人(Drawer)：即签发汇票的人。在进出口业务中，通常是指出口商。

(2)受票人(Drawee)：又称付款人(Payer)，即支付票款的人。在进出口业务中，通常是指进口商或其指定的银行。

(3)受款人(Payee)：即汇票规定的可受领金额的人。在进出口业务中，若信用证没有特别指定，受款人通常是出口商本人或其指定的银行。

此外，汇票在使用中还可能出现一些非基本当事人，如背书人(Endorser)、承兑人(Acceptor)、持票人(Holder或Bearer)等。背书人是指收款人或持票人在汇票背面签字，将收款权利转让他人的人。承兑人是指办理了承兑手续的远期汇票付款人。在实际业务中承兑人可能是开证申请人，开证行或其指定的付款行。持票人是指持有汇票、有权收款的人。其中，善意持票人是持票人的一种，即汇票的合法持有者，因善意地支付了全部票款的代价，取得了一张表面完整、合格、不过期的票据，他未发现这张汇票曾被退票，也未发现其前手在权利方面有任何缺陷。例如，在信用证业务中，议付行押汇后就处于善意持票人的地位。善意持票人的权利优于其前手，如果其前手以不当手段获得汇票，善意持票人的权利并不因此而受到影响，他可以向汇票的所有责任方要求付款。

8.1.4 汇票的种类

1. 按照出票人的不同，汇票可分为银行汇票和商业汇票

(1) 银行汇票(Banker's Draft)：是指出票人和受票人都是银行的汇票，银行汇票样本如图8-1所示。

(2)商业汇票(Commercial Draft)：是指出票人是商号或个人，付款人可以是商号、个人，也可以是银行的汇票。

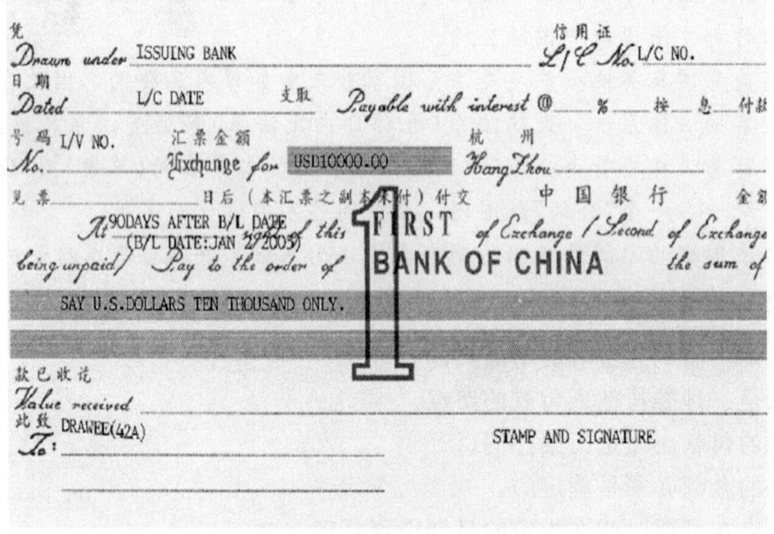
凭 Drawn under ISSUING BANK 信用证 L/C No. L/C NO.
日期 Dated L/C DATE 支取 Payable with interest @ ___ % ___ 按 ___ 息 ___ 付款
号码 No. L/V NO. 汇票金额 Exchange for USD10000.00 杭州 HangZhou
见票 ___ 日后（本汇票之副本未付）付交 中国银行 金额
At 90DAYS AFTER B/L DATE (B/L DATE:JAN 2 2005) sight of this FIRST of Exchange (Second of Exchange being unpaid) Pay to the order of BANK OF CHINA the sum of
SAY U.S.DOLLARS TEN THOUSAND ONLY.
款已收讫 Value received
此致 To: DRAWEE(42A)
STAMP AND SIGNATURE

图8-1 中国银行远期汇票样本

2. 按照有无随附商业单证，汇票可分为光票和跟单汇票

(1)光票(Clean Bill)：是指不附带商业单证的汇票。银行汇票多为光票。

(2)跟单汇票(Documentary Bill)：是指附带有商业单证的汇票。商业汇票一般为跟单汇票。

3. 按照付款时间的不同，汇票可分为即期汇票和远期汇票

(1)即期汇票(Sight Draft or Demand Draft)：是指在提示或见票时立即付款的汇票。

(2)远期汇票(Time Bill or Usance Bill)：是指在一定期限或特定日期付款的汇票。

远期汇票的付款时间，有以下几种规定方法：

- 见票后若干天付款(At ×× Days after Sight)。
- 出票后若干天付款(At ×× Days after Date)。
- 运输单证日后若干天(At ×× Days after Date of Transport Document)。
- 指定日期付款(Fixed Date)。

4. 按照承兑人的不同，汇票又可分为商业承兑汇票和银行承兑汇票

(1)商业承兑汇票(Trader's Acceptance Bill)：是指由工商企业或个人承兑的远期汇票。商业承兑汇票是建立在商业信用的基础之上的，其出票人通常也是工商企业或个人。

(2)银行承兑汇票(Bank's Acceptance Bill)：是指由银行承兑的远期汇票。银行承兑汇票通常由出口人签发，银行对汇票承兑后即成为该汇票的主债务人，而出票人则成为从债务人，或称为次债务人。银行承兑汇票是建立在银行信用的基础上的，以便于其在金融市场上进行流通。

8.1.5 汇票的内容

1. 绝对必要记载项目

汇票必须要式齐全。所谓要式齐全，是指应当具备必要的内容。《中华人民共和国票据法》明确规定汇票必须记载下列事项：

- 表明"汇票"字样。
- 无条件支付命令。
- 确定的金额。
- 付款人名称(Drawee)。
- 收款人名称(Payee)。
- 出票日期(Date of Issue)。
- 出票人签字(Signature of the Drawer)。

汇票上未记载规定事项之一的，汇票无效。

2. 相对必要记载项目

汇票还有一些必不可少的项目，如果在汇票上没有明确记载，即推定为约定的内容，这些相对必要的记载项目有：

1)付款期限(Tenor)。若欠缺，推定为见票即付。

2)付款地点(Place of Payment)。若欠缺，推定为付款人的营业场所或住所。

3)出票地点(Place of Issue)。若欠缺，推定为出票人的营业场所或住所。

3. 汇票的其他记载项目

根据实际业务的需要，汇票上也会记载以下一些项目：

- 汇票编号(No.)。

- 出票依据(Drawn under...)。
- 付一不付二(Second/First Unpaid)或付二不付一(First/Second Unpaid)。
- 利息和利率(Interest and Interest Rate)。
- 其他记载项目。

8.1.6 汇票的缮制

1. 汇票的名称

汇票上必须注明"汇票"字样，如"Bill of Exchange"或"Exchange"或"Draft"字样，以明确票据的种类，使汇票区别于本票和支票，一般是印制好此类表述。

2. 无条件的书面支付命令

(1)必须是书面形式：汇票以及其他票据必须是书面存在的，否则无法签字和流通转让，即要用文字予以表达。汇票可以是打印的、印刷的、手写的。

(2)无条件性：即不能附带任何限制性的条件。

(3)命令性：汇票是一项付款命令，"命令"即指示，作为无条件支付命令，汇票须用祈使、指令式的语气，通常表达直截了当，应使用祈使句，用动词"pay"加收款人名称和金额，如"pay to the order of Bank of China USD 2 000 only"。外贸公司一般都是以这种文句和方式印制汇票的，填制汇票时，只需要填注收款人的名称和具体的金额即可。

3. 汇票的金额

(1)汇票金额(Exchange for, the Sum of)须由货币和数额两个部分组成，金额必须确定，不能模棱两可。例如，"大约付 1 000 美元""付 2 000 马克左右""付 10 万或 15 万日元 "等表示方法都是错误的。

(2)汇票的金额必须同时用大、小写记载：汇票金额要用数字小写(Amount in Figures)和文字大写(Amount in Words)分别表示，汇票中"Exchange for"后面填写小写金额，"the Sum of"后面填写大写金额。(大写金额用文字表示并在文字金额前显示"Say"，金额后加上"Only"(整)，以防止涂改。如果大小写不一致，《英国票据法》和《日内瓦统一法》都规定以大写为准，《中华人民共和国票据法》则认为该汇票无效。

(3)汇票金额一般与发票金额一致：通常情况下，汇票金额为发票金额的100%，有时，根据信用证的不同规定，汇票金额可少于发票金额，但不得超过信用证规定的最高金额。若信用证上的金额或数量有允许增减的幅度，则汇票可按其幅度处理。

4. 付款期限

汇票的期限称付款期限，必须明确填写。付款期限填写汇票中的"at... Sight"中间的空白处。汇票付款期限的填写必须与信用证的条款一致，一般有以下几种表示方法：

(1)即期汇票，即见票即付(At Sight/On Demand)，一般表达为 At Sight，单

词之间无其他表述。在填写汇票时，须在 At 与 Sight 之间的空白处打上星号或虚线，表明是见票即付。未记载付款日期的汇票，视为见票即付。

(2)远期汇票，有以下四种表示方法：

● 见票后××天付款，如 At 45 days after sight (见票后 45 天)。这种汇票的持票人应先向付款人提示，付款人承兑 45 天后付款。

● 出票后××天付款，如 At 60 days after date of draft(汇票日后 60 天)。这种汇票须提示承兑，以明确付款人的责任。

● 固定××天付款，如 At 60 days after date of B/L(提单日后 60 天)，At 60 days after receipt of full set of documents(收到单证后的 60 天)，At 60 days from invoice date(发票日后 60 天)。这种汇票也须提示承兑，以明确付款人的责任。

● 固定将来日期付款(At a fixed date)，如 On April 30，2014。

计算远期汇票到期日的原则：

● 凡起始日期之前用"after"，如 after sight，after date of draft 或 after date of B/L，应按算尾不算头掌握；凡起始日期之前使用"from"，应按算头不算尾掌握。

● 如期限按月计算，到期日应为付款当月的相同日期。如果没有相同日期，如到期日赶在大月的 31 日或二月的 28 日等，则到期日按当月的最后一天掌握。

● 到期日适逢节假日，则顺延至节假日后第一个营业日。星期六和星期日在国外均被视为非营业日，也应顺延。

5. 收款人

收款人(Payee)又称受款人，是汇票的抬头人，是出票人指定的接受票据的当事人。在汇票中"Pay to"的后面填写汇票的收款人。有以下几种表示方式：

(1)指示式抬头，即在收款人栏中填写"Pay to the order of ××"(付给某人的指定人)或"Pay to ×× or order"(付给某人或其指定人)，这类汇票在收款人这一栏里总有"Order"这个英语单词，可背书转让。

(2)限制式抬头，即在收款人栏中填写"Pay to ×× only"(仅付给某人)或"Pay to ×× only not transferable"(限付给某人，不允许转让)。这类汇票不能转让流通。

(3)持票人式抬头，又称来人式抬头，即在收款人栏中填写"Pay to bearer"(付给持票人)或"Pay ×× or bearer"(付给某人或持票人)。这类汇票在收款人这一栏里一定有"Bearer"(持票人)这一英语单词。这种汇票，收款人无需背书，仅凭交出即可转让。《中华人民共和国票据法》不允许采用这种方式。

在实际业务中，汇票通常做成指示性抬头，即 Pay to the order of ××，这种抬头根据信用证的规定，可填写下列内容：

(1)议付行。例如，议付行为中国银行，应打 Pay to the order of Bank of China，并由中国银行背书，将收款权转让给开证行，这是实际业务中的通常做法。

(2)开证行。例如，港澳联行来证，可在 Pay to the order of 之后加开证行的名称，这种抬头的汇票，议付行不背书。这种打法往往在信用证内有具体规定。

(3)受益人。在 Pay to the order of 之后可打受益人名称，也可打 Ourselves 由受益人背书转让给议付行，议付行再背书转让给开证行。国内出口企业一般以议付行为收款人，但从银行风险的角度看，经受益人背书转让后的汇票更具有操作性。

托收项下，可以托收行为抬头人，由托收行背书转让给代收行向付款人收款，或以代收行为抬头人，出票人及托收行免予背书，或做成出票人抬头并由其空白背书。

信用证项下，一般以议付行指示性抬头为汇票收款人，即“Pay to the order of ××× Bank”。在 SWIFT 信用证项下，若出现“41A Available with ... by ...”项目，其内容为“××× BANK BY NEGOTIATION”，则表示限制议付，应填写信用证指定的议付行作为收款人；若出现“41D Available with ... by ...”项目，其内容为“ANY BANK BY NEGOTIATION”，则表示自由议付，出口公司可自由选择合适的议付行作为收款人。

汇票无论以谁为抬头人(即收款人)，票款最终要转到出票人(即出口商)的名下，因为虽然从票据法的角度讲，抬头人是汇票上的债权人，有权收款，但这只是为了结算上的方便，有关各方还必须履行在信用证或托收业务中所应承担的责任和义务，从而完成货款从买方向卖方的真正转移。

6. 付款人的名称和地址

汇票的付款人(Payer)即汇票的受票人(Drawee)，也称致票人，在汇票中表示为“To ×××”(此致某人)，后面写明付款人的名称及地址。按 UCP600 规定，信用证项下均应以开证行或其指定银行为汇票付款人。

凡是要求开立汇票的信用证，证内一般都指定了付款人。如果信用证没有指定付款人，按照惯例，一般做成开证行为付款人。填制付款人的一般做法是：

(1)当信用证规定须开立汇票而又未明确规定付款人时，应理解为开证行就是付款人，从而打上开证行的名称、地址。

(2)当信用证要求为：“DRAWN ON US”或“DRAWN ON ××× BANK”时，应理解“US”为开证行，“××× BANK”为开证行制定的付款行(或偿付行)，付款人填开证行或其指定的付款行(或偿付行)的名称及地址。

(3)当信用证要求为：“DRAWN ON YOU”或“DRAWN ON YOUSELVES”时，则付款人填通知行的名称和地址。

(4)在 SWIFT 信用证项下，若要求提交汇票，应按照“42A DRAWEE”项目内容填写指定银行的名称和地址。

(5)当信用证的条款为：“DRAFTS DRAWN ON APPLICANT”时，应填写该信用证的开证人名称及地址。但此时需注意：这种以信用证开证人为付款人的汇票，对卖方存在一定的风险，故遇到时应要求买方修改信用证，以银行作为汇票的付款人，才能真正体现信用证作为银行信用的性质。

托收项下汇票付款人应按合同规定填写买方(进口商)的名称和地址。需要注意即使汇票上不能列出详细地址，托收委托书上也应作出详细指示，代收行对于因所提供的地址不完整或不准确而引起的任何延误概不负责。

付款人旁边的地点就是付款地点。它既是汇票金额的支付地，也是要求付款地，或拒绝证书做出地。

根据国际私法的“行为地原则”，在付款地发生的“承兑”“付款”等行为都要适用付款地法律。因此，付款地的记载是非常重要的。如果票据未注明付款地，它仍然成立，这时付款人所在地即是付款地，持票人可在此地提示汇票要求付款或承兑。

7. 出票人的名称和签章

出票人(Drawer)即签发汇票的人。票据必须经出票人签字才能成立，签字原则是票据法最重要和最基本的原则之一。票据责任的承担以签字为条件，谁签字，谁负责，不签字就不负责。出票人签字是承认了自己的债务，收款人才因此有了债权。如果汇票上没有出票人的签字，或签字是伪造的，票据都不能成立。出票人的名称和签章一般在汇票的右下角，包括两项内容：一是出口公司名称，通常以盖章表示；二是法人代表签字，此签字最好手签，国内往往以盖手签章表示。

信用证项下，汇票的出票人通常是指信用证的受益人；在转让信用证项下，可以是第二受益人；在托收项下，是托收申请的委托人即出口商。

8. 出票的日期和地点

出票日期即交单日期，在向银行交单时填写。出票地点是指出票人签发汇票的地点，出票地点一般为议付地点。

汇票必须加列出票日期和出票地点，以便确定付款到期日，计算利息金额，同时确定适用的法律。出票日期与地点常并列于汇票的右上方。

信用证项下的出票日期是议付日期，出票地点是议付地或出票人所在地，通常出口商多委托议付行在办理议付时代填。

托收项下一般以托收行办理托收手续的日期作为汇票的出票日期，通常由托收行在办理托收时代填日期。

值得注意的是，汇票出票的日期不得早于其他单证的日期，也不得晚于信用证有效期和提单签发日后第 15 天。

《日内瓦统一法》规定，即期汇票的有效期是从出票日起的一年时间；我国《票据法》规定见票即付的汇票有效期为两年。

远期汇票到期日的计算是以出票日为基础的，确定了出票日及相应期限，也就能确定了到期日。若出票时法人已宣告破产或被清理，则该汇票不能成立。

出票地点对国际汇票具有重要意义，因为票据是否成立是以出票地的法律来衡量的。但是票据不注明出票地并不会影响其生效。《中华人民共和国票据法》规定，汇票上未记载出票地，则出票人的营业场所、住所或者经营居住地为出票地。

9. 出票条款

出票条款又称出票根据，打在“Drawn under”之后表明汇票的起源交易是允许

的。出票依据一般为开立汇票的信用证或合同。

在信用证项下，出票依据是说明开证行在一定的期限内对汇票的金额履行保证付款责任的法律根据，是信用证项下汇票不可缺少的重要内容之一。

如信用证有具体规定，应按规定的原文照打；若信用证未作具体规定，出票条款的内容有 Drawn under ××(开证行名称)、Irrevocable L/C No. ××(信用证号码)、Dated ××(开证日期)三项。

托收项下，一般应加发运货物的名称、数量，有的还加起运港和目的港以及合同号等。

10. 汇票的其他记载项目

(1)付一不付二与付二不付一条款：汇票属于资金单证，可以代替货币进行转让和流通。为防止丢失，汇票一般有两联正本。汇票第一联上显示：this First of Exchange (Second of Exchange Being Unpaid)；在第二联上显示：this Second of Exchange(First of Exchange Being Unpaid)，即付一不付二，付二不付一条款。《中华人民共和国票据法》规定，两联正本汇票的内容相同，具有同等效力，先到先付，后到无效。

(2)利率、利息条款：在远期信用证项下，若条款中规定汇票金额包含利息，即支付票面金额加上远期利息额，且须在汇票中予以显示，则缮制汇票时应在利率栏"Payable with Interest @... % ... "内具体列明，以便计算利息额。若没有规定，此栏留空。

(3)汇票编号：汇票一般都有编号，这样便于业务处理。汇票号各不一样，有的独立编号，有的援引发票号。由于汇票编号不是汇票的必要项目，所以有些汇票没有编号。实际业务中填制汇票时，一般填写商业发票的号码。

汇票的填制样本如图 8-2 所示。

BILL OF EXCHANGE

FOR USD27931.19 DATE: 21 Sep,2006

AT xxxx SIGHT OF THIS FIRST BILL OF EXCHANGE (SECOND BEING UNPAID) PAY TO STANDARD CHARTERED BANK OR ORDER THE SUM OF

SAY US DOLLARS TWENTY SEVEN THOUSAND NINE HUNDRED AND THIRTY ONE AND 19/100 ONLY

VALUE RECEIVED AND CHARGE THE SAME TO ACCOUNT OF

DRAWN UNDER INDIAN OVERSEAS BANK HONGKONG

L/C NO. CN-26782/S DATE 9 AUG. 2006

TO INDIAN OVERSEAS BANK HONGKONG

FREEDOMOTOR COMPANY LIMITED
A1008, HANYIN PLAZA NT,ZHEQIAO
PUDONG, SHANGHAI CHINA

1

图 8-2 汇票

托收及信用证项下汇票主要区别

序号	项目	托　收	信用证
1	出票条款	一般不填或根据信息填 Contract No... Against Shipment Of ×××(goods) for Collection	开证银行，信用证号码，开证日期
2	开票时间	向银行委托日	向议付行交单日
3	开票地点	出口商所在地	受益人所在地
4	付款时间	At 前加 D/P 或 D/A，时间以合同规定为准	时间以信用证规定为准
5	受款人	一般凭委托银行指示或者填 Ourselves	一般凭议付行指示
6	付款人	一般为合同买方	按信用证 Drawn On 或 Drawee 后面的规定填写；如后面为 Us/Ourselves、Them、Themselves 分别指开证行、开证申请人；如无规定则填开证行
7	出票人	一般为合同卖方	一般为信用证受益人

8.1.5　汇票的使用程序

汇票的使用因其是即期还是远期的不同而有所不同。即期汇票只需经过出票、提示和付款的程序；而远期汇票还需经过承兑手续。汇票如需流通转让，通常要经过背书。汇票遭到拒付时，还要涉及做成拒绝证明、依法行使追索权等法律问题。

1. 出票

出票是指出票人在汇票上填写付款人、付款金额、付款日期和地点以及受款人等项目，经签字后交给持票人的行为。出票行为包括两个动作：①写成汇票(Draw)，即在汇票上写明有关内容，并签名。②交付(Deliver)，将汇票交付给收款人。只有经过交付，才真正建立了债权、债务关系，完成了出票手续。

2. 提示

提示是指持票人将汇票提交付款人要求承兑或付款的行为。

(1)付款提示(Presentation for Payment)：即指持票人向付款人提交汇票、要求付款的行为。

(2)承兑提示 (Presentation for Acceptance)：即指持票人向付款人提交远期汇票，付款人见票后办理承兑手续，承诺到期时付款的行为。

付款人见到汇票叫做见票(Sight)，如系即期汇票，付款人见票后立即付款；如系远期汇票，付款人见票后办理承兑手续，到期时付款。凡按期提示者，持有人就可保留追索权，如果未在规定时间提示，持有人就丧失对其前手的追索权。提示要在正当的地点进行，即指汇票载明的付款地点或付款人的地址。

3. 承兑

承兑是指付款人对远期汇票表示承担到期付款责任的行为。其手续是由付款人在汇票正面写上“承兑”(Accepted)字样，注明承兑的日期，并由付款人签名。付款人承兑后，就叫做承兑人，承兑人有在远期汇票到期时立即付款的责任。

承兑交付可以有以下两种：

(1)付款人承兑后，将汇票交给持票人留存，于到期时由持票人向承兑人提示付款。

(2)付款人承兑后，把汇票留下，而以“承兑通知书”(Accepted Bill Advice)交给正当持票人，到期凭以付款。

汇票的承兑有以下两种：

● 一般承兑(General Acceptance)，或称普通承兑，是指承兑人对出票人的指示不加限制地同意确认。承兑作于正面。通常所称的承兑，即指一般承兑。

● 限制承兑(Qualified Acceptance)，或称保留性承兑，是指承兑时用明白的措词，限制汇票承兑的效果，或作承兑时外加一些对汇票内容的修改。常见的限制承兑有三种：①有条件承兑(Conditional Acceptance)，是指须完成承兑人所提出的条件后，承兑人才付款。②部分承兑(Partial Acceptance)，是指对汇票金额的一部分负责到期付款。③地方性承兑(Local Acceptance)，是指承兑时指明仅在某地付款。

4. 付款

对即期汇票，在持票人提示汇票时，付款人即应付款；对远期汇票，付款人经过承兑后，在汇票到期日付款。

在汇票的付款人向持票人做出付款后，付款人一般均要求收款的持票人出具一张收款收据或在汇票背面签字作为收款证明，注上“付讫”(Paid)字样，并收回汇票，从而结束汇票上所反映的债权、债务关系。

5. 背书

背书是转让汇票的一种手续，就是由汇票持有人在汇票背面签上自己的名字，或再加上受让人，并把汇票交给受让人的行为。签名转让的人称为背书人(Endorser)，受让的人称为被背书人(Endorsee)，即受让人(Transferee)。经背书后，汇票的收款权利便转移给受让人。汇票可以经过背书不断转让下去；对于受让人来说，所有在他以前的背书人，以及原出票人都是他的“前手”(Prior Party)；对于出让人来说，在他出让以后的所有受让人都是他的“后手”(Subsequent Party)。前手对后手负有担保汇票必然会被承兑或付款的责任。

背书有以下几种：

(1)记名背书(Special Endorsement)：由背书人在汇票背面签书付给某个被背书人或其指定人的字样。例如，Pay to A Co. or Order。然后再签字。经记名背书的汇票，被背书人可以再做背书。

(2)空白背书(Blank Endorsement)：背书人在汇票背面签字，但不写明交付给某人。空白背书汇票的持有人可将汇票写上受让人的名字再行转让，即可以再进行记名背书。记名背书和空白背书可以相互转换。

(3)限定性背书(Restrictive Endorsement)：由背书人在汇票背面签字指定某人为被背书人，被背书人不得再行转让票据的权利。例如，Pay to B Bank Only 或 Pay to B Bank，not Transferable。

根据各国的票据法的规定，背书人在背书时必须将汇票上的全部金额同时转让给同一个人，而不能转让一部分，或者把汇票金额转让给几个不同的人。

6. 贴现

贴现又称贴水，是指远期汇票承兑后尚未到期，由银行或贴现公司按照汇票上载明的金额扣除按一定贴现率计算的贴现利息后，提前垫款给持票人的一种融资行为。

远期汇票的贴现实际上是票据的买卖，是持票人为了提前兑现把远期汇票打折扣后卖给银行，由贴现银行买入。票据贴现被广泛地应用于进出口贸易中，因此，汇票也成了一种常用的信贷工具。

7. 退票或拒付

持票人提示汇票要求付款时，遭到付款人拒绝付款(Dishonour by Non-payment)或持票人提示汇票要求承兑时，遭到拒绝承兑(Dishonour by Non-acceptance)，或付款人避而不见，或破产或死亡等，以致付款已事实上不可能时，均称为“拒付”，又叫“退票”。

汇票遭拒付后，持票人有权向背书人或出票人追索票款。为了行使追索权，除票据另有规定外，出票人必须办理拒付证书。拒付证书(Protest)是指由拒付地点的法定公证人或法院、银行工会做出的证明拒付事实的文件。汇票遭拒付时，应立即将汇票交当地的法定公证人(Notary Public)或银行工会、法院，请求其向付款人提示，若付款人仍拒绝，则公证人立即做出拒付证书。做成拒付证书的费用，持票人在追索时可向其前手收取。如拒付的汇票已经承兑，出票人可凭“拒付证书”向法院起诉，要求承兑汇票的付款人付款。

8. 追索

如汇票在合理时间内提示，遭到拒绝承兑，或在到期日提示，遭到拒绝付款，持票人立即产生追索权，有权向其前手(背书人、出票人)追索票款。所谓追索权(Right of Recourse)是指汇票遭到拒付时，持票人对其前手有请求其偿还汇票金额和费用的权利(包括利息及做成拒付通知、拒付证书的公证费用等)。持票人向其前手行使追索权的行为称为追索。持票人可以向任何一个前手追索。如汇票已经经过承兑，则出票人还可以向承兑人要求付款。

8.2 各种证明

8.2.1 受益人证明

受益人证明(Beneficiary's Certificate)，或称受益人声明(Beneficiary's Declaration)等，是受益人根据信用证的要求出具的，以证明自己已经履行了合同义务，或证明自己已按要求办理了某事，或证实某件事情达到了进口商的要求或进口国的有关规定等。它是一种内容多样、格式简单的单证。常见的有：证明所交货物的品质、寄出有关的副本单证或样品、已发出装船通知等。一般以英文制作，通常签发一份。其内容主要包括以下几项：

● 出口公司的名称和地址。

● 单证名称。

● 抬头。一般采用笼统称呼，如 To whom it may concern。

● 制单日期。应与证明的内容符合。在信用证规定的日期内填制。例如，提单日期是 4 月 20 日，证明的有关内容是："We hereby certify that set of non-negotiable shipping documents has been airmailed to the Buyer within 2 days after the shipment date."则该证明的日期应该在提单日期之后的 2 天内，即不能早于 4 月 20 日，也不能晚于 4 月 22 日。但是如果证明的内容是："We hereby statement that merchandise packed in wooden crates with plastic foam box."，则该证明的日期就无特别要求，只要在发票日期之后、议付日期之前即可。

● 参考号码。一般应注明信用证号码、发票号码或合同号码。

● 证明内容。根据信用证的要求缮制，但有时应对所用时态作相应变化。例如，信用证规定"The seller should certify that all the packages to be lined with waterproof paper and bound with two ikon straps outside"，则证明应作成："... packages have been lined..."。

● 签署。作为证明，应有出口方签章。例如，信用证单证条款规定："Beneficiary's certificate in two copies certify that three sets of each non-negotiable B/L have been airmailed direct to the buyer immediately after shipment。"

受益人证明可作成如下形式。

CHINA NATIONAL METALS AND MINERALS EXP & IMP CORP.,
JIANGSU BRANCH. 201 ZHUJIANG ROAD, NANJING, JIANGSU,
CHINA BENEFICIARY'S CERTIFICATE

TO：Whom IT MA Y CONCERN　　　　　　　　DATE：2014.12.21

RE：L/C NO.：××，INV.：

WE HEREBY CERTIFY THAT THREE SETS OF EACH NON-NEGOTIABLE B/L HAVE BEEN AIRMAILED DIRECT TO THE BUYER IMMEDIATELY AFTER SHIPMENT.

CHINA NATIONAL METALS AND MINERALS EXP & IMP CORP., JIANGSU BRANCH.

SIGNATURE

受益人证明样本如图 8-3 所示。

Hita Denshi, Ltd.　　ORIGINAL

Beneficiary's Certificate

To whom it may concern,

We, Hita Denshi, Ltd.
hereby certify that copy each of B/L, Invoice and
Packing list has been faxed to applicant within 2days after shipment.

In reference to
Applicant:
The letter of Credit No.:
Invoice No.: 9940448
Our ref.No.: C7-9451/ C7-9511

Yours truly,

Hita Denshi, Ltd.

S. K, General Manager
China Business Dept.
International Operations Div.

图 8-3　受益人证明

8.2.2　船公司证明

船公司证明(Shipping Company's Certificate)是信用证受益人应开证申请人的要求，请船公司，一般是船长或其代理人(通常是中国外轮代理公司或中国外运公司)出立的单证，用来证明船籍、航程、船龄、船级。常见的船公司证明有以下几种。

1. 黑名单证明

很多国家对从事国际贸易运输的船舶的不良安全记录和安全隐患进行跟踪，实行“黑名单”记录，不允许这些船只进行运输。而阿拉伯国家同时还将与以色列有往来的船舶列入黑名单，不允许这些船舶与阿拉伯国家发生业务关系，黑名单证明则是为了说明载货船只未被列入黑名单。黑名单证明可作成如下形式。

<u>BLACKLIST CERTIFICATE</u>

TO：WHOM IT MAY CONCERN PLACE：××

RE：B/L NO. ...

WE ARE ADVISED BY HER OWNERS THAT THIS VESSEL IS NOT ISRAELI OWNED.

TO THE BEST OF OUR KNOWLEDGE AND BELITEF THIS VESSEL IS NOT INCLUDED IN THE ARABIAN BOYCOTT OF ISRAEL BLACKLIST.

(SIGNATURE)

黑名单证明样本如图 8-4 所示。

黑名单证明

CERTIFICATE

DATE：30 APR, 2004

Invoice Number：SU345798

B/L Number：AF3450957850

Vessel Name: HAN JIN V.508

To whom it may concern：

We hereby certify that the carrying vessel is not a blacklisted ship nor of Israeli nationality and she is not scheduled to call at any Israeli ports.

苏迈克斯国际货运有限公司

SUMEX INTERNATIONAL TRANSPORTATION CO., LTD

万 里

图 8-4 黑名单证明

2. 航程证明

航程证明(Itinerary Certificate)是说明载货船舶航程中停靠港口的证明。买方往往是出于政治原因或为了避免航行途中货船被扣的风险而要求提供此证明。红海和波斯湾一带的国家常常要求船公司或其代理出具航程证明，以证明载货船只在本次航行中所经过的港口或航行路线及船籍等；阿拉伯国家开来的信用证通常要求提供非以色列船只，不得停靠以色列港口，不得挂以色列国旗等证明。

如来证要求："Shipment must not be effected on israeli vessel and not call at any israeli ports."。则航程证明可按以下格式出具：

ITINERARY CERTIFICATE

TO：WHOM IT MAY CONCERN　　　　　　PLACE：

RE：S. S. ...

THIS IS TO CERTIFY THAT S. S. ... FLYING THE PEOPLE'S REPUBLIC OF CHINA FLAG，WILL NOT CALL AT ANY ISRAELI PORTS DURING THIS PRESENT VOYAGE，AND SHE IS NOT BLACK LISTED BY THE ARAB COUNTRIES.

(SIGNATURE)

(船公司或船代签章)*

*如为船代签章，应加注：AS AGENT FOR THE CARRIER

相关链接

黑名单证明和航程证明是两种辅助性的证明单证，因国外信用证的开证申请人的要求，对装货船舶的国籍和航程作了规定，所以这两种证书常常合并在一起出立。只有在特殊情况下，如买方由于某些政治原因，或为避免运输途中遭到被扣的风险，有时要求卖方仅装某些国家的船或不装某些国家的船，要求船只不经过某些地区，不通过某一运河，或不在某些港口靠港等，这时卖方就要取得船长或其代理人(一般是中国外轮代理公司或中国外运公司)的船籍证明书和航程证明书。

限制船舶国籍和航程的条款，是由于某些国家之间历史上发生过敌对战争的缘故，因此进口商要求不装对方国家的船只，如以色列与阿拉伯国家、印度与巴基斯坦(包括后独立的孟加拉国)、伊朗与伊拉克、伊拉克与科威特等。还有考虑运输条件的限制等原因，不装一些国家的船只。

3. 船长收据

船长收据(Master's Receipt)是指买方为了防止单证迟于货物到达或其他原因而影响报关、验收和调运工作的进行，而在信用证上规定由卖方随船带交的一套单证，常见于近洋运输。该单证由船长出具，注明了收到的单证的种类、份数，并声明单证将于到达目的港后交指定人(有时船长拒绝出具)。如来证规定："Singed receipt from master of carrying vessel certifying that the master has received the original phytosanatary certificate issued by animal and plant quarantine service of the People's Republic of China covering the quantity of the cargo loaded and that master will carry same to destination and hand over to consignee/notify for customs clearance."船长收据的日期应等于或晚于提单日期。旗福船务公司"东海轮"(M. V. TONGHAI)船长提供的船长收据如下：

TO WHOM IF MAY CONCERN

MASTER'S RECEIPT

RECEIVED FROM MESSRE ××AN ENVELOP CONTAINING THE UNDERMENTIONED DOCUMENTS ADDRESSED TO MESSRS C. N. F. T. T. C.

1. ×COPIES OF NON-NEGOTIABLE B/L NO. ××.
2. ×COPIES OF COMMERCIAL INVOICE NO. ××.
3. ×COPIES OF WT. MEMO/PACKING LIST.

I, THE UNDERSIGNED HEREBY CERTIFY THAT THE ABOVE MENTIONED DOCUMENTS ARE TRAVELLY WITH THE CARRYING VESSEL AND HAND OVER DIRECTLY TO BUYER AFTER ARRIVAL OF VESSEL.

MASTER OF M. V. "TONG HAI"

买方有时在信用证中要求船长出具一份已装货物数量证明交给银行作为议付单证。一般来说，发展中国家的外汇比较少，信用证中除了要求提单外，为了使生意可靠，还要求提供船长证明，证明已装船货物的数量。适用于FOB价格条件成交的出口货物，由买方租船。例如，开船前买方告诉船长要提供装船数量的函，船到装货港后，船长通过中国外轮代理公司或中国外运公司递交给卖方要求装船数量的函。如斯里兰卡政府粮食部开来信用证规定："A certificate from the master of carrying vessel that the quantity demanded by him has been loaded."兰卡康西轮(M. V. "Lanka kanthi")船长提供的装船证明如下。

TO: CHINA NATIONAL CEREALS, OILS & FOODSTUFFS IIE CORP.
GUANGXI BRANCH, BEIHAI OFFICE.

DEAR SIRS,

LOADING CERTIFICATE

THIS IS TO CERTIFY THAT M. V. "LANKA KANTHI" FLYING SRILANKA FLAG, ARRIVED AT THE PORT OF BEIHAI ON 24TH NOVEMBER, 2014 FOR LOADING BAGGED RICE (5, 500 METRIC TONS IN NET, 110 000 GUNNY BAGS) AND HAVE BEEN TOTALLY LOADED ON BOARD MY VESSEL ON THE 6TH DAY DECEMBER, 2014.

YOUR TRULY

签字

MASTER OF M. V. "LANKA KANTHI"

4. 集装箱船只证明

如信用证仅规定货物须装载集装箱船只，则只要在提单上注明货物是集装箱运输(The goods have been shipped by container)即可。如信用证不仅规定货物须装载集装箱船只且要求单独递交证明文本，则不仅须在提单上注明货物是集装箱运输，还须提供集装箱船只证明。如来证要求："Shipment to be made by container vessel and beneficiary to certify this effect.”，此时卖方须提供集装箱船只证明。

CERTIFICATE

TO：WHOM IT MAY CONCERN：　　　　　　　　　　PLACE：××

RE：B/L NO. ... L/C NO. ...

THIS IS TO CERTIFY THAT SHIPMENT HAVE BEEN EFFECTED BY THE CONTAINER VESSEL.

(SIGNATURE)

5. 船龄以及船级证明

船龄证明是说明载货船舶船龄的证明，多出现在印度、孟加拉、巴基斯坦、科威特等国。船龄在15年以上的为超龄船，许多保险公司对15年以上的船舶不予承保。为了保证货物运输的安全，信用证有时要求提供船龄证明，以证明运输船舶的船龄不得超过多少年。船龄证明可按如下格式出具。

CERTIFICATE

BEIHAI，28th FEB，2014

TO WHOM IT MAY CONCERN：

THIS IS TO CERTIFY THAT THE M. S./S. S. (NAME OF VESSEL) WAS BUILT IN NUMBER OF YEAR AND HAS THEREFORE NOT BEEN IN OPERATION FOR MORE THAN 15 YEARS AT TIME OF CARGO LOADING.

CHINA OCEAN SHIPPING AGENCY，BEIHAI BRANCH.

相关链接

买方为了保障船只在运输途中的安全，要求不装建造时间较长的老船(一般超过15年即为老船)，因此要求卖方提供船龄证书。另外，有些国家，如伊拉克、卡塔尔、沙特阿拉伯、约旦、尼日利亚等国家规定超过15年船龄的船不准靠泊卸货。据了解，这一限制仅指到卸货港口的船。如果是转船货，对第一程船的船龄没有限制。如果买方要求在信用证或合同上订明“限制船龄”的条款，一般不能接受，理由是：①这些国家的港口设备条件很差，管理水平低，港口拥挤，装卸缓慢，船舶在港时间长，船公司一般都不愿把船龄轻的船投入该航线。②投入这些航线的我国国轮和租船，大部分的船龄超过15年，如果买方坚持订上“限制船龄”的条款，只能订上“到达卸港的船，船龄不超过15年”，而不能笼统订上“不能超过15年船龄的船”。但有些进口商对超过15年但不到25年船龄的船能通融办理，规定装卸时停泊在指定的港口和泊位，如“To load and unload at specific ports”。船龄证书的日期应先于或等于提单日期。

船级证明是用于说明运输货物的船舶符合一定的船级标准。有时信用证要求提供船公司或船只鉴定公司签发的船级证明，受益人应酌情办理，若无法提供，应及时提出修改信用证。如要求装货船只为100AL标准船级等。船级证明样本如图8-5所示。

船级证明

Lloyd's Register of Shipping
71 Fenchurch Street, London, EC3M 4BS

Telephone 01-709 9166　Telex 888379　Cables Committee, London EC3

Maersk Line (HK) Ltd,
Technical Office
17-19th Fl., Sunning Plaza
10 Hysan Avenue, Causeway Bay,
HONG KONG

Please address further communications to The Secretary, and quote
Our Ref CLASS / CONF.-
Your Ref
Date 11th Sept., 1984

CONFIRMATION OF CLASS

TO WHOM IT MAY CONCERN;

This is to certify that according to current information available in this office, the Class Status of the undermentioned ship/unit is as follows:

L.R. Number　7361180
Name of Ship/Unit　"ADRIAN MAERSK"
Gross Tonnage　29901
Date of Build　1975-8
Class Status　The above ship maintains the Class +100A1 and +LMC
The above ship has the notation UMS (Unattended Machinery Space)

Issuing Office
HONG KONG

H. McLean
for the Secretary, Lloyd's Register of Shipping

图 8-5　船级证明

CERTIFICATE

FANGCHENG, MARCH 17, 2015

THIS IS TO CERTIFY THAT THE M. V. "KING JOHN" FLYING MALTA FLAG, WAS BUILT IN 1992 AND THE SHIPMENT HAS BEEN EFFECTED ON A CLASSIFICATION"ABS + AIE STRENGTHENED FOR HEAVY CARGO + AMS", EQUIVALENT CLASSIFICATION OF "LLOYDSL00-Al "AND THAT THE M. V. "KING JOHN" IS ENTERED INTO A P AND I CLUB. THE P AND I CLUB AND THEIR REPRESENTATIVES IN JEDDAH ARE×××××× COMPANY, ×TH FLOOR OF ××× BUILDING, ××× STREET, POB NO. ×××. ×××, JEDDAH.

CHINA OCEAN SHIPPING AGENCY
FANG CHENG BRANCH

相关链接

船级证明书就是证明船舶等级的证书。所谓船级，就是船舶的等级，由专门的船舶检验机构规定。船级的大小决定船舶航行的安全以及船舶适于装货的程度。船舶检验机构经过鉴定船体、船上设备、吃水高低等技术条件后，规定出船舶等级，并发给船主船级证书。船级证书有一定的期限(一般为 3～4 年)，期满后须重新鉴定。

船舶等级对于国际贸易运输具有重要意义。有些交易合同，在条款中要注明运送货物的船舶具有一定的船级。在租船业务中，船级的高低对于租船运费有直接的影响。级别高的船舶，保险公司通常可以减收保险费。因此，租船人和保险人都要求使用符合船级条款的船舶承运货物。

西方国家的检验机构称为船级社，是私人组织，著名的如英国的劳埃德船级社(或译作劳合氏船级社，Lloyd's Register of Shipping)。劳埃德船级社是世界上有名的船舶注册公司之一，为一些从事国际航行界的船只注册，没有注册到劳埃德船级证书的船只是不容易被人租用的。国际上其他的船级社有法国的维瑞他斯船级社(Bureau Veritas)以及挪威船级社等。中国检验船舶的机构是交通部船舶检验局和中国船级社，这是一套班子，两块牌子，前者是负责对国内的船舶的船级检验机构，后者是负责对国外的船舶的船级检验机构。中国船级社于 1988 年成为国际船级社协会的正式成员。1994 年中国船级社被纳入伦敦保险商协会在船级条款。根据有关规定，持有中国船级社船级的中外籍船舶可享有货物保险费率的优惠。

船级证书又分为船体船级证书(Certificate of Classification for Hull)和机械船级证书(Certificate of Classification for Machinery)。船体船级证书主要用来证明船名(包括以前的船名)、船型、注册容积(长度、宽度和深度)、注册吨位、毛重(注册总吨)、净重(注册净吨)、船籍、船东、名称及地址和造船者的名称(公司和国家名称)、船级级别(如＋ AlE)以及出证书的地点与日期、鉴定人签字等内容。机械船级证书证明的内容除和船体船级证书相同的外，另证明发动机制造公司的名称和何年、何国、何地制造以及船主级别(如＋ AMS)。另外，船公司还提供一份与船级证书有关的叫做“船舶的详细情况(Ship's Particulars)”的资料，内有船的类型(如 Multi-purpose，Freedom's Dry Cargo)，经理所在的公司名称、注册港口、海员人员、船舱和舱口数、压舱物容积、淡水容量、燃料油容量、柴油容量(以上为最大容量)、主发动机的情况、船的类型(指干货船、冷藏船、油船和集装箱船等)。必须说明的是，世界上各 A 船级社用来表明船级的符号都不相同，而两个船级社的“相应”船级，只有内行的人知道。

6. 运费证明

运费证明是指承运人签发给托运人的有关货物运费收讫的凭证。通常买方请卖方代办运输时，国外进口方往往来证要求提供运费收据，以便了解已付运费的实际情况，并作为双方结算运费的依据。在以 CFR 和 CIF 条件成交的信用证中，有时买方会要求提供有关运输费用方面的数据，尤其是伊朗的信用证最为多见。如果信用证要求提供船公司运费账单，则应事先向船公司或其代理言明，并将船公司收账的运费账单复印即可。例如，Certificate from shipping company certifying amount of freight paid People's Republic of China/ Australian ports。单证的名称通常为

Certificate，Freight Invoice，Freight Account，Freight Voucher。运费证明可按如下格式出具。

CERTIFICATE

BEIHAI，28TH，FEB.，2014

THE FREIGHT FOR 1055 CARTONS OF GENERAL MERCHANDISE (CUT GREEN BEANS 425G PER TIN NET) PER METRIC TON FROM BEIHAI TO FREMANTLE VIA HONG KONG IS HK＄472.00(INCLUDING B. S. ADDITIONAL CHARGE AND OCEAN FREIGHT PREPAID). TOTAL AMOUNT: HK＄9562.72 (HK DOLLARS NINE THOUSAND FIVE HUNDRED SIXTY-TWO AND CENTS SEVENTY-TWO ONLY).

CHINA OCEAN SHIPPING AGENCY
BEIHAI BRANCH

相关链接

同一信用证内，除提单条款标注“Freight Prepaid”外，还要求船公司出具运费证明，这样做的原因是为了便于进口商了解已付运费的实际情况。运费证明书的日期应先于或等于提单日期。

上述船公司证明常见的例句有：

(1)Shipment on any former Soviet lines vessel is not acceptable.

不接受装运任何苏联(轮船)公司的船只。

(2)Shipment in container is permitted subject to except P. R. of Chinese vessel.

除中华人民共和国的船只外，允许用集装箱装运。

(3)Vessel should not be more than 15 years of age and is subject to institute classifications clauses. A certificate to this effect from the shipping company/agent must accompany documents presented for negotiation.

以(英国伦敦)学会船级条款为条件，船舶不应该超过15年船龄。船公司代理出具这样的证书，在议付时应随同单证一起提交。

(4)Over 15 years of age but not over 25 years of age.

(船舶)船龄可在15年以上，25年以下。

(5)Certificate issued by master or load port agents (penavico) in 1 original ＋ 1 copy stating vessel flag，year of building，and that the shipment has been effected on a vessel classed Lloyds 100-AI or equivalent classification and the vessel is entered into a P and I Club. It must state the name and address of the P and I Club and their representatives in Jeddah.

由船长或装货港代理(中国外轮代理公司)签发的证书，正本一份、副本一份，表明船的国旗、建造年份和实施装货在一艘“劳埃德100-AI”级别或相应的各级，并且船舶已加入船东保赔协会。它应表明船东保赔协会和他们在吉达代表的名称和地址。

8.2.3　装运通知

装运通知(Shipping Advice)亦称装运声明(Declaration of Shipment)，也叫装船通知，它的使用一般是根据信用证或合同要求出口商在装运货物后将装船情况通知进口商，以便及时办理保险或准备提货、租船订舱等。当以CFR价格术语成交时装运通知尤为重要，它一方面使卖方了解船舶在航行中的动态，以便及时接货；另一方面，则起着保险通知的作用。通知的方式通常为电报(或传真)通知，电报抄本(或传真原件)随其他单证交银行议付，极少用信函邮寄的方式通知，接受装运通知的一般是进口商或进口商指定的保险公司。装运通知具体的内容及填制说明，请参照本书“4.5装运通知”。

8.2.4　寄单证明、寄样证明

有些信用证经常规定受益人在货物装运后，应立即邮寄某些单证给收货人或其指定的人，并出具有关证明即寄单证明作为议付单证之一，以证实其已按信用证的规定办事。寄单证明通常由出口公司或受益人出具，此时，寄单证明也可以称作受益人证明，其格式一般与受益人证明的要求基本一致，通常包括所寄单证的份数、寄出时间、寄送方式和寄送对象等。寄单证明可按如下格式出具。

CERTIFICATE

TO WHOM IT MAY CONERN:　　　　　　　　　　DATE: ××

RE: SHIPPING DOCUMENTS UNDER L/C NO. ×××

WE HEREBY CERTIFY THAT WE HAVE SENT THE FOLLOWING DOCUMENTS TO MESSERS CO. LTD. BY REGISTERED AIRMAIL:

1)TO COPIES OF ×××.

2)TO COPIES OF ×××.

(SIGNATURE)

寄单证明有时还必须使用由邮局或快递公司承办的收据。如信用证规定：Original beneficiary's signed letter/certificate together with the couriers receipt certifying that the full set of original documents have sent to ××CO. by airmail/DHL/speed post 3days after bill date.

按此类条款的规定，受益人除了出具由本公司出具的书面寄单证明外，还要随附信用证指定的快递公司出具的邮寄(Post Receipt)快递收据(Speed Post Receipt)。

办理快递业务的快邮公司主要有：EMS(国际特快专递)、DHL(信使专递)、FED Express(联邦快递)、TNT等。

与寄单证明类似的还有寄样证明，它是根据信用证规定在受益人寄送样品给收货人或其指定的人后，出具有关证明即寄样证明作为议付单证之一。寄样证明的样本如图8-6所示。

寄样证明

CHINA TEXTILE IMPORT & EXPORT COMPANY
JIANGSU BRANCH
NO.28 SHANGHAI ROAD NANJING CHINA

CERTIFICATE

DATE : 20 MAR., 2004
INV. NO. : CT-064276
L/C NO. : 812099687

TO WHOM IT MAY CONCERN:

WE HEREBY CERTIFY THAT IN COMPLIANCE WITH THE TERMS OF THE RELATIVE LETTER OF CREDIT, WE HAVE SENT FOUR PIECES OF SHIPMENT SAMPLES TO THE NOMINEES BY DHL SERVICES BEFORE SHIPMENT.

CHINA TEXTILE I/E COMPANY
梁汉凉

图 8-6 寄样证明

8.2.5 电报或电传抄本

信用证有时规定卖方应于装船后将货运详细情况电告买方，以便买方及时投保、准备接货或筹措资金。信用证有时规定卖方应于装船至少前 2 天将货运详细情况电告买方，卖方应按信用证的要求发电报或电传（Cable Copy or Telex Copy），并提供发电报或电传电文的真实抄本。电报或电传抄本的内容一般包括装船日期、提单号码、装货港、到货港、合同号码、号码等，目的是为了通知装船情况，进口商可以做好赎单提货准备。

信用证有时规定卖方应于装船后“立即”或“马上”(Immediately)将装船情况电告买方。对于“立即”“马上”，中国银行规定为在 3 天时间内，所以电报或电传抄本的日期只能迟于提单日期 3 天，但信用证规定早于装船日期的，按信用证规定。否则银行会认为单证不符。如来证规定：“Cable copy advising contract number，credit number，commodities amount，vessel name and shipping date immediately after shipment is effected.”又如，“Copy of TELEX from beneficiary to（TELEX No. ×××××EVGTC HX）Advising name and shipment date of carrying vessel，value and quantity of goods shipped and etc.，at least 2 days before shipment effected.”

电报或电传抄本有以下两种：

(1)通知买方投保的，必须把办理保险的各项内容电告买方，如商品名称、规格、件数、金额、唛头、开船日期、船名、装货港、目的港和转运的货物，还要告诉二程船的船名和转运日期。这种电报或电传同时也是装船通知，发了投保通知可以不必再发装船通知，可在电报或电传中告诉买方合同号、信用证号，但若事后更改船名和开船日期，应通知买方修改保险单证。

(2)通知装船的，以利于买方报关接货或筹措资金。必须把装船详情电告买方，如合同号、信用证号、船名、装船日期、装货港、目的港、品名、规格、件数、重量、金额和唛头等，更改船名或开船日期也应通知买方。投报地名后面必须注上国名，因为世界上有同名的城市，电文尽量使用缩写，几个单词连成一个词组，以10个字母或符号为1个计费单位，总之，卖方拍发装船电报或电传必须按照信用证的要求和进口国的习惯办理，做到既要节约电报或电传费用，又要使对方明白电文的意思。如日本神户兵库县贸易株式会社进口北海某公司活文蛤，要求拍发详细电报，否则会造成报关困难，具体电文如下：

BINGKUXIAN

KOBE

CONTRACT NO. AFT0250—70 L/C L0148889/112 KAKIMARUN03 SHIPPED LIVE HARD CLAM 800/GUNNY BAYS 20MT STG 2800 MAY/7TH (7380).

8.2.6 保险公司确认书

买方有时会在信用证中规定，要求保险公司出具确认书，即保险公司确认书(Insurance Company's Confirmation)，证实“所装商品处于良好状态”。例如，德国汉堡客户购买北海粮油食品出口支公司象山牌24听/567g整青刀豆罐头，信用证规定：“Confirmation issued by the People's Insurance Company of China, confirming the merchandise was loaded in a good and sound condition.”此种情况发生在CIF价格条件成交的情况下，装货前外商要求出口商申请我国口岸保险公司检验，检验报告由保险公司留存，检验合格后由保险公司出具确认书。

对于这种条款，一般不要接受，而要求客户修改信用证。因为商品质量一般由出入境检验检疫局检验并出具品质证书。来证要求保险公司出具确认书，是对我国出入境检验检疫局不信任的表现。为了维护我国出入境检验检疫局的威信和执行统一对外的原则，不宜接受。另外，这也是对我国保险公司的某种约束。客户担心货物在运输途中损坏后，保险公司不肯赔偿损失，故要求保险公司出具确认书，以达到途中损坏后要求保险公司赔偿的目的。

8.2.7 预约保险单

以FOB或CFR价格条件成交时，应由进口商负责投保。国外进口商大多与保险公司签订有总的保险契约，要求出口商在装船后，将货运的详细情况和货值书面

通知与进口商订立保险契约的保险公司代进口商投保，这样预约保险便生效。预约保险单对于经常有进出口货物的公司而言十分方便，既可以防止漏保，又可省去逐笔、逐批投保的若干手续。出口商寄给保险公司的通知叫做保险申请书(Insurance Declaration)，或叫预保信、预约保险单，在法律上具有与保险单同样的效力。预约保险单是保险公司承保被保险人一定时期内所有进出口货物使用的保险单。凡属于其承保范围内的货物一开始运输即自动按照预约保险单的内容条件承保。一般被保险人要将货物的名称、数量、保险金额、运输工具名称种类、航程起点和终点、起航日期等信息以书面形式通知保险公司。国际商会 UCP600 第三十八条 d 款规定银行可接受预约保险单。如来证规定："Insurance covered by openers. All shipments under this credit must be advised by you immediately after shipment direct to M/S New India Insurance Co. and to the openers referring to open cover No. AD335 giving full details of shipments. A copy of this advice to accompany each set of documents."(由开证人投保，本证项下的所有货物装船后，应由你公司直接通知新印度保险公司及开证人，通知书上应注明第 AD335 号预约保险单，并说明装船的详情。这份通知书副本须随附在全套有关的单证上。)预约保险单正本应于装船后立即寄往有关的保险公司，所以信用证往往规定要求提供预约保险单的副本。预约保险单可按如下格式出具。

OUR REF

YOUR REF

BEIHAI, JAN. 12, 2014

TO INSURED PARTY

RE: OPEN COVER NO. ××

WE DECLARE THAT THE SHIPMENT UNDER THE CAPTIONED OPEN COVER HAS BEEN MADE. THE DETAILS OF SHIPMENT ARE STATED BELOW, PLEASE COVER INSURANCE AND SEND YOUR INSURANCE ACKNOWLEDGMENT DIRECT TO THE AGENT'S ASSURED PARTY.

COMMODITY:

QUANTITY:

INVOICE VALUE (PLUS 10%)

MEANS OF CONVEYANCE PER S. S. /M. S. "×××"

DATE OF SHIPMENT:

PORT OF LOADING:

DESTINATION:

SHIPPING MARKS:

C. C. :

开立的信用证一般要求保险回单(Insurance Acknowledgment)。出口商将预约保险单寄给保险公司，保险公司复函证实收到并办妥保险，保险公司的复函即是保险回单。信用证关于保险回单的要求对出口商不利，若保险公司拖延不复将影响单证的议付，所以，一般不接受要求保险回单的条款。

8.2.8　其他证明文件

除了上述提及的各种证明之外，有时根据信用证的要求，卖方还可能需要出具其他相关的证明文件，如借记通知单(Debit Note)、贷记通知单(Credit Note)、扣佣通知书、木材包装声明、非木材包装声明和生产过程证明等。例如，对伊拉克出口，须有包装、唛头证明；对港、澳出口，须在包装上刷制"请勿用钩"字样，并出具证明；对澳大利亚、新西兰出口，通常要求包装清洁完好的证明等。

相关链接

借记通知

在日常业务中，有时需要向进口商收取小额款项，出口商可开立借记通知，避免修改信用证和托收的烦琐手续和费用。

借记通知格式内容如下。

DEBIT NOTE

TO...（被告诉的公司名称）　　　　　　　　　　(Date，Place)

Reference No...（发票或合同号）

PAYMENT OF THE FREIGHT

ROUTE：FROM BEIJING TO TXL BY AIR.

QUANTITY：29CTNS

WEIGHT：1715KGS.

DESCRIPTION：GARMENTS

FREIGHT CHARGE：1.47USD/KG　　　1715×1.47USD/KG.＝2521.05

RATE TO CNY：1USD＝6.34CNY　　　2521.05＄×6.34＝15983.457 CNY

TOTAL IN WORDS：SYA CNY FIFTEEN THOUSAND NINE HUNDRED EIGHTY－THREE AND FORTY－FIVE CENTS.

Signature

贷记通知

出口商用贷记通知告诉被通知人有一笔款项将进其账户。平时常见的用于通知佣金商付佣金的情况。

贷记通知格式内容如下。

CREDIT NOTE

TO...（被告诉的公司名称）　　　　　　　　　　(Date，Place)

Reference No...（发票或合同号）

Please be advised that we have requested our banker to instruct the issuing bank to

pay you the mentioned below as your commission which has been deducted from their payment to us.

5% commission invoice value USD10 000. 00＝USD500. 00

Signature

8.3　出口退(免)税单证

8.3.1　出口退(免)税制度

出口退税是国家为增强出口产品竞争力，对出口产品税收实行的一种先征后退的政策。按我国出口退税政策规定，对已报送离境的出口货物，由税务机关将其在出口前的生产和流通各环节已经缴纳的国内增值税或消费税等间接税税款退还给出口企业的一项税收制度。出口退税是国际上通用的惯例。

8.3.2　出口退税登记

出口退税登记是办理出口退税的第一步，是税务机关加强出口退税管理的重要手段。

出口企业在征税机关办理税务登记和增值税一般纳税人认定登记之后，应到主管退税的税务机关办理出口退税登记手续。具体程序为：

1. 有关证件的送验及登记表的领取

企业在取得有关部门批准其经营出口产品业务的文件和工商行政管理部门核发的工商登记证明后，应于 30 日内办理出口企业退税登记。

2. 退税登记的申报和受理

企业领到“出口企业退税登记表”后，即按登记表及有关要求填写，加盖企业公章和有关人员印章后，连同出口产品经营权批准文件、工商登记证明等证明资料一起报送税务机关，税务机关经审核无误后，即受理登记。

3. 填发出口退税登记证

税务机关接到企业的正式申请，经审核无误并按规定的程序批准后，核发给企业“出口退税登记”。

4. 出口退税登记的变更或注销

当企业经营状况发生变化或某些退税政策发生变动时，应根据实际需要变更或注销退税登记。

没有进出口经营权的生产企业应在发生第一笔委托出口业务之前，需持委托出口协议、工商营业执照和国税税务登记证向所在地主管退税业务的税务机关办理注册退税登记。

8.3.3　出口退(免)税范围、期限与流程

1. 出口退(免)税货物范围

对出口的凡属于已征或应征增值税、消费税的货物，除国家明确规定不予退(免)税的货物以外，均应予以退还已征增值税和消费税或免征应征的增值税和消费税。

享受退(免)税的一般货物应同时具备四个条件：

(1)必须是属于增值税、消费税征税范围的货物；

(2)必须报关离境，对出口到出口加工区货物也视同报关离境；

(3)必须在财务上做销售处理；

(4)必须已收汇。

2. 出口退(免)税申报期限

生产企业当月出口的货物须在次月的增值税纳税申报期内，向主管税务机关办理增值税纳税申报、免抵退税相关申报及消费税免税申报。企业应在货物报关出口之日次月起至次年 4 月 30 日前的各增值税纳税申报期内收齐有关凭证，向主管税务机关申报办理出口货物增值税免抵退税及消费税退税。逾期的，企业不得申报免抵退税。

外贸企业当月出口的货物须在次月的增值税纳税申报期内，向主管税务机关办理增值税纳税申报，将适用退(免)税政策的出口货物销售额填报在增值税纳税申报表的“免税货物销售额”栏。企业应在货物报关出口之日次月起至次年 4 月 30 日前的各增值税纳税申报期内，收齐有关凭证，向主管税务机关办理出口货物增值税、消费税免退税申报。经主管税务机关批准的，企业在增值税纳税申报期以外的其他时间也可办理免退税申报。逾期的，企业不得申报免退税。

3. 出口退(免)税流程

出口货物退(免)税的流程，包括应退税款的申请、审核、审批三个环节：

(1)出口货物的退税申请。

出口货物在报关出口并在财务上做销售处理以及经过退税机关的退税鉴定的基础上，出口企业按退税期限自行计算填制《出口货物退(免)税申报表》，实行计算机管理的出口企业，可按照“出口退税申报系统”的要求生成《出口货物退税进货凭证申报表》、《出口货物退税申报明细表》、并填写《出口货物退税汇总申报表》，连同有关退税凭证及申报数据，向税务机关提出申请退税。

(2)出口货物审核。

分为外经贸部门稽核和基层税务机关审核。外经贸部门要根据本地区出口退税业务量的情况，设置出口退税稽核组或专职稽核员，负责监督检查出口企业执行退税政策规定的情况。基层税务机关审核，是在经贸部门审核的基础之上，对企业退税申请的审核、核实工作。

(3)出口退(免)税的审批和税款的退付。

地市以上的国家税务局具有出口退税审批权，其将出口企业申报表的内容录入

出口退税计算机审核系统，与报关单、专用税票等电子数据进行计算机交叉稽核，对稽核通过的数据，在国家下达的计划指标内，填开“收入退还书”，送达所在地金库，据以办理税款退库手续，将税款从当地金库的中央收入中退付给企业。

外贸出口企业办理退(免)税的业务流程如图 8-7。

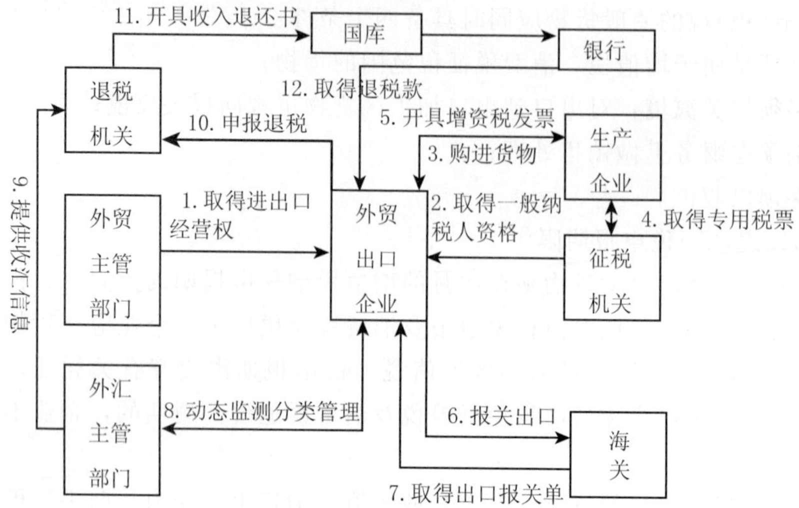

图 8-7 外贸出口企业办理退(免)税的业务流程

生产型出口企业办理退(免)税的业务流程如图 8-8。

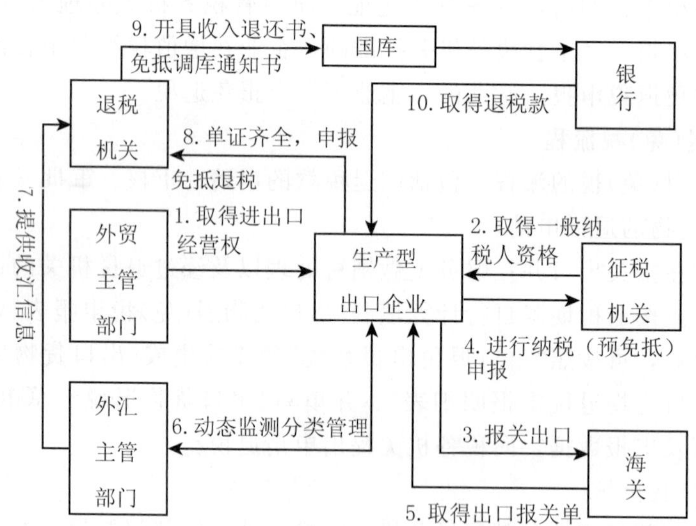

图 8-8 生产型出口企业办理退(免)税的业务流程

8.3.4 出口退(免)税单证的准备

根据国家税务总局公告 2012 年第 24 号和国家税务总局公告 2013 年第 12 号规定，生产企业向主管税务机关办理增值税免抵退税申报，应提供下列凭证资料：

(1)《免抵退税申报汇总表》及其附表；

(2)《免抵退税申报资料情况表》;

(3)《生产企业出口货物免抵退税申报明细表》;

(4)出口货物退(免)税正式申报电子数据;

(5)下列原始凭证：①出口货物报关单(出口退税专用，以下未作特别说明的均为此联)(保税区内的出口企业可提供中华人民共和国海关保税区出境货物备案清单，简称出境货物备案清单，下同);②出口发票;③委托出口的货物，还应提供受托方主管税务机关签发的代理出口货物证明，以及代理出口协议复印件;④主管税务机关要求提供的其他资料。

外贸企业出口货物退(免)税的申报应提供下列凭证资料:

(1)《外贸企业出口退税汇总申报表》;

(2)《外贸企业出口退税进货明细申报表》;

(3)《外贸企业出口退税出口明细申报表》;

(4)出口货物退(免)税正式申报电子数据;

(5)下列原始凭证：①出口货物报关单;②增值税专用发票(抵扣联)、出口退税进货分批申报单、海关进口增值税专用缴款书(提供海关进口增值税专用缴款书的，还需同时提供进口货物报关单，下同);③委托出口的货物，还应提供受托方主管税务机关签发的代理出口货物证明，以及代理出口协议副本;④属应税消费品的，还应提供消费税专用缴款书或分割单、海关进口消费税专用缴款书(提供海关进口消费税专用缴款书的，还需同时提供进口货物报关单);⑤主管税务机关要求提供的其他资料。

8.3.5　出口退(免)税申报单证的填制

生产企业办理出口退(免)税申报的免抵退税申报汇总表(见图8-9)填表说明如下:

免抵退税申报汇总表

海关企业代码:

纳税人名称:　　　(公章)　　　　　　　　　　所属期:　　　年　　月

纳税人识别号:　　　　　　　　　　　　　　　　　　　　　金额单位：元至角分

项　目		栏　次	当　期	本年累计	与增值税纳税申报表差额
			(a)	(b)	(c)
一、出口额	免抵退出口货物劳务销售额(美元)	1=2+3			
	其中：免抵退出口货物销售额(美元)	2			——
	应税服务免抵退税营业额(美元)	3			——
	免抵退出口货物劳务销售额	4			——
	支付给非试点纳税人营业价款	5			——
	免抵退出口货物劳务计税金额	6=4−5=7+8+9+10			

续表

<table>
<tr><td colspan="2" rowspan="2">项　目</td><td rowspan="2">栏　次</td><td>当　期</td><td>本年累计</td><td>与增值税纳税申报表差额</td></tr>
<tr><td>(a)</td><td>(b)</td><td>(c)</td></tr>
<tr><td rowspan="13">一、出口额</td><td>其中：单证不齐或信息不齐出口货物销售额</td><td>7</td><td></td><td></td><td>—</td></tr>
<tr><td>单证信息齐全出口货物销售额</td><td>8</td><td></td><td></td><td>—</td></tr>
<tr><td>当期单证齐全应税服务免抵退税计税金额</td><td>9</td><td></td><td></td><td>—</td></tr>
<tr><td>当期单证不齐应税服务免抵退税计税金额</td><td>10</td><td></td><td></td><td>—</td></tr>
<tr><td>前期出口货物单证信息齐全销售额</td><td>11</td><td></td><td>—</td><td>—</td></tr>
<tr><td>前期应税服务单证齐全免抵退税计税金额</td><td>12</td><td></td><td>—</td><td>—</td></tr>
<tr><td>全部单证信息齐全出口货物销售额</td><td>13＝8＋11</td><td></td><td></td><td>—</td></tr>
<tr><td>全部单证齐全应税服务免抵退税计税金额</td><td>14＝9＋12</td><td></td><td></td><td>—</td></tr>
<tr><td>免税出口货物劳务销售额(美元)</td><td>15</td><td></td><td></td><td>—</td></tr>
<tr><td>免税出口货物劳务销售额</td><td>16</td><td></td><td></td><td>—</td></tr>
<tr><td>全部退(免)税出口货物劳务销售额(美元)</td><td>17＝1＋15</td><td></td><td></td><td>—</td></tr>
<tr><td>全部退(免)税出口货物劳务销售额</td><td>18</td><td></td><td></td><td>—</td></tr>
<tr><td>不予退(免)税出口货物劳务销售额</td><td>19</td><td></td><td></td><td>—</td></tr>
<tr><td rowspan="7">二、不得免征和抵扣税额</td><td>出口销售额乘征退税率之差</td><td>20＝21＋22</td><td></td><td></td><td>—</td></tr>
<tr><td>其中：出口货物销售额乘征退税率之差</td><td>21</td><td></td><td></td><td>—</td></tr>
<tr><td>应税服务免抵退税计税金额乘征退税率之差</td><td>22</td><td></td><td></td><td>—</td></tr>
<tr><td>上期结转免抵退税不得免征和抵扣税额抵减额</td><td>23</td><td></td><td>—</td><td>—</td></tr>
<tr><td>免抵退税不得免征和抵扣税额抵减额</td><td>24</td><td></td><td></td><td>—</td></tr>
<tr><td>免抵退税不得免征和抵扣税额</td><td>25(如20＞23＋24则为20－23－24，否则为0)</td><td></td><td></td><td></td></tr>
<tr><td>结转下期免抵退税不得免征和抵扣税额抵减额</td><td>26＝23＋24－20＋25</td><td></td><td>—</td><td>—</td></tr>
</table>

续表

项　目		栏　次	当　期 (a)	本年累计 (b)	与增值税纳税申报表差额 (c)
三、应退税额和免抵税额	免抵退税计税金额乘退税率	27＝28＋29			—
	其中：出口货物销售额乘退税率	28			—
	应税服务免抵退税计税金额乘退税率	29			—
	上期结转免抵退税额抵减额	30		—	—
	免抵退税额抵减额	31			—
	免抵退税额	32(如 27＞30＋31 则为 27－30－31，否则为 0)			—
	结转下期免抵退税额抵减额	33＝30＋31－27＋32		—	—
	增值税纳税申报表期末留抵税额	34		—	—
	计算退税的期末留抵税额	35＝34－25c		—	—
	当期应退税额	36＝(如 32＞35 则为 35，否则为 32)			—
	当期免抵税额	37＝32－36			—

出口企业申明：	授权人申明	主管税务机关：
此表各栏填报内容是真实、合法的，与实际出口业务情况相符。此次申报的出口业务不属于“四自三不见”等违背正常出口经营程序的出口业务。否则，本企业愿意承担由此产生的相关责任。 办税人： 财务负责人： 法定代表人(负责人)：　　　　年　月　日	(如果你已委托代理申报人，请填写下列资料) 为代理出口货物退税申报事宜，现授权为本纳税人的代理申报人，任何与本申报表有关的往来文件都可寄与此人。 授权人签字　(盖章) 年　月　日	经办人： 复核人： 负责人： 年　月　日

图 8-9　免抵退(免)税申报汇总表

1. 第 1 栏“免抵退出口货物劳务销售额(美元)”为企业当期全部免抵退出口货物美元销售额加上零税率应税服务美元营业额；

2. 第 2 栏“其中：免抵退出口货物销售额(美元)”免抵退出口货物销售额(美

元)，等于当期出口的单证齐全部分和单证不齐部分美元销售额之和，应与附件 7 当期出口表第 11 栏合计数相等；

3. 第 3 栏“应税服务免抵退税营业额(美元)”为当期全部零税率应税服务营业额(美元)；

4. 第 4 栏“免抵退出口货物劳务销售额”为第 1 栏与在税务机关备案的汇率折算的人民币销售额；

5. 第 5 栏“支付给非试点纳税人营业价款”为当期确认的支付给非营业税改征增值税试点地区纳税人的营业价款；

6. 第 6 栏“免抵退出口货物劳务计税金额”为第 4 栏扣除第 5 栏后的余额；

7. 第 7 栏“单证不齐或信息不齐出口货物销售额”为企业当期出口的单证不齐或信息不齐部分免抵退出口货物人民币销售额；

8. 第 8 栏“单证信息齐全出口货物销售额”为企业当期出口的单证齐全部分且经过信息确认的免抵退出口货物人民币销售额，应与附件 7 当期出口表中“单证信息齐全出口货物人民币销售额”相等，第 7 栏与第 8 栏之和应与附件 7 当期出口表第 12 栏合计数相等；

9. 第 9 栏“当期单证齐全应税服务免抵退税计税金额”为企业当期已确认收入且收款凭证齐全的零税率应税服务免抵退税计税金额；

10. 第 10 栏“当期单证不齐应税服务免抵退税计税金额”为企业当期已确认收入但收款凭证不齐的零税率应税服务免抵退税计税金额；

11. 第 11 栏“前期出口货物单证信息齐全销售额”为企业前期出口当期收齐单证部分且经过信息确认的免抵退出口货物人民币销售额，应与附件 7 前期出口表中“单证信息齐全出口货物人民币销售额”相等；

12. 第 12 栏“前期应税服务单证齐全免抵退税计税金额”为企业前期确认营业收入当期收齐收款凭证的零税率应税服务免抵退税计税金额；

13. 第 13 栏“全部单证信息齐全出口货物销售额”为企业当期出口单证齐全部分及前期出口当期收齐单证部分经过信息确认的免抵退人民币销售额；

14. 第 14 栏“全部单证齐全应税服务免抵退税计税金额”为企业当期确认收入且收齐收款凭证部分及前期确认收入当期收齐收款凭证部分的零税率应税服务免抵退税计税金额；

15. 第 19 栏“不予退(免)税出口货物销售额”为视同内销征税的出口货物人民币销售额；

16. 第 20 栏“出口销售额乘征退税率之差”应为第 21 栏与第 22 栏之和；

17. 第 21 栏“其中：出口货物销售额乘征退税率之差”为出口货物销售额乘征退税率之差，与附件 7 当期出口表第 17 栏合计数相等；

18. 第 22 栏“应税服务免抵退税计税金额乘征退税率之差”为零税率应税服务免抵退税计税金额乘征退税率之差；

19. 第 23 栏"上期结转免抵退税不得免征和抵扣税额抵减额"应与上期本表第 26 栏相等；

20. 第 24 栏"免抵退税不得免征和抵扣税额抵减额"应与当期附件 12 第 12 栏合计数相等；

21. 第 25 栏"免抵退税不得免征和抵扣税额"按第 20 栏－(第 23 栏＋第 24 栏)"计算填报，当计算结果小于 0 时按 0 填报；

22. 第 26 栏"结转下期免抵退税不得免征和抵扣税额抵减额"按"第 23 栏＋第 24 栏－第 20 栏＋第 25 栏"填报；

23. 第 27 栏"免抵退税计税金额乘退税率"应为第 28 栏与第 29 栏之和；

24. 第 28 栏"其中：出口货物销售额乘退税率"为出口货物销售额乘退税率，与附件 7 前期出口表、当期出口表第 16 栏中对应的单证信息齐全部分的合计数相等；

25. 第 29 栏"应税服务免抵退税计税金额乘退税率"为零税率应税服务免抵退税计税金额乘退税率；

26. 第 30 栏"上期结转免抵退税额抵减额"应与上期本表第 33 栏相等；

27. 第 31 栏"免抵退税额抵减额"应与当期附件 12 第 11 栏合计数相等；

28. 第 32 栏"免抵退税额"按"第 27 栏－(第 30 栏＋第 31 栏)"计算填报，当计算结果小于 0 时按 0 填报；

29. 第 33 栏"结转下期免抵退税额抵减额"按"第 30 栏＋第 31 栏－第 27 栏＋第 32 栏"填写；

30. 第 34 栏"增值税纳税申报表期末留抵税额"应与《增值税纳税申报表》"期末留抵税额"相等；

31. 第 35 栏"计算退税的期末留抵税额"按(第 34 栏－25c)计算填报；

32. 第 36 栏"当期应退税额"为按规定计算公式计算出且经过退税部门审批的应退税额；当第 32 栏＞第 35 栏时，第 36 栏＝第 35 栏，否则第 36 栏＝32 栏；累计数反映本年度年初到当期应退税额的累计；

33. 第 37 栏"当期免抵税额"为第 32 栏与第 36 栏之差；累计数反映本年度年初到当期应免抵税额的累计。

注：1，本表一式三联，税务机关审核签章后返给企业二联，其中一联作为下期《增值税纳税申报表》附表，税务机关留存一联，报上级退税机关一联；

2，第(c)列"与增值税纳税申报表差额"为税务机关审核确认的第(b)列"累计"申报数减《增值税纳税申报表》及附表对应项目的累计数的差额，企业应做相应账务调整并在下期增值税纳税申报时对《增值税纳税申报表》进行调整。

外贸企业办理出口退(免)税申报的外贸企业出口退税汇总申报表(见图 8-10)填表说明如下：

外贸企业出口退税汇总申报表

（适用于增值税一般纳税人）

海关企业代码：

纳税人名称：　　　　　　（公章）

纳税人识别号：　　　　　　申报年月：　　年　月　　　申报批次：　　　　金额单位：元至角分

出口企业申报		
出口退税出口明细申报表	份，记录	条
	出口额	美元
出口货物报关单	张，	
代理出口货物证明	张，	
出口收汇核销单	张，收汇额	美元
远期收汇证明	张，其他凭证	张
出口退税进货明细申报表	份，记录	条
增值税专用发票	张，消费税专用税票	张
海关进口增值税专用缴款书	张，海关进口消费税专用缴款书	张
外贸企业出口退税进货分批申报单	张，总进货金额	元
总进货税额	元，	
其中：增值税	元，消费税	元
本月申报退税额	元，	
其中：增值税	元，消费税	元
本月实收已退税额	元，本年累计实收已退税额	元
本月实收已退增值税退税额	元，本年累计实收已退增值税退税额	元
本月实收已退消费税退税额	元，本年累计实收已退消费税退税额	元
申请开具单证		
代理出口货物证明	份，记录	条
代理进口货物证明	份，记录	条
来料加工出口货物免税证明	份，记录	条
来料加工出口货物免税核销证明	份，记录	条
出口货物转内销证明	份，记录	条
退运已补税证明	份，记录	条
补办报关单证明	份，记录	条
补办收汇核销单证明	份，记录	条
补办代理出口证明	份，记录	条
出口企业出口含金产品免税证明	份，记录	条
申报人申明		授权人申明

续表

此表各栏填报内容是真实、合法的，与实际出口货物情况相符。此次申报的出口业务不属于"四自三不见"等违背正常出口经营程序的出口业务。否则，本企业愿意承担由此产生的相关责任。 经办人： 财务负责人： 法定代表人(负责人)：　　　　年　月　日	(如果你已委托代理申报人，请填写下列资料) 为代理出口货物退税申报事宜，现授权为本纳税人的代理申报人，任何与本申报表有关的往来文件都可寄与此人。 授权人签字　　(盖章) 年　月　日

图 8-10　外贸企业出口退(免)税汇总申报表

(一)表头项目填写规则

(1)纳税人识别号：出口企业在税务机关办理税务登记取得的编号；

(3)海关企业代码：出口企业在主管海关办理《自理报关单位注册登记证明书》取得的 10 位编号；

(4)申报年月：按申报期年月填写，对跨年度的按上年 12 月份填写；

(5)申报批次：所属年月的第几次申报；

(二)具体内容填写规则

1. 退税申报部分

(1)出口退税出口申报明细表：出口企业本次申报的《外贸企业出口退税出口明细申报表》份数；

(2)记录：出口申报表里记录条数，即企业申报出口电子数据文件的记录条数；

(3)出口额：企业外销货物应收出口美元额；

(4)出口货物报关单：海关出口货物报关单(出口货物专用)张数；

(5)退运已补税证明：退运已补税证明的张数；

(6)出口企业出口含金产品免税证明：出口企业出口含金产品免税证明的张数；

(7)代理出口货物证明：退税部门开具的代理出口货物证明张数；

(8)出口收汇核销单：外汇管理局已核销的出口收汇核销单张数(2012 年 8 月 1 日起出口收汇核销制度已废止，此栏不需填写)；

(9)外贸企业出口退税进货分批申报单：外贸企业出口退税进货分批申报单的张数；

(10)收汇额：企业外销货物实收出口美元额；

(11)远期收汇证明：出口企业到外贸主管部门开具的远期收汇证明张数；

(12)其他出口凭证：和出口相关的其他凭证；

(13)出口退税进货申报明细表：出口企业本次申报的《外贸企业出口退税进货明细申报表》份数；

(14)记录：出口退税进货明细申报表里记录条数，即企业申报进货电子数据文件的记录条数；

(15)增值税专用发票：本次申报用于出口退税的增值税专用发票张数；

(16)消费税专用税票：本次申报的消费税专用税票张数；

(17)总进货金额：本次申报进货计税金额的合计数；

(18)总进货税额：本次申报进货税额的合计数；

(19)其中增值税：本次申报进货增值税税额的合计数；

(20)消费税：本次申报进货消费税税额的合计数；

(21)本月申报退税额：本次申报进货应退税额的合计数；

(22)其中增值税：本次申报增值税应退税额的合计数；

(23)消费税：本次申报消费税应退税额的合计数；

(24)本月实收已退税额：纳税人本月实收已退税额；

(25)本年累计本年实收已退税额：纳税人本年累计实收已退税额；

(26)本月实收已退增值税退税额：纳税人本月实收已退增值税退税额；

(27)本月实收已退消费税退税额：纳税人本月实收已退消费税退税额；

(28)本年累计实收已退增值税退税额：纳税人本年累计实收已退增值税退税额；

(29)本年累计实收已退消费税退税额：纳税人本年累计实收已退消费税退税额；

2. 单证申报部分

填写出口企业本次申报到退税部门各种单证的张数和具体记录数；

本表空行部分填写税务机关要求或企业需要申报的其他单证。

汇票是国际结算中重要的资金票据，本项目重点介绍了汇票的内容和缮制要点以及汇票的使用程序。

本项目还介绍了国际贸易业务中常用的受益人证明、船公司证明、装运通知等一些其他相关单证的内容、形式和缮制方法，并对出口退(免)税的相关内容进行了介绍。

>>> 基础知识练习

单选题

1. 承兑是(　　)对远期汇票表示承担到期付款责任的行为。

A. 付款人　　B. 收款人　　C. 出口人　　D. 议付行

2. 在信用证申请书中汇票的付款人应填为(　　)。

A. 开证人　　B. 开证行或指定付款行

C. 通知行　　D. 受益人

3. 在信用证结算方式下，汇票的受款人通常的抬头方式是(　　)。

A. 限制式抬头　　B. 指示式抬头

C. 持票人抬头　　D. 来人抬头

4. 不可流通转让的汇票是(　　)。

A. 指示式抬头汇票　　B. 限制式抬头汇票

C. 持票人抬头汇票　　D. 商业承兑汇票

5. (　　)是汇票特有的票据行为。

A. 出票　　B. 背书　　C. 承兑　　D. 保证

6. 托收方式下，汇票的付款人一般是(　　)。

A. 开证行　　B. 出口商　　C. 进口商　　D. 付款行

7. 信用证规定：DRAWN AT 90 DAYS AFTER SIGHT DRAWN ON SAKULA BANK LTD. USANCE DRAFTS DRAWN UNDER THIS CREDIT ARE TO BE NEGOTIATED AT SIGHT BASIS. DISCOUNT CHARGES AND ACCEPTANCE COMMISSION ARE FOR ACCOUNT OF ACCOUNTEE，汇票的付款期限和付款人分别填写：(　)。

A. AT 90 DAYS AFTER SIGHT 和 SAKULA BANK LTD.

B. AT 90 DAYS AFTER SIGHT 和开证申请人名称

C. AT 90 DAYS AFTER SIGHT AND NEGOTIATED AT SIGHT DAYS 和 SAKULA BANK LTD

D. AT ＊＊＊＊＊ SIGHT 和开证申请人名称

8. CFR 合同下，如果卖方装船后未及时向买方发出装船通知，致使买方未能办理货运保险，则运输途中的风险由(　　)。

A. 买卖双方各承担一半　　B. 卖方承担

C. 承运人承担　　D. 买方承担

9. 能说明船舶航程中停靠港口的是(　　)。

A. 船长收据　　B. 受益人证明

C. 黑名单证明　　D. 航程证明

10. 以下关于预约保险单的说法，正确的是(　　)。

A. 一般在 CIF 价格条件成交时使用

B. 与保险单具同等效力

C. 正本应于装船前寄往有关保险公司

D. 信用证往往规定要求提供预约保险单的正本

>>> 实训练习

根据下列信用证，缮制受益人证明

FM：ASAHI BANK LTD.，THE (FORMERLY THE KYOWA SAITAMA BANK LTD.)

TOKYO

TO：BANK OF CHINA，ZHEJIANG BRANCH. HANGZHOU，CHINA.

WE HEREBY ISSUE OUR IRREVOABLE DOCUMENTARY CREDIT

NO. 12345

DATE OF ISSUE : JUN. 12, 2014.

DATE OF EXPIRY: OCT. 12, 2014

PLACE OF EXPIRY: CHINA.

BENEFICIARY: CHINA HANGHZOU YONGSHENG FOREIGN TRADE COMPANY LTD.

22F. GREEN CITY PLAZA 819 SHIXIN ROAD(M).

XIAOSHAN HANGHZOU. CHINA P. C : 311200.

APPLICANT: GOODLUCKY COPORATION LTD. ,

NO. 123 TRADE STREET P. O. BOX 890 TOKYO, JAPAN

CURRENCY AMOUNT: USD98, 000. 00

SAY UNITED STATES DOLLARS NINETY EIGHT THOUSAND ONLY.

CREDIT AVAILABLE WITH/BY: ANY BANK IN CHINA

BY NEGOTIATION DRAFTS AT SIGHT FOR FULL INVOICE VALUE.

DRAWEE: SAIBJPJT ASAHI BANK LTD. , THE (FORMERLY THE KYOWA SAITAMA BANK LTD.)TOKYO

PARTIAL SHIPMENT: ALLOWED

TRANSSHIPMENT: NOT ALLOWED

SHIPMENT: FROM CHINESE MAIN PORT, FOR TRANSPORTATION TO OSAKA JAPAN.

LATEST DATE OF SHIPMENT: SEP. 27, 2014

DESCRIPTION OF THE GOODS: HALF DRIED PRUNE 2004CROP

GRADE	SPEC		QUANTITY (TOTAL CASE)	UNIT PRICE (USD/CASE)
A	L: 700CASES	M : 700CASES	1 400	26. 00
B	L: 700CASES	M : 700CASES	1 400	21. 00
C	L: 800CASES	M : 600CASES	1 400	21. 00

PACKING: IN WOODEN CASE, 12KGS PER CASE

TRADE TERMS: CFR OSAKA

DOCUMENTS REQUIRED:

1. 2/3 SET OF CLEAN ON BOARD OCEAN BILL OF LADING MADE OUT TO ORDER OF SHIPPER AND BLANK ENDORSED AND MARKED FREIGHT PREPAID AND NOTIFY THE APPLICANT.

2. MANUALLY SIGNED COMMERCIAL INVOICE IN TRIPLICATE (3) INDICATING APPLI CANT'S REF NO. SCLI — 2014 — 0648.

3. PACKING LIST IN TRIPLICATE (3).

4. MANUALLY SIGNED CERTIFICATE OF ORIGIN IN TRIPLICATE(3).

5. BENEFICIARY'S CERTIFICATE STATING THAT CERTIFICATE OF MANUFACTURING PROCEESS AND OF THE INGREDIENTS ISSUED BY PRODUCER SHOULD BE SENT TO APPLICANT BY DHL.

6. CERTIFICATE OF WEIGHT AND QUALITY IN TRIPLICATE

ADDITIONAL CONDITIONS:

1. INSURANCE TO BE EFFECTED BY BUYER.

2. TELEGRAPHIC REIMBURSEMENT CLAIM PROHIBITED.

3. 1/3 ORIGINAL BILL OF LADING AND OTHER SHIPPING DOCUMENTS MUST BE SENT DIRECTLY TO THE APPLICANT IN THREE DAYS AFTER B/L DATE. BENEFICIARY 'S STATEMENT TO THIS EFFECT IS REQUIRED.

4. AMOUNT AND QNTY 5PCT MORE OR LESS ARE ALLOWED.

5. THIS COMMODITY FREE FROM RESIN.

…

THE END.

有关资料：

进口公司：东京好运有限公司，日本东京商贸街 123 号邮政信箱 890 号

出口公司：杭州永盛对外贸易公司，杭州萧山市心中路 819 号绿都世贸广场 22 楼，
邮编 311200

发票号码：2014HA8869　　发票日期：2014 年 9 月 3 日

提单号码：FSH56707　　提单日期：2014 年 9 月 20 日

船　　名：SHANGHAIV. 8808　　装运港：上海 出口口岸：吴淞海关

集装箱装运：3X20'FCL，CY/CY　　海运费：USD1 050.00

集装箱号码：STEMH5698112，　　封箱号：08132
TRIU1567537，　　08133
KHLU6206867，　　08134

净重：12kg/箱　　毛重：15kg/箱　　尺码：(20＊25＊35)cms/箱

产地证号码：041898699　　FORM A 号码：ZJ/XS/04/0012

合同号码：YS04－29876　　H. S. 号码：0813.0000

唛头：G. C. 1
SCH－2014－0648
OSAKA
NO. 1－4200
MADE IN CHINA

HANGZHOU YONGSHENG FOREIGN TRADE COMPANY LTD.
22F. GREEN CITY PLAZA 819 SHIXIN ROAD(M).
XIAOSHAN HANGHZOU. CHINA

BENEFICIARY'S CERTIFICATE

DATE SEP. 21, 2014
INVOICE NO: 2004HA8869

TO:
GOODLUCKY COPORATION LTD.,
NO. 123 TRADE STREET P. O. BOX 890 TOKYO, JAPAN

WE HEREBY CERTIFY THAT CERTIFICATE OF MANUFACTURING PROCEESS AND OF THE INGREDIENTS ISSUED BY PRODUCER SHOULD BE SENT TO APPLICANT BY DHL.

CHINA HANGZHOU YONGSHENG FOREIGN TRADE COMPANY LTD.

签章

……………………………………………………

Authorized Signature

综合篇

项目九

出口贸易单证综合实训

通过本项目的学习，能够熟悉不同结算方式下出口贸易单证的操作流程，熟练掌握信用证、电汇和托收方式下出口贸易全套单证综合操作的要领，把握好各份单证的出单时间。

重点掌握：

- 信用证、托收、汇付方式的业务流程及相关单证缮制。
- 出口退免税。

9.1 出口贸易信用证业务的单证缮制

9.1.1 审核信用证流程

信用证审核业务流程如图 9-1 所示。

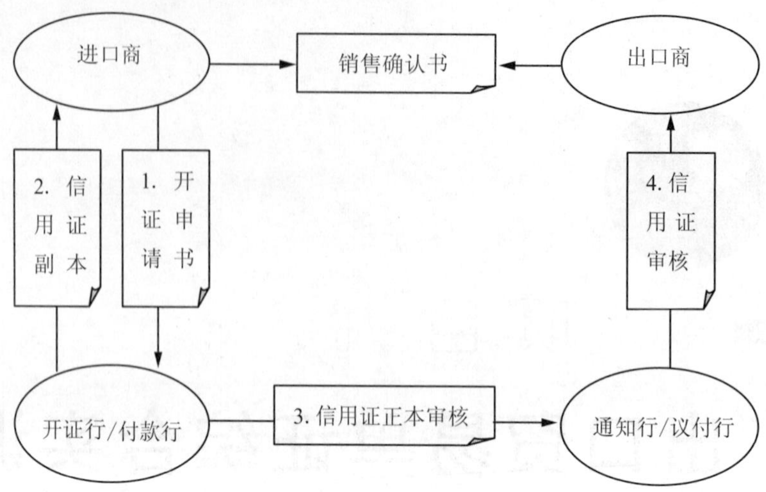

图 9-1　审核信用证流程

说明：

(1)进口商按合同条款规定的内容填写开证申请书。

(2)开证行根据开证申请书开立信用证，正本寄送通知行，副本交进口商。

(3)通知行收到信用证后立即审核开证行的资信能力、付款责任和索汇路线，并鉴别其真伪。

(4)出口商收到通知行寄来的信用证后进行审核。

9.1.2　订舱业务流程

订舱业务流程如图 9-2 所示(在 CIF、CFR 条件下)。

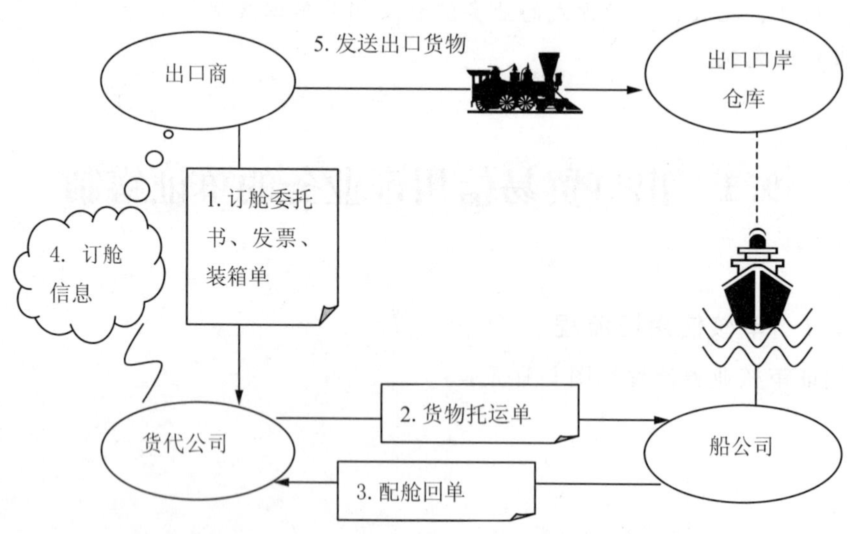

图 9-2　出口货物订舱业务流程

说明：

(1)出口商缮制商业发票、装箱单和订舱委托书，委托货代公司向船公司办理订舱手续。

(2)货代公司向船公司递交货物托运单，代办订舱。

(3)船公司确认后，向货代公司签发配舱回单。

(4)货代公司将订舱信息告知出口商，通知其装货时间。

(5)货代公司或出口商将出口货物送到码头指定仓库。

9.1.3　申请签发普惠制产地证明书业务程序

申请签发普惠制产地证明书业务流程如图 9-3 所示。

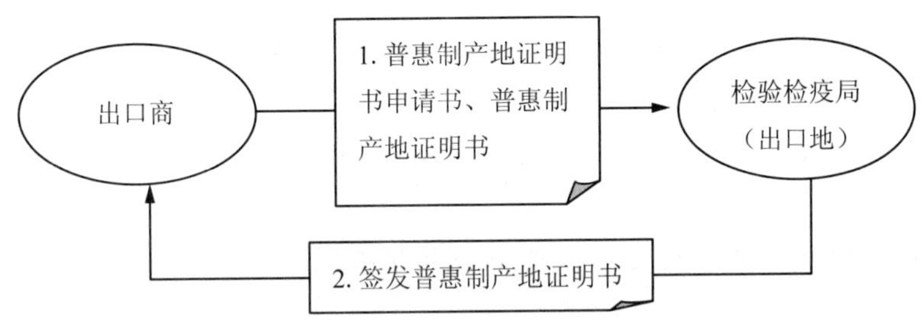

图 9-3　申请签发普惠制产地证明书业务流程

说明：

(1)凡申请办理普惠制产地证明书的单位，首先必须持有关批件、营业执照、协议等文件在当地检验检疫机构办理注册登记手续。

(2)出口商最迟在货物装运前 5 天向当地出入境检验检疫局申请签发。

(3)申请签发普惠制产地证明书必须提交已填制的“普惠制产地证明书申请书”一份、“普惠制产地证明书 Form A”一套和“商业发票”一份。如果出口商品含有进口成分，申请签发普惠制产地证明书还应缴纳“含进口成分受惠商品成本明细单”一式两份。

(4)普惠制产地证明书的手签人员须持有相关资格证，签字与印章不得重叠。

(5)检验检疫机构在接受申请时，要查看单证资料是否齐全，填写是否完整，符合规定才予以签发。

相关链接

原产地证明书是出口商应进口商的要求给予提供的，并由出口国政府有关机构签发的一种证明货物原产地或制造地的证明文件。它通常用于不需要提供海关发票或领事发票的国家和地区，主要用于进口国海关实行差别关税、实施进口税率和进口配额等不同国别政策的依据。原产地证明书有多种形式，其中应用最多的是一般原产地证明书和普惠制产地证明书。

9.1.4　出口货物投保程序

办理出口货物运输保险程序如图 9-4 所示(在 CIF 条件下)。

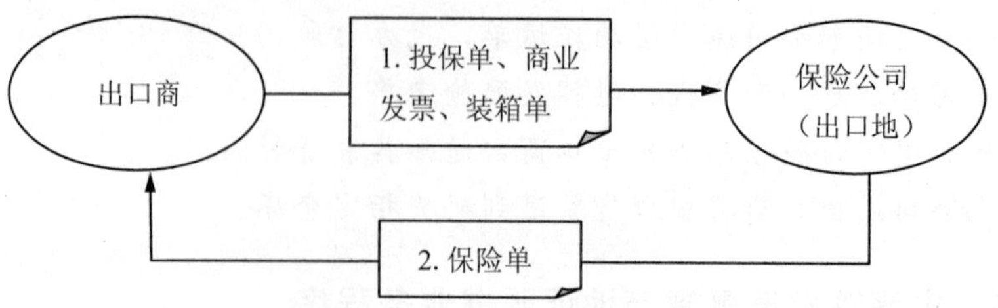

图 9-4　出口货物运输保险程序

说明：

(1)出口商按信用证的规定填制投保单，确定保险金额，并随附发票、装箱单向当地保险公司办理保险手续。

(2)保险公司按约定的保险费率收讫保险费后，依据投保单出具保险单并交至出口商。

(3)出口商按信用证的规定在保险单上做背书转让。

9.1.5　出口货物报检、报关和装运程序

出口货物报检、报关和装运程序如图 9-5 所示。

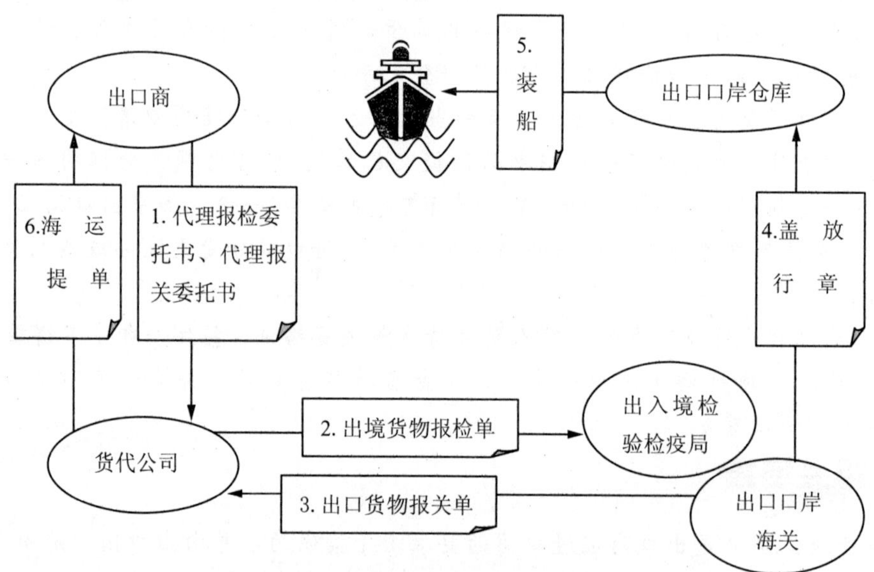

图 9-5　出口货物报检、报关和装运程序

说明：

(1)出口商在货物装运前委托货代公司代办报检和报关手续，填写报检委托书和报关委托书，并随附商业发票、装箱单、合同等有关单证。

(2)货代公司填写出境货物报检单向出入境检验检疫局办理报检手续。

(3)货代公司办妥报检手续后，填写出口货物报关单并随附商业发票、装箱单、合同和通关单或检验检疫证书等有关单证向当地的海关办理出口货物报关手续。

(4)海关核准无误后，收讫关税，在报关单和装货单上盖放行章。

(5)港口凭盖有放行章的装货单作为装船的依据，并进行装船。

(6)船运公司凭收货单或通过货代向出口商签发海运提单。

9.1.6　交单结汇业务程序

交单结汇业务程序如图 9-6 所示。

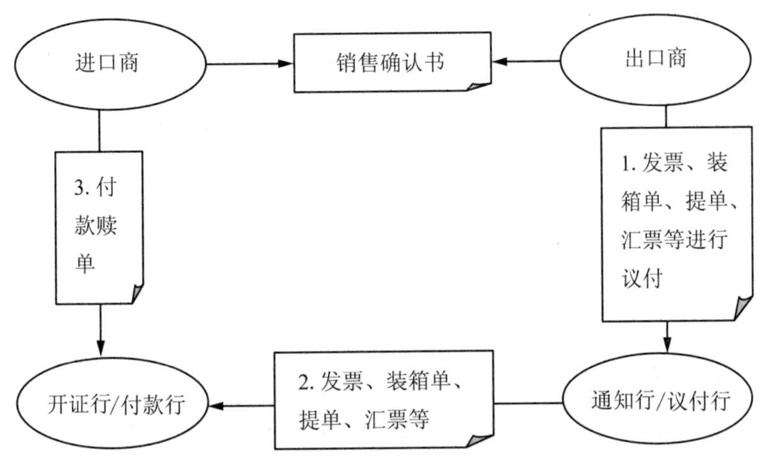

图 9-6　交单结汇业务程序

说明：

(1)出口商缮制商业发票并持信用证规定的全套单证送至议付行进行议付，结算货款是交易的目的。因此，必须做到单证一致、单单一致和单同一致。

(2)议付行对议付单证进行审核，核准无误后给予议付。

(3)付款行对议付单证进行审核，核准无误后按照信用证规定的索偿路线进行付款转账，如有不符点可拒付。

(4)进口商审核单证无误后付款赎单，然后办理进口货物报检、报关及提货手续。

信用证项下各单证之间的时间关系表

单据类别	出具日期	注意事项	备　注
汇票	受益人向银行交单当天		ICC 515
发票	不需注明日期	信用证规定 SIGHTED 时，须加注日期	ISBP66
装箱单	不需注明日期		ICC535Case22

续表

单据类别	出具日期	注意事项	备　注
产地证	可以迟于装运日，申报日期不得早于发票日，签发日期不得早于申报日		ICC535Case22 产地证的签发日期对货物的装运、价值或对货物产地的声明不会造成损害
FORM A	申报日期不迟于提单日，签发日期不得早于申报日		
检验证、装船前证明	可以迟于装运日	装船前证明必须通过标题或内容来表明检验发生在装运日前或装运日当天	要求“检验证明”并不表明要求证明装运前发生的事件
保险单	不得迟于装船日期	但如保险单上注明保险责任不迟于装船日生效，即使签发日期迟于装船日期也予以接受	UCP600　Art. 28 (e)... The date of the insurance document must be no latter than the cover is effective from a date not latter than the date of the shipment
海运提单	已装船提单以出具日为装运日；收妥备运提单以装船批注为准，其出具日期可以迟于或早于装船日	已装船提单带有单独的装船批注明，以批注的日期为装船日，不论其在签发日之前或之后	ISBP　78
空运单	以签发日为装船日	除非信用证要求注明实际发运日日期，此时以实际发运日期为装运日期	
邮递收据	以发运地戳记和加注的日期为准		
随船证明	不得迟于装船日		
装船通知、船长收据	迟于装船日或装船当日		

9.2　出口贸易电汇与托收业务的单证缮制

9.2.1　电汇业务流程

电汇业务流程如图 9-7 所示。

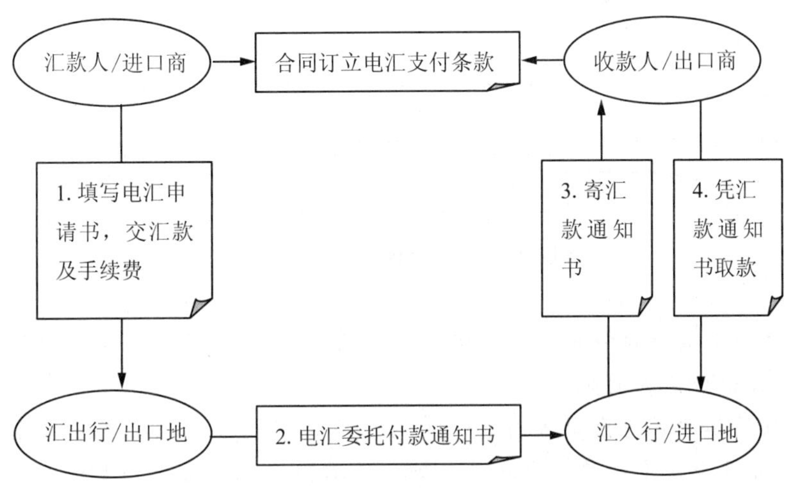

图 9-7　电汇业务流程

说明：

(1)电汇(T/T)是指由进口商委托银行用环球银行金融电信网络(SWIFT)等电信手段发出付款通知书给收款人所在地的银行，委托其将款项付给指定的收款人。

(2)在国际贸易中，电汇结算方式通常用于预付货款(前 T/T)、交货后付款(后 T/T)、支付定金和佣金等业务。

相关链接

采用前 T/T 支付方式，进口商为了减少风险往往要求“凭单付汇”，即进口商将货款汇至出口商指定的银行，并指示其凭出口商提供的指定单证(如海运提单等)予以付款。

在实际业务中，通常采用前 T/T 和后 T/T 相结合的支付方式，如前者为 30%，后者为 70%，将风险均摊于买卖双方。

9.2.2　跟单托收远期付款交单业务程序

远期付款交单业务程序如图 9-8 所示。

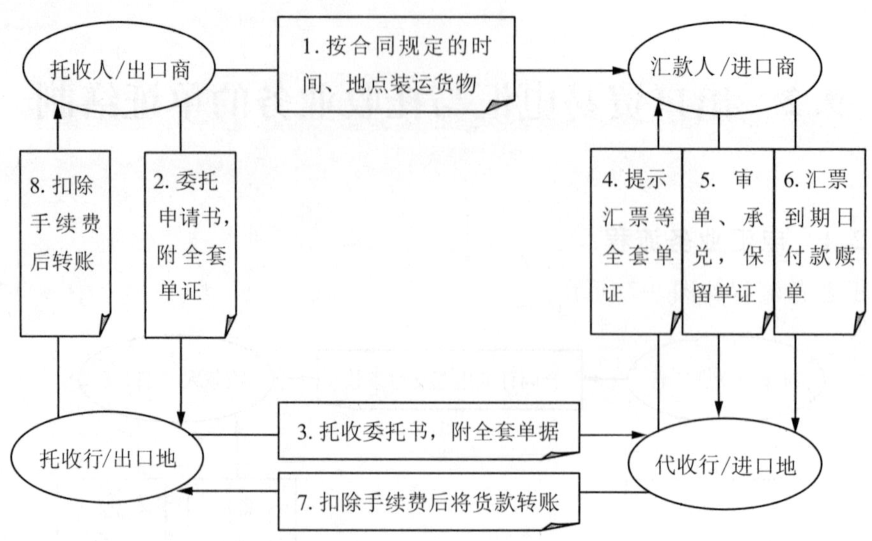

图 9-8　远期付款交单业务程序

说明：

(1)托收经常被出口方用作一种非价格竞争的手段，用来提高出口商品的国际竞争力，扩大出口商品的规模。

(2)托收结算方式对出口方有着一定的风险，不能按时收汇或不能全部收回货款，甚至货款完全落空的情况也屡见不鲜，故需慎重，通常可与其他支付方式结合使用。

9.2.3　申请签发出口货物许可证书业务流程

申请签发出口货物许可证书业务流程如图 9-9 所示。

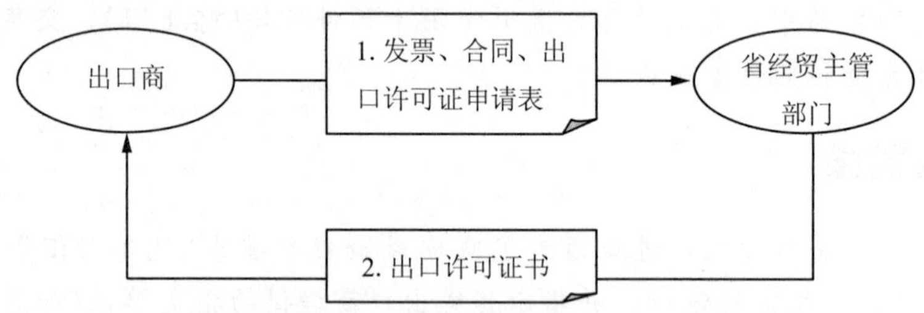

图 9-9　申请签发出口货物许可证书业务流程

说明：

(1)出口商最迟在货物装运前 3 日内向当地经贸主管部门申请签发。

(2)发证机关在申请材料审核无误后，3 日内签发出口许可证书。

(3)发放出口许可证书是我国政府限制进出口商品的有效管理形式。

相关链接

出口许可证书的主要作用有：

- 国家根据国别政策，可调节商品的出口结构。
- 避免本国出口商品在国际市场上的盲目竞争，控制管理出口商品的数量与价格。
- 海关查验放行和银行结汇的必备文件。

9.2.4　申请签发一般原产地证书业务流程

申请签发一般原产地证书业务流程如图 9-10 所示。

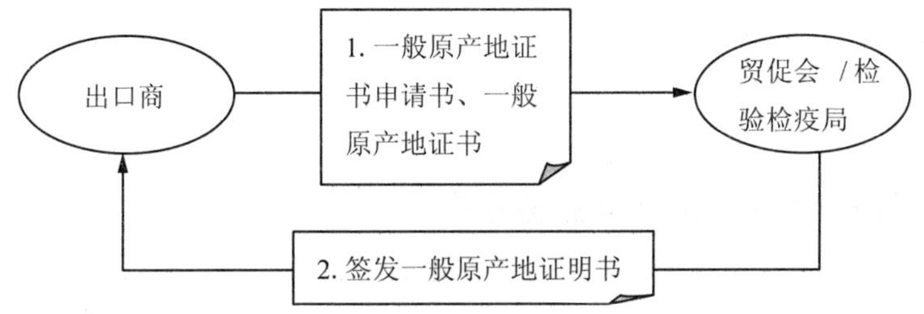

图 9-10　申请签发一般原产地证书业务流程

说明：

(1)凡申请办理一般原产地证书的单位，首先必须持有关批件、营业执照、协议等文件在当地检验检疫机构办理注册登记手续。

(2)出口商最迟在货物装运前 3 日内向当地的中国国际贸易促进委员会分会(简称“贸促会”)或出入境检验检疫局申请签发。

(3)申请签发一般原产地证书必须提交已填制的“一般原产地证书申请书”一份、“一般原产地证书”一套和“商业发票”一份。

(4)检验检疫机构在接受申请时，要查看单证资料是否齐全，填写是否完整，文字是否清晰，印章、签字有无错漏。如发现不符合规定的不接受申请。

9.2.5　航空货物运输业务程序

办理航空货物运输业务流程如图 9-11 所示。

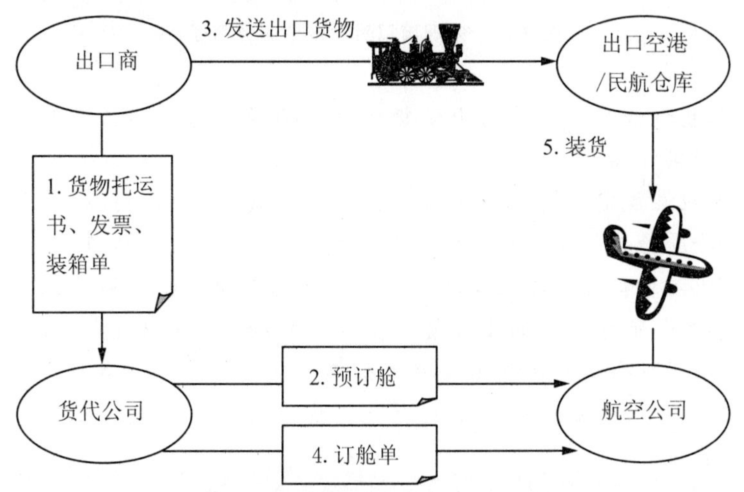

图 9-11　办理航空货物运输业务流程

说明：

(1)出口商(委托人)选择货代公司，填写国际货运委托书，并随附商业发票和装箱单作为委托货代公司承办航空货运出口货物的依据。

(2)货代公司根据客户要求制订预配舱方案，并为每票货物配上运单号，再按预配舱方案打出总运单号、件数、重量和体积向航空公司预订舱。如为非紧急零散货物，可不预订舱。

(3)航空公司制作交接单，按国际货运委托书缮制航空货运单。同时，出口商办理报检、报关或委托货代公司办，并向指定的航空公司仓库发货。

(4)货代公司接到出口商的发货预报后，填写订舱单向航空公司吨控部门进行订舱。

(5)货物报关后，由航空公司作业人员凭盖有放行章的航空货运单在指定时间内装货。

9.2.6 办理出口货物报检业务程序

办理出口货物报检业务流程如图 9-12 所示。

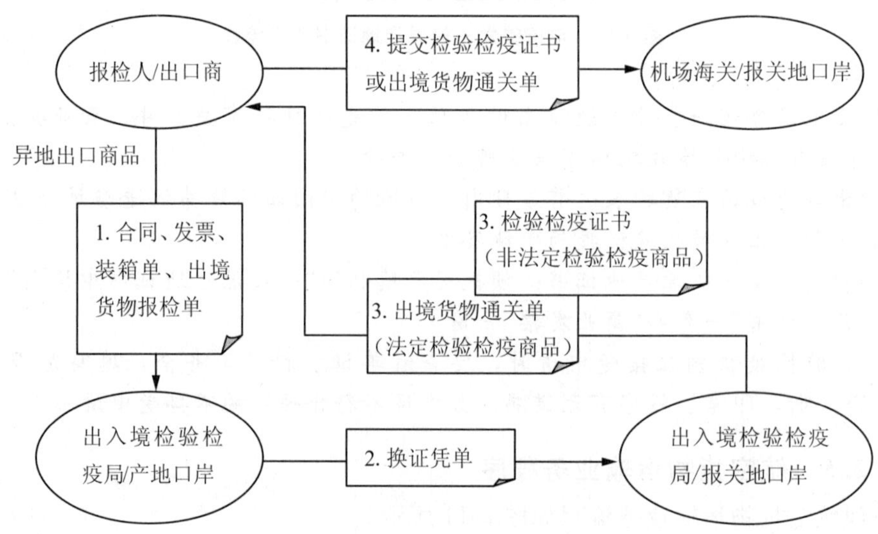

图 9-12　办理出口货物报检业务流程

说明：

(1)出境货物报检时，应填写出境货物报检单并随附合同、发票等单证，如凭样品成交还须提供样品。

(2)报检人应在规定的时限内向当地出入境检验检疫机构报检，异地出口商品向产地出入境检验检疫机构报检，经检验检疫合格后获取《出境货物换证凭单》，再向报关地口岸出入境检验检疫机构换取出境货物通关单或检验检疫证书。

(3)产地和报关地相一致的出境货物，经检验检疫合格后出具出境货物通关单或检验检疫证书，不合格的签发不合格通知单。

(4)报检人凭检验检疫机构签发的出境货物通关单或检验检疫证书办理通关手续，海关进行验放。

9.2.7　出口货物报关和装运程序

办理出口货物报关和装运业务流程如图 9-13 所示。

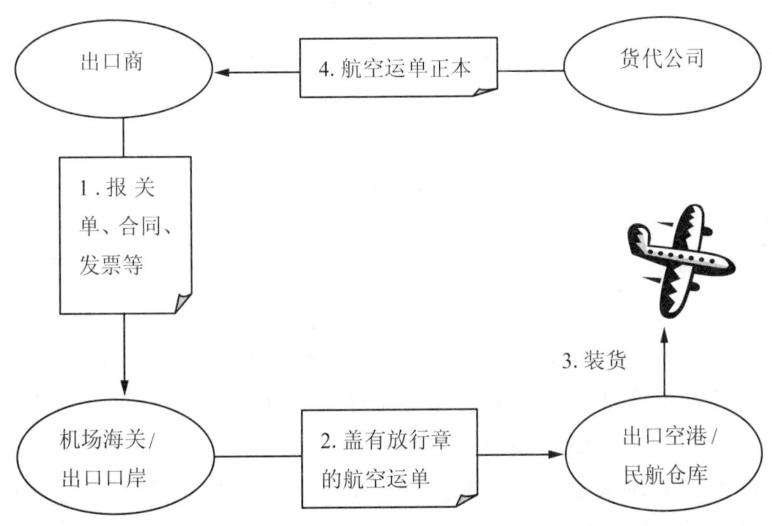

图 9-13　办理出口货物报关和装运业务流程

说明：

(1)出口商在货物装运前委托货代公司或自行报关，填写报关委托书或报关单，并随附商业发票、装箱单和合同等有关单证向出口地海关办理出口货物报关手续。

(2)海关核准无误后，收讫关税，在报关单和航空货运单上盖放行章。

(3)港口机场凭盖有放行章的航空货运单进行装机。

(4)航空货运公司或货代公司签发航空货运单。

9.3　出口货物退(免)税

9.3.1　外贸企业出口退(免)税申报

外贸企业在货物报关出口后应及时与"电子口岸"出口退税子系统的出口货物报关单(退税)证明联电子数据进行核对后报送，并按现行会计制度的规定在财务上做销售处理。

货物出口后，外贸企业应及时将有关原始单证资料收集齐全，在原始资料真实无误的前提下，按"单票对应法"的要求将进货和出口资料进行匹配，然后按关联号将收齐的出口货物报关单(出口退税联)、出口专用发票、增值税专用发票等纸质单证有关数据录入外贸企业出口退(免)税电子申报系统生成预申报电子数据，通过网络或人工报送退税部门进行预申报。

相关链接

企业出口退(免)税预申报后的处理

税务机关受理企业出口退(免)税预申报后，应及时审核并向企业反馈审核结果。如果审核发现申报退(免)税的凭证没有对应的管理部门电子信息或凭证的内容与电子信息不符的，企业应按下列方法处理：

(一)属于凭证信息录入错误的，应更正后再次进行预申报；

(二)属于未在“中国电子口岸出口退税子系统”中进行出口货物报关单确认操作或未按规定进行增值税专用发票认证操作的，应进行上述操作后，再次进行预申报；

(三)除上述原因外，可填写《出口企业信息查询申请表》(见附件1)，将缺失对应凭证管理部门电子信息或凭证的内容与电子信息不符的数据和原始凭证报送至主管税务机关，由主管税务机关协助查找相关信息。

在主管税务机关确认申报凭证的内容与对应的管理部门电子信息无误后，方可提供规定的申报退(免)税凭证、资料及正式申报电子数据，向主管税务机关进行正式申报。办理正式申报应向退税部门提供以下资料：

(1)出口退税正式申报数据(软盘)(退税申报数据必须与纸质退税申报表数据一致)。

(2)装订成册的纸质退税凭证，包括以下单证资料：

①增值税专用发票(税款抵扣联)；

②出口货物报关单(出口退税专用联)；

③出口收汇证明。

(3)出口退税报表，包括以下材料：

①《外贸企业出口退税进货明细申报表》；

②《外贸企业出口退税出口明细申报表》；

③《外贸企业出口退税汇总申报表》；

④《进料加工贸易免税证明》(开展加工复出口业务的企业提供)；

⑤外贸企业购进出口的消费税应税货物和自小规模纳税人购进出口的货物等其他尚未纳入增值税防伪税控系统管理的货物，还须提供《税收(出口货物专用)缴款书》或《出口货物完税分割单》；

⑥外贸企业委托其他外贸企业代理出口的货物，还需附送《代理出口货物证明》及《代理出口协议》；

⑦主管退税机关要求提供的其他凭证资料。

9.3.2 生产企业“免、抵、退”税申报

生产企业在货物报关出口后应及时与“电子口岸”出口退税子系统的出口货物报关单(退税)证明联电子数据进行核对后报送，并按现行会计制度的规定在财务上做

销售处理。

生产企业向主管税务机关“预免抵”申报。生产企业在规定的增值税纳税申报期内进行增值税纳税申报的同时进行“免、抵、退”税和“预免、预抵”申报。办理“预免抵”申报时应提交下述凭证和资料：

(1)《增值税纳税申报表》(适用于一般纳税人)及其附表；

(2)与纳税申报表数据填报口径一致的《生产企业出口货物免、抵、退税申报表》和《生产企业出口货物免抵退税申报明细表》各一式四份；

(3)《生产企业进料加工进口料件申报明细表》和《生产企业进料加工贸易免税证明》(开展进料加工复出口贸易业务的企业报送)；

(4)主管退税机关要求提供的其他资料。

生产企业在收齐办理“免、抵、退”税所需的法定凭证后，将收齐的出口货物报关单(出口退税联)、出口货物销售发票(退税联)等纸质单证有关数据录入生产企业出口退(免)税电子申报系统生成预申报电子数据，通过网络或人工报送退税部门进行预申报。

预申报通过后，生产企业应在规定的申报期限内通过出口退税申报系统生成打印正式申报表数据，并将其通过网络报送退税部门；然后持以下资料到退税部门办理正式退税申报手续：

(1)出口退税正式申报数据(软盘)(退税申报数据必须与纸质退税申报表数据一致)；

(2)装订成册的纸质退税凭证，包括以下单证资料：

①出口货物销售发票(退税联)；

②出口货物报关单(出口退税专用联)；

③出口收汇证明。

(3)出口退税报表，包括以下材料：

①《出口退税进货明细申报表》；

②《生产企业出口货物免、抵、退税申报明细表》；

③《生产企业出口货物免、抵、退税申报汇总表》；

④《生产企业出口货物免、抵、退税(单证齐全)正式申报表》；

(4)《生产企业进料加工进口料件申报明细表》和《生产企业进料加工贸易免税证明》(开展进料加工复出口贸易业务的企业报送)、外贸企业委托其他外贸企业代理出口的货物，还需附送《代理出口货物证明》及《代理出口协议》。

(5)生产企业委托外贸企业代理出口的货物，还需附送《代理出口货物证明》及《代理出口协议》；

(6)主管退税机关要求提供的其他凭证资料。

相关链接

凡有出口经营权并实行独立经济核算的企业单位填写“出口企业退税登记表”，向所在地主管退税业务的税务机关办理出口企业退税登记，否则不予以退税。

出口企业必须在主管出口退税的国税机关规定的时间内申报退税，过期退税，国税机关不予受理。

出口贸易在国际贸易业务中是较多出现的。对于外贸业务员来说，熟练运作出口贸易流程是从事外贸业务的基本功之一。为了使读者能结合不同的支付方式、运输方式较为全面地掌握出口贸易中各环节的操作，本项目主要是在CIF条件下，分两条线路进行介绍：①将信用证支付、普惠制原产地证书申领、海洋运输组合；②将电汇和托收支付、出口许可证申领、一般原产地证书申领、航空运输组合。最后阐述了出口退免税的含义与操作，出口退免税是政策性、规范性很强的工作，实际工作中要不断跟踪国家相关政策、规定的变化。

>>> 基础知识练习

单选题

1. 关于结汇单证，以下说法正确的是(　　)。

A. 结汇单证是国际贸易中，为解决货币收付问题所使用的单据、证明和文件。

B. 结汇单证就是商业单证：以商业发票、包装单据、运输单据、保险单为主。

C. 仅指国家外汇管理需要的单证：出口收汇核销单。

D. 结汇单证就是金融单证：主要指汇票。

2. 信用证规定 Shipping documents must show P/O NO. 5237。出口商制作(　　)时，可不显示此P/O的编号。

A. 产地证　　B. 发票　　C. 空运单　　D. 汇票

3. 信用证规定不迟于10月底装运大约一万双皮鞋，单价为6美元，总金额6万美元，出口商最多可装运(　　)双皮鞋。

A. 11 000　　B. 10 000　　C. 10 500　　D. 10 300

4. 信用证在汇票条款中注明 Drawn on them，出口商缮制汇票时，应将付款人作成(　　)。

A. 开证行　　B. 议付行　　C. 开证申请人　　D. 偿付行

5. 出口商应在(　　)通过传真、邮寄等方式，向进口商发出装运通知。

A. 装运前　　B. 装船完毕　　C. 交单后　　D. 收款后

6. 结汇单证中的汇票，指用于托收和信用证收汇方式中，出口商向进口商或银行签发的，要求后者即期或在一个固定的日期或在可以确定的将来的时间，对某人或某指定人或持票人支付一定金额的无条件的书面支付命令。大部分情况下，使用(　　)。

A. 光票　　B. 跟单汇票　　C. 银行汇票　　D. 商业承兑汇票

7. 信用证要求提供空运单，显示运费到付，但没有对空运单的收货人一栏提具体要求，实际操作中一般做法是将收货人作成(　　)。

A. to order of 开证行　　B. to order of shipper

C. consigned to applicant　　D. consigned to 开证行

8. 原产国的基本含义是出口商品的(　　)。

A. 起运国　　B. 制造国　　C. 出口国　　D. 消费国

9.《欧共体纺织品专用产地证》，正确的简称是(　　)。

A. DCO 声明书　　B. GSP 产地证　　C. C/O 产地证　　D. EEC 产地证

10. 下列关于出口程序说法不正确的是(　　)。

A. 先报关，后报检　　B. 先报检，后报关

C. 先签约，后申领出口许可证　　D. 先投保，后装运

>>> 实训练习

请阅读下列信用证，根据信用证的要求完成商业发票、装箱单、产地证、保险单、提单、汇票的缮制。

FM：STANDARD CHARTERED BANK DUBLIN

TO：BANK OF CHINA，ZHEJIANG BRANCH，HANGZHOU CHINA.

WE HEREBY ISSUE OUR IRREVOCABLE DOCUMENTARY CREDIT NO：STA IM1200789

DATE OF ISSUE：140512

EXPIRY DATE AND PLACE：140812 PLACE CHINA

APPLICANT BANK：STANDARD CHARTERED BANK DUBLIN IRELAND.

APPLICANT：BEST SELLER COMPANY

WATERFORD BUILDING 22 FLOOR

NO. 998 FINECALL STREET DUBLIN IRELAND.

BENEFICIARY：ZHEJIANG SECOND LIGHT INDUSTRY

GUANGJIE INDUSTRY AND TRADING COMPANY.

NO. 74 YOU SHENG GUAN ROAD HANGZHOU CHINA.

CURRENCY AMOUNT：USD 20 000. 00

(SAY UNITED STATES DOLLARS TWENTY THOUSAND ONLY).

CREDIT AVAILABLE WITH/BY：STANDARD CHARTERED BANK DUBLIN

BY ACCEPTANCE DRAPTS AT 30 DAYS SIGHT

DRAWEE：STANDARD CHARTERED BANK DUBLIN

PARTIAL SHIPMENT：PROHIBITED

TRANSSHIPMENT：PERMITTED

LOADING IN CHARGE：SHANGHAI CHINA

FOR TRANSPORT TO: DUBLIN IRELAND

LATEST SHIPPING DATE: 20140722

DESCRIPTION OF GOODS: DRAWER SLIDES AND HANDLES
CIF DUBLIN IRELAND

DOCUMENTS REQUIRED:

+ SIGNED INVOICE IN TRIPLICATE.

+ FULL SET OF CLEAN ON BOARD MARINE BILLS OF LADING CONSIGNED TO ORDER, BLANK ENDORSED, MARKED FREIGHT PREPAID AND NOTIFY APPLICANT.

+ INSURANCE POLICY/CERTIFICATE BLANK ENDORSED COVERING ALL RISKS FOR 10 PERCENT ABOVE THE CIF VALUE.

+ CERTIFICATE OF CHINA ORIGIN ISSUED BY A RELEVANT AUTHORITY.

+ PACKING LIST IN DUPLICATE.

ADDITIONAL CONDITIONS: PLEASE FORWARD ALL DOCUMENTS TO US (STANDARD CHARTERED BANK LTD., TRADE FINANCE SERVICES, CARRISBROOK HOUSE BALLSBRIDGE DUBLIN 500.)

IF BILLS OF LADING ARE REQUIRED ABOVE, PLEASE FORWARD DOCUMENTS IN TWO MAILS, ORIGINALS SEND BY COURIER AND DUPLICATES BY REGISTERED AIRMAIL.

DETAILS OF CHARGES: BANK CHARGES EXCLUDING ISSUING BANK ARE FOR ACCOUNT OF BENEFICIARY.

PRESENTATION PERIOD: DOCUMENTS TO BE PRESENTED WITHIN 21 DAYS FROM SHIPMENT DATE BUT WITHIN THE VALID OF THE CREDIT.

CONFIRMATION: WITHOUT

INSTRUCTIONS: DISCREPANT DOCUMENTS, IF ACCEPTABLE WILL BE SUBJECT TO A DISCREPANCY HANDLING FEE OF EUR100.00 OR EQUIVALENT WHICH WILL BE FOR ACCOUNT OF BENEFICIARY.

SPECIAL NOTE: ISSUING BANK WILL DISCOUNT ACCEPTANCES ON REQUEST, FOR A/C OF BENEFICIARY (UNLESS OTHERWISE STATED) AT APPROPRIATE. LIBOR RATE PLUS 1.00 PERCENT MARGIN.

THIS CREDIT IS ISSUED SUBJECT TO THE U. C. P. FOR DOCUMENTARY CREDITS, 2007 REVISION, I. C. C. PUBLICATIONS NO. 600.

END.

有关资料：

发票号码：2014ZH8898　　　　发票日期：2014 年 7 月 10 日

提单号码：KGES5825691　　　　提单日期：2014 年 7 月 20 日

船　　名：NANDERV. 089282　　　　海 运 费：USD96. 00

货物装箱情况：800SETS/40CARTONS　集装箱号：SOCE6689725(40')LCL

净　　重：25KGS/CTN　　　　毛　　重：28KGS/CTN

尺　　码：(50×40×20)CM/CTN

唛　　头：B. C.

DUBLIN

NOS：1－40

MADE IN CHINA

合同号码：2014GUA00898　　　　单　　价：USD25. 00/SET

计量单位：kg　　　　出口口岸：吴淞海关

保单号码：04－2988956　　　　保 险 费：USD44. 00

FORM A 号码：ZJ/HZ/04/08123　　　　H. S. 号码：7306. 2000

项目十

进口贸易单证综合实训

通过本项目的学习，能够熟悉不同结算方式下进口贸易单证的操作流程，熟练掌握信用证、电汇和托收方式下进口贸易全套单证的综合操作要领。

重点掌握：

- 进口货物报验、报关、付汇核销业务流程。
- 托收、电汇业务的单证缮制。

10.1 进口贸易信用证业务的单证缮制

10.1.1 申请签发进口货物许可证书业务流程

申请签发进口货物许可证的业务流程如图 10-1 所示。

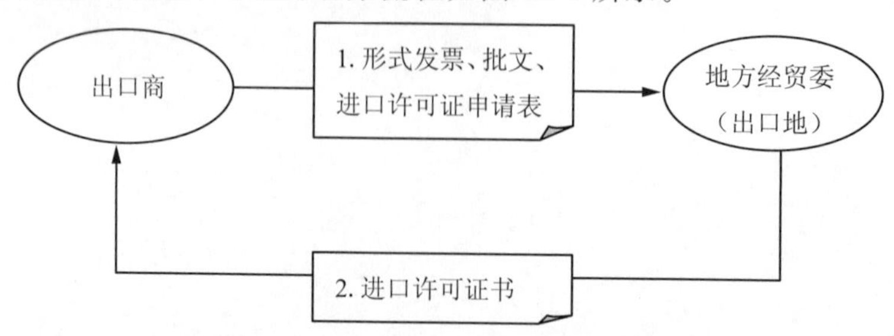

图 10-1 申请签发进口货物许可证书业务流程

相关链接

进口货物许可证是国家主管机关签发的批准进口商品的证明文件，也是进口通关的证据之一。凡纳入《实施进口许可证商品目录》范围内的商品，都必须向商务部主管部门配额许可证事务局及其驻各口岸特派员办事处，或商务部授权的直辖市、省、自治区的经贸主管部门申请签发进口货物许可证，否则海关不予放行。

样单 1

中华人民共和国进口货物许可证

IMPORT LICENCE THE PEOPLE'S REPUBLIC OF CHINA

1.我国货物成交单位 Importer 方正进出口贸易公司 编码 310123456			3.进口许可证编号 Licence No. 07-JZ5661168		
2.收货单位 Consignee 方正进出口贸易公司			4.许可证有效期 Validity 2008年8月23日		
5.贸易方式 Terms of trade 一般贸易			8.进口国家(地区) Country of destination 日本		
6.外汇来源 Terms of foreign exchange 银行购汇			9.商品原产地 Country of origin 日本		
7.到货口岸 Port of destination 吴淞			10. 商品用途 Use of commodity 自营内销		
11.唛头—包装件数 Marks & numbers—number of packages			TITC TX 200523 SHANGHAI C/No. 1—60		
12.商品名称 Description of commodity WRENCH			商品编码 Commodity No. 8204.1100		
13.商品规格、型号 Specification	单位 Unit	14.数量 Quantity	15.单价(USD) Unit price	16 总值(USD) Amount	17.总值折美元 Amount in USD
HEX DEYS WRENCH	套	1 000	USD 10.00	USD 10 000.00	USD 10 000.00
DOUBLE RING OFFSET WRENCH	套	1 500	USD 10.00	USD 15 000.00	USD 15 000.00
CONBINATION WRENCH	套	2 000	USD 20.00	USD 40 000.00	USD 40 000.00
ADJUSTABLE WRENCH	套	1 500	USD 20.00	USD 30 000.00	USD 30 000.00
18.总计 Total	套	6 000		USD 95 000.00	USD 95 000.00
19.备注 Supplementary details		20.发证机关盖章 Issuing authority's stamp & 中华人民共和国进口许可证 专用章 上海 发证日期 signature Date 2007年8月23日			

商务部监制　　　　本证不得涂改，不得转让

10.1.2 开立信用证程序

申请开立信用证业务流程如图 10-2 所示。

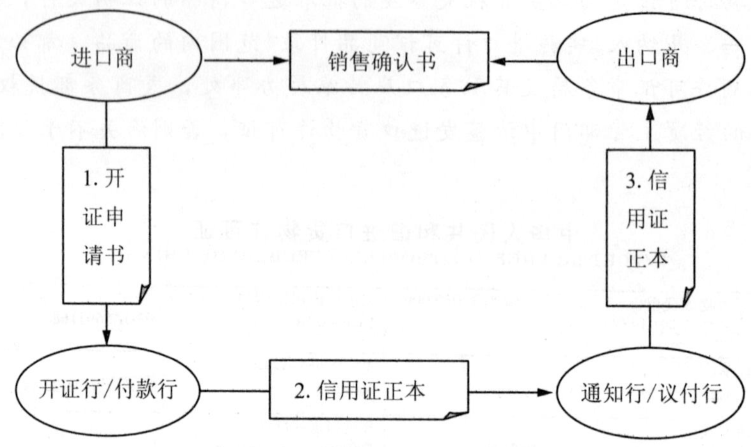

图 10-2 申请开立信用证业务流程

说明：

(1)进口商须在合同规定的时限内向当地能被出口商接受的银行申请开证。

(2)进口商开证要按合同规定的内容填写开证申请书，并交付押金或其他保证金。

(3)开证行根据开证申请书开立不可撤销跟单信用证，正本寄送通知行，副本交进口商。

(4)通知行对信用证进行审核后，交付出口商。

样单 2

中国银行
BANK OF CHINA

8127/0

BANK OF CHINA WUXI BRANCH
ADDRESS: 258 ZHONGSHAN ROAD
WUXI,JIANGSU,CHINA

WXEM

CABLE: CHUNGKUO
TELEX: 362021 WXBOC CN
SWIFT: BKCHCNBJ95C
FAX:2705888

信用证通知书
NOTIFICATION OF DOCUMENTARY CREDIT

2007/03/01

TO致: 0267240 CHINA NATIONAL MACHINERY AND EQUIPMENT IMP AND EXP WUXI CO., LTD., 11-12 FL., JINHE BLDG., 229 CHANGQING ROAD WUXI JIANGSU CHINA		WHEN CORRESPONDING PLEASE QUOTE OUR REF NO AD95C07A00976	
ISSUING BANK开证行 8099731 HANDELSBANKEN COPENHAGEN DENMARK		TRANSMITTED TO US THROUGH转递行 REF NO.	
L/C NO.信用证号 7610/23151	DATED开证日期 2007/02/27	AMOUNT金额 USD43,376.00	EXPIRY PLACE 有效地 LOCAL
EXPIRY DATE 效期 2007/04/23	TENOR 期限 DAYS	CHARGE未付费用 RMB0.00	CHARGE BY 费用承担人 BENE
RECEIVED VIA 来证方式 SWIFT	AVAILABLE 是否生效 VALID	TEST/SIGN 印押是否相符 YES	CONFIRM 我行是否保兑 NO

DEAR SIRS,迳启者:
WE HAVE PLEASURE IN ADVISING YOU THAT WE HAVE RECEIVED FROM THE A/M BANK A(N) LETTER OF CREDIT. CONTENTS OF WHICH ARE AS PER ATTACHED SHEET(S).
THIS ADVICE AND THE ATTACHED SHEET(S) MUST ACCOMPANY THE RELATIVE DOCUMENTS WHEN PRESENTED FOR NEGOTIATION.
兹通知贵司，我行收自上述银行信用证一份，现随附通知．贵司交单时，请将本通知书及信用证一并提示．

REMARK备注:
PLEASE NOTE THAT THIS ADVICE DOES NOT CONSTITUTE OUR CONFIRMATION OF THE ABOVE L/C NOR DOES IT CONVEY ANY ENGAGEMENT OR OBLIGATION ON OUR PART.

THIS L/C CONSISTS OF　　SHEET(S),INCLUDING THE COVERING LETTER AND ATTACHMENT(S).
本信用证连同面函及附件共　纸.

IF YOU FIND ANY TERMS AND CONDITIONS IN THE L/C WHICH YOU ARE UNABLE TO COMPLY WITH AND OR ANY ERROR(S), IT IS SUGGESTED THAT YOU CONTACT APPLICANT DIRECTLY FOR NECESSARY AMENDMENT(S) SO AS TO AVOID ANY DIFFICULTIES WHICH MAY ARISE WHEN DOCUMENTS ARE PRESENED.
如本信用证中有无法办到的条款及/或错误，请迳与开证申请人联系，进行必要的修改，以排除交单时可能发生的问题.

THIS L/C IS ADVISED SUBJECT TO ICC UCP PUBLICATION NO.500.
本信用证之通知系遵循国际商会跟单信用证统一惯例第500号出版物办理.

此证如有任何问题及疑虑，请与国际结算部出口科联络，电话：2705888-8209.

YOURS FAITHFULLY,
FOR BANK OF CHINA

FOB BANK OF CHINA, WUXI BRANCH

....
Authorised Signature
(5)

10.1.3　进口货物订舱、保险及有关单证缮制

进口货物订舱、保险业务流程如图 10-3 所示(在 FOB 条件下)。

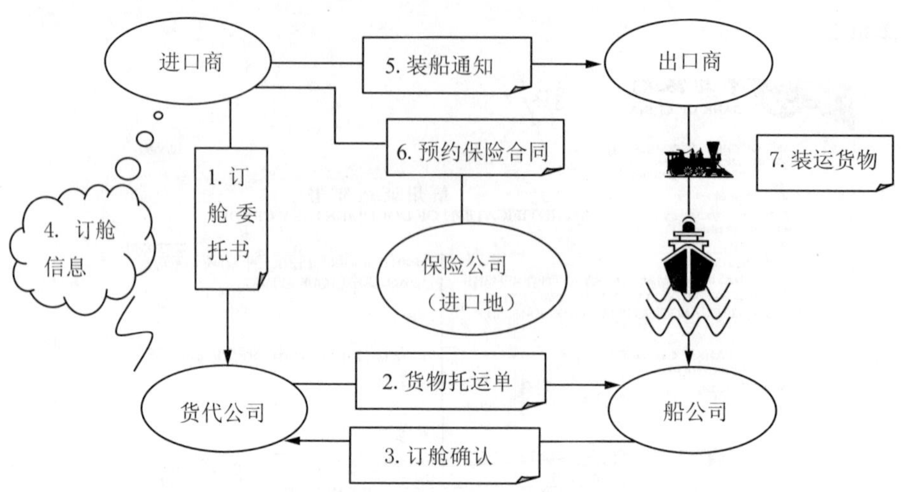

图 10-3　进口货物订舱、保险业务流程

说明：

(1)进口商缮制订舱委托书，委托货代公司向船运公司办理订舱手续。

(2)货代公司向船运公司递交货物托运单代办订舱。

(3)货代公司获知订舱确认后告知进口商相关信息。

(4)进口商与保险公司签订进口货物预约保险合同，并通知进口商装船信息。

样单 3

进口订舱委托书

编号：XT051147　　　　日期：2007 年 8 月 31 日

货名（英文）	振手 WRENCH		
重量	175kgs	尺码	7 m^3
合同号	TX200523	包装	60 箱
装运港	东京港	交货期	2007 年 10 月 20 日
装货条款	1）2007 年 10 月 19 日到达东京港装运 2）允许转船 3）允许分批装运		
发货人名称、地址	TOKYO IMPORT & EXPORT CORPORATION 82-324 OTOLI MACHI TOKYO, JAPAN		
发货人电挂	028-548743		
订妥船名	COSCO　V.861	预抵港口	东京港
备注		委托单位	FANGZHENG IMPORT & EXPORT TRADE CORPORATION 方正进出口贸易公司 方正

⑴危险品须注明性能，重大件注明每件重量及尺码。

⑵装货条款须详细注明。

样单 4

托运单 BOOKING NOTE

(1)收货人：CONSIGNEE　　　(17)提单号：B/L No.
(2)通知人：NOTIFY　　　(18)船名 VSL.
(19)编号 NO.：
(20)日期 DATE：
(21)起运地 LOADING PORT：
(22)装运地 DESTINATION：

(3)标记 SHIPPING MARKS	(4)件数 QUANTITY	(5)货名 DESCRIPTION OF GOODS	(6)净重 N/W	毛重 G/W	(7)尺码 MEASUREMENT

(23)特殊条款 SPECIAL CODITIONS：

(8)可否分批　　　(13)正本
(9)可否转船　　　(14)副本
(10)装船期限　　　(15)货存地点
(11)结汇期限　　　(16)运费缴付方式

(12)运费吨：　　　运费率：　　　运费金额：

NAME OF BENEFICIARY AND SIGNATURE

样单 5

中国纺织品进出口公司上海市分公司

CHINA NATIONAL TEXTILES IMPORT & EXPORT CORPORATION
SHANGHAI BRANCH
27. ZHONGSHAN ROAD E. 1
SHANGHAI, CHINA
TEL：8621－65342517　　FAX：8621－65724743

INSURANCE DECLARATION
(SHIPPING ADVICE)

SHANGHAI,

MESSRS.
DEAR SIR,
L/C NO. ....
COVER NOTE (OR OPEN POLICY)
NO. ....

UNDER THE CAPTIONED CREDIT AND COVER NOTE (OR OPEN POLICY), PLEASE INSURE THE GOODS AS DETAILED IN OUR INVOICE NO.

ENCLOSED, OTHER PARTICULARS BEING GIVEN BELOW：

CARRYING VESSEL'S NAME：

SHIPMENT DATE：

COVERING RISKS:

KINDLY FORWARD DIRECTLY TO THE INSURED YOUR INSURANCE ACKNOWLEDGEMENT.

中国纺织品进出口公司上海市分公司
CHINA NATIONAL TEXTILES IMPORT & EXPORT CORPORATION
SHANGHAI BRANCH
SHANGHAI, CHINA

____
MANAGER

样单 6

中国人民保险公司

进口货物运输预约保险合同

合同号：TX200523　　　　　　日期：2014 年 9 月 15 日

甲方：方正进出口贸易公司

乙方：中国人民保险公司上海分公司

双方就进口货物的运输预约保险拟定各条以资共同遵守。

一、保险范围

甲方从国外进口的全部货物，不论运输方式，凡贸易条款规定由买方办理保险的，都属于本合同范围之内。甲方应根据本合同规定，向乙方办理投保手续并支付保险费。

乙方对上述保险范围内的货物，负有自动承包的责任，在发生本合同规定范围之内的损失时，均按本合同的规定负责赔偿。

二、保险金额

保险金额以货物的到岸价(CIF)即货价加运费加保险费为准(运费可用实际运费，亦可由双方协定一个平均运费率计算)。

三、保险险别和费率

各种货物需要投保的险别由甲方选定并在投保单中填明。乙方根据不同的险别规定不同的费率。现暂定如下：

货物种类	运输方式	保险险别	保险费率
扳手	江海运输	一切险、战争险	按约定

四、保险责任

各种险别的责任范围，按照所属乙方制定的“海洋货物运输保险条款”“海洋运输货物战争保险条款”“海运进口货物国内转动期间保险责任扩展条款”“航空运输一切险条款”和其他有关条款的规定为准。

五、投保手续

甲方一经掌握货物的发运情况，即应向乙方寄送起运通知书，办理投保。通知书一式五份，由保险公司签认后，退回一份。如不办理投保，货物发生损失，乙方不予赔偿。

六、保险费

乙方按甲方寄送的起运通知书照前列相应的费率逐笔计收保费，甲方应及时付费。

七、索赔手续和期限

本合同所保货物发生保险责任范围内的损失时，乙方应按制定的“关于海运进口保险货物残损检验的赔款给付方法”和“进口货物施救整理费用支付办法”迅速处理。甲方应尽力采取防止货物扩大受损的措施，对已遭受损失的货物必须积极抢救，尽量减少货物的损失。向乙方办理索赔的有效期限，已保险货物卸离港之日起满一年终止。如有特殊需要可向乙方提出延长索赔期。

八、合同期限

本合同自 2014 年 9 月 15 日起开始生效。

甲方：方正　　　　　　　　乙方：丁君

（签章）　　　　　　　　　（签章）

10.1.4　审单、入境货物报检业务程序

审单、入境货物报检业务流程如图 10-4 所示。

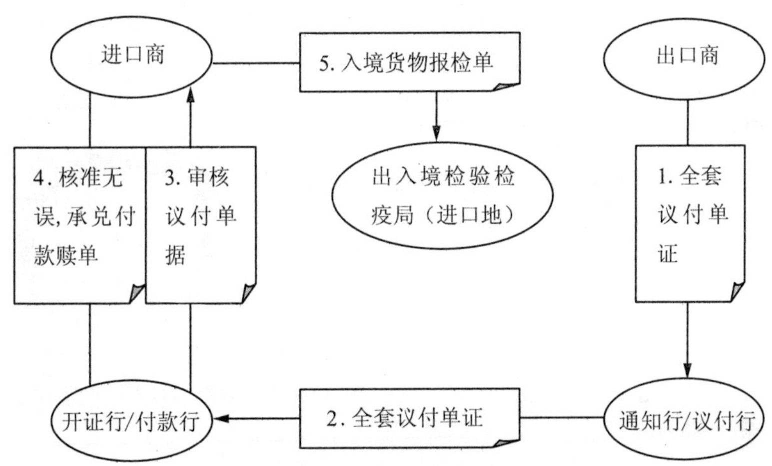

图 10-4　审单、入境货物报检业务流程

说明：

入境货物报检须填写《入境货物报检单》，并随附进口贸易合同、国外发票、提（运）单和装箱单等有关单证。

相关链接

进口商审单的主要依据是：信用证项下为信用证条款，托收项下为托收条款。

进口商审单要做到单证的内容准确、格式完整、单证齐全、单证相符和单单相符，还要注意各单证签发日期的合理性。

样单 7

中华人民共和国出入境检验检疫

入境货物通关单

编号：XT050811

<table>
<tr><td colspan="2">1. 收货人
上海进出口贸易公司</td><td colspan="2" rowspan="3">5. 标记及唛码
N/M</td></tr>
<tr><td colspan="2">2. 发货人
TAKAMRA TRADING CORPORATION</td></tr>
<tr><td>3. 合同／提（运）单号
TX200523 / 788-905 0945</td><td>4. 输出国家或地区
日本</td></tr>
<tr><td>6. 运输工具名称及号码
JAA0614</td><td>7. 目的地
上海</td><td colspan="2">8. 集装箱规格及数量
- - - -</td></tr>
<tr><td>9. 货物名称及规格
EDUCATIONAL BOOKS
*******************************</td><td>10.H.S.编码
4901. 9900</td><td>11.申报总值
USD 5 030.51</td><td>12. 数／重量、包装数量及种类
89 SETS
96. 99 kg
26 CTNS</td></tr>
<tr><td colspan="4">13. 证明
上述货物业已报检／申报，请海关予以放行。

中华人民共和国上海吴淞出入境检验检疫局
检验检疫专用章
日期：2007 年 9 月 16 日
签字：丁毅</td></tr>
<tr><td colspan="4">14. 备注</td></tr>
</table>

样单 8

中华人民共和国出入境检验检疫

入境货物报检单

报检单位（加盖公章）：上海进出口贸易公司　　*编号：1230508111

报检单位登记号：1368…　联系人：李莉　电话：65788877　报检日期：2007 年 9 月 15 日

收货人	（中文）上海进出口贸易公司	企业性质（画"√"）	□合资 □合作 □外资
	（外文）SHANGHAI IMPORT & EXPORT TRADE CORPORATION		
发货人	（中文）		
	（外文） YAMADA TRADING CORPORATION		

货物名称（中/外文）	H. S. 编码	原产国	数/重量	货物总值	包装种类及数量
教育图书 EDUCATIONAL BOOKS	4901. 9900	日本	89 SETS	USD 5 030.51	26 CTNS

运输工具名称号码	JAA0614			合同号	TX200523
贸易方式	一般贸易	贸易国别（地区）	日本	提单/运单号	788-905 0945
到货日期	2007. 09. 14	起运国家（地区）	日本	许可证/审批号	
卸货日期	2007. 09. 14	起运口岸	大阪	入境口岸	浦东机场
索赔有效期至	2008. 09. 14	经停口岸		目的地	上海
集装箱规格、数量及号码					
合同订立的特殊条款以及其他要求		货物存放地点			
		用　途			

随附单据（画"√"或补填）		标记及号码	*外商投资财产(画"√")	□是 □否
☑ 合同	☑ 到货通知		*检验检疫费	
☑ 发票	☑ 装箱单			
☑ 提/运单	□ 质保书		总金额（人民币元）	
□ 兽医卫生证书	□ 理货清单			
□ 植物检疫证书	□ 磅码单		计费人	
□ 动物检验证书	□ 验收报告			
□ 卫生证书	□		收费人	
□ 原产地证				
□ 许可/审批文件				

报检人郑重声明：	领取证单	
1．本人被授权报检。	日期	2007.09.16
2．上列填写内容正确属实。 签名：李莉	签名	李莉

注：有"*"号栏由出入境检验检疫机关填写。　　◆国家出入境检验检疫局制

样单 9

中华人民共和国出入境检验检疫
ENTRY-EXIT INSPECTION AND QUARANTINE
OF THE PEOPLE'S REPUBLIC OF CHINA

副本
COPY

共 1 页第 1 页 Page 1 of 1

健 康 证 书
HEALTH CERTIFICATE

编号 No.: 320800208033599

发货人名称及地址
Name and Address of Consignor: CHINA NATIONAL MACHINERY & EQUIPMENT IMPORT & EXPORT WUXI CO.,LTD.11-12TH FLOOR,JINHE BIDG.1008 JIEFANG EAST ROAD,WUXI JIANGSU. P.R.CHINA

收货人名称及地址
Name and Address of Consignee: ***

品名
Description of Goods: ①BUBBLE GUM BASE②CHEWING GUM BASE

加工种类或状态
State or Type of Processing: SOLID

报检数量/重量
Quantity/Weight Declared: ①-42000-KGS②-42000-KGS

包装种类及数量
Number and Type of Packages: ①-1680-CTNS②-1680-CTNS

贮藏和运输温度
Temperature during Storage and Transport: ***

标记及号码
Mark & No.
Bubble Gum Base
B-3538
N.W.:25KGS G.W.:25.5KGS
Production Date:April,2008
Expiry Date:April,2010
Made In China
Product:Chewing Gum Base
N.W.:25KGS G.W.:25.5KGS
Production Date:April,2008
Expiry Date:April,2010
Made In China

加工厂名称、地址及编号(如果适用)
Name, Address and approval No. of the approved Establishment (if applicable): 3200D00171

启运地
Place of Despatch: SHANGHAI,CHINA

到达国家及地点
Country and Place of Destination: BANDAR ABBAS,IRAN

运输工具
Means of Conveyance: VESSEL

发货日期
Date of Despatch: ***

检验结果:
RESULTS OF INSPECTION:
THIS LOT OF GOODS WAS PRODUCED UNDER SAFE AND SANITARY CONDITIONS AND FIT FOR HUMAN CONSUMPTION.

****

WUXI ENTRY-EXIT INSPECTION AND QUARANTINE BUREAU 中华人民共和国 无锡 出入境检验检疫局 THE PEOPLE'S REPUBLIC OF CHINA

印章 Official Stamp 签证地点 Place of Issue: WUXI 签证日期 Date of Issue: APR.15,2008

授权签字人 Authorized Officer: ZHU WEIJUAN 签名 Signature: 朱卫娟

中华人民共和国出入境检验检疫机关及其官员或代表不承担签发本证书的任何财经责任。No financial liability with respect to this certificate shall attach to the entry-exit inspection and quarantine authorities of the P. R. of China or to any of its officers or representatives.

B 0218004 [c2-2(2000.1.1)]

10.1.5　进口货物报关、付汇核销业务程序

进口货物报关、付汇核销业务流程如图 10-5 所示。

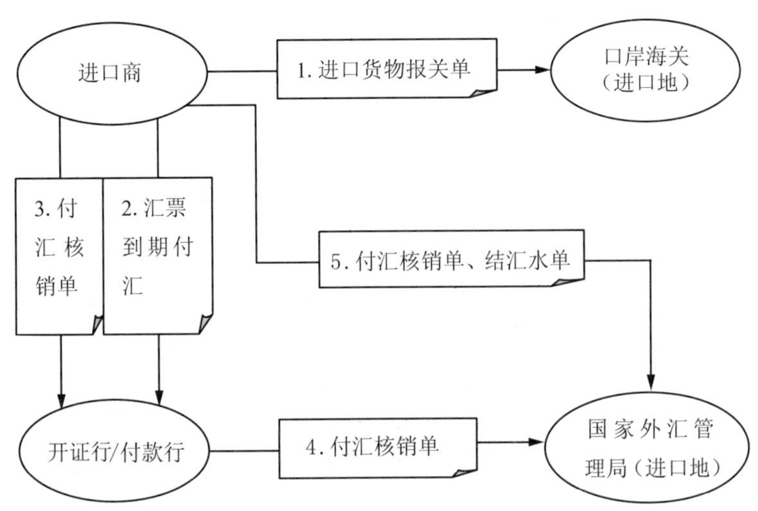

图 10-5　进口货物报关、付汇核销业务流程

说明：

(1)进口商在办理好付汇手续后，填写贸易进口付汇核销单交银行。

(2)银行审核无误后，将第一联交外汇管理局，第二联退还给进口商。

(3)进口商核销员向外汇管理局提供贸易进口付汇核销单、进口货物报关单和付汇水单，并填写贸易进口付汇到货核销表办理核销申报手续。

10.2　进口贸易电汇与托收业务的单证缮制

10.2.1　电汇业务流程

在实际进口业务中，较多采用电汇支付方式，如部分前 T/T 与部分后 T/T 相结合的形式，部分前 T/T 与 D/P 即期付款交单相结合的形式，主要是将风险合理地分摊于买卖双方。前 T/T 在国际贸易中通常用于预付货款业务。

电汇业务流程如图 10-6 所示。

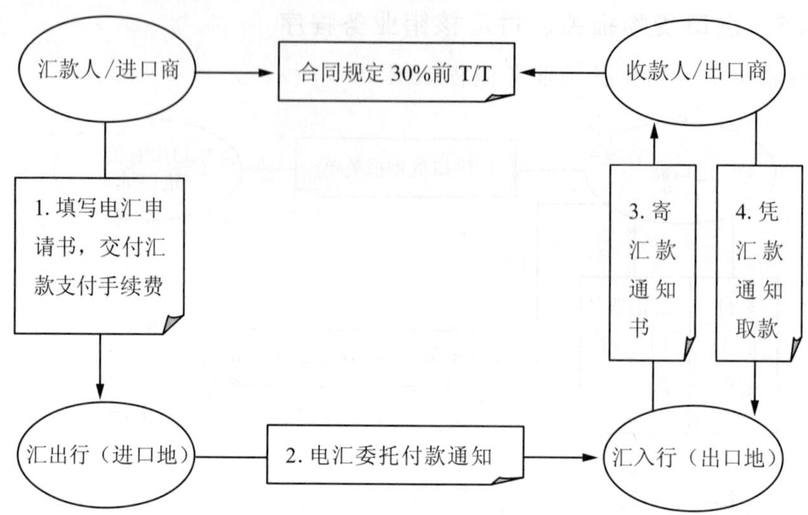

图 10-6　电汇业务流程

说明：

(1)汇款人填具电汇申请书递交汇出行，并向其交款付费。

(2)汇出行接受申请，将电汇回执交给汇款人。

(3)汇出行根据电汇申请人的指示，用电传或 SWIFT 方式向国外代理行发出汇款委托书。

(4)汇入行收到国外发来的汇款委托书，核对密押无误后缮制电汇通知书，通知收款人取款。

(5)收款人持通知书及其他有效证件去取款，并在收款人收据上签字。

(6)汇入行借讫汇出行账户，取出头寸，解付汇款给收款人。

(7)汇入行将付讫借记通知书邮寄给汇出行。

(8)汇出行与汇入行之间如无直接账户关系，还须进行头寸清算。

10.2.2　入境货物报检及有关单证缮制

如采用部分前 T/T 与 D/P 即期付款交单相结合的形式，通常出口商将全套结汇单证用于托收项下，目的是减少风险。

1. 跟单托收即期付款交单业务程序

跟单托收即期付款交单业务流程如图 10-7 所示。

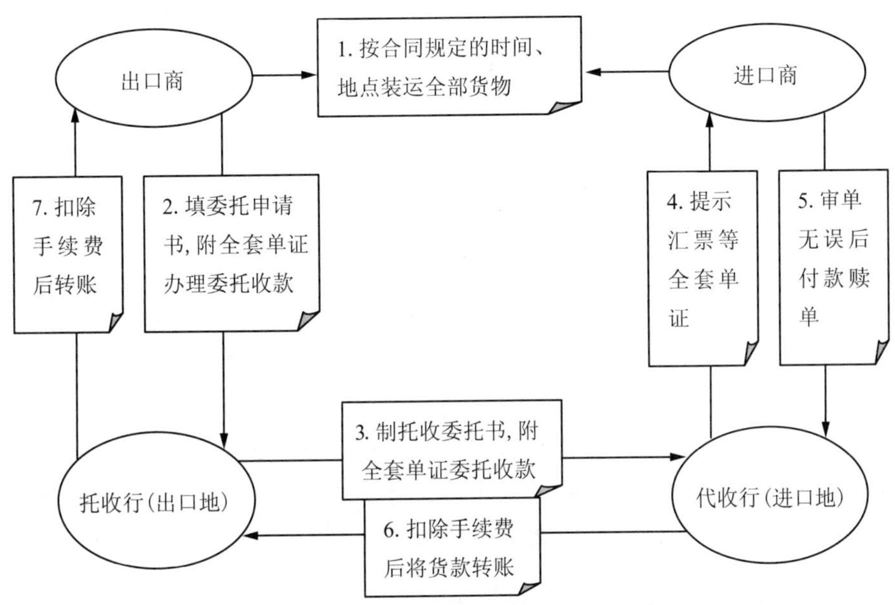

图 10-7　跟单托收即期付款交单业务流程

说明：

(1)采用前 T/T 与托收相结合的支付方式，通常将全套单证附在托收业务项下。

(2)D/P 即期付款交单与 D/P 远期付款交单业务相比，其业务程序少了一个承兑环节。

2. 审单、入境货物报检业务程序

审单、入境货物报检业务流程如图 10-8 所示。

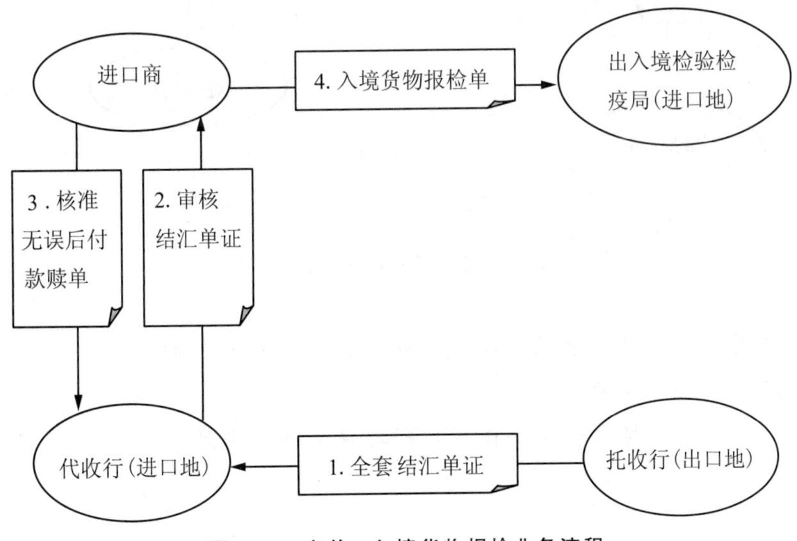

图 10-8　审单、入境货物报检业务流程

说明：

(1)入境一般货物报检时，按《入境货物报检单填制说明》，认真审核《入境货物报检单》填写的内容是否符合规定要求，报检单是否加盖报检单位公章或报检单位备案印章或随附报检单位的介绍信；报检单填写是否完整、准确；H.S编码归类是否准确：货值、数重量、合同号、提单号等是否与随附的发票、装箱单、合同、提单一致；转异地的货物目的地填写是否明确；代理报检委托书上是否按规定填写委托单位的详细地址、联系电话和联系人等。

(2)入境一般货物报检时，要求报检人提供对外贸易合同、发票、提单、装箱单等贸易和运输单证的复印件；若属加工贸易或其他特殊原因无合同的，申请人应在报检单上注明；代理报检单位应提供委托单位的正本委托书。

(3)报检的入境货物需转异地实施检验检疫的，报关地检验检疫机构应将《入境货物通关单》货物流向联(第三联)，在1个工作日内转收/用货地检验检疫机构。同时，应将相关电子信息传输到收/用货地检验检疫机构。

10.2.3 进口货物报关、提货业务程序

进口货物报关、提货流程如图10-9所示。

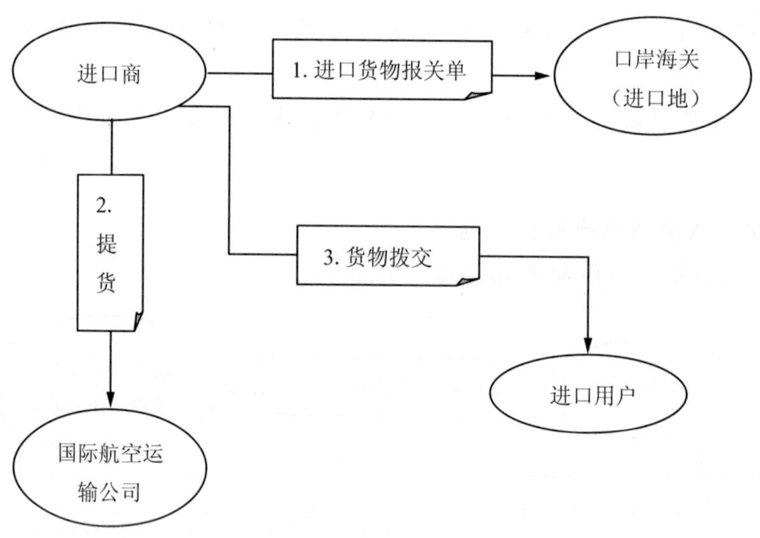

图10-9 进口货物报关、提货流程

说明：

(1)进口商办理进口货物报关，海关核准后在报关单上盖放行章。

(2)进口商凭提货单提货。

(3)进口商将进口货物拨交委托人，即进口货物的用户。

对于外贸业务员来说，熟练运作进口贸易流程是从事外贸业务的基本要求之一。为了使读者能结合不同的支付方式、运输方式，较为全面地掌握进口贸易中各环节的操作，本项目主要是在FOB价格条件下，分两条线路进行介绍：①将信用证支付、海洋运输组合；②将电汇和托收支付、航空运输组合。这样的编排与上一个项目出口贸易流程及单证综合操作的内容形成对照关系。

>>> 基础知识练习

单选题

1. 申请开证前，要落实的事情是(　　)。

A. 进口批准手续和外汇来源　　B. 货物入境通关手续

C. 货物检验手续　　D. 货物的保险手续

2. 没有归入进口到货单证类别中的单据是(　　)。

A. 保险单据　　B. 运输单据

C. 入境货物通关单　　D. 进口货物报关单

3. 进口企业审单时，单证一致的同时，还必须单单一致，在单据中处于中心地位的单据是(　　)。

A. 提单　　B. 汇票　　C. 商业发票　　D. 保险单

4. 信用证的开证时间，如果合同只规定最后装运期，那么买方应在合理的时间内开证，这个时间是(　　)。

A. 在发票日之前

B. 装运期的最后一天

C. 不晚于保险单日期

D. 一般掌握在合同规定的交货期前半个月或一个月开到卖方

5. 下列关于进口程序说法正确的是(　　)。

A. 先报关，后报检　　B. 报检、报关同步

C. 先签约，后申领进口许可证　　D. 先申领进口许可证，后签约

6. 由于银行是凭单付款，不管货物质量如何，也不受买卖合同的约束，所以为使货物质量符合合同规定，进口商可采取的措施是(　　)。

A. 要求出口商在交单时附带样本

B. 填写一份质量声明

C. 卖方可在合同中并相应的在信用证中要求卖方提供商品检验机构出立的装船前检验证明，并明确规定货物的规格品质，指定检验机构

D. 委托议付行进行实地考察

7. 信用证支付方式下，只要单据表面与信用证条款相符合，开证行就必须按规定付款，所以进口人应尽量做到(　　)。

A. 在申请开证时，应按合同有关规定转化成有关单据，具体规定在信用证中

B. 只要在信用证申请书中详细阐明即可，不用列明应提交与之相应的单据

C. 与出口人建立深厚的友谊

D. 委托一个机构全权监督出口方的行为

8. 进口单据的审核，是进口合同履行过程中的一个重要环节。如采用信用证支付方式，一般审核单据的是(　　)。

A. 只由开证行审核即可

B. 只由进口企业审核即可

C. 只由议付行审核即可

D. 由开证行和进口企业共同对货物单据进行审核

>>>　实训练习

根据下列资料填写开证申请书、进口订舱委托书、入境货物报检单和进口货物报关单。

背景资料

买方：DALIAN IMPORT & EXPORT TRADE CORPORATION
113 NANXIANG ROAD DALIAN, CHINA

电话：0411－60822126

传真：0411－60822115

代码：3058712469

卖方：TNKA TRADE CORPORATION
324 OTOLI MACHI OSAKA, JAPAN

电话：081－031－2548742

传真：081－031－2548743

货名：电动叉车(FORKLIFT TRUCK)

商品编码：8866.6822

规格数量：B30SW 3 PC

单价：FOB OSAKA USD 17 800.00/PC

包装：每1台装1箱(PACKED IN ONE CARTON OF 1 PC EACH)

支付方式：信用证即期支付(IRREVOCABLE DOCUMENTARY CREDIT AT SIGHT)

装运地：大阪港

目的地：大连港

装运期限：最迟不晚于2014年12月10日(LATEST DATE OF SHIPMENT 071210)

报关口岸：大连海关

提单号：TX081058

到岸日期：2014.12.12

卸毕日期：2014.12.12

运输工具名称：DAV.526

商品用途：自营内销

购货合同号：WR0789-E

分批装运：允许

转运：允许

企业性质：合资

开证方式：电开

开证行名称：中国银行上海市分行

索赔有效期：2年

运费：USD 880.00

保险费：USD 900.00

单证条款：签章商业发票一式5份、品质检验证书1份、数量检验证书1份、普惠制原产地证书1份、装箱单4份

项目十一

单证瑕疵风险及其防范

通过本项目的学习，了解信用证结算方式下单证瑕疵风险，并在制作单证中能够有效防范其风险。

重点掌握：

- 发票常见瑕疵及防范。
- 汇票常见瑕疵及防范。
- 提单常见瑕疵及防范。
- 保险单常见瑕疵及防范。

11.1 单证制作上的瑕疵

11.1.1 外贸单证制作产生瑕疵的原因

1. 公司制单员的业务知识局限和操作疏忽

由于业务范围的限制，一家公司可能与欧洲业务较多，与中东及其他国家的业务量不大，或者情况正好相反。每个地区的信用证的特点不同，如欧洲的信用证较为规范，中东来证的大多条款较为复杂，要求的单证多，有些单证的要求还较为独特，而业务员不可能对所有类型的信用证均熟悉。另外，制单员的疏忽也是产生不符点的一个因素，如打字错误引起不符点，或阅读信用证不仔细导致没能看清或没有理解具体要求等。

相关链接

信用证规定了唛头，由于唛头在信用证的下方，同一页打不完，开证行在最后一行打上了“P. T. O.”三个字。公司制单员对此未深究，在制单时把“P. T. O.”三个字也包括在单证的唛头中，导致开证行拒付。

这里，P. T. O. 是 Please Turnover 的缩写，即汉语的“请见反面”。该不符点的造成纯粹是因为制单员的大意和不求甚解。

2. 船公司、保险公司、商检机构等部门对国际惯例的不熟悉、误解或疏忽

这些部门出具的单证一般是信用证要求的重要单证，若不符往往影响很大。如 UCP500 刚开始实施时，银行就曾费了很大的精力就提单签发表明身份问题与船公司进行了交涉，但时到如今仍有船公司在签发提单时做得不规范。

3. 信用证本身的缺陷

如信用证含有软条款，使出口商无法执行信用证，或不能获得信用证项下要求的单证。如信用证规定由开证申请人或其他人签字的检验证，而申请人既不验货又不出具相关证书，则出口商无法提交此单证，不符点因而产生。有些信用证条款与实际操作有冲突，如信用证中规定“除发票外其他任何单证均不允许出现发票号码”，同时又要求普惠制产地证，而根据相关惯例，普惠制产地证必须注明发票号码，这样就形成了矛盾，无法操作。有时，信用证的修改也有可能引发不符点，如信用证修改将提单改成空运单，而受益人证明未将相关的邮寄提单改换成邮寄空运单；如改 CIF 价格条款为 FOB 价格时，未将提单运费条款由 Freight Prepaid 改成 Freight Collect；改装运期未改有效期；改 CIF 价格条款为 CFR 价格或 FOB 价格时未删除信用证所要求的保险单等。这类不符点的产生经常是由于开证行的疏漏和受益人忽略对修改内容以外条款的审查引起的。

4. 受益人在经营过程中的脱节

信用证只是一种结算工具，对于开证申请人来讲，旨在规范受益人及时履行合同，而就信用证本身而言，在规定的时间内保质、保量地备货、生产、发运显得尤为重要，单证的一些缺陷可以修改，但由于公司经营造成的失误，如货物无法在规定的时间内产出、产生短装、船期赶不上。信用证规定要某部门出具的检验证书，公司因疏忽出运前未让其检验而无法获得等，则往往无法更改。

11. 1. 2　单证制作上的主要瑕疵

1. 单证时间上的瑕疵

(1)交单过期：交单时间超过信用证规定的有效期或交单期，或超过提单日后 21 天，这是经常出现的不符点。一般而言，交单期早于到期日，应在交单期内提交；交单期晚于到期日，应在到期日之前或到期日提交。

(2)单证出具时间错误：各种单证的签发日期应符合逻辑性和国际惯例，汇票

和提单日期通常是确定各单证日期的关键。一般而言，各个单证的出具日期不能晚于信用证的有效期。常见的错误出单日期有：汇票日期早于发票日期；汇票日期早于提单日期；发票日期晚于交单日期；保单日期晚于提单日期；箱单日期早于发票日期；产地证日期晚于提单日期；检验证书日期晚于提单日期；出口许可证日期晚于提单日期等。

2. 单证内容上的瑕疵

(1)提交的单证种类或份数不够：提交单证的种类不全，或者提交单证的份数不够，以及没有按照要求提交正本及副本。

(2)单证中有错字、漏字及拼写错误：单证制作出现拼写错误，导致错字、漏字情况，有些错误出现在名称、地址、数字等关键部位会导致拒付。

(3)计算上的错误：货物价格、毛净重、尺码、包装件数或货物数量等出现计算上的错误会直接影响信用证结算方式的保障效果。

(4)单证签字的错误：信用证要求单证手签，而提供的单证却是盖章；信用证要求盖章或签字，而单证漏盖章或签字；信用证要求指定人签字盖章，单证没有按要求出具。

(5)单证内容编排不合理：单证内容陈述过多或过少，或信用证规定的内容漏掉。内容的安排随意，不分轻重主次，缺乏逻辑性。另外，单证与单证之间缺乏关联性，不易审查和管理。

(6)单证修改的瑕疵：单证修改之后不加手签或更正章证实，或者涂改的地方过多，修改方式不得体，甚至页角折皱，不够整洁等。

(7)背书错误：遗漏背书或背书错误，如背书类型的错误、背书人或被背书人错误。

相关链接

发票日期通常应在各单证日期之首；提单日期不能超过信用证规定的最晚装运期，也不得早于信用证规定的最早装运期；保单的签发日应早于或等于提单日期(一般早于提单日期2天)，不能早于发票日期；装箱单应等于或迟于发票日期，但必须在提单日期之前；产地证不早于发票日期，不迟于提单日期；商检证日期不晚于提单日期，但也不能过分早于提单日期，尤其是鲜货、容易变质的商品；船公司证明要等于或早于提单日期；受益人证明和装船通知等于或晚于提单日期等。

相关链接

某日，受益人向议付行提交全套单证，经审核，议付行认为单单、单证一致，于是一面向受益人办理结汇，一面把单证寄开证行取得索偿。开证行经审核后，认为议付行交来的全套单证不能接受，因为提单上申请人的通信地址的街名少了一个G(正确的地址为：Sun Chiang Road，现写成：Sun China Road)。

获此信息后，受益人即与申请人取得联系，要求接受此不符点，而申请人执意不肯。事实上，开证申请人已通过借单看过货物后才决定拒绝接受货物，并由此寻找单证中的不符点，以此为借口拒绝付款。

分析：这是一起典型的因为单证轻微瑕疵遭致拒付的案例，按 UCP600 的规定，银行审单遵循“严格相符”的原则，也即受益人提交的单证必须做到“单证与信用证规定一致”和“单证与单证一致”，银行才会接受单证并付款。这是一条刚性原则，虽然曾有不少人提出应软化这一刚性原则，即银行应接受只有轻微瑕疵的单证并付款，但这一主张并未得到大多数国家的接受，也未得到国际商会的认可。实际上，对“轻微瑕疵”的认定，即何种程度的不符才能构成银行拒付的理由，UCP600 没有作明确的规定，法院或仲裁庭有很大的自由裁量权。

本案例的启示是：议付行一定要本着认真、负责的态度审好每笔单子，把不符点尽可能扼杀在萌芽状态。如在本案例中，若能及早发现、更改的话是完全可以做到单单、单证一致的。当然在具体处理时，作为议付行也可据理力争，多找一些有利于我方的判例，争取此事得以圆满解决。

11.2　几种主要单证的瑕疵风险

11.2.1　发票常见瑕疵

1. 发票本身相关信息与信用证规定不符

(1)发票的名称与信用证要求不一致：例如，信用证规定为“Detailed Invoice”“Certified Invoice”等，而单证中只有“Invoice”一词，应在其前加信用证规定的修饰词，并注意内容与名称的统一。

(2)发票的号码漏写或与其他单证不统一：发票号码是其他单证经常参考的一个重要信息，漏写或不统一都是错误的。

(3)发票签字不符信用证要求：发票本身可不签字，但如果信用证有明确的要求，即要严格按照信用证的要求进行盖章或手签。

2. 发票内容信息与信用证规定不符

(1) 发票的抬头：发票抬头必须严格按信用证的规定缮制。UCP600 及 UCP500 均规定：除转让信用证外，发票必须出具成以申请人为抬头。如有的信用证规定“By Order of ABC Co. Ltd.”，同时又规定“Accountee XYZ Co. Ltd.”，发票抬头有的只打前者，有的只打后者，这些打法都不符合要求，应改成“ABC Co. Ltd. A/C XYZ Co. Ltd.”。

(2) 货物的描述：UCP600 及 UCP500 均规定，商业发票上的货物、服务或履约行为的描述应该与信用证中的描述一致。如果不一致，很容易导致单证不符。

(3) 发票的价格及金额：发票金额计算或书写错误，金额大写不一致，遗漏币种或币种与信用证不一致，漏写贸易术语，以及发票金额与信用证规定不一致等均会导致单证不符。

(4) 其他信息：唛头、包装、数量及其他信用证要求在发票上显示的信息遗漏或不够准确、清晰。

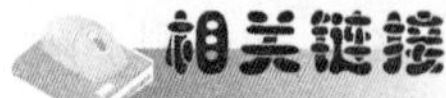

一起单证不表示发票号码引起的纠纷

我 PH 进出口公司(以下简称 PH 公司)对新加坡出口一批货物。开证行开立的信用证里在单证条款中要求提供"FULL SET OF CLEAR ON BOARD OCEAN BILL OF LADING AND ONE COPY OF NON-NEGOTIABLE B/L... AND GENERALIZED SYSTEM OF PREFERENCES CERTIFICATE OF ORIGIN FORM A."。在附加条款中要求"ALL DOCUMENTS EXCEPT DRAFT AND INVOICE MUST NOT SHOW THE CREDIT NUMBER AND INVOICE NUMBER"。

PH 公司制单人员在装船前缮制 GSP 原产地证书时，发现信用证要求所有单证不能表示发票号，而 GSP 原产地证书格式 A 却要求填写"发票号和日期"。PH 公司立即与当地商检机构联系，商检机构不同意出具发票号留空不填的 GSP 原产地证书，理由是联合国贸发会对于填写 GSP 原产地证书格式 A 的有关规定，此栏目不得留空不填。

PH 公司立即发传真给新加坡进口商，指出上述矛盾之处，提出修改信用证为"ALL DOCUMENTS EXCEPT DRAFT, INVOICE AND GENERALIZED SYSTEM OF PREFERENCES CERTIFICATE OF ORIGIN FORM A MUST NOT SHOW THE CREDIT NUMBER AND INVOICE NUMBER"。

新加坡进口商电复：请立即装船，信用证正在申请办理修改中。

PH 公司随即安排装船，装船后一周仍未见其信用证修改书开到，效期将至。联系新加坡进口商，却称已经办理信用证修改。PH 公司只好出具保函向中国光大银行办理担保议付。

PH 公司向中国光大银行提交的提单中船名标明"INTENDED VESSEL 'FREESEA'"，但是在"已装船"批注中填有经承运人加注实际已装船的船名和装船日期，并有承运人签章。

单证寄到国外后，开证行提出单证不符。不符点有二："其一，GSP 原产地证书格式 A 第 10 栏表示了发票号，与我信用证的规定不符；其二，正本提单上承运人加注了实际装船的船名和日期，但是在副本提单上却无此批注，开证申请人不同意接受。"

PH 公司立即通过中国光大银行向开证行提出：①GSP 原产地证书表示了发票号系根据联合国贸发会的规定。只要稍有这方面的常识，就不应该提出异议。同时，开证申请人同意此不符点，而且已经修改了信用证，不应构成单证不符。②对于提单的“预期船名”，我方在提单上已经由承运人批注了实际装船的船名和装船日期，并有承运人签章。根据UCP600第二十条规定：“……通过以下方式表明货物已在信用证规定的装货港装上具船只；预先印制的文字或已装船批注注明货物的装运日期。”“如果提单载有‘预期船只’或类似的关于船名的限定语，则需已装船批注明确发运日期以及实际船名。”故我所提供的提单已符合UCP600规定，构成“装上船”的要求，提单正本是有效文件。至于提单副本属于不生效的参考文件，承运人不可能在副本提单上加注和签章。因此，我提供的提单已构成“装上船”的提单，已经单证相符。根据上述情况，你方应该接受单证，按时付款。

开证行收到PH公司的申辩后又提出反驳意见：对于GSP原产地证书不表示发票号的条款问题，我行并未修改信用证，经查申请人也未有申请过修改的情况。根据UCP600的规定，银行对单证审核的标准就是以单证表面上是否与信用证条款相符，并不考虑什么联合国贸发会的规定。原产地证书上标明了发票号，就是表面上单证不符。

对于正本提单上有承运人批注内容，而副本也应该有该批注的内容。虽然承运人可以对提单副本不进行签章，但其各方面内容均应与提单正本内容完全一样。正本有，而副本没有，即构成单单不符。

根据上述情况，申请人无法接受该单证。请速告对单证的处理意见。

最后，买卖双方经过反复交涉，又由于当时货物价格趋涨，买方才决定付款。付款时间比正常收汇拖延了3个月，PH公司损失利息14 000美元。

11.2.2　汇票常见瑕疵

1. 汇票自身相关信息不完整、不正确

很多国家的票据法都对汇票的基本内容有要求和说明，不满足基本要求的汇票无效。常见的疏忽有：

● 漏注出票地址。

● 金额大小写不一致或大写金额错。凡汇票金额出现错误，不能在原票上修改，只能重制。

2. 汇票内容信息与其他单证不符

● 汇票币别、金额与发票不符。有时是汇票金额与发票金额相符，但汇票未按规定扣除佣金或折扣，或者发票金额超证，汇票未扣超证部分，亦构成单证不符。

● 漏注汇票期限或期限与信用证不一致。

● 收款人信息填错。收款人一般由受益人根据自己的愿望加注，通常打议付行，但应注意信用证是否指定了汇票收款人或有限制议付条款，不能凭经验。

● 其他内容。如出票条款内的开证行名称、信用证号或开证日期有误等。

相关链接

A银行向B银行开出不可撤销信用证，受益人交单后，B银行通过快递将单证寄交A银行，A银行审单后发现下述不符点，遂拒付。

汇票上小写金额为USD 905 000.00，大写金额为HONG KONG DOLLARS NINE HUNDRED AND FIVE THOUSAND ONLY，金额不一致。收到A银行的拒付电后，B银行认为所述不符点仅是打字手误，非实质性不符点。

分析：1930年6月7日日内瓦《统一汇票票法公约》第二章第一节第六条规定："汇票金额同时以文字及数字记载者，于两者有差异时，文字记载之数额为付款数额。"

"汇票金额以文字或数字记载在一次以上，而先后有不符时，其较小数额为付款数额。"

《国际汇票和国际本票公约(草案)》第二章第二节第七条第(1)款规定："票据上以文字表明的金额与以数字表明的金额不符时，应以文字金额为准。"

英国《1882年票据法》第二章第一节第九条第(2)款规定："票面所列数额，如用文字及数字并书时，若两者有不符时，应以文字金额为准。"

本案例中，汇票票面金额同时以文字及数字记载，文字金额即大写金额为HONG KONG DOLLARS NINE HUNDRED AND FIVE THOUSAND ONLY，数字金额即小写金额为USD905 000.00两者不一致，根据上述规定，开证行只能按文字金额即大写金额照付。

值得注意的是，在我国2004年8月28日开始实施的《票据法》的第八条中明确规定：票据金额以中文大写和数码同时记载，二者必须一致，二者不一致的，票据无效。

启示：在实际的票据操作业务中，须严格按照大小写金额一致的原则处理票据事务。消除侥幸心理，避免不必要的麻烦。倘收受的票据确认大小写金额不一致，则票据事务的处理应严格按照票据法执行。

11.2.3 提单常见瑕疵

1. 提单自身基本信息与要求不符

- 提单的种类与信用证不符。
- 提单正本的份数与信用证要求不符或漏填单证正本的份数。
- 提单日期超过信用证的装运期。

2. 提单内容信息与信用证规定不符

- 提单的收货人写错。收货人没有按照要求填写或者对要求理解错误。例如，信用证规定为不记名抬头，而提单打成了记名抬头，指示抬头时指示人写错。
- 通知方打错或不完整。例如，信用证未规定提单通知方，而提单打成以收货人为通知方，或通知方的地址不全等。

●提单背书错误，漏掉背书或背书方式错误。例如，要求空白背书时常忘了背书，背书时背书人或被背书人错误。

●装运信息与信用证不符。例如，起运港或目的港与信用证不符，信用证不允许转运，而提单显示转运；信用证目的港后有内转条款(In Transit to...)，提单照抄，容易让人误以为内陆运费由卖方负担，应将此条款注在提单的其他位置或唛头内。

●提单上的唛头与发票不符。例如，提单上的唛头漏注、打错部分内容等。

●包装件数存在的问题。例如，包装数量与发票或包装不符，打实际货量而未打包装件数，这往往会给提货造成困难，有些国家的港口提货时须拆箱验货。

●运费支付批注打法不妥或漏注。例如，信用证规定"Freight to be Paid"，提单应打成"Freight Paid"或"Freight Prepaid"。有些提单原句照抄，使语法不通，容易让人误解。

●漏装船批注或装船附录。例如，有的只注"On Board"，无日期及签字或简签。

相关链接

信用证要求Bill of Lading指示抬头，空白背书。事实是单证中：提单背面有签字和盖章，没有装运人名称，即有一个圆形章(章中能看出一个十字图案，无字母或文字)，无公司名称。另外有一个签字，没有表明身份。开证行提出从表面上看无法判断是否是提单装运人的背书。开证行拒付，理由为：The endorsement on B/L does not show the shipper's name.

[问题]以上是否为不符点?

ICC CHINA银行技术与惯例委员会答复：

提单背书的不符点成立。背书是提单的重要组成部分，也是决定提单流通性的重要特征之一，因而同样是银行审单的重要内容。信用证要求提单空白背书，即由指示人空白背书。提单与金融票据(如汇票)一样，是具有流通性的文据。此类文据的主要特征之一是其抽象性和自足性，也就是形式性，即形式上要满足某些特定要求，以方便其无须以其他文件为支持就可以流通。具体到背书的形式而言，这一形式要求包括两个方面的内容：①背书必须表明是有权背书人所为，本案例中即需要表明与提单指示人名称一致的公司名称。②有背书人以证实为目的的签章。本案例中的提单背面有签字和盖章，但无论是签字和盖章均未表明签章人的名称，使得开证行无法仅从提单本身验证背书人是否为托运人。因而未满足背书的形式要求，不符点成立。对此UCP600亦是同样要求。

11.2.4　保险单证常见瑕疵

1. 保险单证自身相关信息错误

●保险单证的种类用错。例如，信用证规定为保险单(Insurance Policy)，而保险公司出具的是保险凭证(Insurance Certificate)，这种情况必须更换。但如信用证

规定为保险凭证，出具保险单则可以接受。

● 保险单证的出具人或出具日期错误。保险单的签发人的身份错误或出具单证的保险公司错误，或出单日期晚于开航日期。

2. 保险单证内容信息错误

● 保险单抬头打错。有时信用证规定以开证申请人为被保险人，或者规定空白抬头(To Order)，而制单时按习惯打成受益人抬头。

● 保险金额不正确。如未按照信用证规定的加成率投保，在有佣金、折扣的情况下未按扣除前的毛值而按净值投保，使买方利益得不到完全的保障，或者有时保险金额大小写不一致或大写金额不正确。

● 船名有误。有时由于出保险单时船名未定，或临时变更运载船只而保险单未改，或者注转船条款。

● 投保险别有误。

● 漏注赔付地点或赔付货币。

● 漏背书或背书性质错误。

相关链接

某外贸公司收到开证行的拒付通知，理由是：

"第××号信用证项下的单证存在单证不符情况：提单签发日期是 8 月 19 日，保险单的签发日期却为 8 月 20 日，说明你方先装运货物后办理保险手续，保险晚于装运日期。我无法接受，联系开证申请人亦不同意接受。单证暂在我行留存，速告处理意见。"

公司经办人员经查留底单证，并联系保险公司后答复："关于保险单日期问题，我保险单的签发日期虽晚于提单的签发日期，但保险单上已由保险公司声明：'This cover is effective at the date of loading on board.'(本保险责任于装船日起生效。)说明保险已在装船前办妥，其保险责任在货物装船日已经生效，不影响索赔工作。所以你行应接受单证。"

开证行随即复电："关于保险单的签发日期问题，根据 UCP600 惯例规定，我行不管你保险手续的实际办理日期是否在装运日之前，也不管将来是否影响索赔工作，我行只根据单证表面上所表示保险单的签发日期晚于提单的装运日期，就是不符信用证要求。"

该公司接到上述开证行电后，直接与哈斯曼贸易有限公司交涉均无效果，最终以降价而结案。

【分析】

保险单的签发日期必须在装运期以前，以说明货物在装运前已被投保，保险责任已经生效。上述公司所提交的保险单的签发日期晚于装运日期，按一般情况是不符合要求的，所以开证行不同意接受单证。但该保险单已由保险公司作了声明："This cover is effective at the date of loading on board."(本保险责任于装船日起生效。)根据 UCP600 第二十八条 e 款规定："保险单日期不得晚于发运日期，除非保险单据表明保险责任不迟于发运日生效。"所以根据上述规定，保险单上已经声明了保险责任于装船日起生效，即使保险单签发日期晚于提单上的装运日期，银行亦应接受该保险单证。

但由于该公司业务员不熟悉 UCP600 的惯例条款，没有准确地引证上述条文向开证行进行反驳，只是重申其保险责任在货物装船日已经生效，不影响索赔工作。而开证行反以 UCP600 条款为依据，申述银行不管实际业务情况，只管单证上所表示出来的保险日期晚于装运日期就是不符合要求，使经发公司再无法抗辩，告败而终。开证行作为处理信用证业务的专业部门，不可能不懂条款，只是利用该公司不熟悉 UCP600 的缺口，乘隙而入，以达到拒付的目的。

11.3　单证瑕疵风险的防范措施

11.3.1　严格审核所制单证

单证的审核是指对已经缮制备妥的单证对照信用证的有关内容进行单单、单证的及时检查和核对，发现问题及时更正，以防范单证风险，达到安全收汇的目的。

1. 单证审核的基本方法

(1) 纵向审核：纵向审核是指以信用证为基础对规定的各项单证进行一一审核，要求有关单证的内容严格符合信用证的规定，做到"单证相符"。

(2) 横向审核：横向审核是指在纵向审核的基础上，以商业发票为中心审核其他规定的单证，使有关的内容相互一致，做到"单单相符"。同时，对每张单证本身的各项内容进行审核，以免出现漏填和矛盾之处，做到"单内相符"。

2. 单证审核的重点

(1)综合审核的要点

- 检查规定的单证是否齐全，包括所需单证的份数。
- 检查所提供的文件名称和类型是否符合要求。
- 检查有些单证是否按规定进行了认证。
- 检查单证之间的货物描述、数量、金额、重量、体积和运输标志等是否一致。
- 检查单证出具或提交的日期是否符合要求。

(2)分类审核的要点

- 汇票

①汇票的付款人名称、地址是否正确。

②汇票上金额的大、小写是否一致。

③付款期限是否符合信用证或合同(非信用证付款条件下)的规定。

④汇票金额是否超出信用证的金额，如信用证金额前有“大约”一词可按10%的增减幅度掌握。

⑤出票人、受款人、付款人是否符合信用证或合同(非信用证付款条件下)的规定。

⑥币制名称是否与信用证和发票相一致。

⑦出票条款是否正确，如出票所根据的信用证或合同号码是否正确。

⑧是否按需要进行了背书。

⑨汇票是否由出票人进行了签字。

⑩汇票份数是否正确，如“只此一张”或“汇票一式两份有第一汇票和第二汇票”。

● 商业发票

①抬头人必须符合信用证的规定。

②签发人必须是受益人。

③商品的描述必须完全符合信用证的要求。

④商品的数量必须符合信用证的规定。

⑤单价和价格条件必须符合信用证的规定。

⑥提交的正副本份数必须符合信用证的要求。

⑦信用证要求表明和证明的内容不得遗漏。

⑧发票的金额不得超出信用证的金额，如数量、金额均有“大约”，可按10%的增减幅度掌握。

● 运输单证

①运输单证的类型须符合信用证的规定。

②起运地、转运地、目的地须符合信用证的规定。

③装运日期/出单日期须符合信用证的规定。

④收货人和被通知人须符合信用证的规定。

⑤商品名称可使用货物的统称，但不得与发票上货物说明的写法相抵触。

⑥运费预付或运费到付须正确表明。

⑦正副本份数应符合信用证的要求。

⑧运输单证上不应有不良批注。

⑨包装件数须与其他单证相一致。

⑩唛头须与其他单证相一致。

⑪全套正本都须盖妥承运人的印章及签发日期章。

⑫应加背书的运输单证，须加背书。

● 保险单证

①保险单证必须由保险公司或其代理出具。

②投保加成必须符合信用证的规定。

③保险险别必须符合信用证的规定并且无遗漏。

④保险单证的类型应与信用证的要求相一致，除非信用证另有规定，保险经纪人出具的暂保单银行不予接受。

⑤保险单证的正副本份数应齐全，如保险单证注明出具一式多份正本，除非信用证另有规定，所有正本都必须提交。

⑥保险单证上的币制应与信用证上的币制相一致。

⑦包装件数、唛头等必须与发票和其他单证相一致。

⑧运输工具、起运地及目的地，都必须与信用证及其他单证相一致。

⑨如转运，保险期限必须包括全程运输。

⑩除非信用证另有规定，保险单的签发日期不得迟于运输单证的签发日期。

⑪除非信用证另有规定，保险单证一般应做成可转让的形式，以受益人为投保人，由投保人背书。

● 其他单证

其他单证如装箱单、重量单、产地证书、商检证书等，均须先与信用证的条款进行核对，再与其他有关单证核对，做到单证一致、单单一致、单内一致。

11.3.2　熟悉各种国际结算的国际惯例及相关法律、法规

1.《跟单信用证统一惯例》

《跟单信用证统一惯例》是国际商会为明确信用证有关当事人的权利、责任以及信用证业务中相关的定义和术语，减少因解释不同而引起各有关当事人之间的争议和纠纷，调和各有关当事人之间的矛盾而制定的国际惯例。同时，国际商会根据时代和应用需求的变化，不断对《跟单信用证统一惯例》进行修改更新，从 2007 年 7 月 1 日起，《跟单信用证统一惯例（2007 年修订本）》第 600 号出版物（简称为 UCP600）正式实行，取代了使用十余年的 UCP500。

《跟单信用证统一惯例》自 1930 年问世以来，被各国银行和贸易界广泛采用，已成为信用证业务的国际惯例。现在国际贸易中使用的信用证一般都注明适用《跟单信用证统一惯例》，国际贸易中各方在业务操作中皆须遵循惯例的相关规定，学好《跟单信用证统一惯例》操作信用证业务的一个不可缺少的要求，对规避信用证单证风险具有重要的意义。

2.《国际标准银行实务》

《国际标准银行实务》即《审核跟单信用证项下单证的国际标准银行实务》（*International Standard Banking Practice for the Examination of Documents under Documentary Credits*，ISBP），是国际商会在所制定的《跟单信用证统一惯例》的基础上，为确定信用证所规定的单证表面与信用证条款相符的依据，以加强 UCP 的作用，减少所提交单证存在大量不符点的情况而制定的，旨在统一并规范全球各地银行在审核信用证项下单证的不同做法，减少单证的不符点，降低单证的拒付率，以

使得信用证的操作更为简便。

《国际标准银行实务》规定了审单人员在审核单证时所应遵循的步骤，进一步演示了《跟单信用证统一惯例》在实务中是如何应用的，是制作和审核信用证项下的单证的另一个指南。

ISBP 及其发展历程

2002 年 10 月 30 日，国际商会在罗马通过了信用证领域的另一国际惯例——《关于审核跟单信用证项下单据的国际标准银行实务》(*International Standard Banking Practice for the Examination of Documents under Documentary Credits*，国际商会第 645 号出版物，简称 ISBP645)。该惯例是国际商会继《跟单信用证统一惯例(1993 年修订本)》(即 UCP500)之后在信用证领域制定的最重要国际惯例，是对如何正确运用 UCP 的具体诠释。

ISBP 是一个供单据审核员在审核跟单信用证项下提交的单据时使用的审查项目(细节)清单，它通过详细规定跟单信用证操作中的细节，填补了概括性的 UCP 规则与信用证使用者日常操作之间的差距，是跟单信用证统一惯例的必不可少的补充，得到了业内各界广泛的接纳。是银行、进出口商、律师、法官和仲裁员在使用 UCP 处理信用证实务和解决争端时的重要依据，对各国国际业务从业人员正确理解和使用 UCP，统一和规范信用证单据的审核实务、减少不必要的争议具有重要意义，也是 UCP 进行修改定立的重要标准。

UCP500 在 2006 年进行了修改，为了与新版的 UCP600 配套，国际商会同时对 2002 版的 ISBP645 进行了有针对性的修改，升级为 ISBP681，并规定与 UCP600 于 2007 年 7 月 1 日同时生效。

ISBP681 是对 UCP500 下的 ISBP645 的简单调整，并随同 UCP600 的实施而实施。但是 ISBP681 的调整是与 UCP600 的大工作量修订同时展开，而 UCP600 起草组的工作重心主要放在 UCP600 的修订上，所以，ISBP681 的调整显得比较粗糙。

为此，国际商会在 UCP600 实施一年多后于 2008 年底正式发起动议，修订起草新版 ISBP745，以反映不断发展中的信用证审单实务。ISBP745 历时四年于 2013 年 3 月份终稿，以提交表决，2013 年 4 月份，国际商会银行委员会葡萄牙里斯本春季年会上表决通过，并立即实施。

3. 其他惯例及法规

信用证项下单证的种类繁多，各自又遵循相关行业的法律、法规，在制作这些单证时，若能考虑和遵循各相关法律、法规或惯例，对减少信用证单证的风险很有帮助。如与汇票相关的《中华人民共和国票据法》、《日内瓦统一票据法》、《联合国国际汇票和国际本票公约》等，与运输单证相关的《海牙规则》、《联合国国际货物多式联运公约》、《国际航空运输协定》等，与保险单证相关的各种运输保险条款等。

另外，一些国家对进口单证的特殊要求也要加以注意，如非洲和美洲一些国家要求在发票上分别表示运费、保费和 FOB 价值；伊朗规定发票要加注关税号，并禁止使用联合发票；科威特要求发票要表示船名、毛重和净重；土耳其当地海关不承认联合发票上的产地证；阿根廷和墨西哥要求所有单证必须手签等，制单人员应随时注意掌握和了解。

相关链接

某日，我议付行收到国内受益人交来的全套单证，审单员审单后认为全套单证已做到“单单一致、单证一致”，于是毫不犹豫地对客户付了款。但当此单证寄对方开证行索偿时，却遭到了拒付。开证行认为：我方提交的单证中含有一张海运提单，该海运提单上原先与货物描述一起打上的“清洁已装船”批注中的“清洁”字样被删除，这样就不符合信用证提供“已装船清洁提单”的要求。由此推定提单是不清洁的。根据 UCP600 的相关规定，银行不能接受此类不清洁提单。

我方收到开证行拒付电后即刻回复道：根据 UCP600 的相关规定，所谓不清洁提单是指对货物包装及外表状况有缺陷的批注的提单，既然我方提供的提单无此描述，就应认为提单是清洁的，故你方的拒付是不成立的。

最后，开证行终于如数支付了信用证款项。由此可见，准确理解各个国际惯例可以很好地防范信用证单证风险。

11.3.3　积极主动采取适当方法应对单证瑕疵导致的风险

单证缮制与信用证规定的差异一概称为不符点。轻微的不符点，如某个字母或标点符号的错误，不造成歧义，对交易性质无实质影响的，一般开证行也会接受，但会对不符点扣罚一定的金额；对较大的错误，特别是数量、金额、交货期方面的错误，开证行会暂时中止执行信用证支付，通过表提或电提的方式，对不符单证拒付或放弃不符点，对不符点扣款后付款。无论哪种情况，单证不符都会给出口商带来损失，所以在出现了单证不符点时，一定要及时、主动地采取适当措施以减少单证瑕疵导致的风险。

1. 及时补救单证

当单证由于不符而遭开证行拒付之后，受益人可在规定的时间内及时将替代或更正后的单证补交给银行。单证经审核存在不符点且银行决定拒付，则开证行所承担的信用证项下的付款责任得以免除；但当受益人在规定的时间内补交了符合信用证规定的单证，开证行仍然必须承担其付款责任。

补救单证时要注意争取有效的时间。单证的替换和变更要力求一次性准确，符合要求。

2. 积极援引相关惯例申辩单证的不符点

当所提交单证被开证行以不符点拒付或扣费时，出口商要判断开证行拒付是否有合理依据，操作是否符合程序。所谓合理依据，就是根据相关国际惯例，开证行提出的不符点是否有站得住脚的理由，或是否出于误会。否则可通过国内银行援引相关惯例回复解释申辩。在程序上，开证行必须在收到单证后的5个工作日内发出拒付通知，并且必须一次性提出不符点，不符点必须具体、明确，易于辨认。超过5个工作日期限，即使有不符点银行也无权提出，并且只有第一份发出的拒付通知有效，以后再发现有其他不符点，即使仍在5个工作日期限之内，也无权提出，受益人也将不予理会。或者银行发出拒付通知，却又将单证转交给申请人，此时银行亦无权拒付。因此，出口企业在遇到单证不符而遭拒付时，要仔细分析，具体情况区别对待，力争保护自身权利，尽快收回货款。

3. 主动联系申请人接受不符点

如果所缮制单证的不符点的确存在，且没有时间去修改单证，这时要主动联系申请人接受不符点，采取“不符点交单”，承担不符点扣款，完成信用证。出口商要先与客户联系，请申请人确认接受不符点。为规避风险，争取请申请人出具保函，提供给国外开证行。如果信用证由国内银行议付，可由国内银行通过SWIFT接洽开证行，告知不符点，请开证行与客户(开证申请人)联系，让客户向开证行确认接受不符点，开证行再向国内银行确认，亦即“电提不符点”。

总之，外贸单证瑕疵导致的风险是不可避免的，在出现单证不符点时，出口商要积极、主动地采取合适的方式应对风险，以减少自己的损失。需要注意的是，在发生单证瑕疵风险、遭到拒付时，要密切关注货物和单证的下落，将主动权掌握在自己的手中，避免出现财货两空的局面。

相关链接

某行开立了不可撤销的议付保兑信用证，通过议付行通知受益人。议付行在通知信用证时按信用证授权对该证加具了保兑。信用证要求：①全套清洁已装船海运提单；②保险单。

受益人将货物装船后，将所需单证提交给议付行，议付行审单后确定单证与信用证的条款不符，理由如下：保险单的日期迟于装船日期。

受益人立即要求保险公司更改保险单以表明保险早于装运日期生效，更正后的保险单证提交给议付行。议付行由于交单日期以及信用证都在有效期内，接受新的交单，替换了新的保险凭证。

在重新审单中，议付行确定提单还有一个上次交单时未注意到的不符点，于是通知受益人由于下述新的不符点而不能付款：提单未表示承运人的名称，且提单是由代理人签字，未注明该代理人所代表的承运人或船长，而这是UCP600第二十条a款所要求的。

这时，由于UCP600第十四条c款所允许的21天期限已过，受益人不能更改这个新发现的不符点。

议付行通知受益人不能付款，要求受益人指示对单证如何处理。

请问：议付行的拒付正确吗？

本项目主要介绍了信用证结算方式下的单证风险及其防范。信用证是银行的一个有条件付款安排，其付款的条件是要求所提交的单证相符、单单相符、单同相符。在实际业务中，出现单证瑕疵而导致单证不符的现象很多，学会如何规避风险和处理信用证的单证风险也是外贸工作中的一个重要环节。

>>> 基础知识练习

单选题

1. 出口企业在审核信用证时应该重点审核信用证的内容是否与(　　)一致。

A. 信用证的真伪　　B. 开证行的资信

C. 合同条款　　D. 贸易规则

2. 信用证单据的审核以(　　)为中心单据。

A. 汇票　　B. 商业发票　　C. 提单　　D. 保险单

3. 各种单据的签发日期应符合逻辑性和国际惯例，通常(　　)日期是确定各单据日期的关键。

A. 发票　　B. 提单　　C. 许可证　　D. 报关单

4. 各种单据的签发日期应符合逻辑性和国际惯例，通常(　　)日期是议付单据出单最早时间。

A. 发票　　B. 提单　　C. 保险单　　D. 报关单

5. 各种单据的签发日期应符合逻辑性和国际惯例，通常(　　)日期是各单据出单最晚的时间。

A. 发票　　B. 报关单　　C. 保险单　　D. 汇票

6. 在我国由(　　)出具关于不可抗力的证明文件。

A. 出口企业　　B. 进口企业

C. 中国国际贸易促进委员会　　D. 海关总署

7. 在制单工作中，应尽量减少差错和涂改，而有些特殊单据是不能进行任何修改的，下列(　　)就是不能进行修改的单据之一。

A. 发票　　B. 保险单　　C. 汇票　　D. 装运通知

8. 合同的仲裁条款在规定仲裁地点时，我方一般要争取在(　　)进行仲裁。

A. 与我国贸易量大的国家　　B. 我国

C. 第三国　　D. 国际仲裁机构

9. 信用证规定到期日为 2014 年 5 月 31 日，而未规定最迟装运期，通常按业务习惯则可理解为(　　)。

A. 最迟装运期为 2014 年 5 月 10 日

B. 最迟装运期为 2014 年 5 月 16 日

C. 最迟装运期为 2014 年 5 月 31 日

D. 该信用证无效

10. 提单日期是7月15日，信用证的有效期是8月15日，按UCP600规定，受益人向银行交单的最迟日期是(　　)

A. 7月15日　　B. 8月5日　　C. 8月10日　　D. 8月15日

11. 如果信用证规定汇票的期限为15 DAYS FROM THE BILL OF LADING DATE，提单日期为JANUARY 3，2014，则根据《国际银行标准实务》(ISBP)，汇票的到期日应为(　　)。

A. 2014年1月18日　　B. 2014年1月17日

C. 2014年1月21日　　D. 2014年1月24日

12. 在单据的"三相符"中，占首要地位的是(　　)

A. 单同相符　　B. 单证相符　　C. 单单相符　　D. 单货相符

>>> 实训练习

分析下列单证瑕疵风险是否成立，并说明理由。

1. 装箱单中的号码为"PACKING LIST NO. 023/PL-ATL/MAY/2013"，商业发票上显示的装箱单号码为"PACKING LIST NO. 036/INV-ATL/MAY/2013"，在其他的单证中没有标注PACKING LIST NO.。银行对此拒付？请问此瑕疵是否为不符点？

2. 某银行开立一份不可撤销的议付信用证，并通过另一家银行将信用证传递给受益人。受益人发货后取得单证并向通知银行议付，议付银行议付后将单证传递给开证行。开证行在收到单证后第9个工作日以不符点为由拒付。请问开证行拒付是否合理？为什么？

3. 我国某银行收到国外开来的信用证，其中有下述条款：① 检验证书于货物装运前开立并由开证申请人授权的签字人签字，该签字必须由开证行检验；②货物只能待开证申请人指定的船只并由开证行给通知行加押修改后装运，该加押修改必须随同正本单证提交议付。该信用证对出口商有怎样的风险？出口商应否接受该信用证？

4. 某日，一开证行开出了一张以FOB术语开立的信用证，信用证要求的单证中包括全套以开证申请人为抬头的"已装船"海运提单。并在海运提单上表明"运费已付"字样。信用证的受益人在备货出运后，将全套单证递交议付行议付，议付行审核单证后发现：受益人提交的提单上标有"运费已付"和"已装船"字样，认为这样的做法违反了国际贸易术语解释通则，于是拒绝付款。请分析议付行的拒付是否合理？为什么？

5. 国内A公司向德国B公司出口化工原料，单证提交议付行审核后未发现不符点，于是议付行将单证寄给德国某开证行，开证行审单后，发现检验证书没有注明检验日期，遂提出拒付。

6. B银行开立了一张不可撤销信用证，经由A通知行通知受益人。该信用证对单证方面的要求如下：商业发票；装箱单；由SSS检验机构出具的检验证明书；海运提单表明货物从 PPP 港运至 DDD 港，提单做成开证行抬头。受益人在货物出运后将全套单证送至 A 行议付，A 行审单后指出下列不符点：

1)检验证书的出单日期迟于货物装运日，并且未能指明具体货物的检验日期。

2)装箱单上端未印有受益人公司、地址等文字，且装箱单未经受益人签署。

3)提示了运输行收据而不是信用证上所要求的提单。

根据 UCP600 的相关规定，分析上面的不符点是否成立。

附 录

附录 1 《跟单信用证统一惯例》UCP600

（2007 年 7 月 1 日正式实施）

第一条 UCP 的适用范围
第二条 定义
第三条 解释
第四条 信用证与合同
第五条 单证与货物、服务或履约行为
第六条 兑用方式、截止日和交单地点
第七条 开证行责任
第八条 保兑行责任
第九条 信用证及其修改的通知
第十条 修改
第十一条 电讯传输的和预先通知的信用证和修改
第十二条 指定
第十三条 银行之间的偿付安排
第十四条 单证审核标准
第十五条 相符交单
第十六条 不符单证、放弃及通知
第十七条 正本单证及副本
第十八条 商业发票

第一条　UCP 的适用范围

《跟单信用证统一惯例——2007 年修订本，国际商会第 600 号出版物》(简称 UCP600)乃一套规则，适用于所有的其文本中明确表明受本惯例约束的跟单信用证(下称信用证)(在其可适用的范围内，包括备用信用证)。除非信用证明确修改或排除，本惯例各条文对信用证所有当事人均具有约束力。

第二条　定　义

就本惯例而言：

通知行　指应开证行的要求通知信用证的银行。

申请人　指要求开立信用证的一方。

银行工作日　指银行在其履行受本惯例约束的行为的地点通常开业的一天。

受益人　指接受信用证并享受其利益的一方。

相符交单　指与信用证条款、本惯例的相关适用条款以及《国际标准银行实务》一致的交单。

保兑　指保兑行在开证行承诺之外作出的承付或议付相符交单的确定承诺。

保兑行　指根据开证行的授权或要求对信用证加具保兑的银行。

信用证　指一项不可撤销的安排，无论其名称或描述如何，该项安排构成开证行对相符交单予以承付的确定承诺。

承付　指：

a. 如果信用证为即期付款信用证，则即期付款。

b. 如果信用证为延期付款信用证，则承诺延期付款并在承诺到期日付款。

c. 如果信用证为承兑信用证，则承兑受益人开出汇票并在汇票到期日付款。

开证行　指应申请人要求或者代表自己开出信用证的银行。

议付　指指定银行在相符交单下，在其应获偿付的银行工作日当天或之前向受益人预付或者同意预付款项，从而购买汇票(其付款人为指定银行以外的其他银行)及/或单证的行为。

指定银行　指信用证可在其处兑用的银行，如信用证可在任一银行兑用，则任何银行均为指定银行。

交单　指向开证行或指定银行提交信用证项下单证的行为，或指按此方式提交的单证。

交单人　指实施交单行为的受益人、银行或其他人。

第三条　解　　释

就本惯例而言：

如情形适用，单数词形包含复数含义，复数词形包含单数含义。

信用证是不可撤销的，即使未如此表明。

单证签字可用手签、摹样签字、穿孔签字、印戳、符号或任何其他机械或电子的证实方法为之。

诸如单证须履行法定手续、签证、证明等类似要求，可由单证上任何看似满足该要求的签字、标记、印戳或标签来满足。

一家银行在不同国家的分支机构被视为不同的银行。

用诸如“第一流的”“著名的”“合格的”“独立的”“正式的”“有资格的”或“本地的”等词语描述单证的出单人时，允许除受益人之外的任何人出具该单证。

除非要求在单证中使用，否则诸如“迅速地”“立刻地”或“尽快地”等词语将被不予理会。

“在或大概在(on or about)”或类似用语将被视为规定事件发生在指定日期的前后五个日历日之间，起讫日期计算在内。

“至(to)”“直至(until、till)”“从……开始(from)”及“在……之间(between)”等词用于确定发运日期时包含提及的日期，使用“在……之前(before)”及“在……之后(after)”时则不包含提及的日期。

“从……开始(from)”及“在……之后(after)”等词用于确定到期日时不包含提及的日期。

“前半月”及“后半月”分别指一个月的第一日到第十五日及第十六日到该月的最

后一日，起讫日期计算在内。

一个月的“开始(beginning)”“中间(middle)”及“末尾(end)”分别指第一日到第十日、第十一日到第二十日及第二十一日到该月的最后一日，起讫日期计算在内。

第四条 信用证与合同

a. 就其性质而言，信用证与可能作为其开立基础的销售合同或其他合同是相互独立的交易，即使信用证中含有对此类合同的任何援引，银行也与该合同无关，且不受其约束。因此，银行关于承付、议付或履行信用证项下其他义务的承诺，不受申请人基于与开证行或与受益人之间的关系而产生的任何请求或抗辩的影响。

受益人在任何情况下不得利用银行之间或申请人与开证行之间的合同关系。

b. 开证行应劝阻申请人试图将基础合同、形式发票等文件作为信用证组成部分的做法。

第五条 单证与货物、服务或履约行为

银行处理的是单证，而不是单证可能涉及的货物、服务或履约行为。

第六条 兑用方式、截止日和交单地点

a. 信用证必须规定可在其处兑用的银行，或是否可在任一银行兑用。规定在指定银行兑用的信用证同时也可以在开证行兑用。

b. 信用证必须规定其是以即期付款、延期付款、承兑还是议付的方式兑用。

c. 信用证不得开成凭以申请人为付款人的汇票兑用。

d.

i. 信用证必须定一个交单的截止日。规定的承付或议付的截止日将被视为交单的截止日。

ii. 可在其处兑用信用证的银行所在地即为交单地点。可在任一银行兑用的信用证其交单地点为任一银行所在地。除规定的交单地点外，开证行所在地也是交单地点。

e. 除非如第二十九条 a 款规定的情形，否则受益人或者代表受益人的交单应在截止日当天或之前完成。

第七条 开证行责任

a. 只要规定的单证提交给指定银行或开证行，并且构成相符交单，则开证行必须承付，如果信用证为以下情形之一：

i. 信用证规定由开证行即期付款、延期付款或承兑。

ii. 信用证规定由指定银行即期付款但其未付款。

iii. 信用证规定由指定银行延期付款但其未承诺延期付款，或虽已承诺延期付款，但未在到期日付款。

iv. 信用证规定由指定银行承兑，但其未承兑以其为付款人的汇票，或虽然承兑了汇票，但未在到期日付款。

v. 信用证规定由指定银行议付但其未议付。

b. 开证行自开立信用证之时起即不可撤销地承担承付责任。

c. 指定银行承付或议付相符交单并将单证转给开证行之后，开证行即承担偿付该指定银行的责任。对承兑或延期付款信用证下相符交单金额的偿付应在到期日办理，无论指定银行是否在到期日之前预付或购买了单证。开证行偿付指定银行的责任独立于开证行对受益人的责任。

第八条　保兑行责任

a. 只要规定的单证提交给保兑行，或提交给其他任何指定银行，并且构成相符交单，保兑行必须：

i. 承付，如果信用证为以下情形之一：

a)信用证规定由保兑行即期付款、延期付款或承兑。

b)信用证规定由另一指定银行延期付款，但其未付款。

c)信用证规定由另一指定银行延期付款，但其未承诺延期付款，或虽已承诺延期付款但未在到期日付款。

d)信用证规定由另一指定银行承兑，但其未承兑以其为付款人的汇票，或虽已承兑汇票但未在到期日付款。

e)信用证规定由另一指定银行议付，但其未议付。

ii. 无追索权地议付，如果信用证规定由保兑行议付。

b. 保兑行自对信用证加具保兑之时起即不可撤销地承担承付或议付的责任。

c. 其他指定银行承付或议付相符交单并将单证转往保兑行之后，保兑行即承担偿付该指定银行的责任。对承兑或延期付款信用证下相符交单金额的偿付应在到期日办理，无论指定银行是否在到期日之前预付或购买了单证。保兑行偿付指定银行的责任独立于保兑行对受益人的责任。

d. 如果开证行授权或要求一家银行对信用证加具保兑，而其并不准备照办，则其必须毫不延误地通知开证行，并可通知此信用证受益人而不加保兑。

第九条　信用证及其修改的通知

a. 信用证及其任何修改可以经由通知行通知给受益人。非保兑行的通知行通知信用证及修改时不承担承付或议付的责任。

b. 通知行通知信用证或修改的行为表示其已确信信用证或修改的表面真实性，而且其通知准确地反映了其收到的信用证或修改的条款。

c. 通知行可以通过另一银行(“第二通知行”)向受益人通知信用证及修改。第二通知行通知信用证或修改的行为表明其已确信收到的通知的表面真实性，并且其通知准确地反映了收到的信用证或修改的条款。

d. 经由通知行或第二通知行通知信用证的银行必须经由同一银行通知其后的任何修改。

e. 如一银行被要求通知信用证或修改但其决定不予通知，则应毫不延误地告知自其处收到信用证、修改或通知的银行。

f. 如一银行被要求通知信用证或修改但其不能确信信用证、修改或通知的表面真实性，则应毫不延误地通知看似从其处收到指示的银行。如果通知行或第二通知行决定仍然通知信用证或修改，则应告知受益人或第二通知行其不能确信信用证、修改或通知的表面真实性。

第十条 修 改

a. 除第三十八条另有规定者外，未经开证行、保兑行(如有的话)及受益人同意，信用证既不得修改，也不得撤销。

b. 开证行自发出修改之时起，即不可撤销地受其约束。保兑行可将其保兑扩展至修改，并自通知该修改时，即不可撤销地受其约束。但是，保兑行可以选择将修改通知受益人而不对其加具保兑。若是如此，其必须毫不延误地将此告知开证行，并在其给受益人的通知中告知受益人。

c. 在受益人告知通知修改的银行其接受该修改之前，原信用证(或含有先前被接受的修改的信用证)的条款对受益人仍然有效。受益人应提供接受或拒绝修改的通知。如果受益人未能给予通知，当交单与信用证以及尚未表示接受的修改的要求一致时，即视为受益人已作出接受修改的通知，并且从此时起，该信用证被修改。

d. 通知修改的银行应将任何接受或拒绝的通知转告发出修改的银行。

e. 对同一修改的内容不允许部分接受，部分接受将被视为拒绝修改的通知。

f. 修改中关于除非受益人在某一时间内拒绝修改否则修改生效的规定应被不予理会。

第十一条 电讯传输的和预先通知的信用证和修改

a. 一经证实的电讯方式发出的信用证或信用证修改即被视为有效的信用证或修改文据，任何后续的邮寄确认书应被不予理会。

如电讯声明“详情后告”(或类似用语)或声明以邮寄确认书为有效信用证或修改，则该电讯不被视为有效信用证或修改。开证行必须随即不迟延地开立有效信用证或修改，其条款不得与该电讯矛盾。

b. 开证行只有在准备开立有效信用证或作出有效修改时，才可以发出关于开立或修改信用证的初步通知（预先通知)。开证行作出该预先通知，即不可撤销地保证不迟延地开立或修改信用证，且其条款不能与预先通知相矛盾。

第十二条 指 定

a. 除非指定银行为保兑行，对于承付或议付的授权并不赋予指定银行承付或议付的义务，除非该指定银行明确表示同意并且告知受益人。

b. 开证行指定一家银行承兑汇票或作出延期付款承诺，即为授权该指定银行预付或购买其已承兑的汇票或已作出的延期付款承诺。

c. 非保兑行的指定银行收到或审核并转递单证的行为并不使其承担承付或议付

的责任，也不构成其承付或议付的行为。

第十三条　银行之间的偿付安排

a. 如果信用证规定指定银行("索偿行")向另一方("偿付行")获取偿付时，必须同时规定该偿付是否按信用证开立时有效的 ICC 银行间偿付规则进行。

b. 如果信用证没有规定偿付遵守 ICC 银行间偿付规则，则按照以下规定：

i. 开证行必须给予偿付行有关偿付的授权，授权应符合信用证关于兑用方式的规定，且不应设定截止日。

ii. 开证行不应要求索偿行向偿付行提供与信用证条款相符的证明。

iii. 如果偿付行未按信用证条款见索即偿，开证行将承担利息损失以及产生的任何其他费用。

iv. 偿付行的费用应由开证行承担。然而，如果此项费用由受益人承担，开证行有责任在信用证及偿付授权中注明。如果偿付行的费用由受益人承担，该费用应在偿付时从付给索偿行的金额中扣取。如果偿付未发生，偿付行的费用仍由开证行负担。

c. 如果偿付行未能见索即偿，开证行不能免除偿付责任。

第十四条　单证审核标准

a. 按指定行事的指定银行、保兑行(如果有的话)及开证行须审核交单，并仅基于单证本身确定其是否在表面上构成相符交单。

b. 按指定行事的指定银行、保兑行(如有的话)及开证行各有从交单次日起至多五个银行工作日用于确定交单是否相符。这一期限不因在交单日当天或之后信用证截止日或最迟交单日截至而受到缩减或影响。

c. 如果单证中包含一份或多份受第十九、二十、二十一、二十二、二十三、二十四或二十五条规制的正本运输单证，则须由受益人或其代表在不迟于本惯例所指的发运日之后的 21 个日历日内交单，但是在任何情况下都不得迟于信用证的截止日。

d. 单证中的数据，在与信用证、单证本身以及《国际标准银行实务》参照解读时，无须与该单证本身中的数据、其他要求的单证或信用证中的数据等同一致，但不得矛盾。

e. 除商业发票外，其他单证中的货物、服务或履约行为的描述(如果有的话)可使用与信用证中的描述不矛盾的概括性用语。

f. 如果信用证要求提交运输单证、保险单证或者商业发票之外的单证，却未规定出单人或其数据内容，则只要提交的单证内容看似满足所要求单证的功能，且其他方面符合第十四条 d 款，银行将接受该单证。

g. 提交的非信用证所要求的单证将被不予理会，并可被退还给交单人。

h. 如果信用证含有一项条件，但未规定用于表明该条件得到满足的单证，银行将视为未作规定并不予理会。

i. 单证日期可以早于信用证的开立日期，但不得晚于交单日期。

j. 当受益人和申请人的地址出现在任何规定的单证中时，无须与信用证或其他规定单证中所载相同，但必须与信用证中规定的相应地址同在一个国家。联络细节(传真、电话、电子邮件及类似细节)作为受益人和申请人地址的一部分时将被不予理会。然而，如果申请人的地址和联络细节为第十九、二十、二十一、二十二、二十三、二十四或二十五条规定的运输单证上的收货人或通知方细节的一部分时，应与信用证规定的相同。

k. 在任何单证中注明的托运人或发货人无须为信用证的受益人。

l. 运输单证可以由任何人出具，无须为承运人、船东、船长或租船人，只要其符合第十九、二十、二十一、二十二、二十三或二十四条的要求。

第十五条 相符交单

a. 当开证行确定交单相符时，必须承付。

b. 当保兑行确定交单相符时，必须承付或者议付并将单证转递给开证行。

c. 当指定银行确定交单相符并承付或议付时，必须将单证转递给保兑行或开证行。

第十六条 不符单证、放弃及通知

a. 当按照指定行事的指定银行、保兑行(如有的话)或者开证行确定交单不符时，可以拒绝承付或议付。

b. 当开证行确定交单不符时，可以自行决定联系申请人放弃不符点。然而这并不能延长第十四条 b 款所指的期限。

c. 当按照指定行事的指定银行、保兑行(如有的话)或开证行决定拒绝承付或议付时，必须给予交单人一份单独的拒付通知。

该通知必须声明：

i. 银行拒绝承付或议付。

ii. 银行拒绝承付或者议付所依据的每一个不符点。

iii.

a)银行留存单证听候交单人的进一步指示。或者

b)开证行留存单证直到其从申请人处接到放弃不符点的通知并同意接受该放弃，或者其同意接受对不符点的放弃之前从交单人处收到其进一步指示。

c)银行将退回单证。

d)银行将按之前从交单人处获得的指示处理。

d. 第十六条 c 款要求的通知必须以电讯方式，如不可能，则以其他快捷方式，在不迟于自交单之翌日起第五个银行工作日结束前发出。

e. 按照指定行事的指定银行、保兑行(如有的话)或开证行在按照第十六条 c 款 iii 项 a)或 b)发出了通知后，可以在任何时候将单证退还交单人。

f. 如果开证行或保兑行未能按照本条行事，则无权宣称交单不符。

g. 当开证行拒绝承付或保兑行拒绝承付或者议付，并且按照本条发出了拒付通知后，有权要求返还已偿付的款项及利息。

第十七条　正本单证及副本

a. 信用证规定的每一种单证须至少提交一份正本。

b. 银行应将任何带有看似出单人的原始签名、标记、印戳或标签的单证视为正本单证，除非单证本身表明其为非正本。

c. 除非单证本身另有说明，在以下情况下，银行也将其视为正本单证：

i. 单证看似由出单人手写、打字、穿孔或盖章。

ii. 单证看似使用出单人的原始信纸出具。

iii. 单证声明其为正本单证，除非该声明看似不适用于提交的单证。

d. 如果信用证要求提交单证的副本，提交正本或副本均可。

e. 如果信用证使用诸如“一式两份(in duplicate)”“两份(in two fold)”“两套(in two copies)”等用语要求提交多份单证，则提交至少一份正本，其余使用副本即可满足要求，除非单证本身另有说明。

第十八条　商业发票

a. 商业发票：

i. 必须看似由受益人出具(第三十八条规定的情形除外)。

ii. 必须出具成以申请人为抬头(第三十八条 g 款规定的情形除外)。

iii. 必须与信用证的货币相同。

iv. 无须签名。

b. 按指定行事的指定银行、保兑行(如有的话)或开证行可以接受金额大于信用证允许金额的商业发票，其决定对有关各方均有约束力，只要该银行对超过信用证允许金额的部分未作承付或者议付。

c. 商业发票上的货物、服务或履约行为的描述应该与信用证中的描述一致。

第十九条　涵盖至少两种不同运输方式的运输单证

a. 涵盖至少两种不同运输方式的运输单证(多式或联合运输单证)，无论名称如何，必须看似：

i. 表明承运人名称并由以下人员签署：

* 承运人或其具名代理人，或

* 船长或其具名代理人。

承运人、船长或代理人的任何签字，必须标明其承运人、船长或代理人的身份。

代理人签字必须标明其系代表承运人还是船长签字。

ii. 通过以下方式表明货物已经在信用证规定的地点发送、接管或已装船。

* 事先印就的文字，或者

* 表明货物已经被发送、接管或装船日期的印戳或批注。

运输单证的出具日期将被视为发送、接管或装船的日期，也即发运的日期。然而如单证以印戳或批注的方式表明了发送、接管或装船日期，该日期将被视为发运日期。

iii. 表明信用证规定的发送、接管或发运地点，以及最终目的地，即使：

a)该运输单证另外还载明了一个不同的发送、接管或发运地点或最终目的地。或者

b)该运输单证载有“预期的”或类似的关于船只、装货港或卸货港的限定语。

iv. 为唯一的正本运输单证，或者，如果出具为多份正本，则为运输单证中表明的全套单证。

v. 载有承运条款和条件，或提示承运条款和条件参见别处(简式/背面空白的运输单证)。银行将不审核承运条款和条件的内容。

vi. 未表明受租船合同约束。

b. 就本条而言，转运是指在从信用证规定的发送、接管或者发运地点最终目的地的运输过程中从某一运输工具上卸下货物并装上另一运输工具的行为(无论其是否为不同的运输方式)。

c.

i. 运输单证可以表明货物将要或可能被转运，只要全程运输由同一运输单证涵盖。

ii. 即使信用证禁止转运，注明将要或者可能发生转运的运输单证仍可接受。

第二十条 提 单

a. 提单，无论名称如何，必须看似：

i. 表明承运人名称，并由下列人员签署：

* 承运人或其具名代理人，或者

* 船长或其具名代理人。

承运人、船长或代理人的任何签字必须标明其承运人、船长或代理人的身份。

代理人的任何签字必须标明其系代表承运人还是船长签字。

ii. 通过以下方式表明货物已在信用证规定的装货港装上具名船只：

* 预先印就的文字，或

* 已装船批注注明货物的装运日期。

提单的出具日期将被视为发运日期，除非提单载有表明发运日期的已装船批注，此时已装船批注中显示的日期将被视为发运日期。

如果提单载有“预期船只”或类似的关于船名的限定语，则需以已装船批注明确发运日期以及实际船名。

iii. 表明货物从信用证规定的装货港发运至卸货港。

如果提单没有表明信用证规定的装货港为装货港，或者其载有“预期的”或类似的关于装货港的限定语，则需以已装船批注表明信用证规定的装货港、发运日期以

及实际船名。即使提单以事先印就的文字表明了货物已装载或装运于具名船只，本规定仍适用。

iv. 为唯一的正本提单，或如果以多份正本出具，为提单中表明的全套正本。

v. 载有承运条款和条件，或提示承运条款和条件参见别处(简式/背面空白的提单)。银行将不审核承运条款和条件的内容。

vi. 未表明受租船合同约束。

b. 就本条而言，转运是指在信用证规定的装货港到卸货港之间的运输过程中，将货物从一船卸下并再装上另一船的行为。

c.

i. 提单可以表明货物将要或可能被转运，只要全程运输由同一提单涵盖。

ii. 即使信用证禁止转运，注明将要或可能发生转运的提单仍可接受，只要其表明货物由集装箱、拖船或子船运输。

d. 提单中声明承运人保留转运权利的条款将被不予理会。

第二十一条　不可转让的海运单

a. 不可转让的海运单，无论名称如何，必须看似：

i. 表明承运人名称，并由下列人员签署：

* 承运人或其具名代理人，或者

* 船长或其具名代理人。

承运人、船长或代理人的任何签字必须标明其承运人、船长或代理人的身份。

代理签字必须标明其系代表承运人还是船长签字。

ii. 通过以下方式表明货物已在信用证规定的装货港装上具名船只：

* 预先印就的文字，或者

* 已装船批注表明货物的装运日期。

不可转让海运单的出具日期将被视为发运日期，除非其上带有已装船批注注明发运日期，此时已装船批注注明的日期将被视为发运日期。

如果不可转让海运单载有“预期船只”或类似的关于船名的限定语，则需要以已装船批注表明发运日期和实际船名。

iii. 表明货物从信用证规定的装货港发运至卸货港。

如果不可转让海运单未以信用证规定的装货港为装货港，或者如果其载有“预期的”或类似的关于装货港的限定语，则需要以已装船批注表明信用证规定的装货港、发运日期和船只。即使不可转让海运单以预先印就的文字表明货物已由具名船只装载或装运，本规定也适用。

iv. 为唯一的正本不可转让海运单，或如果以多份正本出具，为海运单上注明的全套正本。

v. 载有承运条款的条件，或提示承运条款和条件参见别处(简式/背面空白的海运单)。银行将不审核承运条款和条件的内容。

vi. 未注明受租船合同约束。

b. 就本条而言，转运是指在信用证规定的装货港到卸货港之间的运输过程中，将货物从一船卸下并装上另一船的行为。

c.

i. 不可转让海运单可以注明货物将要或可能被转运，只要全程运输由同一海运单涵盖。

ii. 即使信用证禁止转运，注明转运将要或可能发生的不可转让的海运单仍可接受，只要其表明货物装于集装箱、拖船或子船中运输。

d. 不可转让的海运单中声明承运人保留转运权利的条款将被不予理会。

第二十二条　租船合同提单

a. 表明其受租船合同约束的提单(租船合同提单)，无论名称如何，必须看似：

i. 由以下人员签署：

* 船长或其具名代理人，或
* 船东或其具名代理人，或
* 租船人或其具名代理人。

船长、船东、租船人或代理人的任何签字必须标明其船长、船东、租船人或代理人的身份。

代理人签字必须标明其系代表船长、船东还是租船人签字。

代理人代表船东或租船人签字时必须注明船东或租船人的名称。

ii. 通过以下方式表明货物已在信用证规定的装货港装上具名船只：

* 预先印就的文字，或者
* 已装船批注注明货物的装运日期。

租船合同提单的出具日期将被视为发运日期，除非租船合同提单载有已装船批注注明发运日期，此时已装船批注上注明的日期将被视为发运日期。

iii. 表明货物从信用证规定的装货港发运至卸货港。卸货港也可显示为信用证规定的港口范围或地理区域。

iv. 为唯一的正本租船合同提单，或如以多份正本出具，为租船合同提单注明的全套正本。

b. 银行将不审核租船合同，即使信用证要求提交租船合同。

第二十三条　空 运 单 证

a. 空运单证，无论名称如何，必须看似：

i. 表明承运人名称，并由以下人员签署：

* 承运人，或
* 承运人的具名代理人。

承运人或其代理人的任何签字必须标明其承运人或代理人的身份。

代理人签字必须标明其系代表承运人签字。

ii. 表明货物已被收妥待运。

iii. 表明出具日期。该日期将被视为发运日期，除非空运单证载有专门批注注明实际发运日期，此时批注中的日期将被视为发运日期。

空运单证中其他与航班号和航班日期相关的信息将不被用来确定发运日期。

iv. 表明信用证规定的起飞机场和目的地机场。

v. 为开给发货人或托运人的正本，即使信用证规定提交全套正本。

vi. 载有承运条款和条件，或提示条款和条件参见别处。银行将不审核承运条款和条件的内容。

b. 就本条而言，转运是指在信用证规定的起飞机场到目的地机场的运输过程中，将货物从一飞机卸下再装上另一飞机的行为。

c.

i. 空运单证可以注明货物将要或可能转运，只要全程运输由同一空运单证涵盖。

ii. 即使信用证禁止转运，注明将要或可能发生转运的空运单证仍可接受。

第二十四条　公路、铁路或内陆水运单证

a. 公路、铁路或内陆水运单证，无论名称如何，必须看似：

i. 表明承运人名称，并且

* 由承运人或其具名代理人签署，或者

* 由承运人或其具名代理人以签字、印戳或批注表明货物收讫。

承运人或其具名代理人的收货签字、印戳或批注必须标明其承运人或代理人的身份。

代理人的收货签字、印戳或批注必须标明代理人系代理承运人签字或行事。

如果铁路运输单证没有指明承运人，可以接受铁路运输公司的任何签字或印戳作为承运人签署单证的证据。

ii. 表明货物的信用证规定地点的发运日期，或者收讫待运或待发送的日期。运输单证的出具日期将被视为发运日期，除非运输单证上盖有带日期的收货印戳，或注明了收货日期或发运日期。

iii. 表明信用证规定的发运地及目的地。

b.

i. 公路运输单证必须看似为开给发货人或托运人的正本，或没有任何标记表明单证开给何人。

ii. 注明“第二联”的铁路运输单证将被作为正本接受。

iii. 无论是否注明正本字样，铁路或内陆水运单证都被作为正本接受。

c. 如运输单证上未注明出具的正本数量，提交的份数即视为全套正本。

d. 就本条而言，转运是指在信用证规定的发运、发送或运送的地点到目的地之间的运输过程中，在同一运输方式中从一运输工具卸下再装上另一运输工具的行为。

e.

i. 只要全程运输由同一运输单证涵盖，公路、铁路或内陆水运单证可以注明货物将要或可能被转运。

ii. 即使信用证禁止转运，注明将要或可能发生转运的公路、铁路或内陆水运单证仍可接受。

第二十五条　快递收据、邮政收据或投邮证明

a. 证明货物收讫待运的快递收据，无论名称如何，必须看似：

i. 表明快递机构的名称，并在信用证规定的货物发运地点由该具名快递机构盖章或签字。

ii. 表明取件或收件的日期或类似词语，该日期将被视为发运日期。

b. 如果要求显示快递费用付讫或预付，快递机构出具的表明快递费由收货人以外的一方支付的运输单证可以满足该项要求。

c. 证明货物收讫待运的邮政收据或投邮证明，无论名称如何，必须看似在信用证规定的货物发运地点盖章或签署并注明日期。该日期将被视为发运日期。

第二十六条　"货装舱面""托运人装载和计数""内容据托运人报称"及运费之外的费用

a. 运输单证不得表明货物装于或者将装于舱面。声明货物可能装于舱面的运输单证条款可以接受。

b. 载有诸如"托运人装载和计数"或"内容据托运人报称"条款的运输单证可以接受。

c. 运输单证上可以以印戳或其他方法提及运费之外的费用。

第二十七条　清洁运输单证

银行只接受清洁运输单证。清洁运输单证是指未载有明确宣称货物或包装有缺陷的条款或批注的运输单证。"清洁"一词并不需要在运输单证上出现，即使信用证要求运输单证为"清洁已装船"的。

第二十八条　保险单证及保险范围

a. 保险单证，如保险单或预约保险项下的保险证明书或者声明书，必须看似由保险公司或承保人或其代理人或代表出具并签署。

b. 如果保险单证表明其以多份正本出具，所有正本均须提交。

c. 暂保单将不被接受。

d. 可以接受保险单代预约保险项下的保险证明书或声明书。

e. 保险单证日期不得晚于发运日期，除非保险单证表明保险责任不迟于发运日生效。

f.

i. 保险单证必须表明投保金额并以与信用证相同的货币表示。

ii. 信用证对于投保金额为货物价值、发票金额或类似金额的某一比例的要求，将被视为对最低保额的要求。

如果信用证对投保金额未作规定，投保金额须至少为货物的 CIF 或 CIP 价格的 110%。

如果从单证中不能确定 CIF 或者 CIP 价格，投保金额必须基于要求承付或议付的金额，或者基于发票上显示的货物总值来计算，两者之中取金额较高者。

iii. 保险单证须表明承保的风险区间至少涵盖从信用证规定的货物接管地或发运地开始到卸货地或最终目的地为止。

g. 信用证应规定所需投保的险别及附加险(如有的话)。如果信用证使用诸如"通常风险"或"惯常风险"等含义不确切的用语，则无论是否有漏保之风险，保险单证将被照样接受。

h. 当信用证规定投保"一切险"时，如保险单证载有任何"一切险"批注或条款，无论是否有"一切险"标题，均将被接受，即使其声明任何风险除外。

i. 保险单证可以援引任何除外条款。

j. 保险单证可以注明受免赔率或免赔额(减除额)约束。

第二十九条　截止日或最迟交单日的顺延

a. 如果信用证的截止日或最迟交单日适逢接受交单的银行非因第三十六条所述原因而歇业，则截止日或最迟交单日，视何者适用，将顺延至其重新开业的第一个银行工作日。

b. 如果在顺延后的第一个银行工作日交单，指定银行必须在其致开证行或保兑行的面函中声明交单是在根据第二十九条 a 款顺延的期限内提交的。

c. 最迟发运日不因第二十九条 a 款规定的原因而顺延。

第三十条　信用证金额、数量与单价的伸缩度

a. "约"或"大约"用于信用证金额或信用证规定的数量或单价时，应解释为允许有关金额或数量或单价有不超过 10%的增减幅度。

b. 在信用证未以包装单位件数或货物自身件数的方式规定货物数量时，货物数量允许有 5%的增减幅度，只要总支取金额不超过信用证金额。

c. 如果信用证规定了货物数量，而该数量已全部发运，及如果信用证规定了单价，而该单价又未降低，或当第三十条 b 款不适用时，则即使不允许部分装运，也允许支取的金额有 5%的减幅。若信用证规定有特定的增减幅度或使用第三十条 a 款提到的用语限定数量，则该减幅不适用。

第三十一条　部分支款或部分发运

a. 允许部分支款或部分发运。

b. 表明使用同一运输工具并经由同次航程运输的数套运输单证在同一次提交时，只要显示相同的目的地，将不视为部分发运，即使运输单证上表明的发运日期

不同或装货港、接管地或发运地点不同。如果交单由数套运输单证构成，其中最晚的一个发运日将被视为发运日。

含有一套或数套运输单证的交单，如果表明在同一种运输方式下经由数件运输工具运输，即使运输工具在同一天出发运往同一目的地，仍将被视为部分发运。

c. 含有一份以上快递收据、邮政收据或投邮证明的交单，如果单证看似由同一快递或邮政机构在同一地点和日期加盖印戳或签字并且表明同一目的地，将不视为部分发运。

第三十二条　分期支款或分期发运

如信用证规定在指定的时间段内分期支款或分期发运，任何一期未按信用证规定期限支取或发运时，信用证对该期及以后各期均告失效。

第三十三条　交 单 时 间

银行在其营业时间外无接受交单的义务。

第三十四条　关于单证有效性的免责

银行对任何单证的形式、充分性、准确性、内容真实性、虚假性或法律效力，或对单证中规定或添加的一般或特殊条件，概不负责；银行对任何单证所代表的货物、服务或其他履约行为的描述、数量、重量、品质、状况、包装、交付、价值或其存在与否，或对发货人、承运人、货运代理人、收货人、货物的保险人或其他任何人的诚信与否、作为或不作为、清偿能力、履约或资信状况，也概不负责。

第三十五条　关于信息传递和翻译的免责

当报文、信件或单证按照信用证的要求传输或发送时，或当信用证未作指示，银行自行选择传送服务时，银行对报文传输或信件或单证的递送过程中发生的延误、中途遗失、残缺或其他错误产生的后果，概不负责。

如果指定银行确定交单相符并将单证发往开证行或保兑行，无论指定银行是否已经承付或议付，开证行或保兑行必须承付或议付，或偿付指定银行，即使单证在指定银行送往开证行或保兑行的途中，或保兑行送往开证行的途中丢失。

银行对技术术语的翻译或解释上的错误，不负责任，并可不加翻译地传送信用证条款。

第三十六条　不 可 抗 力

银行对由于天灾、暴动、骚乱、叛乱、战争、恐怖主义行为或任何罢工、停工或其无法控制的任何其他原因导致的营业中断的后果，概不负责。

银行恢复营业时，对于在营业中断期间已逾期的信用证，不再进行承付或议付。

第三十七条　关于被指示方行为的免责

a. 为了执行申请人的指示，银行利用其他银行的服务，其费用和风险由申请人承担。

b. 即使银行自行选择了其他银行，如果发出的指示未被执行，开证行或通知行对此亦不负责。

c. 指示另一银行提供服务的银行有责任负担被指示方因执行指示而发生的任何佣金、手续费、成本或开支(“费用”)。

如果信用证规定费用由受益人负担，而该费用未能收取或从信用证款项中扣除，开证行依然承担支付此费用的责任。

信用证或其修改不应规定向受益人的通知以通知行或第二通知行收到其费用为条件。

d. 外国法律和惯例加诸银行的一切义务和责任，申请人应受其约束，并就此对银行负补偿之责。

第三十八条　可转让信用证

a. 银行无办理信用证转让的义务，除非其明确同意。

b. 就本条而言：

可转让信用证是指特别注明“可转让(transferable)”字样的信用证。可转让信用证可应受益人(第一受益人)的要求转为全部或部分由另一受益人(第二受益人)兑用。

转让行是指办理信用证转让的指定银行，或当信用证规定可在任何银行兑用时，指开证行特别如此授权并实际办理转让的银行。开证行也可担任转让行。

已转让信用证是指已由转让行转为可由第二受益人兑用的信用证。

c. 除非转让时另有约定，有关转让的所有费用(诸如佣金、手续费、成本或开支)须由第一受益人支付。

d. 只要信用证允许部分支款或部分发运，信用证可以分部分地转让给数名第二受益人。

已转让信用证不得应第二受益人的要求转让给任何其后受益人。第一受益人不视为其后受益人。

e. 任何转让要求须说明是否允许及在何条件下允许将修改通知第二受益人。已转让信用证须明确说明该项条件。

f. 如果信用证转让给数名第二受益人，其中一名或多名第二受益人对信用证修改的拒绝并不影响其他第二受益人接受修改。对接受者而言该已转让信用证即被相应修改，而对拒绝修改的第二受益人而言，该信用证未被修改。

g. 已转让信用证须准确转载原证条款，包括保兑(如有的话)，但下列项目除外：

i. 信用证金额。

ii. 规定的任何单价。

iii. 截止日。

iv. 交单期限。

v. 最迟发运日或发运期间。

以上任何一项或全部均可减少或缩短。

必须投保的保险比例可以增加，以达到原信用证或本惯例规定的保险金额。

可用第一受益人的名称替换原证中的开证申请人的名称。

如果原证特别要求开证申请人的名称应在除发票以外的任何单证上出现时，已转让信用证必须反映该项要求。

h. 第一受益人有权以自己的发票和汇票(如有的话)替换第二受益人的发票和汇票，其金额不得超过原信用证的金额。经过替换后，第一受益人可在原信用证项下支取自己的发票与第二受益人发票间的差价(如有的话)。

i. 如果第一受益人应提交其自己的发票和汇票(如有的话)，但未能在第一次要求时照办，或第一受益人提交的发票导致了第二受益人的交单中本不存在的不符点，而其未能在第一次要求时修正，转让行有权将从第二受益人处收到的单证照交开证行，并不再对第一受益人承担责任。

j. 在要求转让时，第一受益人可以要求在信用证转让后的兑用地点，在原信用证的截止日之前(包括截止日)，对第二受益人承付或议付。本规定并不得损害第一受益人在第三十八条 h 款下的权利。

k. 第二受益人或代表第二受益人的交单必须交给转让行。

第三十九条　款 项 让 渡

信用证未注明可转让，并不影响受益人根据所适用的法律规定，将该信用证项下其可能有权或可能将成为有权获得的款项让渡给他人的权利。本条只涉及款项的让渡，而不涉及在信用证项下进行履行行为的权利让渡。

附录2 《关于审核跟单信用证项下单据的国际标准银行实务》(ISBP745)

(ISBP745，2013年4月17日国际商会大会通过，国际商会第745号刊物)

先期事项

适用范围

Para Ⅰ：

本出版物应当结合UCP600进行解读，不应孤立解读。

Para Ⅱ：

本出版物所描述的实务，强调了UCP600所适用的条款在信用证或有关的任何修改书没有明确修改或排除的范围内，如何解释和适用。

信用证和修改的申请、信用证开立及修改

Para Ⅲ：

信用证和有关的任何修改书的条款与条件独立于基础销售合同或其他合同，即便信用证或修改书明确提及了该销售合同或其他合同。在约定销售合同或其他合同条款时，有关各方应当意识到其对完成开证或修改申请的影响。

Para Ⅳ：

如果对开证或修改申请和信用证开立或有关的任何修改的细节予以谨慎注意，审单阶段出现的许多问题都能够得以避免或解决。开证申请人和受益人应当审慎考虑所要求提交的单据、单据由谁出具、单据的数据内容和提交单据的期限。

Para Ⅴ：

开证申请人承担其开立或修改信用证的指示模糊不清带来的风险。在申请人没有明确表示相反意见的情况下，开证行可以必要或合适的方式补充或细化那些指示，以便信用证或有关的任何修改书得以使用。开证行应当确保其所开立的任何信用证或修改书的条款与条件没有模糊不清，也没有互相矛盾。

Para Ⅵ：

开证申请人和开证行应当充分了解UCP600的内容，并认识到其中的诸如第3条、第14条、第19条、第20条、第21条、第23条、第24条、第28条i款、第30条和第31条等条款的约定方式，可能产生出乎预料的结果。例如，在多数情况下，信用证要求提交提单且禁止转运时必须排除UCP600第二十条c款的适用，才能使信用证规定的禁止转运发生效力。

Para Ⅶ：

信用证或有关的任何修改书不应要求提交由开证申请人出具、签署或副签的单据。如果开立的信用证或修改书还是含有此类要求，那么受益人应当考虑其合理性，并判断满足该要求的能力，或者寻求适当的修改。

总则

缩略语

Para A1：

普遍接受的缩略语可以在单据上替代其全称，比如但不限于，用“Int’l”代替“International（国际）”，用“Co.”代替“Company（公司）”，用“kgs”或“kos.”代替“kilograms（千克）”或“kilos（千克、千米）”，用“Ind”代替“Industry（工业）”，用“Ltd.”代替“Limited（有限）”，用“mfr”代替“manufacturer（制造商）”，用“mt”代替“metric tons（公吨）”，反之亦然。信用证文本中使用缩略语，即允许单据上使用同样的缩略语或具有同一含义的其他缩略语，或使用其全称，反之亦然。

Para A2：

a. 斜线（“/”）可能导致不同的含义，不应用来替代词语。尽管如此，如果还是使用了斜线，且上下文含义不明，那么将允许使用其中的一个或多个选择。例如，信用证规定了“红/黑/蓝”，且没有进一步说明，这表示颜色可以只是红或只是黑或只是蓝，或它们的任何一种组合。

b. 逗号用来表明信用证中的数据范围，如装货港或卸货港或原产地所在国时，可能导致不同的含义，不应用来替代词语。尽管如此，如果还是使用了逗号，且上下文含义不明，那么将允许使用其中的一个或多个选择。例如，当信用证允许部分装运，规定了装货港信息为“汉堡、鹿特丹、安特卫普”，且没有进一步说明，这表示装货港可以只是汉堡或只是鹿特丹或只是安特卫普，或它们的任何一种组合。

证明书和证明、声明书和声明

Para A3：

当信用证要求提交证明书或证明、声明书或声明时，该单据应当签署。

Para A4：

证明书或证明、声明书或声明是否需要注明日期取决于所要求的证明书或证明、声明书或声明的类型、所要求的措辞和单据上所显示的措辞。

例如，当信用证要求提交由承运人或其代理人出具的证明书以证实船龄不超过25年时，为表明相符，该证明书可以注明：

a. 船舶建造日期或年份，且该日期或年份不早于装运日期或装运所发生年份之前25年，此时没有必要显示出具日期；或者

b. 信用证规定的措辞，此时要求显示出具日期，以证实自证明书出具之日船龄不超过25年。

Para A5：

当载有证明或声明的单据已经签署并注明了日期时，只要该证明或声明看似由出具并签署单据的同一实体作出，单据上的证明或声明无需另行签署或加注日期。

UCP600 第十九条至第 25 条的运输单据的副本

Para A6：

a. 当信用证要求 UCP600 第十九条至第 25 条所涉及的运输单据的副本时，相关条款并不适用，因为这些条款仅适用于正本运输单据。运输单据的副本将只在信用证明确规定的范围内审核，其他方面将按照 UCP600 第十四条 f 款的规定予以审核。

b. 运输单据的副本上显示的任何数据，在与信用证、单据本身以及国际标准银行实务对照解读时，无需与该单据上的其他数据、任何其他规定单据上的数据或信用证中的数据等同一致，但不得矛盾。

c. 除非信用证明确规定了确定交单期的基础，UCP600 第十九条至第 25 条涉及的运输单据的副本，不适用于 UCP600 第十四条 c 款规定的 21 个日历日的默认交单期，或者信用证规定的任何交单期，在此情况下，单据可以在任何时候提交，但无论如何不得晚于信用证的有效期。

更正与更改(统称“更正”)

Para A7：

a. i. 除汇票(见第 B16 段)外，由受益人出具的单据上数据的任何更正均[此处，后半句较长，加“均”字以示停顿，也以示强调。如此则舒缓。]无需证实。

ii. 当受益人出具的单据已经合法化、签证或证实。该证实应当以含有证实人名称的印戳，或以额外加注证实人名称的方式表明实施证实的实体，并包括其签字或小签。

b. i. 除由受益人出具的单据外，单据上数据的任何更正应当看似由单据出具人或作为其代理人或代表的实体进行证实。该证实应当以含有证实人名称的印戳，或以额外加注证实人名称的方式表明实施证实的实体，并包括其签字或小签。代理人或代表证实时，应当注明其作为出具人的代理人或代表行事的身份。

ii. 当由受益人以外一方出具的单据已经合法化、签证或证实等时，数据的任何更正还应当在第 A7 段 b 款 i 项的规定外，看似由实施合法化、签证或证实等的至少一个实体额外进行证实。该证实应当以含有证实人名称的印戳，或以额外加注证实人名称的方式表明实施证实的实体，并包括其签字或小签。

c. 副本单据上数据的任何更正无需证实。

Para A8：

当由受益人以外一方出具的单据包含一处以上的更正时，每一处更正都应当单独地进行证实，或者作出一项证实并注明其适用于所有的更正。例如，当由×××出具的单据显示编号为 1、2、3 的三处更正时，一个“编号为 1、2、3 的更正已经由×××证实”的声明或类似措辞，并含有×××的签字或小签，即满足证实要求。

Para A9：

同一份单据内使用多种字体、字号或手写，其本身并不表示更正。

寄送单据、通知等的快递收据、邮政收据或投邮证明

Para A10：

当信用证要求提交快递收据、邮政收据或邮寄证明，以证实寄送单据、通知等给一个具名或规定的实体时，该单据将只在信用证明确规定的范围内审核，其他方面将按照UCP600第十四条f款的规定予以审核，而不适用UCP600第二十五条。

日期

Para A11：

a. 即使信用证没有明确要求：

i. 汇票也应当注明出具日期；

ii. 保险单据也应当注明出具日期或第K10段b款和第K11段中所显示的保险生效日期；以及

iii. 按照UCP600第十九条至第二十五条审核的正本运输单据，也应当相应地显示出具日期、注明日期的装船批注、装运日期、收妥待运日期、发送或运送日期、接管日期、取件日期或收件日期。

b. 如果信用证要求汇票、保险单据或正本运输单据以外的其他单据注明日期，那么在该单据上注明出具日期，或在单据上援引同一交单下其他单据的日期(例如，由承运人或其代理人出具的证明中显示“日期参见×××号提单”)，或在规定的单据上显示一个事件发生的日期(例如，检验证明显示了检验日期，但没有注明出具日期)，即满足要求。

Para A12：

a. 一份单据，比如但不限于分析证明、检验证明或熏蒸证明，注明的出具日期可以晚于装运日期。

b. 当信用证要求单据证实装运前发生的事件(例如，“装运前检验证明”)时，该单据应当通过名称或内容或出具日期来表明该事件(例如，“检验”)发生在装运日之前或装运日当天。

c. 当信用证要求一份单据，比如但不限于“检验证明”时，这不视为要求单据证实一个装运前发生的事件，其注明的日期无需早于装运日期。

Para A13：

单据注明出具日期和随后的签署日期，应视为其在签署之日出具。

Para A14：

a. 当信用证使用短语来表示一个日期或事件的前后时间时，适用如下规则：

i. “不迟于(日期或事件)之后2天”，指最迟日期。如果要求通知或单据注明的日期不应早于某个特定日期或事件，那么信用证应如此规定。

ii. “至少在(日期或事件)之前2天”，指一个行为或事件不应晚于该日期或事件前两日发生。至于该行为或事件最早何时发生，则没有限制。

b. i. 就计算期间而言，“在……之内”一词与一个日期或事件关联使用时将排

除该日期或该事件日期。例如，“在(日期或事件)的 2 天之内”，指 5 天期间，开始于一个日期或事件发生前的 2 天，直至该日期或事件发生后的 2 天。

ii. “在……之内”一词之后跟随一个日期，或跟随援引的一个确定日期或事件日期时，将包括该日期或援引的该确定日期或该事件日期。例如，“在 5 月 14 日之内交单”，或“在信用证有效期或失效日[Credit validity，直译为“有效期”。Credit expiry，直译为“失效日”，也统一译为“有效期”。]之内交单”且信用证有效期为 5 月 14 日，这表示 5 月 14 日是允许交单的最后一天，只要 5 月 14 日是银行工作日。

Para A15：

“从……起”和“在……之后”这两个词语，当用于确定装运日期、事件发生日期或单据日期之后的到期日或交单期时，将不包括该日期。例如，当装运日期是 5 月 4 日时，装运日之后 10 天或从装运日起 10 天，均指 5 月 14 日。

Para A16：

只要从单据或同一交单的其他单据上能够确定，该单据上试图表明的日期就可以用任何格式表示。例如，2013 年 5 月 14 日以表示为 14 May 13，14. 05. 2013，14. 05. 13，2013. 05. 14，05. 14. 13，130514 等。为避免模糊不清带来的风险，建议使用文字表示月份。

单据中的空格栏

Para A17：

单据上留有填写数据的方框、栏位或空格，并不表示着该方框、栏位或空格中应当填写内容。例如，在空运单上经常会看到标明名称为“账户信息”或“处理信息”的方框，这并不要求在该处应当填写数据。也请参看第 A37 段关于方框、栏位或空格中要求显示签字的规定。

UCP600 运输条款不适用的单据

Para A18：

a. 与货物运输有关的一些常用单据，比如但不限于提货通知、提货单、货物收据、运输行收货证明、运输行装运证明、运输行运输证明、运输行货物收据和大副收据，都不是 UCP600 第十九条至第二十五条所规定的运输单据。这些单据将只在信用证明确规定的范围内审核，其他方面将按照 UCP600 第十四条 f 款的规定予以审核。

b. i. 就第 A18 段 a 款中提到的单据而言，信用证中有关单据应当在装运日之后的若干天内提交的规定，将不予理会，该交单可以在任何时候进行，但无论如何不得晚于信用证的有效期。

ii. UCP600 第十四条 c 款规定的 21 个日历日的默认交单期，仅适用于交单中包含 UCP600 第十九条至第 25 条所涉及的一份或多份正本运输单据的情形。

c. 就第 A18 段 a 款中提到的单据的交单期而言，信用证应明确该单据应当在相关单据的出具日期或相关单据上提及的日期之后的若干天内提交(例如，当信用证要求提交名称为货物收据的单据，“单据应不迟于货物收据日期后 10 天提交”）。

UCP600 未定义的用语

Para A19：

“装运单据”“过期单据可接受”“第三方单据可接受”“第三方单据不可接受”“出口国”“船公司”及“提交单据即可接受”这些用语，因其在 UCP600 中未加定义，不应使用。尽管如此，如果信用证还是使用了这些用语但没有规定其含义，那么在国际标准银行实务中，这些用语含义如下：

a. “装运单据”：指信用证要求的所有单据，不包括汇票、电讯传送报告、证实寄送单据的快递收据、邮政收据或邮寄证明。

b. “过期单据可接受”：指单据可以晚于装运日后 21 个日历日提交，只要不晚于信用证有效期。这也适用于信用证在明确规定交单期的同时，还规定了“过期单据可接受”的情形。

c. “第三方单据可接受”：指信用证或 UCP600 未规定出具人的所有单据，除汇票外，都可以由受益人以外的具名个人或实体出具。

d. “第三方单据不可接受”：没有任何含义，将不予理会。

e. “出口国”：指以下的一个国家：受益人居住地所在国、货物原产地所在国、承运人货物接收地所在国、货物装运地或发货地所在国。

f. “船公司”，作为与运输单据有关的证明书或证明、声明书或声明的出具人时一指以下任何一方：承运人，船长，或租船提单下的船长、船东或租船人，或表明作为上述任何一方代理人身份的实体，不管其是否出具或签署了该运输单据。

g. “提交单据即可接受”：指交单可以包括一种或多种规定的单据，只要其在信用证的有效期之内且支款金额在信用证的可兑付范围之内。单据的其他方面，将不会根据信用证或 UCP600 进行审核以确定其是否相符，包括是否提交所要求的正副本份数。

单据出具人

Para A20：

当信用证要求单据由具名个人或实体出具时，单据看似由该具名个人或实体使用其函头出具，或者如果没有函头，单据看似已由该具名个人或实体或其代理人完成或签署，即满足要求。

单据语言

Para A21：

a. 当信用证规定了提交的单据所应使用的语言时，信用证或 UCP600 要求的数据应当以该语言显示。

b. 当信用证对提交的单据所应使用的语言未作规定时，单据可以任何语言出具。

c. i. 当信用证允许两种或多种语言时，保兑行或按指定行事的指定银行可以限制可接受语言的数量作为其承担信用证下责任的条件。在此情况下，单据上的数据只能以可接受的语言显示。

ii. 当信用证允许单据中的数据以两种或多种语言显示，且保兑行或按指定行事的指定银行未限制单据的语言或可接受语言的种类和数量作为其承担信用证项下责任的条件时，单据中以所有可接受语言显示的数据都要求审核。

d. 银行不要求审核以信用证要求或允许以外的语言显示的数据。

e. 尽管第 A21 段 a 款和 d 款有所规定，个人或实体的名字、任何印章、合法化、背书或类似数据，以及单据上预先印就的文本，比如但不限于栏位名称，还是可以信用证要求以外的语言显示。

数学计算

Para A22：

当提交的单据显示数学计算时，银行仅确定如金额、数量、重量或包装件数的总量，与信用证及其他规定的单据不相矛盾。

拼写或打字错误

Para A23：

如果拼写或打字错误并不影响单词或其所在句子的含义，则不构成单据不符。例如，在货物描述中的"machine(机器)"显示为"mashine"，"fountain pen(钢笔)"显示为"fountan pen"，或"model(型号)"显示为"modle"，均不视为 UCP600 第十四条 d 款下的矛盾数据。但是，"model 321(型号 321)"显示为"model 123(型号 123)"，将视为该条款下的矛盾数据。

多页单据和附件或附文

Para A24：

当一份单据包含不止一页时，必须能够确定这些不同页属于同一份单据。除非单据本身另有说明，无论其名称或标题如何，被装订在一起、按序编号或含有内部交叉援引的多页单据即满足要求，将作为一份单据来审核，即便有些页被视为附件或附文。

Para A25：

当要求多页单据载有签字或背书，而信用证或单据自身未规定签字或背书的位置时，签字或背书可以出现在该单据的任何位置。

非单据化条件和数据矛盾

Para A26：

当信用证包含一项条件但未规定表明该条件得以满足的单据("非单据化条件")时，无需在任何规定单据上证实以满足该条件。然而，规定单据上所显示的数据不应与非单据化条件相矛盾。例如，当信用证规定"以木箱包装 packing in wooden cases"，而没有要求该内容应当显示在规定单据上时，任何规定单据上显示的不同包装类型将视为数据矛盾。

正本和副本

Para A27：

一份单据带有出具人的看似原始的签字、标记、印戳或标签将被视为正本，除非其自身声明为副本。银行无需确定出具人相应的签字、标记、印戳或标签是否采用手写方式或摹样方式，因此，显示了该证实方式的任何单据均满足 UCP600 第十七条的要求。

Para A28：

单据不止一份的正本可以标注为“正本(original)”“第二联(duplicate)”“第三联(triplicate)”“第一正本(first original)”“第二正本(second original)”等。这些标注都不否定单据为正本。

Para A29：

a. 单据提交的正本数量应当至少为信用证或 UC600 要求的数量。

b. 当运输单据或保险单据注明已出具的正本数量时，应当提交该单据注明的正本数量，除非 H12 段和 J7 段 c 款另有规定。

c. 当信用证要求提交非全套正本运输单据，如“2/3 正本提单”，但没有指示剩余份数的正本运输单据的处理方式时，交单可以包括 3/3 全套正本提单。

d. 当信用证要求提交单据，例如：

i. “发票”“一份发票 One Invoice”“发票一份 Invoice in 1 copy”或“发票－一份 Invoice －1 copy”时，将被理解为要求一份正本发票。

ii. “发票四份 Invoice in 4 copies”、或“发票四联 Invoice in 4 folders”时，提交至少一份正本发票，其余为副本即满足要求。

iii. “发票复印件[Photocopy，既可译为“复印件”，也可译为“影印件”，前者在中文习惯里更通俗常用。]photocopy of invoice”或“发票副本 copy of invoice”时，提交一份发票复印件，一份副本发票，或在未禁止时，提交一份正本发票即满足要求。

iv. “已签署发票的复印件 photocopy of a signed invoice”时，提交一份看似已签署正本发票的复印件或副本，或在未禁止时，提交一份已签署的正本发票即满足要求。

Para A30：

a. 当信用证禁止提交正本单据，比如“发票复印件——正本单据代替复印件不可接受”或类似措辞时，将只能提交发票复印件或标明副本的发票。

b. 当信用证要求提交一份运输单据的副本，并指示了该运输单据所有正本的处理方式时，交单不应包括该运输单据的任何正本。

Para A31：

a. 当信用证、单据自身(除了第 A37 段另有规定外)或 UCP600 要求时，正本单据应当签署。

b. 单据的副本无需签署，也无需注明日期。

唛头

Para A32：

当信用证规定唛头的细节时，载有唛头的单据应当显示该细节。单据唛头中的数据的顺序，无需与信用证或其他规定单据上的一样。

Para A33

单据上唛头显示的信息，可能超出通常意义的“唛头”或者信用证规定的“唛头”。这些额外信息比如但不限于货物种类、处理易碎货物的警告、货物毛净重等。

Para A34：

a. 在集装箱运输下运输单据经常在“唛头”或类似栏位中，仅仅显示带有或不带有铅封号的集装箱号，而其他单据显示了更加详尽的唛头细节，如此不构成矛盾。

b. 一些单据的唛头显示了第 33 段和第 34 段 a 款中所提及的额外信息而其他单据没有显示，如此不视为 UCP600 第十四条 d 款的数据矛盾。

签字

Para A35：

a. 第 A31 段 a 款提及的签字，无需使用手写。单据签署，可以使用摹样签字(例如，预先印就或扫描的签字)、穿孔签字、印戳或任何机械或电子的证实方式。

b. 如果要求单据应当“签字并盖章”或类似措辞，那么单据载有第 A35 段 a 款的签字，并以打字、印戳、手写、预先印就或扫描的方式显示了签署实体的名称，即满足要求。

c. 单据上声明“本单据已经电子证实”或“本单据以电子方式缮制且无需签字”或类似措辞，根据 UCP600 第三条款的签字要求，其本身不表示一种电子证实方式。

d. 单据上声明证实可以通过明确提及的网址(URL)核实或获得，根据 UCP600 第三条款的签字要求，这是一种电子证实方式。银行无需访问该网址以核实或获得证实。

Para A36：

a. 除非另有说明，在具名个人或实体的函头纸上的签字，将被视为该个人或实体的签字，在此情况下，在签字旁无需重复该个人或实体的名称。

b. 当单据的签署人表明其代表出具人的分支机构签署时，该签字视同由出具人作出。

Para A37：

单据上留有签字的方框、栏位或空格，其本身不表示该方框、栏位或空格中应当载有签字。例如，在空运单上通常会有标明名称为“托运人或其代理人签字”的空格，在公路运输单据上通常会有标明名称为“托运人签字”的空格，这并不要求在该处载有签字。也请参看第 A17 段关于方框、栏位或空格中要求显示数据的规定。

Para A38：

当单据显示比如“本单据无效，除非由(个人或实体的名称)副签(或签署)”或类似措辞时，相应的方框、栏位或空格中，应当载有副签单据的该个人或实体的签字和名称。

单据名称及联合单据

Para A39

单据可以表明信用证要求的名称，或标明相似名称，或没有名称。单据内容必须看似满足所要求单据的功能。例如，信用证要求“装箱单”，提交的单据含有包装细节即满足要求，无论其名称为“装箱单”“装箱记录”“装箱和重量单”，或者没有名称。

Para A40：

信用证要求的单据应当单独提交。然而，举个例子，如果信用证要求一份正本装箱单和一份正本重量单，那么提交两份正本装箱及重量联合单据，只要其同时表明了包装和重量细节，也满足要求。

Para A41：

信用证要求单据涵盖不止一项功能，提交看似满足每项功能的单一单据或独立单据均可。例如，信用证要求提交质量和数量证明时，提交单一的质量和数量证明，或提交独立的质量证明和数量证明即满足要求，只要每种单据满足其功能，且提交了信用证所要求的正本与副本份数。

汇票及到期日计算

基本要求

Para B1：

a. 在信用证要求汇票的情况下，汇票付款人应当为信用证规定的银行。

b. 银行仅在第 B2 至 B17 段描述的范围内审核汇票。

付款期限

Para B2：

a. 汇票显示的付款期限应当与信用证条款一致。

b. 当信用证要求汇票的付款期限不是即期或见票后定期付款时，应当能够从汇票自身数据确定付款到期日。

例如，当信用证要求汇票的付款期限为提单日期后 60 天，且提单日期为 2013 年 5 月 14 日时，汇票的付款期限应当以下面一种方式显示：

i. “提单日期 2013 年 5 月 14 日后 60 天”；或者，

ii. “2013 年 5 月 14 日后 60 天”；或者，

iii. “提单日期后 60 天”，且在汇票表面的其他位置注明“提单日期 2013 年 5 月 14 日”；或者，

iv.“出票后 60 天”且出票日期与提单日期相同；或者，

v. “2013 年 7 月 13 日”，即提单日期后 60 天。

c. 当汇票的付款期限提及，例如，提单日期之后 60 天时，装船日期将视为提单日期，即便装船日期早于或晚于提单出具日期。

d. 当使用“从……起(from)”和“在……之后(after)”确定付款到期日时，到期日将从单据日期、装运日期或信用证规定的事件日期的次日起计算，例如，从 5 月 4 日起 10 天或 5 月 4 日之后 10 天，均为 5 月 14 日。

当信用证要求提单，而汇票付款期限作成，例如，提单日期之后 60 天或从提单日期起 60 天，且提交的提单显示货物从一条船卸下后再装上另一条船，并显示了不止一个注明日期的装船批注，表明每一装运均从信用证允许的地理区域或港口范围内的港口装运时，其中最早的装船日期将用以计算付款到期日。例如，信用证要求从任何欧洲港口装运，且提单显示货物于 5 月 14 日在都柏林装上 A 船，于 5 月 16 日在鹿特丹转运装上 B 船，汇票应当显示在欧洲港口的最早装船日期，即 5 月 14 日后的 60 天。

ii. 当信用证要求提单，而汇票付款期限作成，例如，提单日期之后 60 天或从提单日期起 60 天，且提交的提单显示同一条船上的货物从信用证允许的地理区域或港口范围内的多个港口装运，并显示了不止一个注明日期的装船批注时，其中最迟的装船日期将用以计算付款到期日。例如，信用证要求从任何欧洲港口装运，且提单显示部分货物于 5 月 14 日在都柏林装上 A 船，其余部分于 5 月 16 日在鹿特丹装上同一条船，汇票应当显示在欧洲港口的最迟装船日期，即 5 月 16 日后的 60 天。

iii. 当信用证要求提单，而汇票付款期限作成，例如，提单日后 60 天或从提单日起 60 天，而一张汇票下提交了多套提单时，其中的最迟装船日期，将用以计算付款到期日。

Para B3：

尽管第 B2 段 e 款 i—iii 项的例子针对的是提单日期，但是相同原则适用于确定付款到期日的任何基础。

付款到期日

Para B4：

当汇票使用实际日期表明付款到期日时，该日期应当反映信用证条款。

Para B5：

当汇票付款期限作成，例如，“见票后 60 天”时，付款到期日按如下规则确定：

a. 在相符交单的情况下，付款到期日为向汇票的受票银行，即开证行、保兑行或同意按指定行事的指定银行(“付款银行”)交单后的 60 天。

b. 在不符交单的情况下：

i. 当该付款银行未发送拒付通知时，付款到期日为向其交单后的 60 天；

ii. 当该付款银行为开证行且其已发送拒付通知时，付款到期日最迟为开证行同意申请人放弃不符点后的 60 天；

iii. 当该付款银行是开证行以外的一家银行且其已发送拒付通知时，付款到期日最迟为开证行发送的单据接受通知书日期后的 60 天。当该付款银行不同意按照开证行的单据接受通知书行事时，开证行应当在到期日承付。

c. 付款银行应当向交单人通知或确认付款到期日。

Para B6：

上述付款期限和付款到期日的计算方法也适用于延期付款信用证，或某些情形下的议付信用证，即不要求受益人提交汇票时。

银行工作日、宽限期和付款延迟

Para B7：

款项应于到期日在汇票或单据的付款地以立即能被使用的资金支付，只要该到期日是付款地的银行工作日。当到期日是非银行工作日时，付款将顺延至到期日后的第一个银行工作日。付款不应出现延迟，例如，宽限期、汇划过程所需时间等，不得在汇票或单据所载明或约定的到期日之外。

出具和签署

Para B8：

a. 汇票应当由受益人出具并签署，且应注明出具日期。

b. 当受益人或第二受益人变更了名称，且信用证提到的是以前的名称时，只要汇票注明了该实体“以前的名称为(第一受益人或第二受益人的名称)”或类似措辞，汇票就可以新实体的名称出具。

Para B9：

当信用证仅以银行的 SWIFT 地址表示汇票付款人时，汇票可以相同的 SWIFT 地址或该银行的全称显示付款人。

Para B10：

当信用证规定由指定银行或任何银行议付时，汇票付款人应当作成指定银行以外的一家银行。

Para B11：

当信用证规定由任何银行承兑时，汇票付款人应当作成同意承兑汇票并愿意按指定行事的银行。

Para B12：

当信用证规定：

a. 由指定银行或任何银行承兑，且汇票付款人作成了该指定银行(其不是保兑行)，且该指定银行决定不按指定行事时，受益人可以选择：

i. 如有保兑行，以保兑行为汇票付款人，或者要求将单据按照交单原样转递给保兑行；

ii. 将单据交给同意承兑以其为付款人的汇票并按指定行事的另一家银行(只适用于自由兑付信用证)；或者

iii. 要求将单据按照交单原样转递给开证行，在此情形下，随附或不随附以开证行为付款人的汇票。

b. 由保兑行承兑，且汇票付款人作成了该保兑行，但交单不符，且该保兑行决定不恢复保兑时，受益人可以要求将单据按照交单原样转递给开证行，在此情形下，随附或不随附以开证行为付款人的汇票。

金额

Para B13：

汇票金额应当为交单下要求支款的金额。

Para B14：

如果汇票同时显示大小写金额，那么大写金额应当准确反映小写金额，且应注明信用证规定的币别。当大小写金额矛盾时，大写金额将作为支款金额予以审核。

背书

Para B15：

如果需要，汇票应当背书。

更正与更改(统称“更正”)

Para B16：

汇票上数据的任何更正，应当看似已由受益人以额外的签字或小签加以证实。

Para B17：

当汇票上不允许数据更正时，开证行应当在信用证中明确规定。

以开证申请人为付款人的汇票

Para B18：

a. 信用证不得开立成凭以开证申请人为付款人的汇票兑付。

b. 然而，当信用证要求提交以申请人为付款人的汇票，作为一种规定单据时，该汇票应当只在信用证明确规定的范围内予以审核，其他方面将按照UCP600第十四条f款的规定审核。

发票

发票名称

Para C1：

a. 当信用证要求提交“发票”而未做进一步描述时，提交任何类型的发票(如商业发票、海关发票、税务发票、最终发票、领事发票等)即满足要求。但是，发票不得表明“临时”“预开”或类似名称。

b. 当信用证要求提交“商业发票”时，提交名称为“发票”的单据也满足要求，即便该单据含有供税务使用的声明。

发票出具人

Para C2：

a. 发票应当看似由受益人，或者由已转让信用证项下的第二受益人出具。

b. 当受益人或第二受益人变更了名称，且信用证提及的是以前的名称时，只要发票注明了该实体“以前的名称为(第一受益人或第二受益人的名称)”或类似措辞，发票就可以新实体的名称出具。

货物、服务或履约行为的描述及发票的其他一般性事项

Para C3：

发票显示的货物、服务或履约行为的描述应当与信用证中的描述一致，但不要求如镜像一致。例如，货物细节可以在发票的多处显示，当一并解读时，其显示的货物描述与信用证中的描述一致即可。

Para C4：

发票上的货物、服务或履约行为的描述应当反映实际装运或交付的货物、提供的服务或履约行为。例如，当信用证的货物描述要求装运“10 辆卡车和 5 辆拖拉机”，且只装运了 4 辆卡车时，只要信用证不禁止部分装运，发票可以显示只装运了 4 辆卡车。发票注明实际装运货物(4 辆卡车)的同时，还可以包含信用证规定的货物描述，即 10 辆卡车和 5 辆拖拉机。

Para C5：

发票显示与信用证规定一致的货物、服务或履约行为描述的同时，还可以显示与货物、服务或履约行为相关的额外信息，只要这些信息看似不会指向货物、服务或履约行为的不同性质、等级[性质、等级或类别，在中文中朗读起来，音节轻重节奏感比较好。]或类别。

例如，当信用证要求装运“绒面革鞋子”，但是发票将货物描述为“仿造绒面革鞋子”；或当信用证要求“液压钻机”，但是发票将货物描述为“二手液压钻机”时，这些描述表示货物的性质、等级或类别出现了变化。

Para C6：

发票应当显示：

a. 所装运或交付的货物、或所提供的服务或履约行为的价值。

b. 单价(当信用证有规定时)。

c. 信用证中表明的相同币别。

d. 信用证要求的任何折扣或扣减。

Para C7：

发票可以显示信用证未规定的预付款、折扣等的扣减。

Para C8：

当信用证规定了贸易术语作为货物描述的一部分时，发票应当显示该贸易术语，而当信用证规定了贸易术语的出处时，发票应当显示贸易术语的相同出处。例如，信用证规定贸易术语为“CIF Singapore Incoterms 2010”，发票不应显示贸易术语为“CIF Singapore”或“CIF Singapore Incoterms”。但是，当信用证规定贸易术语为“CIF Singapore”，或者，“CIF Singapore Incoterms”时，发票可以显示贸易术语为“CIF Singapore Incoterms 2010”或任何其他版本。

Para C9：

诸如与单据、运费、保险费相关的额外费用和成本，应当包含在发票上显示的贸易术语所对应的价值之内。

Para C10：

发票无需签署或注明日期。

Para C11：

发票显示的货物的任何总数量和其重量或尺寸，不应与其他单据显示的同一数据相矛盾。

Para C12：

发票不应显示：

a. 超装(UCP600 第三十条 b 款另有规定除外)，或者

b. 信用证未规定的货物、服务及履约行为。即便发票包含了信用证规定货物、服务或履约行为的额外数量为免费，或者样品和广告材料为免费，这仍然适用。

Para C13：

发票上显示的信用证规定的货物数量可以在 5%的溢短装浮动幅度之内。货物数量最高+5%的变动，并不允许交单项下所要求的支款金额超过信用证金额。货物数量的 5%溢短装浮动幅度，不适用于下列情形：

a. 信用证规定货物数量不应超过或减少；或者

b. 信用证以包装单位或商品件数规定货物数量。

Para C14：

当信用证未规定货物数量，且禁止部分装运时，发票金额在少于信用证金额最大 5%的幅度内，将视为发票涵盖全部货物数量，不构成部分装运。

分期支款或装运

Para C15：

a. i. 当信用证要求在规定期间内分期支款或分期装运，且任何一期未在规定期间内支款或装运时，信用证对该期及后续各期均停止兑付。规定期间，指决定每期开始日期和结束日期的一组日期或时间序列。例如，信用证要求 3 月份装运 100 辆汽车和 4 月份装运 100 辆汽车，这就是分两期装运的例子，一期开始于 3 月 1 日结束于 3 月 31 日，另一期开始于 4 月 1 日结束于 4 月 30 日。

ii. 当信用证允许部分支款或装运时，每期之内允许任意次数的支款或装运。

b. 当信用证仅以一些最迟日期规定了支款或装运的时间表，而不是(第 C15 段 a 款 i 项所涉及的)规定期间时：

i. 这不属于 UCP600 所设想的分期时间表，UCP600 第三十二条款不适用。尽管如此，该交单仍应当符合信用证中有关支款或装运时间表和 UCP600 第三十一条款的任何要求；

ii. 且当信用证允许部分支款或部分装运时，在每期最迟支款或装运日期当日，或最迟支款或装运日期之前，允许任意次数的支款或装运。

涵盖至少两种不同运输方式的运输单据（“多式或联合运输单据”）

UCP600 第十九条的适用

Para D1：

a. 信用证要求提交涵盖至少两种不同运输方式的运输单据，无论其如何命名，这表示该单据的审核应适用 UCP600 第十九条。

b. i. 多式或联合运输单据不应表明装运或发送只以一种运输方式完成，但就所使用的部分或全部运输方式可以不予说明。

ii. 多式运输单据或联合运输单据不应包含第 G2 段 a 款和 b 款所描述的任何租船合同事项。

c. 当信用证要求提交多式或联合运输单据以外的运输单据，且信用证规定的货物运输路线清楚地表明应使用一种以上的运输方式，例如，信用证显示了内陆收货地或最终目的地，或者信用证的装货港或卸货港栏位填写了一个地点，该地点事实上是一个内陆地点而不是港口时，该单据的审核应适用 UCP600 第十九条。

Para D2：

本出版物所有使用的“多式运输单据”的术语，也适用于“联合运输单据”。提交的运输单据无需表明“多式运输单据”“联合运输单据”或类似名称，即便信用证如此命名所要求的单据。

多式运输单据的出具、承运人、承运人身份的识别及签署

Para D3：

a. 多式运输单据可以由承运人或船长以外的任何实体出具，只要其满足 UCP600 第十九条的要求。

b. 当信用证规定“货运代理人多式运输单据可接受 Freight Forwarder's Multimodal Transport Document is acceptable”，或“运输行多式运输单据可接受 House Multimodal Transport Document is acceptable”，或类似措辞时，多式运输单据可以由出具人签署，且不必注明其签署身份或承运人名称。

Para D4：

信用证规定“货运代理人多式运输单据不可接受 Freight Forwarder's Multimodal Transport Documents are not acceptable”，或“运输行多式运输单据不可接受 House Multimodal Transport Documents are not acceptable”，或类似措辞，在多式运输单据的名称、格式、内容或签署方面没有任何含义，除非信用证对其出具和签署规定了明确要求。没有这些要求时，该规定将不予理会，提交的多式运输单据将

按照 UCP600 第十九条的要求予以审核。

Para D5：

a. 多式运输单据应当按照 UCP600 第十九条 a 款 i 项规定的方式签署，并注明承运人名称及表明其身份。

b. 当多式运输单据由承运人的具名分支机构签署时，该签字视同由承运人作出。

c. 当多式运输单据由承运人的代理人签署时，该代理人应当具名，此外，应当注明其作为"承运人(承运人名称)代理人"或"代表承运人的代理人"签署或类似措辞。当承运人在单据的其他地方表明"承运人"身份时，该具名代理人可以比如"承运人的代理人"的身份签署，而无需再次提及承运人名称。

d. 当多式运输单据由船长签署时，船长签字应当注明"船长"身份，无需注明船长姓名。

e. 当多式运输单据由船长代理人签署时，该代理人应当具名，此外，应当注明其作为"船长代理人"或"代表船长的代理人"签署或类似措辞，无需注明船长姓名。

装船批注、装运日期、收货、发送或接管地、装货港或出发地机场

Para D6：

多式运输单据的出具日期将视为收货、发送或接管、装船或装运日期，除非其载有单独注明日期的批注，表明在信用证规定的地点、港口或机场收货、发送、接管或装船。在后一种情况下，该批注日期将视为装运日期，不论其早于或晚于多式运输单据的出具日期。一个单独的注明日期的装船批注，也可以显示在指定栏位或方框中。

Para D7：

当信用证要求货物从规定的港口起运，即信用证要求首程为海运时，多式运输单据应当显示注明日期的装船批注。在此情况下，第 E6 段 b 款至 d 款也将适用。

Para D8：

在多式运输单据上，当信用证要求货物从港口起运时，该具名装货港应当显示装货港栏位。然而，只要装船批注表明货物在"收货地"或类似栏位中的港口装上具名船只，装货港就可以显示在"收货地"或类似栏位中。

Para D9：

多式运输单据应当显示信用证规定的收货、发送或接管地、装货港或出发地机场。当信用证规定了收货、发送或接管地、装货港或出发地机场，也表明了该地点、港口或机场的所在国时，多式运输单据上无需注明该国别名称。

Para D10：

当信用证规定了收货、发送或接管地、装货港或出发地机场的地理区域或地点范围(例如，"任一欧洲国家"或"汉堡、鹿特丹、安特卫普港")时，多式运输单据应当显示实际的收货、发送或接管地、装货港或出发地机场，且其应当位于该地理区域或地点范围之内。多式运输单据无需显示该地理区域。

Para D11：

“已装运且表面状况良好”“已装载船上”“清洁已装船”，或其他包含“已装运”或“已装船”字样的用语，与“已装船装运”具有相同效力。

最终目的地、卸货港或目的地机场

Para D12：

a. 在多式运输单据上，当信用证要求货物运送至一港口时，该具名卸货港应当显示卸货港栏位。

b. 然而，具名卸货港也可以显示在“最终目的地”或类似栏位中，只要批注表明卸货港为“最终目的地”或类似栏位中的港口即可。例如，当信用证要求货物运送至费利克斯托港，但费利克斯托港显示为最终目的地而非卸货港时，多式运输单据可以通过批注表明“卸货港：费利克斯托”。

Para D13：

多式运输单据应当显示信用证规定的最终目的地、卸货港或目的地机场。当信用证规定了最终目的地、卸货港或目的地机场，也表明了该地点或港口的所在国时，多式运输单据上无需显示该国别名称。

Para D14：

当信用证规定了最终目的地、卸货港或目的地机场的地理区域或地点范围(例如，“任一欧洲国家”或“汉堡、鹿特丹、安特卫普港”)时，多式运输单据应当显示实际的最终目的地、卸货港或目的地机场，且其应当位于信用证规定的地理区域或地点范围之内。多式运输单据无需显示该地理区域。

正本多式运输单据

Para D15：

a. 多式运输单据应当注明所出具的正本份数。

b. 多式运输单据标注“第一正本”“第二正本”“第三正本”、或“正本”“第二联”“第三联”等类似字样，均为正本。

收货人、指示方、托运人和背书、被通知人

Para D16：

当信用证要求多式运输单据表明以具名实体为收货人，例如，“收货人：(具名实体)”(即，“记名”多式运输单据)，而非“收货人：凭指示”或“收货人：凭(具名实体)指示”时，在该具名实体前不应含有“凭指示”或“凭×××指示”字样，或者不应在该具名实体后注明“或凭指示”字样，无论该字样是打印还是预先印就。

Para D17：

a. 当多式运输单据收货人作成“凭指示”或“凭托运人指示”时，该单据应当由托运人背书。只要背书是为托运人或代表托运人作出，该背书就可以由托运人之外的具名实体作出。

b. 当信用证要求多式运输单据表明收货人为“凭(具名实体)指示”时，多式运输单据不应直接显示收货人为该具名实体。

Para D18：

a. 当信用证规定了一个或多个被通知人的细节时，多式运输单据也可以显示另外一个或多个被通知人的细节。

b. i. 当信用证未规定被通知人的细节时，多式运输单据可以任何方式(除第D18段b. ii. 款项表明的情形外)显示任何被通知人的细节。

ii. 当信用证未规定被通知人的细节，而多式运输单据显示了作为被通知人的申请人细节，包括申请人地址和联络细节时，其不应与信用证所规定的申请人细节相矛盾。

Para D19：

当信用证要求多式运输单据表明“收货人：‘开证行’或‘申请人’”，或“收货人：凭‘开证行’或‘申请人’指示”，或“被通知人：申请人或开证行”时，多式运输单据应当相应地显示开证行或申请人的名称，但无需显示信用证可能规定的开证行或申请人的地址或任何联络细节。

Para D20：

当申请人地址和联络细节显示为收货人或被通知人细节的一部分时，其不应与信用证规定的申请人细节相矛盾。

转运、部分装运，以及提交多套多式运输单据时如何确定交单期

Para D21：

在多式运输中转运将会发生。转运是指从信用证规定的收货、发送或接管地、装货港或出发地机场，到最终目的地、卸货港或目的地机场之间的运输过程中，货物从一运输工具卸下并再装上另一运输工具(无论其是否为不同运输方式)。

以一个以上的运输工具(不止一辆卡车、一条船只或一架飞机等)进行的运输是部分装运，即便这些运输工具在同一天出发并前往同一目的地。

Para D22：

a. 当信用证禁止部分装运，而提交了一套以上的正本多式运输单据，涵盖货物从一个或多个地点(信用证特别允许或规定的地理区域或地点范围内)收货、发送、接管或装运时，每套多式运输单据都应当显示其涵盖的货物运输，由同一运输工具经同次行程前往同一目的地。

b. 当信用证禁止部分装运，而按照第D23段a款提交的一套以上的正本多式运输单据，含有不同的收货、发送、接管或装运日期时，其中最迟的日期将用于计算交单期，且该日期不得晚于信用证规定的最迟收货、发送、接管或装运日期。

c. 当信用证允许部分装运，且作为同一面函下单一交单的一部分提交的一套以上的正本多式运输单据，含有装上不同运输工具的不同收货、发送、接管或装运日期时，其中最早的日期将用于计算交单期，且所有这些日期都不得晚于信用证规定的最迟收货、发送、接管或装运日期。

清洁多式运输单据

Para D23：

多式运输单据不应含有明确声明货物或包装状况有缺陷的条款。

For example：

例如：

a. 多式运输单据上载有的“包装无法满足海运航程”或类似措辞的条款，即属于明确声明包装状况有缺陷的例子。

b. 多式运输单据上载有的“包装可能无法满足海运航程”或类似措辞的条款，并没有明确声明包装状况有缺陷。

Para D24：

a. “清洁”字样没有必要在多式运输单据上显示，即便信用证要求多式运输单据标明“清洁已装船”或“清洁”字样。

b. 删除多式运输单据上“清洁”字样，并非明确声明货物或包装状况有缺陷。

货物描述

Para D25：

多式运输单据上的货物描述可以使用与信用证所规定的货物描述不相矛盾的统称。

目的地交货代理人的名称与地址

Para D26：

当信用证要求多式运输单据显示最终目的地或卸货港的交货代理人或类似措辞的名称、地址和联络细节时，其地址无需位于最终目的地或卸货港，也无需与最终目的地或卸货港在同一个所在国。

更正与更改(统称“更正”)

Para D27：

多式运输单据上数据的任何更正均应当证实。该证实应当看似由承运人或船长，或其任一代理人所为，该代理人可以不同于出具或签署多式运输单据的代理人，只要其表明作为承运人或船长的代理人身份。

Para D28：

对于正本多式运输单据上可能作过的任何更正，其不可转让的副本无需证实。

运费和额外费用

Para D29：

多式运输单据显示的运费支付事项，无需与信用证规定的等同一致，但不应与该单据、任何其他规定的单据或信用证中的数据相矛盾。例如，当信用证要求多式运输单据标注“运费目的地支付 freight payable at destination”时，其可以标明为“运

费待收 freight collect”。

Para D30：

a. 当信用证规定运费以外的费用不可接受时，多式运输单据不应显示运费之外的费用已经或将要产生。

b. 多式运输单据显示运费以外的费用时，可以明确提及额外费用，或使用与货物装卸费用相关的贸易术语，比如但不限于，“船方不管装货 Free in (FI)”“船方不管卸货 Free Out (FO)”“船方不管装卸货 Free In and Out (FIO)”及“船方不管装卸货及积载 Free In and Out Stowed (FIOS)”。

c. 多式运输单据提及的可能仅仅加收的费用，例如，由于卸货或卸货后的延迟可能加收的费用(滞期费)，或由于延迟归还集装箱可能加收的费用(滞箱费)，不属于运费以外的额外费用。

凭多套多式运输单据放货

Para D31：

a. 多式运输单据不应明确规定，货物释放只能基于该单据和其他一套或多套多式运输单据的一并提交，除非所有提及的多式运输单据构成同一信用证项下同次交单的一部分。

b. 例如，“提单号 YYY 和 ZZZ 涵盖集装箱号××××项下的货物，货物只能释放给同一人且其必须提交该货物的所有多式运输单据”，即视为明确规定在货物释放前，必须一并提交与所提及的集装箱或包装单位相关的其他一套或多套多式运输单据。

提单

UCP600 第二十条的适用

Para E1：

a. 信用证要求提交只涵盖港至港运输的运输单据，即信用证没有提及收货、接管地或最终目的地，无论其如何命名，这表示该单据的审核将适用 UCP600 第二十条。

b. 提单不应包含第 G2 段 a 款和 b 款所描述的任何租船合同事项。

Para E2：

提单无需表明“海运提单”“海洋提单”“港至港提单”或类似名称，即便信用证如此命名所要求的单据。

提单的出具、承运人、承运人身份的识别及签署

Para E3：

a. 提单可以由承运人或船长以外的任何实体出具，只要其满足 UCP600 第二十条的要求。

b. 当信用证规定“货运代理人提单可接受 Freight Forwarder's Bill of Ladings are acceptable”，或“运输行提单可接受 House Bill of Ladings are acceptable”，或类

似措辞时，提单可以由出具人签署，且不必注明其签署身份或承运人名称。

Para E4：

信用证规定“货运代理人提单不可接受 Freight Forwarder's Bills of Ladings are not acceptable”，或“运输行提单不可接受 House Bills of Ladings are not acceptable”类似措辞，在提单的名称、格式、内容或签署方面没有任何含义，除非信用证对其出具和签署规定了明确要求。没有这些要求时，该规定将不予理会，提交的提单将按照 UCP600 第二十条的要求予以审核。

Para E5：

a. 提单应当按 UCP600 第二十条 a 款 i 项规定的方式签署，并注明承运人名称及表明其身份。

b. 当提单由承运人的具名分支机构签署时，该签字视同由承运人作出。

c. 当提单由承运人的代理人签署时，该代理人应当具名，此外，应当注明其作为“承运人(承运人名称)的代理人”或“代表承运人的代理人”签署或类似措辞。当承运人在该单据的其他地方表明“承运人”身份时，该具名代理人可以比如“承运人的代理人”身份签署，而无需再次提及承运人名称。

d. 当提单由船长签署时，船长签字应当注明“船长”身份，无需注明船长姓名。

e. 当提单由船长代理人签署时，该代理人应当具名，此外，应当注明其作为“船长代理人”或“代表船长的代理人”签署或类似措辞，无需注明船长姓名。

装船批注、装运日期、前程运输、收货地及装货港

Para E6：

a. 当提交预先印就“已装船”提单时，提单的出具日期将视为装运日期，除非其载有单独注明日期的装船批注。在后一种情况下，该装船批注日期将视为装运日期，不论其早于或晚于提单出具日期。装船批注日期也可以显示在指定栏位或方框中。

b. 尽管信用证可能要求提单表明港至港运输，但是：

i. 当提单显示了与装货港相同的收货地，例如，收货地：鹿特丹堆场，装货港：鹿特丹，且未(在前程运输栏位或收货地栏位)显示前程运输工具时；或者

ii. 当提单显示了不同于装货港的收货地，例如，收货地：阿姆斯特丹，装货港：鹿特丹，且未(在前程运输栏位或收货地栏位)显示前程运输工具时：

(a)如果提单为预先印就的“已装船”提单，那么出具日期将视为装运日期，无需装船批注。

(b)如果提单为预先印就的“收妥待运”提单，那么该提单要求载有注明日期的装船批注，装船批注日期将视为装运日期。装船批注日期也可以显示在指定栏位或方框中。

c. 尽管信用证可能要求提单表明港至港运输，但是：

i. 当提单显示了不同于装货港的收货地，例如，收货地：阿姆斯特丹，装货

港：鹿特丹，且(在前程运输栏位或收货地栏位)显示了前程运输工具时，无论预先印就的“已装船”提单，还是预先印就的“收妥待运”提单，该提单都应当载有注明日期的装船批注，该批注还应包括船名和信用证规定的装货港。该装船批注也可以显示在指定的栏位或方框中。装船批注日期或指定栏位或方框中的日期，将视为装运日期。

ii. 当提单(在前程运输栏位或收货地栏位)显示了前程运输工具，如果未显示收货地，无论是预先印就的“已装船”提单还是预先印就的“收妥待运”提单，该提单都应当载有注明日期的装船批注，该批注还应包括船名和信用证规定的装货港。该装船批注也可以显示在指定的栏位或方框中。装船批注日期或指定栏位或方框中的日期，将视为装运日期。

d. 当提单载有“如收货地栏位载有信息，则提单上任何‘已装船’、‘已装载船上’或类似批注，将视为货物已装载到从收货地至装货港的前程运输工具上”或类似条款，且收货地栏位如还另外载有信息时，那么该提单应当载有注明日期的装船批注。该批注还应当包括船名和信用证规定的装货港。该装船批注也可以显示在指定的栏位或方框中。装船批注日期或指定栏位或方框中的日期，将视为装运日期。

e. 信用证要求的具名装货港应当显示在提单的装货港栏位。然而，只要装船批注表明货物在“收货地”或类似栏位中的港口装上具名船只，装货港就可以显示在“收货地”或类似栏位中。

f. 提单应当显示信用证规定的装货港。当信用证规定了装货港，也表明了装货港的所在国时，提单上无需注明该国别名称。

g. 当信用证规定了装货港的地理区域或港口范围(例如，“任一欧洲港口”或“汉堡、鹿特丹、安特卫普港”)时，提单应当显示实际的装货港，且其应当位于该地理区域或港口范围之内。提单无需显示该地理区域。

h. 当提单显示了一个以上的装货港时，该提单应当表明装船批注并载有每个装货港所对应的装船日期，无论是预先印就的“收妥待运”提单还是预先印就的“已装船”提单。例如，当提单显示从布里斯班港和阿德莱德港装运时，同时要求关于布里斯班港和阿德莱德港的注明日期的装船批注。

Para E7：

“已装运且表面状况良好”“已装载船上”“清洁已装船”，或其他包含“已装运”或“已装船”字样的用语，与“已装船装运”具有相同效力。

卸货港

Para E8：

a. 信用证要求的具名卸货港，应当显示在提单的卸货港栏位。

b. 然而，具名卸货港也可以显示在“最终目的地”或类似栏位中，只要批注表明卸货港为“最终目的地”或类似栏位中的港口即可。例如，当信用证要求货物运送至费利克斯托港，但费利克斯托港显示为最终目的地而非卸货港时，提单可以通过批注表明“卸货港：费利克斯托”。

Para E9：

提单应当显示信用证规定的卸货港。当信用证规定了卸货港，也表明了该港口的所在国时，提单上无需显示该国别名称。

Para E10：

当信用证规定了卸货港的地理区域或港口范围(例如，“任一欧洲港口”或“汉堡、鹿特丹、安特卫普港”)时，提单应当显示实际卸货港，且其应当位于信用证规定的地理区域或港口范围之内。提单无需显示该地理区域。

正本提单

Para E11：

a. 提单应当注明所出具的正本份数。

b. 提单标注“第一正本”“第二正本”“第三正本”、或“正本”“第二联”“第三联”等类似字样，均为正本。

收货人、指示方、托运人和背书、被通知人

Para E12：

当信用证要求提单表明以具名实体为收货人，例如，“收货人：(具名实体)”(即，“记名”提单)，而非“收货人：凭指示”或“收货人：凭(具名实体)指示”时，在该具名实体前不应含有“凭指示”或“凭×××指示”字样，或者不应在该具名实体后注明“或凭指示”字样，无论该字样是打印还是预先印就。

Para E13：

a. 当提单收货人作成“凭指示”或“凭托运人指示”时，该提单应当由托运人背书。只要背书是为托运人或代表托运人作出，该背书就可以由托运人之外的具名实体作出。

b. 当信用证要求提单表明收货人为“凭(具名实体)指示”时，提单不应直接显示收货人为该具名实体。

Para E14：

a. 当信用证规定了一个或多个被通知人的细节时，提单也可以显示另外一个或多个被通知人的细节。

b. i. 当信用证未规定被通知人的细节时，提单可以任何方式(除第 E14 段 b(ii)款项表明的情形外)显示任何被通知人的细节。

ii. 当信用证未规定被通知人的细节，而提单显示了作为被通知人的申请人细节，包括申请人地址和联络细节时，其不应与信用证规定的申请人细节相矛盾。

Para E15：

当信用证要求提单表明“收货人：‘开证行’或‘申请人’”，或“收货人：凭‘开证行’或‘申请人’指示”，或“被通知人：‘申请人’或‘开证行’”时，提单应当相应地显示开证行或申请人的名称，但无需显示信用证可能规定的开证行或申请人的地址或任何联络细节。

Para E16：

当申请人地址和联络细节显示为收货人或被通知人细节的一部分时，其不应与信用证规定的申请人细节相矛盾。

转运、部分装运，以及提交多套提单时如何确定交单期

Para E17：

转运是指从信用证规定的装货港到卸货港之间的运输过程中，货物从一条船卸下并再装上另一条船。如果提单显示的货物卸下并再装运，并非发生在规定的两个港口之间，则不属于信用证和UCP600第二十条b款和c款下的转运。

Para E18：

以一条以上的船只进行的运输是部分装运，即便这些船只在同一天出发并前往同一目的地。

Para E19：

a. 当信用证禁止部分装运，而提交了的一套以上的正本提单，涵盖货物从一个或多个装货港(信用证特别允许的，或规定的地理区域或港口范围内)装运时，每套提单都应当显示其涵盖的货物运输，由同一船只经同次航程前往同一卸货港。

b. 当信用证禁止部分装运，而按照第E19段a款提交的一套以上的正本提单含有不同的装运日期时，其中最迟的日期将用于计算交单期，且该日期不得晚于信用证规定的最迟装运日期。

c. 当信用证允许部分装运，且作为同一面函下单一交单的一部分提交的一套以上的正本提单，含有装上不同船只或不同航程的同一船只所对应的不同装运日期时，其中最早的日期将用于计算交单期，且所有这些日期都不得晚于信用证规定的最迟装运日期。

清洁提单

Para E20：

提单不应含有明确声明货物或包装状况有缺陷的条款。

例如：

a. 提单上载有的“包装无法满足海运航程”或类似措辞的条款，即属于明确声明包装状况有缺陷的例子。

b. 提单上载有的“包装可能无法满足海运航程”或类似措辞的条款，并没有明确声明包装状况有缺陷。

Para E21：

a. “清洁”字样没有必要在提单上显示，即便信用证要求提单标明“清洁已装船”或“清洁”字样。

b. 删除提单上“清洁”字样，并非明确声明货物或包装状况有缺陷。

货物描述

Para E22：

提单上的货物描述可以使用与信用证所规定的货物描述不相矛盾的统称。

卸货港交货代理人的名称与地址

Para E23：

当信用证要求提单显示卸货港的交货代理人或类似措辞的名称、地址和联络细节时，其地址无需位于卸货港，也无需与卸货港在同一个所在国。

更正和更改(统称“更正”)

Para E24：

提单上的数据的任何更正均应当证实。该证实应当看似由承运人或船长，或其任一代理人所为，该代理人可以不同于出具或签署提单的代理人，只要其表明作为承运人或船长的代理人身份。

Para E25：

对于正本提单上可能作过的任何更正，其不可转让的副本无需证实。

运费和额外费用

Para E26：

提单显示的运费支付事项，无需与信用证规定的等同一致，但不应与该单据、任何其他规定的单据或信用证中的数据相矛盾。例如，当信用证要求提单标注“运费目的地支付 freight payable at destination”时，其可以标明为“运费待收 freight collect”。

Para E27：

a. 当信用证规定运费以外的费用不可接受时，提单不应显示运费之外的费用已经或将要产生。

b. 提单显示运费以外的费用时，可以明确提及额外费用，或使用与货物装卸费用相关的贸易术语，比如但不限于，“船方不管装货 Free in (FI)”“船方不管卸货 Free Out (FO)”“船方不管装卸货 Free In and Out (FIO)”及“船方不管装卸货及积载 Free In and Out Stowed (FIOS)”。

c. 提单提及的可能加收的费用，例如，由于卸货或卸货后的延迟可能加收的费用(滞期费)，或由于延迟归还集装箱可能加收的费用(滞箱费)，不属于运费以外的额外费用。

凭多套提单放货

Para E28：

a. 提单不应明确规定，货物释放只能基于该单据和其他一套或多套提单的一并提交，除非所有提及提单构成同一信用证项下同次交单的一部分。

b. 例如，“提单号 YYY 和 ZZZ 涵盖集装箱号××××项下的货物，货物只能释放给同一人且必须提交该货物的所有提单”，即视为明确规定在货物释放前，必

须一并提交与所提及的集装箱或包装单位相关的其他一套或多套提单。

不可转让海运单

UCP600 第二十一条的适用

Para F1：

a. 信用证要求提交只涵盖港至港运输的运输单据（“不可转让海运单”），即信用证没有提及收货、接管地或最终目的地，无论其如何命名，这表示该单据的审核将适用 UCP600 第二十一条。

b. 不可转让海运单不应包含第 G2 段 a 款和 b 款所描述的任何租船合同事项。

不可转让海运单的出具、承运人、承运人身份的识别及签署

Para F2：

a. 不可转让海运单可以由承运人或船长以外的任何实体出具，只要其满足 UCP600 第二十一条的要求。

b. 当信用证规定“货运代理人不可转让海运单可接受 Freight Forwarder's non-negotiable sea waybills are acceptable”，“运输行不可转让海运单可接受 House non-negotiable sea waybills are acceptable”，或类似措辞时，不可转让海运单可以由出具人签署，且不必注明其签署身份或承运人名称。

Para F3：

信用证规定“货运代理人不可转让海运单不可接受 Freight Forwarder's non-negotiable sea waybills are not acceptable”，“运输行不可转让海运单不可接受 House non-negotiable sea waybills are not acceptable”或类似措辞，在不可转让海运单的名称、格式、内容或签署方面没有任何含义，除非信用证对其出具和签署规定了明确要求。没有这些要求时，该规定将不予理会，提交的不可转让海运单将按照 UCP600 第二十一条的要求予以审核。

Para F4：

a. 不可转让海运单应当按 UCP600 第二十一条 a 款 i 项规定的方式签署，并注明承运人名称及表明其身份。

b. 当不可转让海运单由承运人的具名分支机构签署时，该签字视同由承运人作出。

c. 当不可转让海运单由承运人的代理人签署时，该代理人应当具名，此外，应当注明其作为“承运人（承运人名称）的代理人”或“代表承运人的代理人”签署或类似措辞。当承运人在该单据的其他地方表明“承运人”身份时，该具名代理人可以比如“承运人的代理人”身份签署，而无需再次提及承运人名称。

d. 当不可转让海运单由船长签署时，船长签字应当注明“船长”身份，无需注明船长姓名。

e. 当不可转让海运单由船长代理人签署时，该代理人应当具名，此外，应当注明其作为“船长代理人”或“代表船长的代理人”签署或类似措辞，无需注明船长姓名。

装船批注、装运日期、前程运输、收货地及装货港

Para F5：

a. 当提交预先印就"已装船"不可转让海运单时，不可转让海运单的出具日期将视为装运日期，除非其载有单独注明日期的装船批注。在后一种情况下，该装船批注日期将视为装运日期，不论其早于或晚于不可转让海运单出具日期。装船批注日期也可以显示在指定的栏位或方框中。

b. 尽管信用证可能要求不可转让海运单表明港至港运输，但是：

i. 当不可转让海运单显示了与装货港相同的收货地，例如，收货地：鹿特丹堆场，装货港：鹿特丹，且未(在前程运输栏位或收货地栏位)显示前程运输工具时；或者

ii. 当不可转让海运单显示了不同于装货港的收货地，例如，收货地：阿姆斯特丹，装货港：鹿特丹，且未(在前程运输栏位或收货地栏位)显示前程运输工具时：

a. 如果不可转让海运单为预先印就的"已装船"不可转让海运单，那么出具日期将视为装运日期，无需装船批注。

b. 如果不可转让海运单为预先印就的"收妥待运"不可转让海运单，那么该不可装让海运单要求载有注明日期的装船批注，装船批注日期将视为装运日期。装船批注日期也可以显示在指定的栏位或方框中。

c. 尽管信用证可能要求不可转让海运单表明港至港运输，但是：

i. 当不可转让海运单显示了不同于装货港的收货地，例如，收货地：阿姆斯特丹，装货港：鹿特丹，且(在前程运输栏位或收货地栏位)显示了前程运输工具时，无论是预先印就的"已装船"不可转让海运单，还是预先印就的"收妥待运"不可转让海运单，该不可转让海运单都应当载有注明日期的装船批注，该批注还应包括船名和信用证规定的装货港。该装船批注也可以显示在指定的栏位或方框中。装船批注日期或指定栏位或方框中的日期，将视为装运日期。

ii. 当不可转让海运单(在前程运输栏位或收货地栏位)显示了前程运输工具，如果未显示收货地，无论是预先印就的"已装船"不可转让海运单还是预先印就的"收妥待运"不可转让海运单，该不可转让海运单都应当载有注明日期的装船批注，该批注还应包括船名和信用证规定的装货港。该装船批注也可以显示在指定的栏位或方框中。装船批注日期或指定栏位或方框中的日期，将视为装运日期。

d. 当不可转让海运单载有"如收货地栏位载有信息，则不可转让海运单上任何'已装船'、'已装载船上'或类似批注，将视为货物已装载到从收货地至装货港的前程运输工具上"或类似条款，且收货地栏位如还另外载有信息时，那么该不可转让海运单应当载有注明日期的装船批注。该批注还应当包括船名和信用证规定的装货港。该装船批注也可以显示在指定的栏位或方框中。装船批注日期或指定栏位或方框中的日期，将视为装运日期。

e. 信用证要求的具名装货港应当显示在不可转让海运单的装货港栏位。然而，只要装船批注表明货物在“收货地”或类似栏位中的港口装上具名船只，装货港就可以显示在“收货地”或类似栏位中。

f. 不可转让海运单应当显示信用证规定的装货港。当信用证规定了装货港，也表明了装货港的所在国时，不可转让海运单上无需注明该国别名称。

g. 当信用证规定了装货港的地理区域或港口范围(例如，“任一欧洲港口”或“汉堡、鹿特丹、安特卫普港”)时，不可转让海运单应当显示实际的装货港，且其应当位于该地理区域或港口范围之内。不可转让海运单无需显示该地理区域。

h. 当不可转让海运单显示了一个以上的装货港时，该不可转让海运单应当表明装船批注并载有每个装货港所对应的装船日期，无论是预先印就的“收妥待运”不可转让海运单，还是预先印就的“已装船”不可转让海运单。例如，当不可转让海运单显示从布里斯班港和阿德莱德港装运时，同时要求关于布里斯班港和阿德莱德港的注明日期的装船批注。

Para F6：

“已装运且表面状况良好”“已装载船上”“清洁已装船”，或其他包含“已装运”或“已装船”字样的用语，与“已装船装运”具有相同效力。

卸货港

Para F7：

a. 信用证要求的具名卸货港，应当显示在不可转让海运单的卸货港栏位。

b. 然而，具名卸货港也可以显示在“最终目的地”或类似栏位中，只要批注表明卸货港为“最终目的地”或类似栏位中的港口即可。例如，当信用证要求货物运送至费利克斯托港，但费利克斯托港显示为最终目的地而非卸货港时，不可转让海运单可以通过批注表明“卸货港：费利克斯托”。

Para F8：

不可转让海运单应当显示信用证规定的卸货港。当信用证规定了卸货港，也表明了卸货港的所在国时，不可转让海运单上无需显示该国别名称。

Para F9：

当信用证规定了卸货港的地理区域或港口范围(例如，“任一欧洲港口”或“汉堡、鹿特丹、安特卫普港”)时，不可转让海运单应当显示实际卸货港，且其应当位于信用证规定的地理区域或港口范围之内。不可转让海运单无需显示该地理区域。

正本不可转让海运单

Para F10：

a. 不可转让海运单应当注明所出具的正本份数。

b. 不可转让海运单标注“第一正本”“第二正本”“第三正本”、或“正本”“第二联”“第三联”等类似字样，均为正本。

收货人、指示方、托运人和被通知人

Para F11：

a. 当信用证要求不可转让海运单表明以具名实体为收货人，例如，“收货人：(具名实体)”时，在该具名实体前不应含有“凭指示”或“凭×××指示”字样，或者不应在该具名实体后注明“或凭指示”字样，无论该字样是打印还是预先印就。

b. 当信用证要求不可转让海运单表明收货人为“凭(具名实体)指示”时，该不可转让海运单可以显示该实体为收货人，无需注明“凭×××指示”字样。

c. 当信用证要求不可转让海运单表明收货人为“凭指示”而未提及指示方时，该不可转让海运单应当显示开证行或申请人为收货人，无需注明“凭指示”字样。

Para F12：

a. 当信用证规定了一个或多个被通知人的细节时，不可转让海运单也可以显示另外一个或多个被通知人的细节。

b. i. 当信用证未规定被通知人的细节时，不可转让海运单可以任何方式(除第 F12 段 b(ii)款项表明的情形外)显示任何被通知人的细节。

ii. 当信用证未规定被通知人的细节，而不可转让海运单显示了作为被通知人的申请人细节，包括申请人地址和联络细节时，其不应与信用证规定的申请人细节相矛盾。

Para F13：

当信用证要求不可转让海运单表明“收货人：‘开证行’或‘申请人’”或“被通知人：‘申请人’或‘开证行’”时，不可转让海运单应当相应地显示开证行或申请人的名称，但无需显示信用证可能规定的开证行或申请人的地址或任何联络细节。

Para F14：

当申请人地址和联络细节，显示为收货人或被通知人细节的一部分时，其不应与信用证规定的申请人细节相矛盾。

转运、部分装运，以及提交多套不可转让海运单时如何确定交单期

Para F15：

转运是指从信用证规定的装货港到卸货港之间的运输过程中，货物从一条船卸下再装上另一条船。如果不可转让海运单显示的货物卸下并再装运，并非发生在规定的两个港口之间，则不属于信用证和 UCP600 第二十一条 b 款和 c 款的转运。

Para F16：

以一条以上的船只进行的运输是部分装运，即便这些船只在同一天出发并前往同一目的地。

Para F17：

a. 当信用证禁止部分装运，而提交了的一套以上的正本不可转让海运单，涵盖货物从一个或多个装货港(信用证特别允许的，或规定的地理区域或港口范围内)装运时，每套不可转让海运单都应当显示其涵盖的货物运输由同一条船只经同次航程前往同一卸货港。

b. 当信用证禁止部分装运，而按照第E19段a款提交的一套以上的正本不可转让海运单含有不同的装运日期时，其中最迟的日期将用于计算交单期，且该日期不得晚于信用证规定的最迟装运日期。

c. 当信用证允许部分装运，且作为同一面函下单一交单的一部分提交的一套以上的正本不可转让海运单，含有装上不同船只或不同航程的同一船只所对应的不同装运日期时，其中最早的日期将用于计算交单期，且所有这些日期都不得晚于信用证规定的最迟装运日期。

清洁不可转让海运单

Para F18：

不可转让海运单不应含有明确声明货物或包装状况有缺陷的条款。

For example：例如：

a. 不可转让海运单上载有的"包装无法满足海运航程"或类似措辞的条款，即属于明确声明包装状况有缺陷的例子。

b. 不可转让海运单上载有的"包装可能无法满足海运航程"或类似措辞的条款，并没有明确声明包装状况有缺陷。

Para F19：

a. "清洁"字样没有必要在不可转让海运单上显示，即便信用证要求不可转让海运单标明"清洁已装船"或"清洁"字样。

b. 删除不可转让海运单上"清洁"字样，并非明确声明货物或包装状况有缺陷。

货物描述

Para F20：

不可转让海运单上的货物描述可以使用与信用证所规定的货物描述不相矛盾的统称。

卸货港交货代理人的名称与地址

Para F21：

当信用证要求不可转让海运单显示卸货港的交货代理人或类似措辞的名称、地址和联络细节时，其地址无需位于卸货港，也无需与卸货港在同一个所在国。

更正和更改(统称"更正")

Para F22：

不可转让海运单上的数据的任何更正应当证实。该证实应当看似由承运人或船长所为，或者由其任一代理人所为，该代理人可以不同于出具或签署不可转让海运单的代理人，只要其表明作为承运人或船长的代理人身份。

Para F23：

对于正本不可转让海运单上可能作过的任何更正，其不可转让的副本无需证实。

运费和额外费用

Para F24：

不可转让海运单显示的运费支付事项，无需与信用证规定的等同一致，但不应与该单据、任何其他规定的单据或信用证中的数据相矛盾。例如，当信用证要求不可转让海运单标注“运费目的地支付 freight payable at destination”时，其可以标明为“运费待收 freight collect”。

Para F25：

a. 当信用证规定运费以外的费用不可接受时，不可转让海运单不应显示运费之外的费用已经或将要产生。

b. 不可转让海运单显示运费以外的费用时，可以明确提及额外费用，或使用与货物装卸费用相关的贸易术语，比如但不限于，“船方不管装货 Free in (FI)”“船方不管卸货 Free Out (FO)”“船方不管装卸货 Free In and Out (FIO)”及“船方不管装卸货及积载 Free In and Out Stowed (FIOS)”。

c. 不可转让海运单提及可能仅仅加收的费用，例如，由于卸货或卸货后的延迟可能加收的费用(滞期费)，或者，由于延迟归还集装箱可能加收的费用(滞箱费)，不属于运费以外的额外费用。

租船提单

UCP600 第二十二条的适用

Para G1：

当信用证要求提交租船提单，或信用证允许提交租船提单且实际提交了租船提单时，该单据的审核将适用 UCP600 第二十二条。

Para G2：

a. 运输单据表明受租船合同约束，或对租船合同的任何援引，无论其如何命名，将视为租船提单。

b. 运输单据注明短语，诸如“运费根据注明日期的租船合同(显示或不显示日期)支付”或“运费根据租船合同支付”，无论其如何命名，都表示受租船合同约束。

Para G3：

运输单据含有通常与租船提单关联的代码名称或格式名称，例如，“康金提单”或者“油轮提单”，而未显示或援引租船合同，无论其如何命名，这本身并不属于显示或援引了租船合同。

租船提单的签署

Para G4：

a. 租船提单应当按 UCP600 第二十二条 a 款 i 项规定的方式签署。

b. 当租船提单由船长、船东或租船人签署时，其签字应当表明“船长”“船东”或“租船人”身份。

c. 当租船提单由船长、船东或租船人的代理人签署时，该代理人应当具名，此外，应当视情况注明其作为“船长、船东或租船人的代理人”或“代表船长、船东或租船人的代理人”签署。

i. 当租船提单由船长的代理人签署时，无需注明船长姓名。

ii. 当租船提单由船东或租船人的代理人签署时，应当注明船东或租船人名称。

装船批注、装运日期、前程运输、收货地及装货港

Para G5：

a. 当提交预先印就的“已装船”租船提单时，租船提单的出具日期将视为装运日期，除非其载有单独注明日期的装船批注。在后一种情况下，该装船批注日期将视为装运日期，不论其早于或晚于租船提单出具日期。装船批注日期也可以显示在指定的栏位或方框中。

b. 尽管信用证可能要求租船提单表明港至港运输，但是：

i. 当租船提单显示了与装货港相同的收货地，例如，收货地：鹿特丹堆场，装货港：鹿特丹，且(在前程运输栏位或收货地栏位)未显示前程运输工具时；或者

ii. 当租船提单显示了不同于装货港的收货地，例如，收货地：阿姆斯特丹，装货港：鹿特丹，且(在前程运输栏位或收货地栏位)未显示前程运输工具时：

a. 如果租船提单为预先印就的“已装船”租船提单，那么出具日期将视为装运日期，无需装船批注。

b. 如果租船提单为预先印就的“收妥待运”租船提单，那么该租船提单要求有注明日期的装船批注，装船批注日期将视为装运日期。装船批注日期也可以显示在指定的栏位或方框中。

c. 尽管信用证可能要求租船提单表明港至港运输，但是：

i. 当租船提单显示了一个不同于装货港的收货地，例如，收货地：阿姆斯特丹，装货港：鹿特丹，且(在前程运输栏位或收货地栏位)显示了前程运输工具时，无论是预先印就的“已装船”租船提单，还是预先印就的“收妥待运”租船提单，该租船提单都应当载有注明日期的装船批注，该批注还应包括船名和信用证规定的装货港。该装船批注也可以显示在指定的栏位或方框中。装船批注日期或指定栏位或方框中的日期，将视为装运日期。

ii. 当租船提单(在前程运输栏位或收货地栏位)显示了前程运输工具，如果未显示收货地，无论是预先印就的“已装船”租船提单还是预先印就的“收妥待运”租船提单，该租船提单都应当带有注明日期的装船批注，该批注还应包括船名和信用证规定的装货港。该装船批注也可以显示在指定的栏位或方框中。装船批注日期或指定栏位或方框中的日期，将视为装运日期。

d. 当租船提单载有“如收货地栏位载有信息，则租船提单上任何‘已装船’、‘已装载船上’或类似批注，将视为货物已装载到从收货地至装货港的前程运输工具上”或类似条款，且收货地栏位如还另外载有信息时，那么该租船提单应当载有注明日期的装船批注。该批注还应当包括船名和信用证规定的装货港。该装船批注也可以显示在指定的栏位或方框中。装船批注日期或指定栏位或方框中的日期，将视为装运日期。

e. 信用证要求的具名装货港应当显示在租船提单的装货港栏位。然而，只要

装船批注表明货物在“收货地”或类似栏位中的港口装上具名船只，装货港就可以显示在“收货地”或类似栏位中。

f. 租船提单应当显示信用证规定的装货港。当信用证规定了装货港，也表明了该港口的所在国时，租船提单上无需注明该国别名称。

g. 当信用证规定了装货港的地理区域或港口范围(例如，“任一欧洲港口”或“汉堡、鹿特丹、安特卫普港”)时，租船提单应当显示实际的装货港，且其应当位于该地理区域或港口范围之内。租船提单无需显示该地理区域。

h. 当租船提单显示了一个以上的装货港时，该租船提单应当表明装船批注并载有每个装货港所对应的装船日期，无论是预先印就的“收妥待运”租船提单，还是预先印就的“已装船”租船提单。例如，当租船提单显示从布里斯班港和阿德莱德港装运时，同时要求关于布里斯班港和阿德莱德港的注明日期的装船批注。

Para G6：

“已装运且表面状况良好”“已装载船上”“清洁已装船”，或其他包含“已装运”或“已装船”字样的用语，与“已装船装运”具有相同效力。

卸货港

Para G7：

a. 信用证要求的具名卸货港，应当显示在租船提单的卸货港栏位。

b. 然而，具名卸货港也可以显示在“最终目的地”或类似栏位中，只要批注表明卸货港为“最终目的地”或类似栏位中的港口即可。例如，当信用证要求货物运送至费利克斯托港，但费利克斯托港显示为最终目的地而非卸货港时，租船提单可以通过批注表明“卸货港：费利克斯托”。

Para G8：

租船提单应当显示信用证规定的卸货港。当信用证规定了卸货港，也表明了该港口的所在国时，租船提单上无需显示该国别名称。

Para G9：

当信用证规定了卸货港的地理区域或港口范围(例如，“任一欧洲港口”或“汉堡、鹿特丹、安特卫普港”)时，租船提单可以显示实际卸货港，且其应当位于信用证规定的地理区域或港口范围之内，也可以显示该地理区域或港口范围作为卸货港。

正本租船提单

Para G10：

a. 租船提单应当注明所出具的正本份数。

b. 租船提单标注“第一正本”“第二正本”“第三正本”、或“正本”“第二联”“第三联”等类似字样，均为正本。

收货人、指示方、托运人和背书、被通知人

Para G11：

当信用证要求租船提单表明以具名实体为收货人，例如，“收货人：(具名实体)”(即，“记名”租船提单)，而非“收货人：凭指示”或“收货人：凭(具名实体)指示”时，在该具名实体前不应含有“凭指示”或“凭×××指示”字样，或者不应在该具名实体后注明“或凭指示”字样，无论该字样是打印还是预先印就。

Para G12：

a. 当租船提单收货人作成“凭指示”或“凭托运人指示”时，该租船提单应当由托运人背书。只要背书是为托运人或代表代理托运人作出，该背书就可以由托运人之外的具名实体作出。

b. 当信用证要求租船提单表明收货人为“凭(具名实体)指示”时，租船提单不应直接显示收货人为该具名实体。

Para G13：

a. 当信用证规定了一个或多个被通知人的细节时，租船提单也可以显示另外一个或多个被通知人的细节。

b. i. 当信用证未规定被通知人的细节时，租船提单可以任何方式(除第 G13 段 b. ii. 款项表明的情形外)显示任何被通知人的细节。

ii. 当信用证未规定被通知人的细节，而租船提单显示了作为被通知人的申请人细节，包括申请人地址和联络细节时，其不应与信用证规定的申请人细节相矛盾。

Para G14：

当信用证要求租船提单表明“收货人：‘开证行’或‘申请人’”，或“收货人：凭‘开证行’或‘申请人’指示”，或“被通知人：‘申请人’或‘开证行’”时，租船提单应当相应地显示开证行或申请人的名称，但无需显示信用证可能规定的开证行或申请人的地址或任何联络细节。

Para G15：

当申请人地址和联络细节显示为收货人或被通知人细节的一部分时，其不应与信用证规定的申请人细节相矛盾。

部分装运以及提交多套租船提单时如何确定交单期

Para G16：

以一条以上的船只进行的运输是部分装运，即便这些船只在同一天出发并前往同一目的地。

Para G17：

a. 当信用证禁止部分装运，而提交了一套以上的正本租船提单，涵盖货物从一个或多个装货港(信用证特别允许的，或规定的地理区域或港口范围内)装运时，每套租船提单都应当显示其涵盖的货物运输由同一船只经同次航程前往同一卸货港、同一地理区域或港口范围。

b. 当信用证禁止部分装运，而按照第 G17 段 a 款提交的一套以上的正本租船提单含有不同的装运日期，或者一套正本租船提单注明了不同的装运日期时，其中最迟的日期将用于计算交单期，且该日期不得晚于信用证规定的最迟装运日期。

c. 当信用证允许部分装运，且作为同一面函下单一交单的一部分提交的一套以上的正本租船提单，含有装上不同船只或不同航程的同一条船所对应的不同装运日期时，其中最早的日期将用于计算交单期，且所有这些日期都不得晚于信用证规定的最迟装运日期。

清洁租船提单

Para G18：

租船提单不应含有明确声明货物或包装状况有缺陷的条款。

例如：

a. 租船提单上载有的“包装无法满足海运航程”或类似措辞的条款，即属于明确声明包装状况有缺陷的例子。

b. 租船提单上载有的“包装可能无法满足海运航程”或类似措辞的条款，并没有明确声明包装状况有缺陷。

Para G19：

a. “清洁”字样没有必要在租船提单上显示，即便信用证要求租船提单标明“清洁已装船”或“清洁”字样。

b. 删除租船提单上的“清洁”字样，并非明确声明货物或包装状况有缺陷。

货物描述

Para G20：

租船提单上的货物描述可以使用与信用证所规定的货物描述不相矛盾的统称。

Para G21：

通过援引“未隔离”或“被混合”或类似措辞，租船提单可以表明货物只是已装载具名船只上的大宗货物的一部分。

更正和更改(统称“更正”)

Para G22：

租船提单上的数据的任何更正均应当证实。该证实必须看似由船长、船东或租船人所为，或者由其任一代理人所为，该代理人可以不同于出具或签署租船提单的代理人，只要其表明作为船长、船东或租船人的代理人身份。

Para G23：

对于正本租船提单上可能作过的任何更正，其不可转让的副本无需证实。

运费和额外费用

Para G24：

租船提单显示的运费支付事项，无需与信用证规定的等同一致，但不得与该单据、任何其他规定的单据或信用证中的数据相矛盾。例如，当信用证要求租船提单标注“运费目的地支付 freight payable at destination”时，其可以标明为“运费待收 freight collect”。

Para G25：

a. 当信用证规定运费以外的费用不可接受时，租船提单不应显示运费之外的其他费用已经或将要产生。

b. 租船提单显示运费以外的费用时，可以明确提及额外费用，或使用与货物装卸费用相关的贸易术语，比如但不限于，“船方不管装货 Free in (FI)”“船方不管卸货 Free Out (FO)”“船方不管装卸货 Free In and Out (FIO)”及“船方不管装卸货及积载 Free In and Out Stowed (FIOS)”。

c. 租船提单提及的可能仅仅加收的费用，例如，由于卸货或卸货后的延迟可能加收的费用(滞期费)，不属于运费以外的额外费用。

凭多套租船提单放货

Para G26：

a. 租船提单不应明确规定，货物释放只能基于该单据和其他一套或多套租船提单的一并提交，除非所有提及的租船提单构成同一信用证项下同次交单的一部分。

b. 例如，租船提单声明：“租船提单号 YYY 和 ZZZ 涵盖[货物××××]，货物只能释放给同一人且必须提交该货物的所有租船提单”，即视为明确规定在货物释放前，必须一并提交与所提及的货物相关的其他一套或多套租船提单。

租船合同

Para G27：

除非信用证特别排除适用 UCP600 第二十二条 b 款，且明确规定了需要审核的数据和范围，银行将不审核租船合同的内容，即便信用证要求将该租船合同作为规定的单据。

空运单据

UCP600 第二十三条的适用

Para H1：

信用证要求提交涵盖机场至机场运输的空运单据，无论其如何命名，这表示该单据的审核将适用 UCP600 第二十三条。

Para H2：

空运单据无需表明“空运单”“航空货运单”或类似名称，即便信用证如此命名所要求的单据。

空运单据的出具、承运人、承运人的身份识别及签署

Para H3：

a. 空运单据可以由承运人以外的任何实体出具，只要其满足 UCP600 第二十三条的要求。

b. 当信用证规定“货运代理人空运单据可接受 Freight Forwarder's air transport document is acceptable”，“运输行空运单据可接受 House air transport document is acceptable”，或类似措辞时，空运单据可以由出具人签署，且不必注明其签署身份或承运人名称。

Para H4：

信用证规定“货运代理人空运单据不可接受 Freight Forwarder’s air transport documents are not acceptable”，“运输行空运单据不可接受 House air transport documents are not acceptable”，或类似措辞，在空运单据的名称、格式、内容或签署方面没有任何含义，除非信用证对其出具和签署规定了明确要求。没有这些要求时，该规定将不予理会，提交的空运单据将按照 UCP600 第二十三条的要求予以审核。

Para H5：

a. 空运单据应当按 UCP600 第二十三条 a 款 i 项规定的方式签署，并注明承运人名称及表明其身份。

b. 当空运单据由承运人的具名分支机构签署时，该签字视同由承运人作出。

c. 空运单据的承运人应当表明其名称，而不是其国际航空协会 IATA 的航空公司代码，例如，应当显示英国航空而非 BA，汉莎航空而非 LH。

Para H6：

当空运单据由承运人的代理人签署时，该代理人应当具名，此外，应当注明其作为“承运人(承运人名称)的代理人”或“代表承运人的代理人”签署或类似措辞。当承运人在该单据的其他地方表明“承运人”身份时，该具名代理人可以比如“承运人的代理人”身份签署，而无需再次提及承运人名称。

接受待运、装运日期和对实际发送日期的要求

Para H7：

空运单据应当显示货物已接受待运或类似措辞。

Para H8：

a. 空运单据应当显示出具日期。该日期将视为装运日期，除非空运单据含有注明实际装运日期的特定批注。在后一种情况下，该批注日期将视为装运日期，不论其早于或晚于空运单据出具日期。

b. 如果未含有注明实际装运日期的特定批注，那么在判断装运日期时，空运单据上显示的任何关于(例如，“仅供承运人使用”栏位、“要求的航班日期”栏位或“路线和目的地”栏位中)的其他信息将不予理会。

出发地机场和目的地机场

Para H9：

空运单据应当显示信用证规定的出发地机场和目的地机场。当信用证规定了这些机场，也表明该机场的所在国时，空运单据上无需显示该国别名称。

Para H10：

出发地机场和目的地机场也可以显示为国际航空协会 IATA 代码，以代替机场

全名(例如，LAX 代替洛杉矶机场)。

Para H11：

当信用证规定了出发地机场或目的地机场的地理区域或机场范围(例如，“任一中国机场”或“上海、北京、广州机场”)时，空运单据应当显示实际的出发地机场或目的地机场，且其应当位于信用证规定的地理区域或机场范围之内。空运单据无需显示该地理区域。

正本空运单据

Para H12：

空运单据应当看似是出具给发货人或托运人的正本。当信用证要求全套正本时，提交一份空运单据，显示其为出具给发货人或托运人的正本即满足要求。

收货人、指示方和被通知人

Para H13：

a. 当信用证要求空运单据表明收货人为“凭(具名实体)指示”时，该空运单据可以显示该实体为收货人，无需注明“凭×××指示”字样。

b. 当信用证要求空运单据表明收货人为“凭指示”而未提及指示方时，该空运单据应当显示开证行或申请人为收货人，无需注明“凭指示”字样。

Para H14：

a. 当信用证规定了一个或多个被通知人的细节时，空运单据也可以显示另外一个或多个被通知人的细节。

b. i. 当信用证未规定被通知人的细节时，空运单据可以任何方式(除第 H14 段 b 款 ii 项表明的情形外)显示任何被通知人的细节。

ii. 当信用证未规定被通知人的细节，而空运单据显示了作为被通知人的申请人细节，包括申请人地址和联络细节时，其不应与信用证规定的申请人细节相矛盾。

Para H15：

当信用证要求空运单据表明“收货人：‘开证行’或‘申请人’”或“被通知人：‘申请人’或‘开证行’”时，空运单据应当相应地显示开证行或申请人的名称，但无需显示信用证可能规定的开证行或申请人的地址或任何联络细节。

Para H16：

当申请人地址和联络细节显示为收货人或被通知人细节的一部分时，其不应与信用证规定的申请人细节相矛盾。

转运、部分装运以及提及多套空运单据时如何确定交单期

Para H17：

转运是指从信用证规定的出发地机场到目的地机场之间的运输过程中，货物从一架飞机卸下再装上另一架飞机。如果空运单据显示的货物卸下并再装运，并非发生在规定的两个机场之间，则不属于信用证和 UCP600 第二十三条 b 款和 c 款的转运。

Para H18：

以一架以上的飞机进行的发送是部分装运，即便这些飞机在同一天出发并前往同一目的地。

Para H19：

a. 当信用证禁止部分装运，而提交了一套以上的正本空运单据，涵盖货物从一个或多个出发地机场(信用证特别允许的，或规定的地理区域或机场范围内)装运时，每套空运单据都应当显示其涵盖的货物运输由同一架飞机经同次行程前往同一目的地机场。

b. 当信用证禁止部分装运，而按照第 H19 段 a 款提交的一套以上的正本空运单据含有不同的发送日期时，其中最迟的日期将用于计算交单期，且该日期不得晚于信用证规定的最迟装运日期。

c. 当信用证允许部分装运，且作为同一面函下单一交单的一部分提交的一套以上的正本空运单据，含有不同发送日期或不同航班时，其中最早的日期将用于计算交单期，且所有这些日期都不得晚于信用证规定的最迟装运日期。

清洁空运单据

Para H20：

空运单据不应含有明确声明货物或包装状况有缺陷的条款。

例如：

a. 空运单据上载有的“包装无法满足行程”或类似措辞的条款，即属于明确声明包装状况有缺陷的例子。

b. 空运单据上载有的“包装可能无法满足行程”或类似措辞的条款，并没有明确声明包装状况有缺陷。

Para H21：

a. “清洁”字样没有必要在空运单据上显示，即便信用证要求空运单据标明“清洁”字样。

b. 删除空运单据上的“清洁”字样，并非明确声明货物或包装状况有缺陷。

货物描述

Para H22：

空运单据上的货物描述可以使用与信用证所规定的货物描述不相矛盾的统称。

更正和更改(统称“更正”)

Para H23：

空运单据上的数据的任何更正应当证实。该证实应当看似由承运人所为，或者由其任一代理人所为，该代理人可以不同于出具或签署空运单据的代理人，只要其表明作为承运人的代理人身份。

Para H24：

对于正本空运单据上可能作过的任何更正，其副本无需证实。

运费和额外费用

Para H25：

空运单据显示的运费支付事项，无需与信用证规定的等同一致，但不应与该单据、任何其他规定的单据或信用证中的数据相矛盾。例如，当信用证要求空运单据标注“运费目的地支付 freight payable at destination”时，其可以标明为“运费待收 freight collect”。

Para H26：

空运单据可以含有单独的的栏位，以印就的栏位名称表明运费“预付”或运费“待收”。

a. 当信用证要求空运单据显示运费已预付时，通过在“运费预付”或类似栏位中显示运费的方式也可以满足要求。

b. 当信用证要求空运单据显示运费待收或目的地支付时，通过在“运费待收”或类似栏位中显示运费的方式也可以满足要求。

Para H27：

a. 当信用证规定运费以外的费用不可接受时，空运单据不应显示运费之外的费用已经或将要产生。

b. 空运单据提及可能仅仅加收的费用，例如，由于卸货或卸货后的延迟可能加收的费用，不属于运费以外的额外费用。

公路、铁路和内陆水路运输单据

Para J1：

信用证要求提交涵盖公路、铁路或内陆水路运输的运输单据，这表示该单据的审核将适用 UCP600 第二十四条。

公路、铁路或内陆水路运输单据的出具、承运人、承运人的身份识别及签署

Para J2：

a. 公路、铁路或内陆水路运输单据应当按照 UCP600 第二十四条 a 款 i 项规定的方式签署，并注明承运人名称及表明其身份(除第 J4 段 b 款表明的情形外)。

b. 当公路、铁路或内陆水路运输单据由承运人的具名分支机构签署时，该签字视同由承运人作出。

c. “承运人”一词，包括“出单承运人”“实际承运人”“后续承运人”和“合同承运人”等用语。

Para J3：

收货的签字、印戳或批注，应当看似表明由下列人员作出：

a. 承运人，并表明承运人身份；或者

b. 代表承运人行事或签署的具名代理人，并注明其所代表行事或签署的承运人的名称和表明承运人身份；或者

c. 铁路公司或出发地火车站[Railway station，译为“火车站”最为通俗。]。

Para J4：

a. “承运人”字样无需显示在签字处，只要运输单据看似由承运人或承运人的具名代理人签署，且承运人在运输单据的其他地方表明了“承运人”身份。

b. 铁路运输单据可以由铁路公司或出发地铁车站加盖日期戳，无需显示承运人名称或代表承运人签署的具名代理人名称。

装运地和目的地

Para J5：

公路、铁路或内陆水路运输单据应当显示信用证规定的装运地和目的地。当信用证规定了这些地点，也表明了这些地点的所在国时，运输单据上无需显示该国别名称。

Para J6：

当信用证规定了装运地或目的地的地理区域或地点范围(例如，“中国”或“上海、北京、广州”)时，公路、铁路或内陆水路运输单据应当显示实际的装运地或目的地，且其应当位于该地理区域或地点范围之内。公路、铁路或内陆水路运输单据无需显示该地理区域。

正本和第二联的公路、铁路或内陆水路运输单据

Para J7：

a. 铁路或内陆水路运输单据应当看似为正本，无论是否如此标注。

b. 公路运输单据应当看似为出具给发货人或托运人的正本(发送人联)，或没有标注出具给何人。

c. 即使信用证要求提交相关的全套运输单据，提交出具给发货人或托运人的公路运输单据正本(发送人联)，或铁路运输单据第二联，即满足要求。

d. 铁路运输单据第二联(通常是复写联)，由铁路公司或出发地火车站签字或盖戳证实，将视为正本。

收货人、指示方和被通知人

Para J8：

a. 当信用证要求公路或铁路运输单据表明收货人为“凭(具名实体)指示”时，可以显示该实体为收货人，无需注明“凭×××指示”字样。

b. 当信用证要求公路或铁路运输单据表明收货人为“凭指示”而未提及指示方时，收货人应当显示为开证行或申请人，无需注明“凭指示”字样。

c. 当信用证要求内陆水路运输单据时，第J8段a款和b款将适用，除非其以提单的形式出具。当信用证要求内陆水路运输单据以提单形式出具时，收货人栏位应当按照信用证要求填写。

Para J9：

a. 当信用证规定了一个或多个被通知人的细节时，公路、铁路或内陆水路运输单据也可以显示另外一个或多个被通知人的细节。

b. i. 当信用证未规定被通知人的细节时，公路、铁路或内陆水路运输单据可以任何方式(除第 J9 段 b 款 ii 项表明的情形外)显示任何被通知人的细节。

ii. 当信用证未规定被通知人的细节，而公路、铁路或内陆水路运输单据显示了作为被通知人的申请人细节，包括申请人地址和联络细节时，其不应与信用证规定的申请人细节相矛盾。

Para J10：

当信用证要求公路、铁路或内陆水路运输单据表明“收货人：‘开证行’或‘申请人’”，或“收货人：凭‘开证行’或‘申请人’指示”，或“被通知人：‘申请人’或‘开证行’”时，公路、铁路或内陆水路运输单据应当相应地显示开证行或申请人的名称，但无需显示信用证可能规定的开证行或申请人的地址或任何联络细节。公路或铁路运输单据也无需注明第 J8 段 b 款中的“凭×××指示”字样。

Para J11：

当申请人地址和联络细节显示为收货人或被通知人细节的一部分时，其不应与信用证规定的申请人细节相矛盾。

转运、部分装运以及提及多套公路、铁路或内陆水路运输单据时如何确定交单期

Para J12：

转运是指从信用证规定的装运地到目的地之间的运输过程中，货物从同一种运输方式项下的一个运输工具(卡车、火车、船只等)卸下再装上另一运输工具。如果公路、铁路或内陆水路运输单据显示的货物卸下并再装运，并非发生在规定的两个地点之间，则不属于信用证和 UCP600 第二十四条 d 款和 e 款的转运。

Para J13：

以一个以上的运输工具(不止一辆卡车、一列火车或一条船只等)进行运输是部分装运，即便每一运输工具在同一天出发并前往同一目的地。

Para J14：

a. 当信用证禁止部分装运，而提交的一套以上的正本公路、铁路或内陆水路运输单据，涵盖货物从一个或多个装运地(信用证特别允许的，或规定的地理区域或地点范围内)装运时，每套公路、铁路或内陆水路运输单据都应当显示其涵盖的货物运输，由同一运输工具经同一行程前往同一目的地。

b. 当信用证禁止部分装运，而按照第 J14 段 a 款提交的一套以上的正本公路、铁路或内陆水路运输单据含有不同的装运日期时，其中最迟的日期将用于计算交单期，且该日期不得晚于信用证规定的最迟装运日期。

c. 当信用证允许部分装运，且作为同一面函下单一交单的一部分提交的一套以上的正本公路、铁路或内陆水路运输单据，含有装上不同运输工具或不同行程的同一运输工具所对应的不同装运日期时，其中最早的日期将用于计算交单期，且所有这些日期都不得晚于信用证规定的最迟装运日期。

清洁公路、铁路或内陆水路运输单据

Para J15：

公路、铁路或内陆水路运输单据不应含有明确声明货物或包装状况有缺陷的条款。

例如：

a. 公路、铁路或内陆水路运输单据上载有的“包装无法满足行程”或类似措辞的条款，即属于明确声明包装状况有缺陷的例子。

b. 公路、铁路或内陆水路运输单据上载有的“包装可能无法满足行程”或类似措辞的条款，并没有明确声明包装状况有缺陷。

Para J16：

a. “清洁”字样没有必要在公路、铁路或内陆水路运输单据上显示，即便信用证要求公路、铁路或内陆水路运输单据标明“清洁已装运”或“清洁”字样。

b. 删除公路、铁路或内陆水路运输单据上的“清洁”字样，并非明确声明货物或包装状况有缺陷。

货物描述

Para J17：

公路、铁路或内陆水路运输单据上的货物描述可以使用与信用证所规定的货物描述不相矛盾的统称。

更正和更改(统称“更正”)

Para J18：

公路、铁路或内陆水路运输单据上的数据的任何更正应当证实。该证实应当看似由承运人所为，或者由其任一代理人所为，该代理人可以不同于出具或签署公路、铁路或内陆水路运输单据的代理人，只要其表明作为承运人的代理人身份。

Para J19：

对于正本公路、铁路或内陆水路运输单据上可能作过的任何更正，其副本无需证实。

运费和额外费用

Para J20：

a. 公路、铁路或内陆水路运输单据显示的运费支付事项，无需与信用证规定的等同一致，但不应与该单据、任何其他规定的单据或信用证中的数据相矛盾。例如，当信用证要求公路、铁路或内陆水路运输单据标注“运费目的地支付 freight payable at destination”时，其可以显示为“运费待收 freight collect”。

b. 当信用证要求公路、铁路或内陆水路运输单据显示运费已预付或运费目的地待收时，通过在单据上的“Franco 运费预付”栏位或“Non-Franco 运费待收”栏位中填写运费的方式也可以满足要求。

保险单据及承保范围

UCP600 第二十八条的适用

Para K1：

信用证要求提交保险单据，比如保险单、预约保险项下的保险证明或保险声明，这表示该单据的审核将适用 UCP600 第二十八条。

保险单据的出具人、签署及正本保险单据

ParaK2：

a. 保险单据应当看似由保险公司或保险商或其代理人或代表出具并签署。例如，“AA Insurance Ltd”出具并签署的保险单据即看似已由保险公司出具。

b. 当出具人表明为“保险人”身份时，保险单据无需显示出具人为保险公司或保险商。

Para K3：

只要保险单据已由保险公司或保险商或其代理人或代表签署，保险单据就可以在保险经纪人的信笺上出具。保险经纪人可以作为具名保险公司或具名保险商的代理人或代表签署保险单据。

Para K4：

保险单据由代理人或代表签署时，应当注明其所代理或代表签署的保险公司或保险商的名称，除非保险单据的其他地方已经表明了保险公司或保险商。例如，当“AA Insurance Ltd”已经表明其为保险人时，保险单据可以由“John Doe(作为代表)代表保险人”或“John Doe(作为代表)代表 AA Insurance Ltd”签署。

Para K5：

当保险单据要求由出具人、被保险人或具名实体副签时，保险单据必须副签。

Para K6：

只要保险公司在单据的其他地方表明了保险公司，保险单据在签署栏中就可以仅显示保险公司的商号，例如，当保险单据在签署栏中显示由“AA”出具并签署时，在其他地方显示“AA Insurance Ltd”及其地址和联络细节，则可以接受。

Para K7：

a. 当保险单据表明由一个以上的保险人承保时，该保险单据可以由一个代表所有保险人的代理人或代表签署，或由一个保险人代表所有共同保险人签署。在后一种情况下，例如，保险单据由“AA Insurance Ltd，作为牵头保险人，代表共同保险人”出具并签署。

b. 尽管第 K2、K3 和 K4 段有所规定，当保险单据表明由一个以上的保险人承保时，其无需显示每个保险人的名称或各自的承保比例。

Para K8：

当信用证要求保险单据出具一份以上的正本，或者保险单据显示其已经出具了一份以上的正本时，所有正本都应当提交并看似已经签署。

日期

Para K9：

保险单据不应表明提出索赔的有效期限。

Para K10：

a. 保险单据不应显示保险生效日期晚于装运日期。

b. 当保险单据显示出具日期晚于(UCP600 第十九条至第 25 条所定义的)装运日期时，应当以附注或批注的方式清楚地表明保险生效日期不晚于装运日期；

c. 保险单据显示保险基于"仓至仓"或类似条款已经生效，且出具日期晚于装运日期，并不表示保险生效日期不晚于装运日期。

Para K11：

在保险单据没有出具日期和保险生效日期的情况下，副签日期也将视为证实了保险生效日期。

保险金额和比例

Para K12：

当信用证未规定保险金额时，保险单据应当以信用证的币别，至少按 UCP600 第二十八条 f 款 ii 项规定的金额出具。对保险金额的最高比例没有限制。

Para K13：

保险金额不要求保留两位以上的小数。

Para K14：

保险单据可以表明保险受免赔率或免赔额(扣减额)约束。然而，当信用证要求保险不计免赔率(irrespective of percentage)时，保险单据不应含有表明保险受免赔率或免赔额(扣减额)约束的条款。保险单据无需注明"不计免赔率 irrespective of percentage"。

Para K15：

当从信用证或交单清楚得知要求支款的金额仅是货物总价值的一部分(例如，由于折扣、预付款或类似情形，或部分货款延付)时，保险金额的计算必须以发票或信用证所显示的货物总价值为基础，并符合 UCP600 第二十八条 f 款 ii 项的要求。

Para K16：

同一运输的同一险别应当由同一份保险单据所承保，除非提交了承保相关部分保险的一份以上的保险单据，且每份保险单据都以百分比例或其他方式明确地表明：

a. 每一保险人承保的金额；

b. 每一保险人将分别承担各自的保险责任，且不受其他保险人在该次运输下可能已承保的保险责任的影响；并且

c. 保险单据对应的承保金额的合计总数，至少为信用证要求或者 UCP600 第二十八条 f 款 ii 项规定的保险金额。

承保险别

Para K17：

a. 保险单据应当承保信用证要求的险别。

b. 即使信用证可能明确规定应承保的险别，保险单据也可以援引除外条款。

Para K18：

当信用证要求承保“一切险”时，无论保险单据是否标明“一切险”标题，即使其表明特定险别除外，提交载有任何“一切险”条款或批注的保险单据即满足要求。保险单据表明其承保“伦敦保险协会货物运输保险条款(A)”，或者，在空运项下其承保“伦敦保险协会货物运输保险条款(空运)”，即符合信用证要求“一切险”条款或批注的条件。

被保险人和背书

Para K19：

保险单据应当是信用证要求的形式，如有必要，还应当由要求索赔或有权索赔的实体背书。

Para K20：

a. 信用证不应要求保险单据出具成“凭来人”或“凭指示”。信用证应当显示被保险人的名称。

b. 当信用证要求保险单据出具成“凭(具名实体)指示”时，保险单据无需显示“凭指示”字样，只要保险单据表明该具名实体为被保险人，或者表明将赔付给该具名实体且没有明确禁止背书转让即可。

Para K21：

a. 当信用证对被保险人未做规定时，保险单据不应表明将赔付给信用证的受益人，或开证行和申请人以外的其他实体，或其指示的一方，除非保险单据已经由受益人或该实体作了空白背书，或背书给了开证行或申请人。

b. 保险单据应当出具或背书成，其索赔权利在放单之时或放单之前得以转让。

保险单据的一般性条款和条件

Para K22：

银行不审核保险单据的一般性条款和条件。

保费

Para K23：

保险单据上任何有关保费支付的事项，银行均不予理会，除非保险单据注明“保险单据无效，除非保费已付”，且显示保费未付。

原产地证明

基本要求和功能满足

Para L1：

当信用证要求提交原产地证明时，提交看似与所开发票的货物相关且证实货物原产地，并经签署的单据，即满足要求。

Para L2：

当信用证要求提交特定格式的原产地证明，比如 GSP Form A 格式时，应当仅提交特定格式的单据。

原产地证明的出具人

Para L3：

a. 原产地证明应当由信用证规定的实体出具。

b. 当信用证没有规定出具人名称时，原产地证明可以由任何实体出具。

c. i. 当信用证要求提交由受益人、出口商或制造商出具的原产地证明时，只要原产地证明相应注明受益人、出口商或制造商，提交的原产地证明由商会或类似机构，比如但不限于行会、行业协会、经济协会、海关和贸易部门等类似机构出具也满足要求。

ii. 当信用证要求提交由商会出具的原产地证明时，提交的原产地证明由行会、行业协会、经济协会、海关和贸易部门等类似机构出具也满足要求。

原产地证明的内容

Para L4：

原产地证明应当看似与所开发票的货物相关联，例如，通过下列方式：

a. 与信用证规定相符的货物描述，或与信用证所规定的货物描述不相矛盾的统称；或者

b. 援引其他规定单据或原产地证明不可分割的附件上的货物描述。

Para L5：

当原产地证明显示收货人信息时，其不应与运输单据中的收货人信息相矛盾。但是，当信用证要求运输单据出具成“凭指示”“凭托运人指示”“凭开证行指示”“凭指定银行(或议付行)指示”或“收货人：开证行”时，原产地证明可以显示收货人为信用证中除受益人以外的任何一个具名实体。当信用证已经转让时，收货人可以是第一受益人。

Para L6：

原产地证明可以显示信用证受益人或其他规定单据上所显示的托运人以外的实体为发货人或出口商。

Para L7：

当信用证规定货物原产地而没有要求提交原产地证明时，规定单据上对货物原产地的任何援引不应与规定的原产地相矛盾。例如，当信用证规定“货物原产地：德国”而没有要求提交原产地证明时，任何规定单据显示了不同的货物原产地，将视为数据矛盾。

Para L8：

只要原产地证明显示的出口商或发货人不是受益人，其就可以显示不同于其他一种或多种规定单据上注明的发票号码、发票日期和运输路线。

装箱单

基本要求和功能满足

Para M1：

当信用证要求提交装箱单时，提交的单据包含货物包装的任何信息以满足其功

能，并表明信用证规定的名称，或标明相似名称，或没有名称，即符合要求。

装箱单的出具人

Para M2：

装箱单应当由信用证规定的实体出具。

Para M3：

当信用证没有规定出具人名称时，装箱单可以由任何实体出具。

装箱单的内容

Para M4：

当信用证规定了明确的包装要求时，且没有规定与其相符的单据，装箱单如有提交，其提及的有关货物包装的任何数据不应与该要求矛盾。

Para M5：

只要装箱单的出具人不是受益人，其就可以显示不同于其他一种或多种规定单据上注明的发票号码、发票日期和运输路线。

Para M6：

银行只审核总量，包括但不限于总数量、总重量、总尺寸或总包装件数，以确保相关的总量与信用证中和任何其他规定单据上显示的总量没有矛盾。

重量单

基本要求和功能满足

Para N1：

当信用证要求提交重量单时，提交的单据包含货物重量的任何信息以满足其功能，并表明信用证规定的名称，或标明相似名称，或没有名称，即符合要求。

重量单的出具人

Para N2：

重量单应当由信用证规定的实体出具。

Para N3：

当信用证没有规定出具人名称时，重量单可以由任何实体出具。

重量单的内容

Para N4：

当信用证规定了明确的重量要求时，且没有规定与其相符的单据，重量单如有提交，其提及的有关货物重量的任何数据不应与该要求矛盾。

Para N5：

只要重量单的出具人不是受益人，其就可以显示不同于其他一种或多种规定单据上注明的发票号码、发票日期和运输路线。

Para N6：

银行只审核总量，包括但不限于总数量、总重量、总尺寸或总包装件数，以确保相关的总量与信用证中和任何其他规定单据上显示的总量没有矛盾。

受益人证明

基本要求和功能满足

Para P1：

当信用证要求提交受益人证明时，提交经签署的单据包含信用证所要求的数据和证明文句以满足其功能，并表明信用证规定的名称，或标明反映所要求证明类型的名称，或没有名称，即符合要求。

受益人证明的签署

Para P2：

受益人证明应当由受益人或受益人代表签署。

受益人证明的内容

Para P3：

受益人证明提及的数据，不应与信用证要求相矛盾。

Para P4：

受益人证明上提及的数据或证明文句：

a. 无需与信用证要求的等同一致，但应当清楚表明信用证规定的要求已经获得满足；

b. 无需包含货物描述，或对信用证或其他规定单据的任何其他援引。

分析、检验、健康、植物检疫、数量、质量和任何其他证明(统称“证明”)

基本要求和功能满足

Para Q1：

当信用证要求此类证明时，提交经过签署的单据证实所要求行为的结果，例如分析、检验、健康、植物检疫、数量或质量的评估结果以满足其功能，并表明信用证规定的名称，或标明相似名称，或没有名称，即符合要求。

Para Q2：

当信用证要求提交的证明与装运当日或装运日之前所要求发生的行为相关时，该证明应当显示：

a. 不晚于装运日期的出具日期；或者

b. 表明行为发生于装运当日或装运日之前的措辞，在此情况下，当出具日期也显示时，其可以晚于装运日期，但不应晚于该证明的交单日期；或

c. 表明事件的单据名称，例如，“装船前检验证明”。

证明的出具人

Para Q3：

证明应当由信用证规定的实体出具。

Para Q4：

当信用证没有规定出具人的名称时，证明可以由任何实体包括信用证受益人出具。

Para Q5：

当信用证使用了“独立的”“正式的”“合格的”或类似词语描述证明出具人时，该证明可以由除受益人以外的任何实体出具。

证明的内容

Para Q6：

此类证明可以显示：

a. 仅测试、分析或检验了所要求货物的样品；

b. 多于信用证中或任何其他规定单据上显示的数量；或者

c. 多于提单或租船提单上显示的货舱、厢柜或罐桶数目。

Para Q7：

当信用证规定了关于分析、检验、健康、植物检疫、数量或质量的评估或类似方面的明确要求时，无论是否规定与其相符的单据，该证明或任何其他规定单据上提及的有关分析、检验、健康、植物检疫、数量或质量的评估或类似方面的数据不应与该要求矛盾。

Para Q8：

当信用证没有规定证明上显示的明确内容，包括但不限于确定分析、检验或质量的评估结果所依据的任何要求的标准时，该证明可以包含诸如“不适合人类消费”“化学成份可能无法满足需要”或类似措辞的声明，只要其与信用证、任何其他规定的单据或 UCP600 不相矛盾。

Para Q9：

当证明显示收货人信息时，其不应与运输单据中的收货人信息相矛盾。但是当信用证要求运输单据收货人出具成“凭指示”“凭托运人指示”“凭开证行指示”“凭指定银行(或议付行)指示”或“收货人：开证行”时，该证明可以显示收货人为信用证中受益人以外的任何一个具名实体。当信用证已经转让时，收货人可以是第一受益人。

Para Q10：

证明可以显示信用证受益人或其他规定单据上所显示的托运人以外的实体为发货人或出口商。

Para Q11：

只要证明显示的出口商或发货人不是受益人，该证明就可以显示不同于其他一种或多种规定单据上注明的发票号码、发票日期和运输路线。

附录3 《中华人民共和国票据法》

（2004年8月28日第十届全国人民代表大会常务委员会第十一次会议通过）

第一章 总则

第一条 为了规范票据行为，保障票据活动中当事人的合法权益，维护社会经济秩序，促进社会主义市场经济的发展，制定本法。

第二条 在中华人民共和国境内的票据活动，适用本法。

本法所称票据，是指汇票、本票和支票。

第三条 票据活动应当遵守法律、行政法规，不得损害社会公共利益。

第四条 票据出票人制作票据，应当按照法定条件在票据上签章，并按照所记载的事项承担票据责任。

持票人行使票据权利，应当按照法定程序在票据上签章，并出示票据。

其他票据债务人在票据上签章的，按照票据所记载的事项承担票据责任。

本法所称票据权利，是指持票人向票据债务人请求支付票据金额的权利，包括付款请求权和追索权。

本法所称票据责任，是指票据债务人向持票人支付票据金额的义务。

第五条 票据当事人可以委托其代理人在票据上签章，并应当在票据上表明其代理关系。

没有代理权而以代理人名义在票据上签章的，应当由签章人承担票据责任；代理人超越代理权限的，应当就其超越权限的部分承担票据责任。

第六条 无民事行为能力人或者限制民事行为能力人在票据上签章的，其签章无效，但是不影响其他签章的效力。

第七条 票据上的签章，为签名、盖章或者签名加盖章。

法人和其他使用票据的单位在票据上的签章，为法人或者单位的盖章加其法定代表人或其授权的代理人的签章。

在票据上的签名，应当为该当事人的本名。

第八条 票据金额以中文大写和数码同时记载；二者必须一致，二者不一致的，票据无效。

第九条 票据上记载的事项必须符合本法的规定。

票据金额、日期、收款人名称不得更改，更改的票据无效。

对票据上的其他记载事项，原记载人可以更改，更改时应当由原记载人签章证明。

第十条 票据的签发、取得和转让，应当遵守诚实信用的原则，具有真实的交

易关系和债权债务关系。

票据的取得，必须给付对价，即应当给付票据双方当事人认可的相对应的代价。

第十一条　因税收、继承、赠予可以依法无偿取得票据的，不受给付对价的限制。但是，所享有的票据权利不得优于其前手的权利。

前手是指在票据签章人或者持票人之前签章的其他票据债务人。

第十二条　以欺诈、偷盗或者胁迫等手段取得票据的，或者明知有前列情形，出于恶意取得票据的，不得享有票据权利。

持票人因重大过失取得不符合本法规定的票据的，也不得享有票据权利。

第十三条　票据债务人不得以自己与出票人或者与持票人的前手之间的抗辩事由，对抗持票人。但是，持票明知存在抗辩事由而取得票据的除外。

票据债务人可以对不履行约定义务的与自己有直接债权债务关系的持票人，进行抗辨。

本法所称抗辩，是指票据债务人根据本法规定对票据债权人拒绝履行义务的行为。

第十四条　票据上记载事项应当真实，不得伪造、变造。伪造、变造票据上的签章和其他记载事项的，应当承担法律责任。

票据上有伪造、变造的签章的，不影响票据上其他真实签章的效力。

票据上其他记载事项被变造的，在变造之前签章的人，对原记载事项负责；在变造之后签章的人，对变造之后的记载事项负责；不能辨别是在被变造之前或者之后签章的，视同在变造之前签章。

第十五条　票据丧失，失票人可以及时通知票据的付款人挂失止付，但是，未记载付款人或者无法确定付款人及其代理付款人的票据除外。

收到挂失止付通知的付款人，应当暂停支付。

失票人应当在通知挂失止付后 3 日内，也可以在票据丧失后，依法向人民法院申请公示催告，或者向人民法院提起诉讼。

第十六条　持票人对票据债务人行使票据权利，或者保全票据权利，应当在票据当事人的营业场所和营业时间内进行，票据当事人无营业场所的，应当在其住所进行。

第十七条　票据权利在下列期限内不行使而消灭：

(一)持票人对票据的出票人和承兑人的权利，自票据到期日起 2 年。见票即付的汇票、本票，自出票日起 2 年；

(二)持票人对支票出票人的权利，自出票日起 6 个月；

(三)持票人对前手的追索权，自被拒绝承兑或者被拒绝付款之日起 6 个月；

(四)持票人对前手的再追索权，自清偿日或者被提起诉讼之日起 3 个月。

票据的出票日、到期日由票据当事人依法确定。

第十八条　持票人因超票据权利时效或者因票据记载事项欠缺而丧失票据权利的，仍享有民事权利，可以请求出票人或者承兑人返还其与未支付的票据款金额相当的利益。

第二章　汇票

第一节　出票

第十九条　汇票是出票人签发的，委托付款人在见票时或者在指定日期无条件支付确定的金额给收款人或者持票人的票据。

汇票分为银行汇票和商业汇票。

第二十条　出票是指出票人签发票据并将其交付给收款人的票据行为。

第二十一条　汇票的出票人必须与付款人具有真实的委托付款关系，并且具有支付汇票金额的可靠资金来源。

不得签发无对价的汇票用以骗取银行或者其他票据当事人的资金。

第二十二条　汇票必须记载下列事项：

(一)表明“汇票”的字样；

(二)无条件支付的委托；

(三)确定的金额；

(四)付款人名称；

(五)收款人名称；

(六)出票日期；

(七)出票人签章。

汇票上未记载前款规定事项之一的，汇票无效。

第二十三条　汇票上记载付款日期、付款地、出票地等事项的，应当清楚、明确。

汇票上未记载付款日期的，为见票即付。

汇票上未记载付款地的，付款人的营业场所、住所或者经常居住地为付款地。

汇票上未记载出票地的，出票人的营业场所、住所或者经常居住地为出票地。

第二十四条　汇票可以记载本法规定事项以外的其他出票事项，但是该记载事项不具有汇票上的效力。

第二十五条　付款日期可以按照下列形式之一记载：

(一)见票即付；

(二)定日付款；

(三)出票后定期付款；

(四)见票后定期付款。

前款规定的付款日期为汇票到期日。

第二十六条　出票人签发汇票后，即承担该汇票承兑和付款的责任。出票人在汇票得不到承兑或者付款时，应当向持票人清偿本法第七十条、第七十一条规定的金额和费用。

第二节　背书

第二十七条　持票人可以将汇票权利转让给他人或者将一定的汇票权利授予他人行使。

出票人在汇票上记载“不得转让”字样的，汇票不得转让。

持票人行使第一款规定的权利时，应当背书并交付汇票。

背书是指在票据背面或者粘单上记载有关事项并签章的票据行为。

第二十八条　票据凭证不能满足背书人记载事项的需要，可以加附粘单，粘附于票据凭证上。

粘单上的第一记载人，应当在汇票和粘单的粘接处签章。

第二十九条　背书由背书人签章并记载背书日期。

背书未记载日期的，视为在汇票到期日前背书。

第三十条　汇票以背书转让或者以背书将一定的汇票权利授予他人行使时，必须记载背书人名称。

第三十一条　以背书转让的汇票，背书应当连续。持票人以背书的连续，证明其汇票权利；非经背书转让，而以其他合法方式取得汇票的，依法举证，证明其汇票权利。

前款所称背书连续，是指在票据转让中，转让汇票的背书人与受让汇票的被背书人在汇票上的签章依次前后衔接。

第三十二条　以背书转让的汇票，后手应当对其直接前手背书的真实性负责。

后手是指在票据签章人之后签章的其他票据债务人。

第三十三条　背书不得附有条件。背书时附有条件的，所附条件不具有汇票上的效力。

将汇票金额的一部分转让的背书或者将汇票金额分别转让给二人以上的背书无效。

第三十四条　背书人在汇票上记载“不得转让”字样，其后手再背书转让的，原背书人对后手的被背书人不承担保证责任。

第三十五条　背书记载“委托收款”字样的，被背书人有权代背书人行使被委托的汇票权利。但是，被背书人不得再以背书转让汇票权利。

汇票可以设定质押；质押时应当以背书记载“质押”字样。被背书人依法实现其质权时，可以行使汇票权利。

第三十六条　汇票被拒绝承兑、被拒绝付款或者超过付款提示期限的，不得背书转让；背书转让的，背书人应当承担汇票责任。

第三十七条　背书人以背书转让汇票后，即承担保证其后手所持汇票承兑和付款的责任。背书人在汇票得不到承兑和付款时，应当向持票人清偿本法第七十条、第七十一条规定的金额和费用。

第三节 承兑

第三十八条 承兑是指汇票付款人承诺在汇票到期日支付汇票金额的票据行为。

第三十九条 定日付款或者出票后定期付款的汇票，持票人应当在汇票到期日前向付款人提示承兑。

提示承兑是指持票人向付款人出示汇票，并要求付款人承诺付款的行为。

第四十条 见票后定期付款的汇票，持票人应当自出票日起 1 个月内向付款人提示承兑。

汇票未按照规定期限提示承兑的，持票人丧失对其前手的追索权。

见票即付的汇票无需提示承兑。

第四十一条 付款人对向其提示承兑的汇票。应当自收到提示承兑的汇票之日起 3 日内承兑或者拒绝承兑。

付款人收到持票人提示承兑的汇票时，应当向持票人签发收到汇票的回单。回单上应当记明汇票提示承兑日期并签章。

第四十二条 付款人承兑汇票的，应当在汇票正面记载“承兑”字样和承兑日期并签章；见票后定期付款的汇票，应当在承兑时记载付款日期。

汇票上未记载承兑日期的，以前条第一款规定期限的最后一日为承兑日期。

第四十三条 付款人承兑汇票，不得附有条件；承兑附有条件的，视为拒绝承兑。

第四十四条 付款人承兑汇票后，应当承担到期付款的责任。

第四节 保证

第四十五条 汇票的债务可以由保证人承担保证责任。

保证人由汇票债务人以外的他人担当。

第四十六条 保证人必须在汇票或者粘单上记载下列事项：

(一)表明“保证”的字样；

(二)保证人名称和住所；

(三)被保证人的名称；

(四)保证日期；

(五)保证人签章。

第四十七条 保证人在汇票或者粘单上未记载前条第(三)项的，已承兑的汇票，承兑人为被保证人；未承兑的汇票，出票人为被保证人。

保证人在汇票或者粘单上未记载前条第(四)项的，出票日期为保证日期。

第四十八条 保证不得附有条件；附有条件的，不影响对汇票的保证责任。

第四十九条 保证人对合法取得汇票的持票人所享有的汇票权利，承担保证责任。但是，被保证人的债务因汇票记载事项欠缺而无效的除外。

第五十条 被保证的汇票，保证人应当与被保证人对持票人承担连带责任。汇

票到期后得不到付款的，持票人有权向保证人请求付款，保证人应当足额付款。

第五十一条　保证人为二人以上的，保证人之间承担连带责任。

第五十二条　保证人清偿汇票债务后，可以行使持票人对被保证人及其前手的追索权。

第五节　付款

第五十三条　持票人应当按照下列期限提示付款：

（一）见票即付的汇票，自出票日起1个月内向付款人提示付款；

（二）定日付款、出票后定期付款或者见票后定期付款的汇票，自到期日起10日内向承兑人提示付款。

持票人未按照前款规定期限提示付款的，在作出说明后，承兑人或者付款人仍应当继续对持票人承担付款责任。

通过委托收款银行或者通过票据交换系统向付款人提示付款的，视同持票人提示付款。

第五十四条　持票人依照前条规定提示付款的，付款人必须在当日足额付款。

第五十五条　持票人获得付款的，应当在汇票上签收，并将汇票交给付款人。持票人委托银行收款的，受委托的银行将代收的汇票金额转账收入持票人账户，视同签收。

第五十六条　持票人委托的收款银行的责任，限于按照汇票上记载事项将汇票金额转入持票人账户。

付款人委托的付款银行的责任，限于按照汇票上记载事项从付款人账户支付汇票金额。

第五十七条　付款人及其代理付款人付款时，应当审查汇票背书的连续，并审查提示付款人合法身份证明或者有效证件。

付款人及其代理付款人以恶意或者有重大过失付款的，应当自行承担责任。

第五十八条　对定日付款、出票后定期付款或者见票后定期付款的汇票，付款人在到期日前付款的，由付款人自行承担所产生的责任。

第五十九条　汇票金额为外币的，按照付款日的市场汇价，以人民币支付。

汇票当事人对汇票支付的货币种类另有约定的，从其约定。

第六十条　付款人依法足额付款后，全体汇票债务人的责任解除。

第六节　追索权

第六十一条　汇票到期被拒绝付款的，持票人可以对背书人、出票人以及汇票的其他债务人行使追索权。

汇票到期日前，有下列情形之一的，持票人也可以行使追索权：

（一）汇票被拒绝承兑的；

（二）承兑人或者付款人死亡、逃匿的；

（三）承兑人或者付款人被依法宣告破产的或者因违法被责令终止业务活动的。

第六十二条　持票人行使追索权时，应当提供被拒绝承兑或者拒绝付款的有关证明。

持票人提示承兑或者提示付款被拒绝的，承兑人或者付款人必须出具拒绝证明，或者出具退票理由书。未出具拒绝证明或者退票理由书的，应当承担由此产生的民事责任。

第六十三条　持票人因承兑人或者付款人死亡、逃匿或者其他原因，不能取得拒绝证明的，可以依法取得其他有关证明。

第六十四条　承兑人或者付款人被人民法院依法宣告破产的，人民法院的有关司法文书具有拒绝证明的效力。

承兑人或者付款人因违法被责令终止业务活动的，有关行政主管部门的处罚决定具有拒绝证明的效力。

第六十五条　持票人不能出示拒绝证明、退票理由书或者未按照规定期限提供其他合法证明的，丧失对其前手的追索权。但是，承兑人或者付款人仍应当对持票人承担责任。

第六十六条　持票人应当自收到被拒绝承兑或者被拒绝付款的有关证明之日起3日内，将被拒绝事由书面通知其前手；其前手应当自收到通知之日起3日内书面通知其再前手。持票人也可以同时向各汇票债务人发出书面通知。

未按照前款规定期限通知的，持票人仍可以行使追索权。因延期通知给其前手或者出票人造成损失的，由没有按照规定期限通知的汇票当事人，承担对该损失的赔偿责任，但是所赔偿的金额以汇票金额为限。

在规定期限内将通知按照法定地址或者约定的地址邮寄的，视为已经发出通知。

第六十七条　依照前条第一款所作的书面通知，应当记明汇票的主要记载事项，并说明该汇票已被退票。

第六十八条　汇票的出票人、背书人、承兑人和保证人对持票人承担连带责任。

持票人可以不按照汇票债务人的先后顺序，对其中任何一人、数人或者全体行使追索权。

持票人对汇票债务人中的一人或者数人已经进行追索的，对其他汇票债务人仍可以行使追索权。被追索人清偿债务后，与持票人享有同一权利。

第六十九条　持票人为出票人的，对其前手无追索权。持票人为背书人的，对其后手无追索权。

第七十条　持票人行使追索权，可以请求被追索人支付下列金额和费用：

（一）被拒绝付款的汇票金额；

（二）汇票金额自到期日或者提示付款日起至清偿日止，按照中国人民银行规定的利率计算的利息；

（三）取得有关拒绝证明和发出通知书的费用。

被追索人清偿债务时，持票人应当交出汇票和有关拒绝证明，并出具所收到利息和费用的收据。

第七十一条　被追索人依照前条规定清偿后，可以向其他汇票债务人行使再追索权，请求其他汇票债务人支付下列金额和费用：

（一）已清偿的全部金额；

（二）前项金额自清偿日起至再追索清偿日止，按照中国人民银行规定的利率计算的利息；

（三）发出通知书的费用。

行使再追索权的被追索人获得清偿时，应当交出汇票和有关拒绝证明，并出具所收到利息和费用的收据。

第七十二条　被追索人依照前二条规定清偿债务后，其责任解除。

第三章　本票

第七十三条　本票是出票人签发的，承诺自己在见票时无条件支付确定的金额给收款人或者持票人的票据。

本法所称本票，是指银行本票。

第七十四条　本票的出票人必须具有支付本票金额的可靠资金来源，并保证支付。

第七十五条　本票必须记载下列事项：

（一）表明“本票”的字样；

（二）无条件支付的承诺；

（三）确定的金额；

（四）收款人名称；

（五）出票日期；

（六）出票人签章。

本票上未记载前款规定事项之一的，本票无效。

第七十六条　本票上记载付款地、出票地等事项的，应当清楚、明确。

本票上未记载付款地的，出票人的营业场所为付款地。

本票上未记载出票地的，出票人的营业场所为出票地。

第七十七条　本票的出票人在持票人提示见票时，必须承担付款的责任。

第七十八条　本票自出票日起，付款期限最长不得超过 2 个月。

第七十九条　本票的持票人未按照规定期限提示见票的，丧失对出票人以外的前手的追索权。

第八十条　本票的背书、保证、付款行为和追索权的行使，除本章规定外，适用本法第二章有关汇票的规定。

本票的出票行为，除本章规定外，适用本法第二十四条关于汇票的规定。

第四章　支票

第八十一条　支票是出票人签发的，委托办理支票存款业务的银行或者其他金融机构在见票时无条件支付确定的金额给收款人或者持票人的票据。

第八十二条　开立支票存款账户，申请人必须使用本名，并提交证明其身份的合法证件。

开立支票存款账户和领用支票，应当有可靠的资信，并存入一定的资金。

开立支票存款账户，申请人应当预留其本名的签名式样和印鉴。

第八十三条　支票可以支取现金，也可以转账，用于转账时，应当在支票正面注明。

第八十四条　支票必须记载下列事项：

(一)表明“支票”的字样；

(二)无条件支付的委托；

(三)确定的金额；

(四)付款人名称；

(五)出票日期；

(六)出票人签章。

支票上未记载前款规定事项之一的，支票无效。

第八十五条　支票上的金额可以由出票人授权补记，未补记前的支票，不得使用。

第八十六条　支票上未记载收款人名称的，经出票人授权，可以补记。

支票上未记载付款地的，付款人的营业场所为付款地。

支票上未记载出票地的，出票人的营业场所、住所或者经常居住地为出票地。

出票人可以在支票上记载自己为收款人。

第八十七条　支票的出票人所签发的支票金额不得超过其付款时在付款人处实有的存款金额。

出票人签发的支票金额超过其付款时在付款人处实有的存款金额的，为空头支票。禁止签发空头支票。

第八十八条　支票的出票人不得签发与其预留本名的签名式样或者印鉴不符的支票。

第八十九条　出票人必须按照签发的支票金额承担保证向该持票人付款的责任。

出票人在付款人处的存款足以支付支票金额时，付款人应当在当日足额付款。

第九十条　支票限于见票即付，不得另行记载付款日期。得另行记载付款日期的，该记载无效。

第九十一条　持票人应当自出票日起 10 日内提示付款；异地使用的支票，其提示付款期限由中国人民银行另行规定。

超过提示付款期限的，付款人可以不予付款；付款人不予付款的，出票人仍应当对持票人承担票据责任。

第九十二条　付款人依法支付支票金额的，对出票人不再承担受委托付款的责任，对持票人不再承担付款的责任。但是，付款人以恶意或者有重大过失付款的除外。

第九十三条　支票的背书、付款行为和追索权的行使，除本章规定外，适用本法第二章有关汇票的规定。

支票的出票行为，除本章规定外，适用本法第十四条、第二十六条关于汇票的规定。

第五章　涉外票据的法律适用

第九十四条　涉外票据的法律适用，依照本章的规定确定。

前款所称涉外票据，是指出票、背书、承兑、保证、付款等行为中，既有发生在中华人民共和国境内又有发生在中华人民共和国境外的票据。

第九十五条　中华人民共和国缔结或者参加的国际条约同本法有不同规定的，适用国际条约的规定。但是，中华人民共和国声明保留的条款除外。

本法和中华人民共和国缔结或者参加的国际条约没有规定的，可以适用国际惯例。

第九十六条　票据债务人的民事行为能力，适用其本国法律。

票据债务人的民事行为能力，依照其本国法律为无民事行为能力或者为限制民事行为能力而依照行为地法律为完全民事行为能力的，适用行为地法律。

第九十七条　汇票、本票出票时的记载事项，适用出票地法律。

支票出票时的记载事项，适用出票地法律，经当事人协议，也可以适用付款地法律。

第九十八条　票据的背书、承兑、付款和保证行为，适用行为地法律。

第九十九条　票据追索权的行使期限，适用出票地法律。

第一百条　票据的提示期限、有关拒绝证明的方式、出具拒绝证明的期限，适用付款地法律。

第一百零一条　票据丧失时，失票人请求保全票据权利的程序，适用付款地法律。

第六章　法律责任

第一百零二条　有下列票据欺诈行为之一的，依法追究刑事责任：

(一)伪造、变造票据的；

(二)故意使用伪造、变造的票据的；

(三)签发空头支票或者故意签发与其预留的本名签名式样或者印鉴不符的支票，骗取财物的；

(四)签发无可靠资金来源的汇票、本票，骗取资金的；

(五)汇票、本票的出票人在出票时作虚假记载，骗取财物的；

(六)冒用他人的票据，或者故意使用过期或者作废的票据，骗取财物的；

(七)付款人同出票人、持票人恶意串通，实施前六项所列行为之一的。

第一百零三条　有前条所列行为之一，情节轻微，不构成犯罪的，依照国家有关规定给予行政处罚。

第一百零四条　金融机构工作人员在票据业务中玩忽职守，对违反本法规定的票据予以承兑、付款或者保证的，给予处分；造成重大损失，构成犯罪的，依法追究刑事责任。

由于金融机构工作人员因前款行为给当事人造成损失的，由该金融机构和直接责任人员依法承担赔偿责任。

第一百零五条　票据的付款人对见票即付或者到期的票据，故意压票，拖延支付的，由金融行政管理部门处以罚款，对直接责任人员给予处分。

票据的付款人故意压票，拖延支付，给持票人造成损失的，依法承担赔偿责任。

第一百零六条　依照本法规定承担赔偿责任以外的其他违反本法规定的行为，给他人造成损失的，应当依法承担民事责任。

第七章　附则

第一百零七条　本法规定的各项期限的计算，适用民法通则关于计算期间的规定。

按月计算期限的，按到期月的对日计算；无对日的，月末日为到期日。

第一百零八条　汇票、本票、支票的格式应当统一。

票据凭证的格式和印制管理办法，由中国人民银行规定。

第一百零九条　票据管理的具体实施办法，由中国人民银行依照本法制定，报国务院批准后施行。

第一百一十条　本法自 1996 年 1 月 1 日起施行。

附录4 国际贸易单证常用英语词组、语句和缩略词

Business Negotiation(交易磋商)

inquiry/enquiry 询盘
offer 发盘
firm offer 实盘
offer firm 发实盘
bid/bidding 递盘
bid firm 递实盘
to withdraw an offer 撤回报盘
to decline an offer 或 to turn down an offer 谢绝报盘
counter offer 还盘
cable reply 电复
indent 订单
book/booking 订货/订购
reply immediately 速复
usual practice 习惯做法
reference price 参考价
price indication 指示性价格
without engagement 不受约束
subject to reply... 限……复
subject to reply reaching here... 限……复到
time of validity 有效期限
valid till... 有效至……
purchase contract 购货合同
sales contract 销售合同
purchase confirmation 购货确认书
sales confirmation 销售确认书
originals of the contract 合同正本
copies of the contract 合同副本
to make a contract 签订合同
to sign a contract 签合同
to draw up a contract 拟订合同

to draft a contract 起草合同

to get a contract 收到合同

to countersign a contract 会签合同

subject to seller's confirmation 需经卖方确认

subject to our final confirmation 需经我方最后确认

May I have an idea of your prices?

可以了解一下你们的价格吗?

Please let us know your lowest possible prices for the relevant goods.

请告知你们有关商品的最低价。

If your prices are favorable, I can place the order right away.

如果你们的价格优惠,我们可以马上订货。

Your enquiry is too vague to enable us to reply you.

你们的询盘不明确,我们无法答复。

China National Silk Corporation received the inquiry sheet sent by a British company.

中国丝绸公司收到了英国一家公司的询价单。

We'd rather have you quote us FOB prices.

我们希望你们报 FOB 价。

Would you tell us your best prices CIF Hamburg for the chairs?

请告诉我们贵方椅子到 CIF 汉堡的最低价格。

Will you please tell the quantity you require so as to enable us to sort out the offers?

为了便于我方报价,可以告诉我们你们所要的数量吗?

How long does it usually take you to make delivery?

你们通常要多久才能交货?

Could you make prompt delivery?

可以即期交货吗?

Could you tell me which kind of payment terms you'll choose?

能告知你们将采用哪种付款方式吗?

Could you please send us a catalog of your rubber boots together with terms of payment?

你能给我们寄来一份胶靴的目录,连同告诉我们付款方式吗?

He inquired about the varieties, specifications and prices, and so on and so forth.

他询问了品种、花色和价格等情况。

We have inquired of Manager Zhang about the varieties, quality and price of tea.

我们向张经理询问了茶叶的品种、质量和价格等问题。

Thank you for your inquiry.

谢谢你们的询价。

Do you always make out a contract for every deal?

每笔交易都需要订一份合同吗?

Are we anywhere near a contract yet?

我们可以签合同了吗?

We can repeat the contract on the same terms.

我们可以按同样条件再订一个合同。

My offer was based on reasonable profit, not on wild speculations.

我的报价以合理利润为依据，不是漫天要价。

I think the price we offered you last week is the best one.

相信我上周的报价是最好的。

The price you offered is above previous prices.

你方报价高于上次。

It was a higher price than we offered to other suppliers.

此价格比我们给其他供货商的出价要高。

We can't accept your offer unless the price is reduced by 5%.

除非你们减价 5%，否则我们无法接受报盘。

I'm afraid I don't find your price competitive at all.

我看你们的报价毫无任何竞争性。

Let me make you a special offer.

好吧，我给你一个特别优惠价。

We'll give you the preference of our offer.

我们将优先向你们报盘。

You'll see that our offer compares favorably with the quotations you can get elsewhere.

你会发现我们的报价比别处要便宜。

Our offers are for 3 days.

我们的报盘三天有效。

The offer holds good until 5 o'clock p. m. 23rd of June, 1997, Beijing time.

报价有效期到 1997 年 6 月 23 日下午 5 点，北京时间。

All prices in the price lists are subject to our confirmation.

报价单中所有价格以我方确认为准。

This offer is subject to your reply reaching here before the end of this month.
该报盘以贵方本月底前到达我地为有效。
subject to 以……为条件，以……为准
offer subject to our final confirmation 以我方最后确认为准的报盘
I'm afraid the offer is unacceptable.
恐怕贵方的报价不能接受。
Please renew your offer for two days further.
请将报盘延期两天。
We regret we have to decline your offer.
很抱歉，我们不得不拒绝贵方报盘。
The offer is withdrawn.
该报盘已经撤回。
Let's have your counter-offer.
请还个价。
I appreciate your counter-offer but find it too low.
谢谢您的还价，可我觉得太低了。
Your price is too high to interest buyers in counter-offer.
你的价格太高，买方没有兴趣还盘。
I'll respond to your counter-offer by reducing our price by three dollars.
我同意你们的还价，减价 3 美元。

Transportation(运输)

move 运输
transport 运输
mode of transportation 运输方式
way of transportation 运输方式
to transport by sea 海运
to transport by railway 陆运
to transport by container 集装箱运输
cargo by rail 铁路运输
cargo by road 公路运输
multimodal combined 多式联运
combined transportation 联运
through transport 直达运输
Train-Air-Truck(TAT；TA)“陆—空—陆”联运；或“陆—空联运”
transportation by sea，land，air，and mail 海、陆、空、邮运输
regular shipping liner 班轮

direct vessel 直达船只
to do charter 租船
time charter 定期租船
time charter trip 航次期租
single voyage charter 单程租船
return voyage charter 回航次租船
voyage charter 定程租船
lighter 驳船
tanker 油轮
cargo space 货舱
shipping space 舱位
original BL 正本提单
Bill of Lading(B/L)提单
on board B/L 已装船提单
received for shipment B/L 备运提单
direct B/L 直达提单
transhipment B/L 转船提单
through B/L 联运提单
clean B/L 清洁提单
unclean B/L 或 foul B/L 不清洁提单
straight B/L 记名提单
open B/L 不记名提单
bearer B/L 不记名提单
order B/L 提示提单
long form B/L 全式提单
Short form B/L 简式提单
on deck B/L 舱面提单
stale B/L 过期提单
ante dated B/L 倒签提单
advanced B/L 预借提单
combined transport documents(CTD)联合运输单证
transport document 运输单证
shipping document 装船单证
freight at destination B/L 运费到付提单
freight prepaid B/L 运费预付提单
cargo receipt 陆运收据

airway bill 空运
carriage 运费
cargo freight 运费
freight 运费
transport charge 运输费
carriage expense 运费
transportation expenses 运输费用
carload rate 整车运费率
carriage free 免收运费
carriage paid 运费已付
carriage forward 运费已付
liner's freight tariff 班轮运价表
basic rate 基本运费率
heavy lift additional 超重附加费
over length additional 超长附加费
A. V. (Ad. Val)从价运费
optional charges 选港费
landing charges 卸货费
port dues 港口税
freight ton 运费吨
weight ton 重量吨
measurement ton 尺码吨
non-negotiable 未议付的
master 船长
shipper 托运人
consignor 发货人
consignee 收货人
port of shipment 装运港
optional port 选择港
port of discharge 卸货港
port of destination 目的港
immediate shipments 立即装运
prompt shipments 即期装运
to take delivery of goods 提货
transportation cost 运输成本
cargo mark(shipping mark)货物装运标志

transportation company(corporation)运输公司

carton/cartons(CTN/CTNS)纸箱

piece/pieces(PCE/PCS)只、个、支

dozen(DOZ/DZ)一打

package(PKG)包、捆、扎、件

weight (WT)重量

gross weight (G. W.)毛重

net weight(N. W.)净重

each(EA)每个

merchant vessel(M/V)商船

steamship(S. S.)船运

metric ton(MT 或 M/T)公吨

document(DOC)文件、单证

packing list (P/L)装箱单、明细表

express mail special (PC EMS)特快专递

shipping mark (S/M)装船标记

container yard(CY)集装箱堆场

full container load(FCL)整箱货

less than container load(LCL)拼箱货

container freight station (CFS)集装箱货运站

twenty-feet equivalent units (TEU)20 英尺换算单位

optional charges to be borne by the Buyers 或 optional charges for Buyers' account 选港费由买方负担

shipment during January/January shipment1 月份装船

shipment not later than Jan. 31st. /shipment on or before Jan. 31st. 1 月底装船

shipment during Jan. /Feb. /Jan. /Feb. shipment 1/2 月份装船

shipment during…in two lots 在……(时间)分两批装船

shipment during…in two equal lots 在……(时间)平均分两批装船

in three monthly shipments 分三个月装运

in three equal monthly shipments 分三个月，每月平均装运

shipments within 30 days after receipt of L/C 收到信用证后 30 天内装运

partial shipment allowed 允许分批装船

How do you usually move your machines?

你们出口机器习惯使用哪种运输方式?

Please dispatch the TV sets we ordered by sea.

请将我们订购的电视机采用海运方式运输。

Please have the goods transported by air.

请空运此批货。

We don't think it is proper to transport the goods by railway.

我们认为此货不适合用铁路运输。

Can you have them sent by railway?

能采用陆运方式吗？

Will you please tell us the earliest possible date you can make shipment?

你能告知我们最早船期吗？

Agreed to employ "combined transportation" to ship the goods.

双方决定联运货物。

Since there is no direct vessel, we have to arrange multimodal combined transport by rail and sea.

由于没有直达船只，我们只好安排海陆联运。

A part of the goods were damaged in transit.

一部分货物在运输途中受损。

Please quote your current tariffs.

请报你公司的最新运费表。

Freight for shipment from Shanghai to Hongkong is to be charged to your account.

从上海到香港的运费由贵方负担。

The bill of lading should be marked as"freight prepaid".

提单上应该注明"运费预付"字样。

This is one set of the shipping documents covering the consignment.

这是一套本批货的装运单证。

We'll send you two sets of the Shipped, Clean Bill of Lading.

我们将寄送两套已装运清洁提单。

Quality(品质)

good quality 好质量

fine quality 优质

better quality 较好质量

high quality 高质量

sound quality 完好的质量

best quality 最好的质量

superior quality 优等的质量

first-class 一等品

choice quality/selected quality 精选的质量

prime quality/tip-top quality 第一流的质量
first-class quality/first-rate quality 头等的质量
above the average quality 一般水平以上的质量
below the average quality 一般水平以下的质量
common quality 一般质量
standard quality 标准质量
average quality 平均质量
fair average quality(f. a. q.)大路货
bad quality 劣质
low quality 低质量
inferior quality 次质量
poor quality 质量较差

We are responsible to replace the defective ones.
我们包换质量不合格的产品。

It's really something wrong with the quality of this consignment of bicycles.
这批自行车的质量确实有问题。

I regret this quality problem.
对质量问题我深表遗憾。

We hope that you'll pay more attention to the quality of your goods in the future.
希望贵方将来多注意产品的质量问题。

Upon arrival, we found the shipment of wool was of poor quality.
货到后，我们发现羊毛的质量较差。

The quality of the fertilizer is inferior to that stipulated in the contract.
化肥质量次于合同中规定的。

If you find the quality of our products unsatisfactory, we're prepared to accept return of the rejected material within a week.
如果贵方对产品质量不满意，我们将在一个星期内接受退货。

This is a quality product.
这是一种高质量的产品。

Our price is a little bit higher, but the quality of our products is better.
虽然价格偏高，但我们的产品质量更好。

Your goods are superior in quality compared with those of other manufacturers.
和其他厂商相比，贵方产品质量上乘。

Our products are very good in quality, and the price is low.
我们的产品物美价廉。

Price（价格）

trade term/price term 价格术语

price 单价

total value 总值

amount 金额

net price 净价

discount/allowance 折扣

discount(DCT)打折

customs duty 关税

wholesale price 批发价

retail price 零售价

spot price 现货价格

forward price 期货价格

current price/prevailing price 时价

world market price 国际市场价格

You wish to have a discussion of the price terms of washers.

您是想谈谈洗衣机的价格条件吧。

I can give you a definite answer on the price terms.

我可以就价格条件答复贵方。

All of the price terms are acceptable.

各种价格条件都是可以接受的。

CIF is the price term normally adopted by you，right?

CIF 是你们经常采用的价格条件，对吗?

Sometimes FOB and CFR are also employed.

有时也用 FOB 和 CIF 价。

Your price is acceptable/unacceptable.

贵方价格可以接受/不可以接受。

Your price is reasonable/unacceptable.

贵方价格合理/不合理。

The goods are/not competitively priced.

此货的定价有竞争力/无竞争力。

Price is turning high/low.

价格上涨/下跌。

Price is high/low.

价格高/低。

Price is up /down.
价格上涨/下跌。
Price is looking up.
价格看涨。
Price has risen perpendicularly.
价格直线上升。
Your price is on the high side.
你方价格偏高。
Price has advanced.
价格已上涨。
The goods are priced too high.
货物定价太高。
The Japanese yen is strengthening.
日元坚挺。
The U. S. Dollar is weakening.
美元疲软。
Your price is much higher than the price from U. K. , France and Germany.
你方价格比英、法、德的都高。
You said yesterday that the price was $ 60/mt, CIF Brussels.
您昨天说价格定为每吨 60 英镑，CIF 布鲁塞尔。

Since the prices of the raw materials have been raised, I'm afraid that we have to adjust the prices of our products accordingly.

由于原材料价格上涨，我们不得不对产品的价格做相应的调整。
Is it possible for you to raise(lift)the price by 5%?
你们能否把价格提高 5%?

Commission(佣金)

commission(com.) 佣金，手续费
price including commission 含佣价
return commission 回佣
two items of commission 两笔佣金
all commissions 所有佣金
to pay the commission 支付佣金
rate of commission or scale of commission 佣金率
commission agent 代理商
commission charges 佣金手续费
commission system 佣金制

commission agency 代理贸易
selling commission 代销佣金
buying commission 代购佣金
commissions earned 佣金收入
What about the commission?
佣金是多少?
We'll give you a 3% commission on every transaction.
每笔交易我们都给付 3%的佣金。
We expect a 5% commission.
我们希望能得到 5%的佣金。
We're usually paid with a 5% commission of the amount for every deal.
对每笔交易的成交量，我们通常给付 5%的佣金。
The above price includes your commission of 2%.
上述价格包括 2%的佣金在内。
The above price excludes your commission.
上述价格不包括佣金在内。
Our quotation is subject to a 4% commission.
我方报价包括 4%的佣金在内。
You can get a higher commission rate if you order a bigger quantity.
如果你们订货量大，佣金率就会高。
Commission is allowed to agents only.
我们只对代理付佣金。
The commission has been increased to 5% in your favour.
贵方佣金已增至 5%。
You can grant us an extra commission of 2% to cover the additional risk.
你们可以获得另外 2%的佣金，以补偿你的额外风险。
For every additional 10 pieces of pianos sold, we'll give you 0.2% more commission.
每笔交易若能多卖出 10 架钢琴，你们可以多得 0.2%的佣金。
We can't agree to increase the rate of commission.
我们不能同意增加佣金率。
A higher commission means a higher price.
如果佣金提高了，价格也要提高。
A 4% commission is the maximum.
我们最多给 4%的佣金。
Is it possible to increase the commission to 4%?

能不能把佣金提高到4%呢?
2% commission is not enough, is it?
2%的佣金是不是少了点?

Payment Terms(付款)

payment 支付，付款
pay 付款，支付，偿还
the refusal of payment 拒付
deferred payment 延期付款
payment respite 延期付款
progressive payment 分期付款
payment by installment 分期付款
payment on terms 定期付款
payment at maturity 到期付款
payment in part 部分付款
payment in full 全部付讫
pay order 支付凭证
payment by banker 银行支付
payment order 付款通知
payment in advance 预付(货款)
cash with order(C. W. O)随订单付现
cash on delivery (C. O. D)交货付现
cash against documents(C. A. D)凭单付现
pay on delivery(P. O. D)货到付款
payment in kind 实物支付
bank interest 银行利息
payment terms 支付条件
the mode of payment 付款方式
cash against payment 凭单付款
discount 贴现
draft 汇票
promissory note 支票
cheque 支票
clean bill 光票
documentary bill 跟单汇票
sight bill 即期汇票
time bill 远期汇票

usance bill 远期汇票
commercial bill 商业汇票
banker's bill 银行汇票
commercial acceptance bill 商业承兑汇票
bankers' acceptance bill 银行承兑汇票
performer invoice 形式发票
receipt invoice 收妥发票
certified invoice 证明发票
manufacturers' invoice 厂商发票
invoice(INV) 发票
certificate of origin(C. O.)一般原产地证
generalized system of preferences(G. S. P.)普惠制
customs declaration(C/D)报关单
import(IMP)进口
export(EXP)出口
packing list(P/L)装箱单、明细表
style(STL.) 式样、款式
sales contract(S/C)销售确认书
amount(AMT)数额
at sight 即期，见票即付
at…days(month)after sight 付款人见票后若干天(月)付款
at…days sight 付款人见票后若干天即付款
at…days after date 出票后若干天付款
at…days after B/L 提单签发后若干天付款
remittance 汇付
mail transfer(M/T) 信汇
demand draft(D/D)票汇
telegraphic transfer(T/T) 电汇
collection 托收
clean bill for collection 光票托收
documentary bill for collection 跟单托收
collection advice 托收委托书
advice of clean bill for collection 光票托收委托书
collection bill purchased 托收出口押汇
trust receipt 信托收据
documents against payment (D/P)付款交单

documents against payment at sight(D/P sight) 即期付款交单
documents against payment after sight(D/P sight) 远期付款交单
documents against acceptance(D/A)承兑交单
letter of credit(L/C)信用证
form of credit 信用证形式
terms of validity 信用证有效期
expire date 有效期
date of issue 开证日期
L/C amount 信用证金额
L/C number 信用证号码
to open by airmail 信开
to open by cable 电开
to open by brief cable 简电开证
to amend L/C 修改信用证
sight L/C 即期信用证
usance L/C 远期信用证
Buyer's usance L/C 买方远期信用证
revocable L/C 可撤销的信用证
Irrevocable L/C 不可撤销的信用证
confirmed L/C 保兑的信用证
unconfirmed L/C 不保兑的信用证
confirmed irrevocable L/C 保兑的不可撤销信用证
irrevocable unconfirmed L/C 不可撤销不保兑的信用证
transferable L/C 可转让的信用证
untransferable L/C 不可转让信用证
revolving L/C 循环信用证
reciprocal L/C 对开信用证
back to back L/C 背对背信用证
banker's acceptance L/C 银行承兑信用证
trade acceptance L/C 商业承兑信用证
red clause L/C 红条款信用证
anticipatory L/C 预支信用证
credit payable by a trader 商业付款信用证
credit payable by a bank 银行付款信用证
usance credit payment at sight 假远期信用证
method of reimbursement 索汇方法

without recourse 不受追索
opening bank' name & signature 开证行名称及签字
beneficiary 受益人
guarantor 保证人
exporter's bank 出口方银行
importer's bank 进口方银行
seller's bank 卖方银行
buyers' bank 买方银行
paying bank 付款行，汇入行
remitting bank 汇出行
opening bank 开证行
issuing bank 开证行
advising bank 通知行
notifying bank 通知行
negotiating bank 议付行
drawer bank 付款行
confirming bank 保兑行
presenting bank 提示行
transmitting bank 转递行
accepting bank 承兑行
pay bearer 付给某人
bearer 来人
payer 付款人
consignee 受托人
consignor 委托人
drawer 出票人
principal 委托人
drawer 付款人
acceptor 承兑人
trustee 被信托人
endorser 背书人
discount 贴现
endorsee 被背书人
endorse 背书
holder 持票人
endorsement 背书

payment against documents 凭单付款
payment against documents through collection 凭单托收付款
payment by acceptance 承兑付款
payment by bill 凭汇票付款
letter of guarantee(L/G) 保证书
bank guarantee 银行保函
payment guarantee 付款保证书
repayment guarantee 还款保证书
import guarantee 进口保证书
tender/bid guarantee 投标保证书
performance guarantee 履约保证书
documents of title to the goods 物权凭证
What's your reason for the refusal of payment?
你们拒付的理由是什么？
Collection is not paid.
托收款未能照付。
We'll not pay until shipping documents for the goods have reached us.
见不到货物装船单证，我们不付款。
Of course payment might be refused if anything goes wrong with the documents.
如果单证有问题，当然可以提出拒付。
What is the mode of payment you wish to employ?
您希望用什么方式付款？
This is the normal terms of payment in international business.
这是国际贸易中惯用的付款条件。
We can't accept any other terms of payment.
我们不能接受其他的付款条件。
Please protect our draft on presentation.
请见票即付。
The draft has not been collected.
汇票款尚未收进。
We've drawn a clean draft on you for the value of this sample shipment.
我们已经开出光票向你方索取这批货的价款。
The draft has been handed to the bank on clean collection.
汇票已经交银行按光票托收。
We're sending our draft through Bank of China for documentary collection.
我们将汇票交中国银行按跟单托收。

We'll draw on you by our documentary draft at sight on collection basis.
我们将按托收方式向你方开出即期跟单汇票。
We'll agree to change the terms of payment from L/C at sight to D/P at sight.
我们同意将即期信用证付款方式改为即期付款交单。
We can do the business on 60 days D/P basis.
我们可以按 60 天付款交单的方式进行交易。
We agree to draw at 30 days D/P.
我们同意开立 30 天期的付款交单汇票。
We'll draw D/P against your purchase.
我们按付款交单方式收你方这批货款。
We can't agree to draw at 30 days D/A.
我们不同意开具 30 天期的承兑交单汇票。
I suppose D/P or D/A should be adopted as the mode of payment this time.
我建议这次用付款交单或承兑交单方式来付款。
It would help me greatly if you would accept D/A or D/P.
如果您能接受 D/P 或 D/A 付款，那可帮了我们大忙。
Could you make an exception and accept D/A or D/P?
您能否来个例外，接受 D/A 或 D/P 付款方式？
We insist on a Letter of Credit.
我们坚持用信用证方式付款。
We still intend to use Letter of Credit as the term of payment.
我们仍然想用信用证方式付款。
We always require L/C for our exports.
我们出口一向要求以信用证付款。
L/C at sight is normal for our exports to France.
我们向法国出口一般使用即期信用证付款。
We pay by L/C for our imports.
进口我们也采用信用证汇款。
Our terms of payment are confirmed and irrevocable Letter of Credit.
我们的付款条件是保兑的不可撤销的信用证。
What do you say to 50% by L/C and the balance by D/P?
50%用信用证，其余的用付款交单，您看怎么样？
Please open Letter of Credit in good time.
请及时开出信用证。
We'll open the Letter of Credit at sight.
我们会按时开证的。

I agree to use Letter of Credit at sight.
我同意用即期信用证付款。
Is the credit at sight or after sight?
信用证是即期的还是远期的?
Our Letter of Credit will be opened early March.
我们将在 3 月初开出信用证。
We'll open the credit one month before shipment.
我们在装船前 1 个月开立信用证。
Please open the L/C 20 to 30 days before the date of delivery.
请在交货前 20 天到 30 天开出信用证。
This Letter of Credit expires on 15th July.
这张信用证 7 月 15 日到期。
The validity of the L/C will be extended to 30th August.
信用证的有效期将延至 8 月 30 日。
The seller will request to amend the Letter of Credit.
卖方要修改信用证。
Please amend L/C No. 205 as follows.
请按下述意见修改第 205 号信用证。

Insure(保险)

insurer 保险人
underwriters 保险商
insurance company 保险公司
insurance underwriter 保险承保人
PICC(People's Insurance Company of China)中国人民保险公司
insurance applicant 投保人
insurant/the insured 被保险人
insurance broker 保险经纪人
insure 保险、投保
insurance 保险、保险费
insurance against risk 保险
insurance expense 保险费
premium 保险费
insurance proceeds 保险金
insured amount 保险金额
premium rate 保险费率
additional premium 附加保险费

insurance rate 保险费率表
premium rebate 保险费回扣
insurance instruction 投保通知
insurance act 保险条例
insurance clause 保险条款
insurance treaty 保险合同
cover note 保险证明书
insurance claim 保险索赔
risk insured，risk covered 承保险项
to cover insurance 投保
to provide the insurance 为……提供保险
insurance coverage/risks covered 保险范围
insurance slip 投保单
insurance document 保险单证
certificate of insurance 保险凭证
insurance conditions 保险条件
risk 险别
ocean marine cargo insurance clauses 海洋运输货物保险条款
transportation insurance 运输保险
overland transportation insurance，land transit insurance 陆上运输保险
insurance against air risk，air transportation insurance 航空运输保险
parcel post insurance 邮包运输保险
ocean marine cargo insurance，marine insurance 海运货物保险
all risks 一切险
insurance free of (from) particular average(FPA)平安险
risk of breakage 破碎险
risk of clashing 碰损险
risk of rust 生锈险
risk of hook damage 钩损险
risk of packing breakage 包装破裂险
risk of contingent import duty 进口关税险
insurance against war risk 战争险
air transportation cargo war risk 航空运输战争险
overland transportation insurance war risk 陆上运输战争险
insurance against strike，riot and civil commotion(SRCC)罢工、暴动、民变险
insurance against extraneous risks，insurance against additional risks 附加险

risk of theft, pilferage and nondelivery(TRND)盗窃提货不着险

risk of fresh and /of rain water damage 淡水雨淋险

risk of leakage 渗漏险

risk of shortage in weight/quantity 短量险

risk of sweating and /or heating 受潮受热险

risk of bad odour/change of flavour 恶味险、变味险

risk of mould 发霉险

on deck risk 舱面险

average 海损

ceding, retrocession (for reinsurance)分保

I'm looking for insurance from your company.

我是到贵公司来投保的。

Please fill in the application form.

请填写一下投保单。

After loading the goods on board the ship, I go to the insurance company to have them insured.

装船后，我到保险公司去投保。

When should I go and have the tea insured?

我什么时候将这批茶叶投保？

The underwriters are responsible for the claim as far as it is within the scope of cover.

只要是在保险责任范围内，保险公司就应负责赔偿。

The loss in question was beyond the coverage granted by us.

损失不包括在我方承保范围内。

The extent of insurance is stipulated in the basic policy form and in the various risk clauses.

保险的范围写在基本保险单和各种险别的条款里。

What kind of insurance are you able to provide for my consignment?

贵公司能为我的这批货保哪些险呢？

These kinds of risks suit your consignment.

这些险别适合你要投保的货物。

Generally speaking, aviation insurance is much cheaper than marine insurance.

空运保险一般要比海运保险便宜。

What is the insurance premium?

保险费是多少？

The total premium is 800 U. S. Dollars.

保险费总共是 800 美元。

The insurance rate for such kink of risk will vary according to the kind.

这类险别的保险费率将根据货物种类而定。

Can you give me an insurance rate?

您能给我一份保险费率表吗?

Could you find out the premium rate for porcelain?

您能查一下瓷器的保险费率吗?

FPA stands for"Free from Particular Average".

FPA 代表平安险。

WPA stands for "With Particular Average".

WPA 代表水渍险。

I'll have the goods covered against Free from Particular Average.

我将为货物投保平安险。

Free from Particular Average is good enough.

只保平安险就可以了。

The goods are to be insured FPA.

这批货需投保平安险。

What you've covered is leakage.

你所投保的是渗漏险。

The coverage is WPA plus Risk of Breakage.

投保的险别为水渍险加破碎险。

You'll cover SRCC risks, won't you?

你们要保罢工、暴动、民变险，是吗?

参考文献

[1] 姚大伟. 国际贸易单证实务. 北京：中国商务出版社，2007

[2] 张雪莹，刘昕蓉. 国际贸易实务单证大全. 天津：天津大学出版社，2007

[3] 瞿启平. 国际贸易单证实务. 上海：上海财经大学出版社，2008

[4] 陈岩. 国际贸易单证教程. 北京：高等教育出版社，2008

[5] 吴国新，李元旭. 国际贸易单证实务. 北京：清华大学出版社，2008

[6] 方少林. 国际贸易单证实务实验教程学习指导. 北京：中国金融出版社，2008

[7] 谢娟娟. 国际贸易单证实务与操作. 北京：清华大学出版社，2007

[8] 苏定东，王群飞. 国际贸易单证实务. 北京：北京大学出版社，2006

[9] 宋毅英. 信用证、单据审核指南. 北京：中国金融出版社，2008

[10] 阎之大. UCP600 解读与例证. 北京：中国商务出版社，2007

[11] 刘春林，严美姬. 外贸单证制作实训教程. 上海：华东师范大学出版社，2008

[12] 王胜华. 国际商务单证操作实训教程. 重庆：重庆大学出版社，2008

[13] 赵永秀，武亮. 国际贸易单证员岗位职业技能培训教程. 广州：广东经济出版社，2007

[14] 吕建清，邢娟. 国际商务单证考试应试指导. 上海：同济大学出版社，2008

[15] 海关总署报关员资格考试教材编写委员会. 报关员考试教材. 北京：中国海关出版社，2008

[16] 全国国际商务单证培训认证考试办公室. 国际商务单证员考试教材. 北京：中国商务出版社，2008

[17]苏定东，王群飞．国际贸易单证实务．北京：北京大学出版社，2010

[18]缪东玲．国际贸易单证操作与解析．北京：电子工业出版社，2011

[19]王力军，张艳丽．当代外贸单证实务．长沙：湖南师范大学出版社，2012

[20]全国国际商务单证专业培训考试办公室．国际商务单证专业考试培训考试大纲及复习指南．北京：中国商务出版社，2011